我们一起解决问题

应用型本科

信管专业系列教材

ERP 软件维护技术

刘一君 李宗伟 廖晓军◎主编

人民邮电出版社

北　京

图书在版编目（CIP）数据

ERP软件维护技术 / 刘一君，李宗伟，廖晓军主编
. -- 北京 ：人民邮电出版社，2022.4（2024.7重印）
应用型本科信管专业系列教材
ISBN 978-7-115-58644-5

Ⅰ. ①E… Ⅱ. ①刘… ②李… ③廖… Ⅲ. ①企业管
理－计算机管理系统－软件维护－高等学校－教材 Ⅳ.
①F272.7

中国版本图书馆CIP数据核字(2022)第017722号

内 容 提 要

随着互联网技术和相关管理工具的不断发展，ERP 软件逐渐被应用到移动端和云端，企业通过 ERP 软件进行管理的方式走向了多元化，随之而来的 ERP 软件维护问题也日益复杂化。

为了帮助读者解决这一问题，本书从 ERP 软件基础概念、技术方法、实施应用和安全技术四个方面着手，全面介绍了 ERP 软件维护技术方面的基础原理、基本方法，详细讲解了 ERP 软件实施过程中涉及的软件维护技术知识及注意事项。同时，本书充分运用实际案例、数据、图表等展现形式，为读者提供了一些可以借鉴的解决方案。

本书适合企业高层管理人员、企业软件管理人员、信息化及相关领域从业人员，以及高等院校相关专业的师生阅读。

◆主　　编　刘一君　李宗伟　廖晓军
　责任编辑　贾淑艳
　责任印制　彭志环

◆人民邮电出版社出版发行　　北京市丰台区成寿寺路 11 号
　邮编 100164　电子邮件 315@ptpress.com.cn
　网址 https://www.ptpress.com.cn
　北京虎彩文化传播有限公司印刷

◆开本：787×1092　1/16
　印张：23　　　　　　　　　　　2022 年 4 月第 1 版
　字数：350 千字　　　　　　　　2024 年 7 月北京第 3 次印刷

定　价：99.00 元

读者服务热线：（010）81055656　印装质量热线：（010）81055316
反盗版热线：（010）81055315
广告经营许可证：京东市监广登字 20170147 号

前　言

　　企业资源计划（Enterprise Resource Planning，ERP）软件本质上是一种管理信息系统，它通过对先进信息技术和管理思想的运用，把企业的物料资源、人力资源、财务资源和信息资源等进行集成化管理。ERP 软件最初是一个以计算机为工具的计划控制系统，其因先进、高效的管理理念而被世界各国的企业广泛应用，现已发展为一种成熟的企业管理工具。同时，随着 ERP 软件相关技术的日渐成熟，其在企业管理模式方面展现出的强大而高效的竞争力使其备受企业的推崇。

　　随着经济的迅速发展，越来越多的企业意识到，只有对企业供应链上的资源进行科学规划和有效利用，才能让企业更加灵活地应对各种市场波动，才能在激烈的市场竞争中立于不败之地。因此，很多企业开始不断加大对 ERP 软件的资金投入。但是大部分能够成功应用 ERP 软件的企业，在应用初期都遭遇过不同程度的失败，而这当中最重要的原因就是在系统维护环节出现了问题。ERP 软件在投入使用之后是否能够稳定地运行，已经成为制约其应用的一个关键因素，ERP 软件的维护技术决定了其是否能发挥应有的作用，也影响着企业在这方面投入的成本。

　　ERP 软件的日常维护是保证企业 ERP 软件正常运行的核心程序，对 ERP 软件最终的应用成果起着至关重要的影响。ERP 软件在企业信息系统中上线以后，会遇到各种各样的问题，由于前期技术错误、系统稳定性差、维护工作不到位等原因，系统无法达到企业运作的相关要求，为此企业不得不投入大量的人力、物力和财力。在 ERP 软件的整个应用过程中，仅仅在运行维护阶段花费的时间和成本就占到了其运行总成本的 70% ~ 80%。因此只有不断地做好 ERP 软件维护工作才能进一步帮助企业获得更大的收益。

为了使更多的人对 ERP 软件维护技术有全面的了解,我们编写了本书。本书内容立足于 ERP 软件维护的实际情况,从 ERP 软件的基础概念、技术方法、实施应用和安全技术四个方面着手,帮助读者进一步了解 ERP 软件维护技术方面的具体内容,并帮助读者厘清相关知识。

本书由四篇构成,其中:第 1 章和第 2 章为第一篇,该篇介绍了 ERP 软件及其维护,详细介绍了 ERP 软件的构成、分类、用途,同时介绍了 ERP 软件维护的重要性与必要性,以及维护 ERP 软件的方法和工具;第 3 章至第 7 章为第二篇,该篇以用友 NC 与用友 U8 cloud 为例,介绍了 ERP 软件操作系统维护的各类问题、局域网的维护、ERP 软件数据库维护、ERP 软件云端技术维护、ERP 软件移动技术维护;第 8 章至第 12 章为第三篇,该篇通过一些案例,对 ERP 软件中的财务会计和集团财务管理的维护问题、供应链管理的维护问题、生产制造模块维护问题、人力资源管理模块维护问题、云 ERP 的维护问题等方面进行了讨论与分析;第 13 章至第 15 章为第四篇,该篇讨论了 ERP 软件设计安全维护技术、ERP 软件网络安全维护技术、ERP 软件数据安全维护技术。

本书在编写过程中穿插了大量的企业实操案例,具有较高的参考价值。与此同时,为了教学的需要,书中每章之后都提供了习题,其中包括选择题、判断题、简答题等,能够极大地帮助读者节省寻找问题的时间,提高学习效率。

本书由刘一君、李宗伟与廖晓军主编,其中:第 1 章、第 2 章、第 15 章由邱小燕负责编写;第 4 章、第 13 章、第 14 章由胡铁城负责编写;第 5 章、第 6 章、第 7 章由李宗伟负责编写;第 3 章、第 8 章、第 9 章、第 10 章、第 11 章、第 12 章由刘一君负责编写。书中的案例由廖晓军、殷章辉提供。此外,李佳鑫、吴佳乐、丁钰参与了资料的收集、整理与录入工作。

感谢上海用诚计算机有限公司、上海企通数字科技有限公司提供的 ERP 软件维护技术方面的相关材料,感谢博弗教育(上海)科技公司在本书编写过程中给予的帮助。

因作者水平有限,本书难免会有错漏之处,敬请读者批评指正。

刘一君

2021 年 12 月 8 日

于上海应用技术大学

目　录

第三篇　实施应用

第四篇　安全技术

第一篇

基础概念

ERP 软件是以物料需求计划（MRP）和相关的企业财务管理软件为基础逐步发展而来的。ERP 软件的核心是针对整个供应链的一切资源进行管理，它体现了对整个供应链资源进行管理的思想，精益生产、同步工程和敏捷制造的思想，事先计划与事中控制的思想。

　　本篇不仅介绍了 ERP 软件的基本含义，更进一步介绍了 ERP 软件的重要性，目的在于提高读者对 ERP 软件的认识，从而充分发挥 ERP 软件的作用。

第1章

ERP 软件介绍

ERP 代表了当今全球范围内最先进的企业管理思想，其英文全称是 Enterprise Resource Planning，中文意思为"企业资源计划"。ERP 软件本质上是一种管理信息系统，它是运用信息技术和先进的管理思想，把企业的物料资源、人力资源、财务资源和信息资源等进行集成化管理。ERP 软件把企业所拥有的资源进行集中整合，通过对企业的运作流程进行规划，进而对企业的资源进行进一步的优化配置，最终达到提高企业效率和效益的目的。随着 ERP 技术日渐成熟以及其在企业管理模式方面展现出强大而高效的竞争力，ERP 软件备受企业的推崇。

1.1 ERP 软件及其用途

1.1.1 ERP软件的定义

1990 年，美国著名管理咨询公司 Gartner Group 首次提出了 ERP 软件的概念，该公司最初将 ERP 软件当作一个以计算机为工具的计划控制系统，简单来说就是一个应用于企业管理方面的软件。此后，ERP 软件先进而高效的管理理念逐渐被世界各国的企业广泛应用，并发展成一种成熟的企业管理理论。ERP 软件通过对企业所拥有的一切资源（包括人、财、物、客户、信息、时间和空间等）进行全面的整合和管理优化，全面而高效地协调企业的各个部门，以市场为导向和核心，帮助企业开展各项和管理有关的业务活动，从而达到提高企业核心竞争力的目的，进而为企业创收奠定基础。简单来说，

ERP 软件就是一个应用于管理领域的计算机软件，它把先进的管理理念和管理思想整合到计算机中，从而更好地为企业管理工作服务。

ERP 软件的管理思想及设计主要体现在三个方面。

1. 体现了对整个供应链资源进行管理的思想

如今的市场竞争环境已经不再是以往的单个企业之间的竞争，而是企业的整个供应链之间的竞争。如果企业仅凭借自身的资源参与市场竞争，结果只能是一败涂地。企业必须学会在运营过程中把供应商、制造工厂、分销网络、客户等所有能够控制的资源纳入一个整体的供应链中。只有这样，企业才能更加高效地对各种生产活动进行有效的安排，从而为更好地利用供应链上的资源去满足社会需求奠定基础，也只有这样才能进一步提高生产运营效率并在市场上获得更大的竞争优势。

2. 体现了精益生产和敏捷制造的思想

ERP 软件支持对混合型的生产方式进行管理，这主要体现在以下两个方面。

第一，体现了"精益生产"（Lean Production）的管理思想。每当企业需要大批量生产时，企业应把客户、代理商、供应商、供销商、协作单位全部纳入生产运营体系。从本质上说，企业和它的销售商、代理商及客户之间是利益共享、风险共担的合作伙伴，这种关系构成了企业的供应链，这其实就是"精益生产"最核心的思想。

第二，体现了"敏捷制造"（Agile Manufacturing）的管理思想。每当市场发生不确定性的变化，或者企业遇到特定的市场和产品需求时，与企业平时联系紧密的合作商并不能确保满足新产品的开发、生产等相关要求，这时，企业一般会组织一个由特定的供应商、特定的销售渠道构建的一次性或短期的、临时的供应链，形成一个"虚拟工厂"，同时，将原料供应商和合作单位融合成企业的一部分，并进一步运用"同步工程"（SE）去组织产品的生产，尽最大努力用比较短暂的时间将新的产品投进市场。与此同时，投入到市场中的产品质量、多样化、灵活性也要有所保证，"敏捷制造"思想的核心便在于此。

3.体现了事先计划与事中控制的思想

在 ERP 软件的计划体系中，主要有几个核心部分，如生产计划、物料需求计划、采购计划、销售计划、利润计划、财务计划、能力计划和人力资源计划等，这些计划的主要功能（包括价值控制功能）都已经被彻底集成到了整个供应链管理系统中。

与此同时，ERP 软件一般会通过定义与事务处理（Transaction）有关的会计核算科目与核算方式，在事务处理发生的同一时间自动生成会计核算分录，从而保障了资金流与物流的同步记录以及数据的一致性。ERP 软件能够根据企业的资金状况去追溯资金的来龙去脉，并且进一步弄清楚企业所发生的所有相关业务活动，改善资金信息总是滞后于物料信息的尴尬状态，为实现事中控制和实时做出决策等方面提供了极大的便利。

除此之外，为了保证计划、事务处理、控制与决策功能都能够在供应链的业务处理流程中被高效地实现，必须使每个人都能够在流程业务处理的过程中发挥自己的工作潜能与责任心，同时在各流程之间应该尽可能地注重人与人之间的团队合作精神，以便形成一个有机组织，从而达到最大限度地发挥员工的主观能动性以及激发员工潜能的目的，也为实现企业从"尖椎式"组织结构向"扁平化"组织结构转变、提高企业对不确定的市场动态的响应速度奠定基础。总的来讲，借着快速发展的信息技术及其普及应用，ERP 软件完全可以将大多数先进的资源管理思想转变为实际生活中可以应用的计算机软件系统。

1.1.2　常见的ERP软件

许多国家都有自己的 ERP 软件开发公司，如 SAP、Infor、BAANO、RACLE、Peoplesoft、Microsoft 等，我国的 ERP 软件开发公司以及供应商主要有用友、金蝶和智邦国际等。下面介绍几款重要的 ERP 软件。

1.用友 U8

用友公司是我国 ERP 软件开发公司中的佼佼者，其旗下的产品用友 U8 软件对财务、制造、金融及供应链等方面进行了全面的整合并获得了大规模的成熟应用。用友 U8 软件把客户管理扩展到了客户关系管理（CRM），同时把零售、分销领域进行全面融合，并进一步将人力资源管理（HR）、行政办公、办公自动化（OA）和企业管理进行高效的结合。用友 U8 以集成信息管理并同时规范企业运作为基础，提高了企业的经营效益，并为创造出一款从企业日常运营、人力资源管理一直到办公事务处理的全方位管理产品奠定了基础。

用友 U8 软件为处于发展上升阶段的企业提供了 12 种互联网应用模式，包括设计制造一体化、供应链协同、电子商务、精益生产、精细管控、营销服务一体化、办公协同、人力资源、大数据分析、移动应用、社交化协同和云服务，处于不同发展阶段的企业可以根据实际情况选择适合自身发展需求的应用模式。

用友 U8 软件能够实现兼容多种现代电子信息设备（包括 PC、手机等）及多系统（包括 Windows、iOS、Android 等主流系统）的应用部署，适应在多种设备下应用的要求，通过整合不同业务场景及业务处理流程，把移动设备的便利性和互联网的广域优势尽可能地发挥到最大，把客户的消费行为、销售经理及整个团队的营销行为、营销通路的商业数据采集效率、关键营销业务的审批与处理效率等进行最大限度的提升，提高企业在市场上的竞争力和竞争优势，达到快速洞察市场变化、提升市场响应速度的目的。

2. 金蝶系列软件（包括金蝶 EAS、金蝶 K/3 WISE、金蝶 KIS 等）

金蝶 EAS 软件对于战略管控型、运营管控型及资本管控型的集团企业具有广泛的适用性。其能够为客户提供涉及财务管控、人力资源管控、战略管控、商业智能分析及企业治理等问题的高效的解决方案；为客户提供有关内部交易、工业互联网平台、智能制造、协同供应链等问题的运营管理解决方案；提供基于国产化的操作系统、数据库、应用软件的自主可控的解决方案；提供自主业务创新平台（如 BOS、移动 BOS、轻分析等），以满足集团企业创新方面的需求。

金蝶 K/3 WISE 是一套主要面向处于发展阶段的企业的软件，它能够帮企业在茁壮成长的过程中更好地适应业务与管理的不确定性的变化，帮助企业更好地把云服务、ERP 及物联网等方面进行融合，帮助企业更好地从信息化建设阶段跨越到工业互联网与数字化管理阶段。金蝶 K/3 WISE 软件可以实现跨网协作，以及线下 ERP 与线上云服务的融合应用，实现了 C2M 模式下的智能制造。同时，金蝶 K/3 WISE 软件还具备线上与线下融合模式、差旅与费用管控模式、研发与制造协同模式、C2M 与智能制造模式、产业链协作模式、全面成本分析与管控模式、物联网与数字化车间应用模式、阿米巴经营模式 8 大模式。

金蝶 KIS 软件作为一款主要面向我国小微型企业的软件，它以财务管理为核心，以订单为主线，通过移动终端的方式，对销售、库存、网店、采购、生产、门店等各经营环节进行实时管控，在帮助企业做好内部运营管理的同时，为企业创造新的商业模式，使企业获得更多的商机。

3. SAP

SAP 公司是现今世界上最大的 ERP 软件开发企业，其产品包括 SAP 软件。该软件能够给各种不同的行业及不同规模的企业提供高效而有针对性的解决方案。目前，在世界 500 强企业中有超过 400 家企业使用了 SAP 软件。在我国，大约有 90% 的大型国有企业、民营企业使用了 SAP 软件。其中，SAP R/3 软件是一个以客户 / 服务机结构以及开放系统为基础，对企业资源管理系统进行集成的 ERP 软件。其主要功能覆盖了企业运营的采购、销售、后勤、财务、人力资源、业务工作流等多个方面。SAP R/3 软件主要使用的是模块组合化结构，它们不仅能够独立使用，同时也能够与其他解决方案结合使用。一般而言，不同软件之间的融合效果越好，它们为企业带来的价值就越高。SAP R/3 软件主要分为 13 个模块：专案管理、管理会计、企业控制、投资管理、物料管理、财务会计、财务管理、生产计划、品质管理、人力资源管理、工厂维护、销售与分销和开放式资讯仓储。SAP R/3 软件依靠这 13 个模块，真正实现了自身的开放性、集成化、灵活性、功能性、用户友好、模块化、可靠性、低成本高效益、国际适用性和服务性 10 大功能特点。

4. Oracle

Oracle-Business Suite 是世界上第一套也是目前为止唯一搭配了单一全球资料库进行作业的 ERP 软件，它连接了企业前后端的整个业务处理流程，同时具备自动化的特点，能自动为企业提供完善、关键的资料，比如企业的各个业务、产品和地区的销售情况、仓库库存量等。

Oracle 软件对于业务复杂及有个性化管理需求的企业具有较高的适用性。与此同时，客户使用 Oracle 软件的难度、复杂程度、实施成本和风险也远远低于 SAP 软件。受到系统特性的影响，SAP 软件的应用成本和实施周期都远远大于 Oracle 软件。

从功能上看，目前市场上的 ERP 软件差异都不是很大，主要的差异体现在所支持的业务场景的复杂度、数据库类型、并发数量、性能及二次开发的复杂程度等方面。目前市场上的 ERP 软件开发公司基本上都会开发不同种类的 ERP 软件，并将其应用于不同的业务类型中。例如，在 Infor 公司的 ERP 软件产品中，LN 软件主要针对大型且离散的制造行业（如汽车、飞机生产行业等），M3 软件主要针对流程制造及服装行业，使用 CSI 软件的则主要是中小型、离散型制造行业，如汽车零配件生产、印刷行业等。不同种类的 ERP 软件都有其独特的定位及主要的客户群体，企业必须根据所处行业的不同类型、企业的规模和管理水平等选择最适合自身发展需要的 ERP 软件。

1.1.3　ERP软件的应用场景与实现过程

ERP 软件为了实现企业资源的最佳配置，对销售、报价、发货、售后、合同、采购、库存、生产、客户、项目、财务、人力资源、办公等企业项目进行了全面的整合，对企业的各项资源进行了有效的配置，提升了企业整体运营效率和收益。此外，ERP 软件针对企业的各项业务流程实施了优化，使企业所有的业务都实现了数字化管理，即使只有某一个很小的环节出现问题，系统也会及时进行反馈。另外，ERP 软件能够对企业的决策提供有针对性的帮助，使用先进的信息技术（如数据分析、数据挖掘技术等）对企业的业务数据进行智能化分析处理，为企业的管理层、决策层和操作层提供决策依据。下面以一些较为典型的以生产制造业为主的 ERP 软件的应用场景做进一步说明。

【应用场景 1】生产线原料短缺势必会影响企业正常的交货安排，因此必须让采购计划顺利进行以保证企业能够正常、持续地供货，但是如果采购量过大，往往又会产生库存积压现象，占用大量的流动资金。一方面客户订单持续积压，另一方面原料价格又波动频繁，如何才能更好、更快地推进生产活动，同时确保企业的利润空间呢？

ERP 软件基本都具备批量物料分析功能，不仅能够将多个生产计划整合到一起进行一次性的合并分析，还能够把多个客户的订单同时进行批量分析，企业完全可以根据自身的实际需要进行自由选择。ERP 软件中的 MRP 分析模块与 LRP 分析模块能够完美并行，对结果进行随时随地的查看并进行物料替代。这不仅大大降低了企业的缺料、积压、停工的风险，还能实现更高的产量及更低的能耗，大大提升了企业的运营效率。

【应用场景2】销售人员往往对企业的产能并不十分了解，容易随意接收客户订单以及承诺交货日期，给企业造成订单任务无法完成的风险。与此同时，企业会时不时地遇到急单或插单的情况，给正常的生产计划带来麻烦。生产计划的频繁变更、生产订单的时间难以确定、采购订单信息不全面、库存信息无法实时更新、生产车间工作忙闲不均等现象都会造成排产困难重重，同时带来严重的浪费、交期失控等问题。

ERP软件可以对企业的生产活动进行智能化的安排，并且自动关联车间及生产线。同时，ERP软件还储存了考勤排班、物料需求、设备日历等信息，能够依据生产的时间、方式、强度等对生产活动进行智能化安排，并将结果用甘特图、负荷图等向管理人员进行直观的呈现。

【应用场景3】某些客户的订单交付时间很短，并且产品的生产过程十分复杂，生产工序、生产线及产品数量多，有很多由不同的方式记录的生产数据，同时被遗忘、丢失或带走的数据也很多，产品的质量经常无法得到保证，生产过程十分紊乱。

ERP软件一般会有一个生产工作台模块，它通过一个界面向管理人员进行直观的展示，实时监控和生产活动有关的常用单据，对待办事宜、生产进度、人员状态、数据报表等进行预警，同时将计划预期与实际情况进行实时对比，将数据全部打通，使单据相互关联，能够一查到底，为企业的生产管理等活动提供便利。

【应用场景4】大部分企业的生产车间都存在生产线管理混乱，部分车间在制品大量积压，而另外一些车间的员工却无事可做、机器严重闲置的问题。生产工序越复杂，问题往往越严重，此时人工统计的效率很低，产能会大幅下降，产品质量也无法得到保障。

ERP软件具有对生产线进行管理的功能，一般是将车间组织架构划分为"树形"，使所有的产品生产线一目了然，每个工作车间的责任具体到人，和生产有关的车间、生产线、生产工序彼此都进行了精准的绑定，所有的数据都自动协同，每一条生产线、每一道工序、每一个人员都尽在掌控中，生产线数据可以被排产、派工等工序引用，从而可以让生产线井然有序，让产能得到快速提升。

1.2 ERP软件系统的构成

ERP软件是对企业整个供应链上的资源进行集成的数字化管理系统，通俗地说，ERP软件就是将企业的三流（即物流、资金流和信息流）进行全面一体化管理的管理信息系统。企业管理一般包括四部分内容：（1）生产计划与控制，主要包括计划、制造等；（2）物流管理，主要包括分销、采购、库存管理等；（3）财务管理；（4）人力资源管理。ERP软件系统主要就是对企业的这四个方面进行集成。

1.2.1 ERP软件系统总体框架构成

如今，企业能够选择的ERP软件系统种类多样，每种ERP软件系统囊括的功能范围、每个功能模块的划分方式及命名方法也各有不同，但一般都囊括了基本的管理功能，如生产计划与控制管理、物流管理、财务管理及人力资源管理等。另一方面，ERP软件系统又有四个全景，分别是供应全景、消费全景、生产全景和知识全景，而这四个全景又分别对应供应链管理（SCM）、客户关系管理（CRM）、产品生命周期管理（PLM）和知识管理（KM），这四个全景管理的最终实现均是以企业坚实的信息化为基础的。

1. 基本功能模块

（1）生产计划与控制管理模块是保持企业高效生产的基石，与此同时还兼顾生产弹性，其中包括生产成本计划、物料需求计划、生产规划、生产现场信息系统、生产控制及制造能力计划等。

（2）物流管理模块的主要功能是辅助企业对物料进行有效管理，以达到降低库存成本的目的，它几乎涵盖了"购、销、存"管理的各个方面，包括仓储管理、采购管理、发票管理、销售管理、库存管理、采购信息系统管理等。

（3）财务管理模块是为企业提供更加精准、及时的财务信息，如作业成本、利润分析、产品成本、间接成本、固定资产、一般流水账、特殊流水账、应收应付账款、总公司汇总账。

（4）人力资源管理模块主要是帮助企业降低组织管理的成本和为企业创造价值链利

润，包括绩效管理、培训招聘管理、薪酬管理、预警功能等。

2. 全景管理模块

ERP 软件系统提供的四个全景管理模块是供应链管理、客户关系管理、产品生命周期管理和知识管理。

（1）供应链管理模块主要由三个系统构成，分别是供应链规划与执行系统、运送管理系统及仓储管理系统。该模块主要是对供应商与客户之间的物流、信息流、资金流、程序流等进行整合化、实时化和扁平化的处理。

（2）客户关系管理模块用来协调与客户端有关的经营活动，它可以从企业现有的数据库中获取所需要的信息，并且自动管理现有客户数据及相关数据。客户关系管理模块加强了前端的数据仓库技术，它对企业的销售、营销及服务信息进行整合及分析，以帮助企业在为客户提供更好的服务的同时实现企业的营销理念，借此大幅改善企业与客户之间的关系，为企业带来更多的销售机会和更多的经济收益。

（3）产品生命周期管理指的是从人们对某种产品产生需求到产品淘汰报废的全部生命过程。产品生命周期管理是一种十分先进的企业信息化思想与观点，它使企业能够不断地思考与反思在竞争激烈的市场中，怎样利用最有效的方式和手段增加企业的收入并降低成本。

（4）知识管理模块本身就是一种活动，主要目的是对知识本身、知识的创造过程及知识的应用进行规划，其中最主要的管理对象是无形资产、遵循"知识积累—创造—应用—形成知识平台—再积累—再创造—再应用—形成新的知识平台"的循环过程。知识管理融合了知识经济理论、企业管理思想、现代管理理念及现代信息技术等，是知识经济时代涌现出来的一种新的管理思想与方法。

1.2.2　ERP软件系统各项框架管理

1. 生产计划与控制管理

生产计划与控制管理模块是整个 ERP 软件系统的核心，它把企业的生产过程进行有机整合，使企业能够高效地降低库存、提升效率。它把原本独立且分散的生产过程进行有效的衔接，让其可以前后连贯地进行，从而避免因某个中间环节出现问题而延误生产交货时间。一般而言，生产计划与控制主要包括以下内容。

（1）主生产计划：是指企业在某一特定时期内的所有生产活动的总安排，是根据企业的产品生产计划、实际获得的客户订单和历史销售数据分析得来的一种对未来生产计划的预测。

（2）物料需求计划：管理人员根据主生产计划确定生产的最终产品及其数量后生成相应的物料采购清单，再根据物料采购清单及企业现有的物料库存进行对比，确定最终需要采购的物料数量。

（3）能力需求计划：通过之前的物料需求计划得出初始物料需求订单以后，将企业所有的工作中心的总工作负荷能力与工作中心的实际能力进行相应的平衡，最后制定出详细的工作计划，用以确定企业的生产能力是否可以达到最终的物料需求计划的要求，以及如果达不到要求，应该在多大程度上提高生产力。

（4）车间控制：这是一种动态的作业计划，它根据时间的变化而变化，一般先把各种作业计划分配到对应的车间，然后再进行后续的作业排序、管理及监控等。

（5）制造标准：其本质上是一种在生产过程中必需的信息，如零件、产品结构、工序和工作中心等，它们都依靠唯一的代码在计算机中进行识别。

2. 物流管理

物流本质上是物品或商品在供应链上的流动过程。物品在运输或流动的过程中，分别以不同的形式及状态出现在供应链的不同结点上。物料及商品的流动贯穿"购、销、存"管理的方方面面，所以物流管理有时也被称为供应链管理。

（1）采购管理：对与企业采购相关的活动进行组织、实施及控制，即通过采购申请、订货采购、进货检验、收货入库、采购退货、购货发票处理、供应商管理等多种功能的综合运用，对与采购有关的物流和资金流的整个过程实施有效的控制及追踪，以达到完善企业物资供应管理信息的目的。

（2）销售管理：帮助企业及时快速地掌握市场变化情况，以求对消费者的需求变化做出最快的反应。销售管理模块主要包括三个方面的功能：第一，对客户的有关信息进行管理和服务；第二，对销售订单进行管理，销售订单功能是 ERP 软件的入口，企业所有的生产计划必须由它下达，然后才能进行排产；第三，对销售结果的相关信息进行统计与分析，系统会根据销售订单的完成情况，依靠各种指标或标准做出相应的统计，然后根据这些统计结果对企业的实际销售情况做出评价。

（3）库存控制：主要是对企业存储的原材料数量进行控制，确保有稳定可靠的物流资源支持企业的正常生产活动，同时又能够最低限度地占用资源。这个功能还涉及为所有的原材料建立相应的库存，确定订货采购的最终日期，最后把它作为采购部门采购和生产部门制定生产计划的依据；收到采购的原材料，在经过质量检验后入库，企业生产的成品也同样要经过检验后才能入库；收发货物的日常业务处理工作。

3. 财务管理

ERP软件中的财务管理模块与普通的财务管理软件在本质上有着很大的区别。财务管理模块作为ERP软件中不可或缺的一部分，它与系统中的其他模块有着对应的接口，能够相互集成融合，并且取消了输入凭证这个复杂的过程，几乎替代了以往的手工操作。大部分ERP软件的财务管理模块都会被细分为会计核算与财务管理两个子模块。

（1）会计核算。该子模块主要是为了对财务资金在企业运营活动中的变动及其结果进行充分的记录、核算、反映和分析。一般包含以下几个功能模块。

- 总账模块：主要负责处理记账凭证的输入、登记，输出日记账、一般明细账及总分类账，从而非常方便地编制相应的会计报表。它是整个会计核算模块中最重要的部分，应收账、应付账、固定资产核算、现金管理、工资核算、多币制等模块都需要以它为中心进行信息传递。
- 应收账模块：由于某些客户在采购产品时未正常付款，而是按周期结账或临时赊账，这些欠款对企业来说就是应收账，该模块就是对应收账进行管理。
- 应付账模块：应付账是指企业由于采购原料而应该向供货商支付的货款，该模块就是对应付账进行管理。
- 现金管理模块：主要是对企业流入及流出的现金进行控制，同时对存储于银行中的存款进行核算。
- 固定资产核算模块：主要是对企业的固定资产进行定期核算，其中包括资产的增减变动，以及与折旧有关的基金的计提和分配。
- 多币制模块、工资核算模块。

- 成本模块：主要根据产品的不同特点，如产品结构、工作中心、工序、采购渠道等信息对产品的各种成本进行计算，为成本分析和规划工作奠定基础。

（2）财务管理。财务管理子模块的主要功能是以会计核算的数据为基础，对数据加以分析研究，然后进行相应的财务预测、管理及控制，具体功能包括财务计划、财务控制、财务分析和财务预测。

- 财务计划主要是依靠之前的财务分析对下期的财务计划、财务预算等进行制定。
- 财务分析主要是为客户提供查询功能，同时依靠用户定义的差异数据的图形显示对财务绩效进行评估，其核心内容是对有关资金问题进行决策，包括资金筹集、资金投放及资金管理等。

4.人力资源管理

人力资源管理模块和ERP软件中的财务管理模块及生产计划与控制管理模块共同构成了一个高效的、高度集成化的企业资源管理系统。它与传统的人事管理方法与理念有着很大的区别，它主要是通过招聘、甄选、培训、报酬支付等形式对企业内外有关的人力资源做出有效且合理的利用，尽可能地达到组织当前及未来的发展要求，保证企业的目标能够实现，同时帮助企业成员获得更好的发展。人力资源管理模块是对企业的人力资源需求做出预测并制定人力需求计划，然后对应聘人员进行有效的组织、考核、报酬支付、激励和开发，以实现最优的组织绩效，其主要内容包括招聘与配置、人力资源工作规划、培训与开发、薪酬与福利、绩效管理、劳动关系等。

1.2.3　ERP软件系统各项框架间的数据交互

ERP软件系统的各管理功能模块之间有广泛的接口，以支持基于业务流程的企业各部门协同工作（见图1-1和图1-2）。

公司策略　　　　　　　　绩效指标　　　执行报告

通盘规划　　　　　　　　决策支持系统　DSS

粗能力规划　　产销排程

报价管理　销售订单　　物料需求　　物料清单　固定资产　　　　人力资源管理

出口贸易　出货管理　　采购管理　委外　生产订单　设备管理　应收账款　会计方面　总账会计　薪酬管理

进口管理　工序委外　车间管理　产销管理　应付账款　　　　出勤刷卡

销售分析　　　　票据现金

库存管理　　成本会计

共用资料　　档案管理　　安全管制　　在线手册

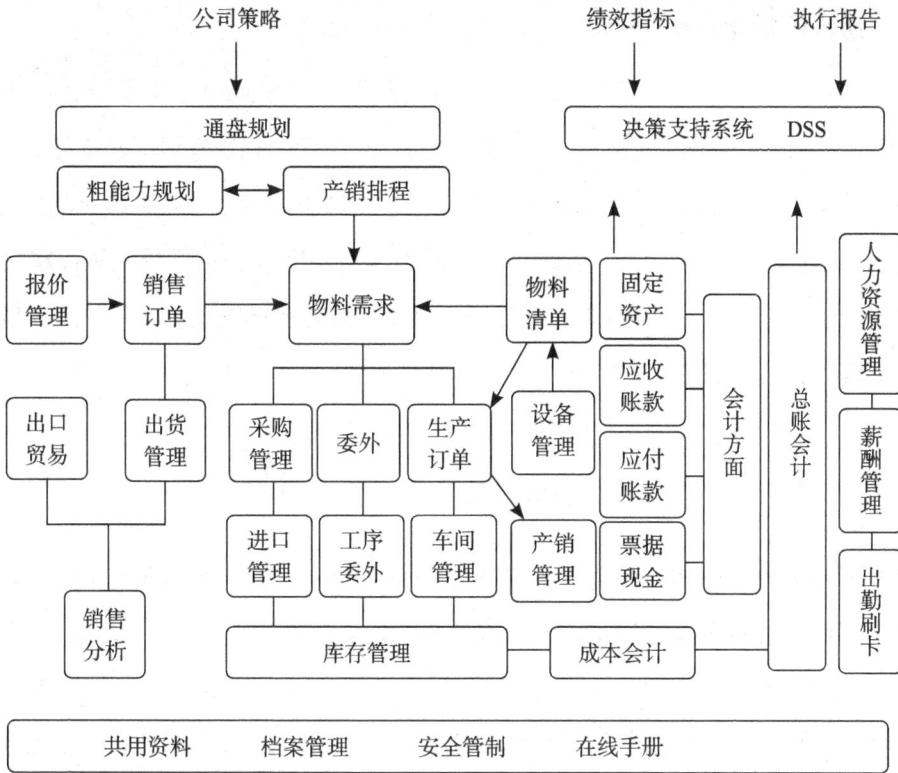

图 1-1　ERP 软件系统性能模块

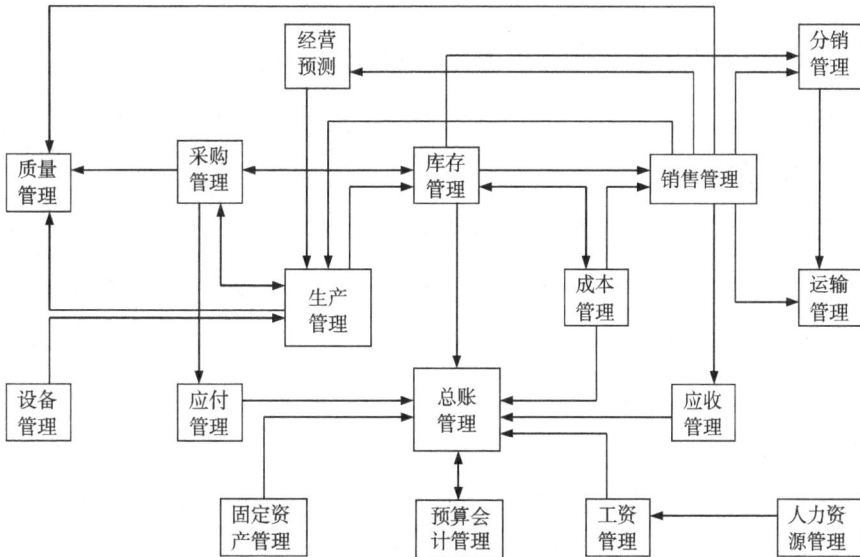

经营预测　　　　　　　分销管理

质量管理　采购管理　库存管理　销售管理

生产管理　成本管理　运输管理

设备管理　应付管理　总账管理　应收管理

固定资产管理　预算会计管理　工资管理　人力资源管理

图 1-2　ERP 软件系统的总体流程

15

1.3 ERP 软件的分类

ERP 软件有效衔接了企业的工作流和信息流，对企业的长期发展有着不可磨灭的积极作用，能够帮助企业降低生产成本，最大限度地提高企业的生产效率和效益。由于企业的所属行业类型、主营业务、管理模式、发展方向等因素各有不同，其对 ERP 软件的功能要求也有所差异，所以市面上的 ERP 软件在结构和功能上各有其特点，暂时还没有一款可以通用的 ERP 软件。

1.3.1 ERP软件的应用分类标准

ERP 软件按照不同的要求标准可以划分为不同的类别。如果根据应用行业进行分类，ERP 软件可分为制造业 ERP 软件、流通业 ERP 软件、电力行业 ERP 软件、能源业 ERP 软件、金融业 ERP 软件、建筑业 ERP 软件、媒体业 ERP 软件等；如果根据应用企业的规模进行分类，可分为大型企业 ERP 软件、中型企业 ERP 软件和小型企业 ERP 软件。

根据适用规模进行分类，ERP 软件可分为 C/S 架构下的 ERP 软件和 B/S 架构下的 ERP 软件。

（1）C/S 架构下的 ERP 软件为客户端与服务器端结构，是将系统的操作功能合理分配到客户端和服务器端，此类架构下的 ERP 软件适用于企业内部使用局域网的情况，有局限性，但保密性相对较强。

（2）所谓 B/S 架构，就是浏览器端和服务器端结构，用户所使用的工作界面能够通过浏览器进行浏览与访问。从该架构的适用范围来看，B/S 架构下的 ERP 软件不仅适用和满足于企业内部的局域网，也适用和满足于外部的广域网。也就是说，在保证企业所指定的保密需求的同时，又满足了互联网环境下的无区域限制的办公形式，以适应和满足企业的全球化管理需求。

根据产品的使用范围进行分类，ERP 软件可以分为通用型 ERP 软件和定制型 ERP 软件。

（1）通用型 ERP 软件可以实现相对简单的通用功能（进、销、存、应收应付等），截至目前，我国中小型企业使用的 ERP 软件大都是从供货商手中直接购买的通用型 ERP 软件。这种类型的 ERP 软件的优势在于其系统经过很多年的研发、升级，并且经过了大量客户多年应用的实际检验，性能十分稳定可靠。通用型 ERP 软件能够为客户提供许多先进的管理模式及管理理念，能够很好地帮助企业摆脱陈旧管理思想的束缚，提升企业的管理水平。但是通用型 ERP 软件也存在一定的不足，比如它的功能往往比较僵化，不够灵活，基本上很难为决策者提供针对某个行业特点的管理支持。我国企业目前应用比较广泛的用友 U8 软件、金蝶 KIS 软件、浪潮 PS 软件等都是通用型 ERP 软件。

（2）定制型 ERP 软件主要是根据不同企业的客观需求而定制的、能够很好地贴合企业发展需求的管理信息系统。这类 ERP 软件能够在使用过程中对自身系统进行实时跟踪维护，解决 ERP 软件在使用过程中遇到的所有问题。例如，灵创软件公司的专业服装 ERP 软件针对服装多色、多款、多号及季节性等特点进行特殊的考虑，对这些方面的管理设计更加精细化。具有特殊功能的定制型 ERP 软件目前的开发方式主要有两种。一种是功能与结构等各个方面都基本成熟的 ERP 软件，此类 ERP 软件能够对自身的流程和功能进行重组以满足客户的不同需求；内置二次开发，即在现有 ERP 系统的基础上，根据客户的需求做个性化的开发。另一种是企业通过外包公司进行软件开发，由于此方法需要量身定制，同时对于管理的针对性很强，因此开发成本较高，耗时也较长。企业的需求不是一成不变的，往往具有随着时间的流逝及企业的发展而变化的特点，因此需要定制的 ERP 系统一般都需具有一定的可扩展性和灵活性。客观而言，对于一些具有特殊性的中小型企业，采用定制型 ERP 软件是一种相对比较现实且可靠的选择。

根据业务范围及 ERP 软件的优势功能，ERP 软件可以分为以下几个类别。

（1）以财务管理为主的 ERP 软件：此类 ERP 软件以用友公司的产品和金蝶公司的产品最有代表性，这两家公司都是以财务管理软件开发业务起家，其产品主要围绕财务和"进、销、存"展开，但是对于制造业的针对性解决方案来说则比较弱。

（2）以商贸流通管理为主的 ERP 软件：此类 ERP 软件的用户大多是之前做小型

"进、销、存"起家的开发企业，如任我行、速达、金算盘等，这类企业的产品价格低廉、代理商众多。

（3）制造业解决方案 ERP 软件：主要包括鼎捷 T100、正航 T9、NBS、西华升腾 STIMS40 等 ERP 软件，这些软件的使用企业在制造业行业都已深耕多年。

（4）国资军工 ERP 软件：目前我国的航空、航天、军工等行业使用的 ERP 软件主要是由浪潮公司开发的 ERP 软件。

（5）行业解决方案 ERP 软件：我国工商业体系十分健全且完整，细分行业非常多，拥有许多性能优良的行业解决方案 ERP 软件，比如立足房地产行业销售系统的明源、立足建筑行业的广联达等所开发的 ERP 软件。

国外的 ERP 软件具有代表性的主要有 SAP 软件、Oracle 软件、QAD 软件等，这些软件由于起步较早，经过了用户长时间的使用及不断的问题反馈，已经有了很好的行业适应性，具有相应的支持大型企业全球化运作的功能，同时可以为客户提供典型案例及解决方案等，并且可以深入地对企业所在行业的业务需求与流程进行挖掘。这些世界领先的 ERP 软件已经被许多世界 500 强企业所采用。相比于国内的 ERP 软件，国外的 ERP 软件的思维模式有着其自身的特点。

（1）操作界面对国内企业并不十分友好，操作过程比较复杂，业务流程的制定也基本按照国外的思维模式进行，无法与国内企业自身的特点相适应。国内企业的各个业务部门在使用的过程中始终觉得十分别扭，甚至会使操作人员产生抵触情绪。

（2）对技术人员的业务能力要求很高，同时也会消耗大量的购置成本与维护成本，费用通常是国内软件的数倍甚至数十倍。

（3）二次开发难度较大，错误百出，同时还会经常面临操作人员专业技能不足及对软件理解不够等问题。

1.3.2　ERP软件的各类应用领域

最先应用 ERP 软件的行业是制造业，而其应用 ERP 软件的最初目的是减少生产成本及提高生产效益。经过一段时间的发展，ERP 软件逐渐被广泛应用于许多拥有不同的规模、生产方式、产品、工艺和组织方式的企业中，以帮助企业从生产制造型企业向金

融业（银行、证券等）、服务业（商场、超市、饭店和旅馆等）和对外交易等不同组织
形式转变。由于 ERP 软件具有先进的企业管理思想及权威的管理行为规范与标准，因
此只要有管理的地方，就可以将 ERP 软件的思想、理念和观点应用到企业中去，提升
企业的管理效率和效益。目前来说，ERP 软件的应用对象包括以下行业。

1. 制造业

ERP 软件最早应用于制造业，它的早期形式——库存控制（Inventory Control）主
要是为了适应机械制造业中的重要生产形式（离散型）而设计的，在后来的几十年里，
制造业一直是 ERP 软件应用最核心的领域。即使 ERP 软件发展到今天，已经可以适应
任何形式的工业生产方式，但从适用性的角度来看，制造业依旧是最能发挥 ERP 软件
应有的成效的行业，尤其是机械制造业这一典型的离散型行业。

2. 服务业

20 世纪 90 年代中后期，社会逐渐发生了革命性的变化，开始从工业经济时代逐渐
步入知识经济时代，对企业来说，自身所处的时代背景与竞争环境也发生了较大的变
化，光依靠企业自身的相关资源已不太可能更好地参与到市场竞争中。ERP 软件在设
计中充分考虑到了这一点，因此 ERP 软件把与经营过程有关的各个节点，比如供应商、
制造工厂、分销网络、客户等纳入到了一个紧密且互相联系的供应链中，更进一步适应
和满足了企业充分有效地利用一切能够利用的市场资源并高效地进行生产经营的需求，
从而达到了提高企业效率和取得市场竞争优势的目的。可以这么说，ERP 软件的先进管
理思想及理念在供应链管理方面被发挥得淋漓尽致。同时，ERP 软件中的某些功能也逐
步被应用到了非制造业领域中，如财务管理、分销管理和人力资源管理等领域。在如今
的知识经济时代，服务业已经逐渐转变为社会经济的主导行业，ERP 软件也渐渐地在服
务业中崭露头角，特别是在跟踪客户服务和实现在线客户服务等方面，即在对客户服务
需求的迅速响应及提升客户满意度等方面发挥着积极的不可或缺的作用。

3. 金融业

银行作为金融业的代表，其在较早的金融电子化实施过程中一直有着分散投资和分
散开发等现象。随着银行经营活动全球化脚步的迈进，人们开始慢慢地明白整体运作的
协调性对于提高银行效益的核心作用。因此，大部分的银行开始应用 ERP 软件。通过

对 ERP 软件的应用，银行逐渐能够以财务管理为核心，以资金管理为重点，以人力资源管理为根本，最后将柜台交易软件、财务管理软件、人力资源管理软件、银行办公软件集成化；将存贷款系统与账务处理系统有机结合，使账务处理与放贷／还贷人存款／提款、计息／还息（手续费）、不同贷款类型的转换（正常期转逾期、逾期转展期等）、利息转本金、合同的拆分和合并等存贷款业务形成统一；使存款、贷款、手续费、利息、合同状态的转换等业务数据直接以凭证的形式输入到账务系统中，通过账务系统对其进行直接处理；实现对银行整体财务信息的共享，使银行可以及时地知道自己的资金流动情况，合理地使用或调动资金，让有限的资金得到尽可能大的利用，最终达到降低成本的目的。同时，ERP 软件能够使相关信息在银行内部高度共享，为企业管理人员及决策者进行最优决策提供准确、全面、及时的参考依据，最大限度地促进银行管理体系的规范化和科学化，提高银行的效益，实现对银行各类资源的最优分配。

4. 商业

随着贸易和经济全球化的发展，ERP 软件同样也在商业领域的管理活动中被广泛应用。ERP 软件让商业管理活动中的销售活动更为直观，并逐步成为企业进行市场竞争时最有力的手段。ERP 软件的应用也从以往纯粹的内部管理活动逐步延伸到了企业外部经营范畴，市场信息搜索、客户管理、网络采购、双向和个性化营销等都对商业企业的管理体系及管理架构提出了很大的挑战，而通过 ERP 软件提供的历史资料和数据，可以让商业企业减少多余的工作，更好地对企业的下一步工作进行管理决策，提升客户满意度（客户关系管理）。

[习题]

1. 什么是 ERP 软件？

2. ERP 软件有哪些基本功能模块？

3. ERP 软件的功能模块都有哪些功能？

4. ERP 软件的应用领域有哪些？

5. ERP 软件在各应用领域内各有哪些功能？

第 2 章

ERP 软件的维护

随着经济的迅速发展，以及相关技术的日渐成熟，越来越多的企业逐渐意识到只有对企业供应链上所拥有的一切资源进行科学规划和有效利用，才能使企业更加灵活地应对各种市场危机，同时在激烈的市场竞争中立于不败之地。因此，很多企业开始不断加大对 ERP 软件的资金投入。但是大部分能够成功应用 ERP 软件的企业在应用初期都遭遇过不同程度的失败，而这当中最重要的原因就是在系统维护环节出现了问题。ERP 软件在投入使用之后是否能够稳定地运行已经成为制约其应用的一个关键因素，因此必须对它进行不间断的维护，以发挥其应有的作用。

2.1 ERP 软件维护的必要性

ERP 软件的日常维护是保证企业 ERP 软件正常运行的前提，对 ERP 软件最终的应用成果具有至关重要的影响。ERP 软件在企业信息系统中上线以后，总会不断遇到各种各样的问题，如前期技术错误、系统稳定性差、维护工作不到位等，系统无法达到企业运作的相关要求，企业不得不为此投入大量的人力、物力和财力，导致很多企业后悔应用 ERP 软件，甚至有大部分企业选择放弃应用 ERP 软件。在 ERP 软件的整个应用周期中，仅仅在运行维护阶段花费的时间和金钱成本就占到了其总运行成本的 70% ~ 80%，因此只有不断优化 ERP 软件的维护工作才能进一步帮助企业节约成本。

2.1.1　ERP软件维护需求情况

在 ERP 软件正式投入应用之后，企业还需要进一步保障软件稳定运行、优化软件、扩充软件，这是一个需要不断递进和共存的过程。

（1）保障软件稳定运行的需求。在保障 ERP 软件上线的同时还要保障软件平稳运行，解决软件运行过程中的缺陷、操作类错误、权限控制等问题，因此必须对 ERP 软件进行相应的保障及维护工作。此外，ERP 软件上线后，根据企业的业务实施及发展需要，ERP 软件也要随之做出灵活且迅速的调整，以便进行后续的设置调整及相关系统测试。当 ERP 软件可以顺利地满足一段时间的调试要求，并且 ERP 软件设计中存在的缺陷及用户的操作问题越来越少后，ERP 软件就会自然地处于一个相对稳定的运行状态。

（2）优化软件的需求。ERP 软件能够以一个稳定的状态持续运行后，同样也会存在一些操作烦琐或相关功能不能实现等设计问题，因此需要对 ERP 软件进行优化处理，让软件能够尽可能地符合相关设计要求。另外，企业需要不断优化 ERP 软件的运行环境和效率，让软件增加一些新的功能。除此之外，应用 ERP 软件之后，企业需要不断地优化和细化与管理相关的流程，从而达到利用 ERP 软件改善企业管理和提高市场响应速度的目的。

（3）扩充软件的需求。在 ERP 软件的整体架构和功能设计达到了相关要求之后，企业管理层及 ERP 软件的实际使用者会充分体会到 ERP 软件在企业管理中所起到的至关重要的作用，因此会希望在与企业相关的更多领域中对 ERP 软件进行应用，以达到优化企业资源的目的。但这样会不断地对 ERP 软件提出更多更高的新要求，需要对 ERP 软件的相关功能进行进一步的扩充，借此实现其他项目的实施与推广。企业在不断地成长和进步，其在每个时期所面对的业务流程及业务主体会有很大的不同，因此只有合理科学地对系统进行维护才能保证 ERP 软件在企业管理过程中的作用。

另外，ERP 软件如果使用或管理不当，很容易造成数据的泄露和丢失。外部网络访问授权机制不规范和内部网络遭受窃听，以及权限配置不当等原因都会对数据的安全带来很大的负面影响。这就需要企业管理者及系统维护人员及时针对 ERP 软件的相关信息做好日常的数据备份及系统安全管理等维护工作，以避免企业遭受更大的损失。

由于企业的规模不同，以及 ERP 软件的应用对象不同，ERP 软件的维护方法也不同。对于规模较小、产品结构单一、业务流程相对稳定的企业，可以采用完全外包给第三方的形式进行 ERP 软件维护。如果条件允许，也可以在企业内部构建相应的应用环境，将其中一部分 ERP 软件维护工作外包给产品的供应商及软件集成（实施）商等企业外部人员。集团型企业的 ERP 软件日常维护工作量大、响应要求高，应主要依靠企业自身拥有的 IT 环境和 IT 人员进行软件维护，将特定业务（如数据转换、升级、模块添加等）进行部分外包以补充短期资源不足的情况除外。

ERP 软件的维护工作主要由软件管理人员负责，日常所做工作主要包括软件性能监控、数据备份与恢复、软件数据库优化等。在 ERP 软件应用之前及应用的过程中，软件实施方的相关顾问会按照相关流程对企业的软件管理人员进行相应的培训，使其具备能够自己对 ERP 软件进行全面的日常维护的能力。当然，软件提供方也会有相应的培训课程，但是这种培训一般属于全面系统的培训，不会像实施方那样目标明确且具有很强的针对性。

2.1.2 维护工作缺失的弊端

在系统开发和实施技术不断发展成熟的同时，ERP 软件维护问题也变得十分重要。企业在制作 ERP 软件时，对前期的规划和设计工作，以及 ERP 软件能否正常实施都会非常重视，因此会投入更多的人力和财力，甚至企业高层负责人也会作为第一责任人进行总体统筹和指挥，为 ERP 软件的正常运行提供强大而有力的支持。但是，对于实施之后的维护阶段，企业往往会忽视，这主要是因为很多企业没有针对维护工作设立专门的维护资金和专业人员，并且各个部门之间的协调也很不顺畅。

ERP 软件维护工作的缺失往往会导致 ERP 软件的使用效果大打折扣。在 ERP 软件成功实施后，一旦维护工作没有做到位就很容易会出现一系列的突发问题，比如系统与实际流程不符、系统不稳定、数据安全问题、数据不准确等。

ERP 软件维护工作不到位很容易对员工使用 ERP 软件的积极性造成打击。一些应用 ERP 软件的企业即使成功上线，但在维护阶段没有解决前期技术错误、系统不稳定等问题，依旧会严重影响员工的积极性，业务部门也会质疑 ERP 软件的实际效果，从而使整个 ERP 软件的建设工作功亏一篑。

ERP 软件维护工作机制的不健全会使企业对 ERP 软件的维护变得十分困难。对于加强 ERP 软件维护的具体做法可以参考以下几点。

（1）从企业的高层领导到 ERP 软件操作人员都要从思想上加强对 ERP 软件维护工作的重视。如果条件允许，企业应成立专门负责 ERP 软件维护工作的专业队伍，由专业人员对 ERP 软件进行维护。在对 ERP 软件进行规划设计的初期，企业要尽可能充分地考虑软件的可维护性，确定具体的运营维护模式；在系统实施的初期，就应该安排专业的维护人员进入该项目，参加相关操作和维护工作，尽可能地增加他们对整个系统的了解和认识，从而使他们熟练地掌握 ERP 软件的操作流程。

（2）企业要尽可能地建立和完善相关制度，以确保实现 ERP 软件的价值。企业应通过建立岗位责任制度、流程管理制度等来对各部门及人员的责任进行划分，提高其工作效率。与此同时，企业还应建立数据维护、应急处理、变更管理等制度，以保障数据的正常录入与实时更新，并且在发生突发事件时可以及时做出相应的反应，使企业适应不断变化的客观环境，让企业处于一个良好的运营状态。

（3）科学配置维护人员。在对维护人员进行确认之前，企业应尽可能地考虑 ERP 软件的规模及其他实际情况，并综合考虑 ERP 软件在未来一段时间内的规模扩张，做好维护人员的储备工作。ERP 软件的维护工作对专业性要求较高且工作内容十分烦琐，如果维护人员具有一定的系统维护经验，则维护效果往往会比较理想。如果维护人员没有任何维护经验，也从来没有参与过相关的维护工作，那么企业就必须加强对人员配置的优化，同时强化对维护人员相关技能的培训。一般情况下，维护人员的数量应该尽可能多一些。在实际工作中，维护人员数量的确定应以企业的具体规模和发展状况、ERP软件的应用程度及有关计划等为依据。

2.1.3 软件维护的益处

软件维护的益处如下。

（1）能确保 ERP 软件稳定运行。通过软件维护可以及时修复 ERP 软件在测试阶段未发现的错误，进一步提升软件的综合性能，解决系统在运行过程中可能出现的各种问题，使软件能够更好地适应信息技术和管理需求的变化。

（2）能保障数据安全。在 ERP 软件中存储的很多数据都是企业的核心秘密，因此，通过对 ERP 用户的权限进行管理、对数据库进行备份等维护工作可以防止数据的泄露和丢失，充分保障企业的信息安全。

（3）能完善系统运作流程。ERP 软件在企业上线后，需要 ERP 软件的运作流程与企业业务流程高度一致，在这个过程中会不可避免地发现企业很多管理制度与 ERP 软件存在差异。通过对 ERP 软件进行维护可以对系统流程进行调整，对不合理的流程及不合理的操作进行科学的设置，对企业实际业务变更做出更加及时的响应和改进。

2.2 ERP 软件维护的要点

能否对 ERP 软件进行科学且有效的维护对企业的管理效率和经济效益有着很大的影响。为了进一步让 ERP 软件的维护工作变成企业的常规工作，企业要尽可能地采用定期与不定期检查相结合的方式，同时加强对维护工作的监督，在保证 ERP 软件正常运行的情况下，充分挖掘 ERP 软件的潜在能力。

2.2.1 ERP软件维护工作的主要类型

ERP 软件维护工作的主要任务是利用各种维护手段使 ERP 软件持久地满足企业的实际需求。从广义上讲，ERP 软件维护可分为硬件维护和软件维护。硬件维护主要是指对 ERP 软件中的硬件设施进行检测、更换、升级等，如服务器维护、客户端维护等。软件维护是指对 ERP 软件中提供服务的模块进行升级、修复缺陷、重新编写等。从狭义上讲，ERP 软件维护专门指的是软件维护，并细分为改正性维护、适应性维护、完善性维护、预防性维护等。

（1）改正性维护。软件交付后，由于 ERP 软件在开发时的测试工作没有做到位，一些隐藏的问题未被发现，这些隐藏的问题会在某些特定的情景中暴露出来，而诊断和纠正这类问题的过程就是改正性维护。

（2）适应性维护。在 ERP 软件的使用过程中，外部环境（新的硬件、软件配置）、数据环境（数据库、数据格式、数据输入/输出方式、数据存储介质）可能会发生变化，应对这些变化的过程就是适应性维护。

（3）完善性维护。在 ERP 软件的使用过程中，企业往往会随着自身的发展对 ERP 软件提出新的功能与性能要求。为了满足企业的这些需求，需要对 ERP 软件进行修改或者再开发，以增强软件性能、改进加工效率、扩充软件功能、提高软件的可维护性。

（4）预防性维护。预防性维护是指使用较为先进的软件工程方法对需要进行维护的 ERP 软件，或者 ERP 软件中的某些部分进行重新设计、编制和测试。

另外，根据问题的出处进行分类，可以把 ERP 软件维护工作细分为财务管理维护、业务流程管理维护、数据管理维护、人力资源管理维护等。根据维护内容进行分类，可以把 ERP 软件维护工作细分为数据库维护、用户权限维护、软件的日常维护等。

2.2.2 ERP软件维护的主要内容

对 ERP 软件的用户权限进行管理是企业在应用 ERP 软件后需要进行或者面临的首要的维护工作，这项工作的工作量巨大且程序相对烦琐、细致。用户权限管理指的是向所有使用 ERP 软件的管理人员提供初始账号和密码，同时做好新增用户权限、权限变更、权限禁用等工作。在对 ERP 软件进行应用之后，许多企业的用户权限管理维护工作常常处于一个失控的状态，存在账号空置率高、账号权限互斥严重、权限申请与授权不符合岗位职责的要求等问题。因此，企业必须对 ERP 软件采取维护措施，比如按照权限管理与设置规则定期对部门内用户的数量和权限进行仔细的审核，及时做好新到岗人员的用户权限的增减及离职人员用户权限的删除工作，把不相容的岗位角色及其职责进行分离，同时对符合内控需求的权限进行测试，严格控制部门内 ERP 用户查询及操作系统中的数据范围等，确保系统的安全性和可靠性。随着国内企业国际化程度的不断加深，以及日益严格的合规性要求和企业风险控制的内在需求，ERP 软件的用户权限管理工作日趋复杂和严格，这对 ERP 软件的维护工作提出了更大的挑战。

ERP 软件运行后，企业的运营流程不可能是一成不变的，它必然会随着企业的发展而不断变化，一旦企业的战略及主营业务发生转变，流程也必然会随之转变，ERP 软件应用失败一个很重要的原因就是不能及时快速地适应企业流程的变化。ERP软件维护工作流程管理是指支持对跨部门的复杂业务流程进行监控、维护和修改，以适应企业的发展需要，帮助企业优化日常业务流程，使之更加适合企业处理日常业务的需求，从而进一步帮助企业提升运营效率和管理水平。例如，帮助企业业务部门设计相应的ERP业务流程，确保ERP服务器能够被管理人员正常访问，并根据企业的实际需求设置或者修改ERP软件的运行流程，同时迅速处理好流程异常问题。假设企业的组织结构、管理制度或实际业务突然出现重大变化，企业必须及时与相关的ERP软件维护人员取得联系，并根据相关要求和需要对ERP软件的流程进行必要的调整、重组和修改等。

数据是ERP软件的核心，如果数据丢失或者被损坏，无疑会给企业带来巨大的损失。因此，企业必须对ERP软件的数据进行及时备份，备份ERP软件数据能够更好地存储企业的经营历史数据并保证数据的安全性，防止由于硬件故障、意外断电、病毒等不确定因素造成数据丢失。备份ERP软件数据是指对企业所有的有用数据（产品数据、经营数据等）进行整合、整理、完善，并把这些数据备份至存储介质（如硬盘、光盘、磁带等），即使出现意外情况导致数据丢失，也可以及时通过备份数据还原，尽可能减少不必要的损失。ERP软件数据的备份方式主要包括定期备份和临时备份两种。定期备份是指按照企业提前设定的日期定期对数据进行备份。临时备份是指在特殊情况（如软件升级、设备更换、外部审计、感染病毒等）下，临时对信息数据进行备份。

ERP软件维护工作中的一项核心工作是ERP软件的日常维护。ERP软件上线后必须有专人对软件的运行进行日常维护，具体工作主要包括制定方案、实施升级、过程文档化等。为了确保ERP软件的正常运行，企业必须对服务器、客户端的硬件、软件进行维护，同时时刻注意服务器的安全性能，定期对ERP软件和相应的数据库进行数据备份和更新，建立文档的维护机制，保证数据的准确性和安全性。对服务器软件的维护工作主要包括定期对服务器上核心的软件进行必要的检查、升级、备份等；定期检查服务器的网络状态，保证网络稳定、畅通；根据企业的实际情况，对数据库进行定期维护，如数据库日志压缩、数据备份、账号密码更新等；定期清理系统残余的垃圾文件，让系统时刻保持高效的运行状态；定期对服务器的网络安全进行详细的检查，以防止系统被攻击破坏。对服务器硬件的日常维护工作主要包括定期对服务器硬盘进行检查，如果存在硬盘读写速度变慢、硬盘发出声响等异常情况，应立刻更换新硬盘；保证服务器处于一个温度适宜的环境中，同时必须有一个良好的散热环境。

企业在进行 ERP 软件维护的过程中要适时进行 ERP 软件升级和 ERP 软件二次开发。企业 ERP 软件维护人员必须及时有效地与软件供应商进行沟通，把企业客户的最新需求及软件在使用过程中遇到的问题及时迅速地反馈给软件供应商，促使供应商及时解决企业遇到的问题，并尽可能把企业当前的意志及其客户的最新需求体现到软件的下一个版本中。另外，企业应根据自身的应用需求，对 ERP 软件做适当的二次开发，包括 ERP 软件与其他软件的接口开发、ERP 软件报表的设计开发与完善等。

同时，企业 ERP 软件维护人员要针对用户的实际需求对 ERP 软件进行管理，收集用户需求，为企业 ERP 软件的升级和改造工作做好准备，并进行 ERP 软件管理政策及流程的制定和完善等。

在进行 ERP 软件维护的过程中，企业会不可避免地遇到各种各样的问题，面对这些问题，企业可参考以下处理方法。

无论 ERP 软件的数据库有多先进、功能有多细致周到，软件都有其自身的局限性，当常用的流程偶然出错时，应先留心观察操作或数据的不寻常之处，切勿想当然地认为是软件的问题。问题解决后，对于问题的解决过程和方法等都要做详细的说明和记录，以便总结经验，为日后的共享和传承提供依据。

企业应注意对有关文档进行及时的更新，不仅要记录相关的业务操作流程，同时也应记下绕过一些软件固有缺陷的方法及途径。对此，企业应当像执行法规条例那样去严格执行，不论理解与否都必须原样执行，不可简化或异化。新出现的异常问题要注意判别其重现性（必然性），可优先考虑构造一个新的测试环境，在该环境中完全仿照原操作，探寻维护操作的方向，并研究修改的方法。即使找到了维护操作的方向，也不能贸然修改，否则很可能会出现连带的负作用，使问题变得更加复杂或由局部向更大范围进行扩散。企业应该根据客观情况对具体数据、影响范围进行判断，理解全部流程。在进行数据修改时，要定好后路，即要具有可逆性，确保即使没有改好也能还原回原本的状态。

在紧急情况下或短时间内没有特别有效的解决方案时，可以采用绕过的方法，比如从一个模块向另一模块进行数据传输，如果发生不明的数据丢失情况，而且是偶然发生、难以查明原因，那么就一定要有一个检查机制来发现这类异常，之后在相应的后续模块中补上与之相对应的信息。

例行检查与操作能够有效减少问题的紧急程度。企业应充分且有效地利用标准功能和一些自我研发的实用性小程序，主动去对应用软件数据做一些必要的检查。把那些在正常情况下要到后来某一时刻（如月末）才可以反映出问题的数据（如成本更新、接口异常）提前找出，并进行相应的处理或修复。这种不断进行检查、测试、发现和解决问题的循环过程，是软件保持稳定和不断完善的重要前提。

在实际使用 ERP 软件的过程中，企业可能会根据企业所面临的实际问题提出对于软件的某些方面的需求，这时软件供应商就必须对企业的相关需求进行仔细的分析。

人员的维护也是 ERP 软件维护工作中非常重要的一个环节。在实施和维护 ERP 软件的不同阶段，对维护人员的数量和能力要求也会有所不同。随着维护人员专业水平的不断提高，人员流动是难以避免的，而且 IT 组织架构中的骨干用户及维护人员都是软件环境中的核心组成部分，他们的离开一定会给企业 ERP 软件的正常运行造成巨大的震荡和难以估量的损失，甚至有可能出现软件应用崩溃的糟糕局面。因此，在对 ERP 软件进行维护的同时也要注意加强对 ERP 软件操作人员和新进员工的培训，并定期向企业管理人员反映系统的使用情况及解决方案的执行情况。

2.3　ERP 软件维护的方法与工具

2.3.1　软件维护的技术方法

在对 ERP 软件进行维护之前，企业必须仔细研究软件的各项功能及实现原理，以此来获得尽可能丰富的数据信息。维护时可以暂时忽略编码的细节，着重熟悉程序总的控制流。在不是十分确定的情况下，切勿轻易删除代码。另外，对维护活动和结果要做详细的记录，以便日后对该工作进行进一步的总结和分析。

詹姆斯·马丁（James Martin）等针对改正性维护、适应性维护、完善性维护和预防性维护等软件维护类型提出了一些基本的维护策略，用以对成本进行维护和控制。

相较于改正性维护，企业可以先确定提高新技术的可靠性的有效办法，以此减少改正性维护工作的需要。这些技术主要包括软件开发环境、程序自动生成系统、数据库管理系统、较高级（第四代）的语言。对以上四种技术进行有效的应用能够产生更加可靠的代码。另外，对应用软件包进行合理的应用同样也能开发出可靠性较强的软件；用结构化技术开发的软件往往比较容易理解和测试；防错性程序设计把自动检测功能引入程序，然后通过检查提供审查跟踪；通过周期性维护审查，在维护问题产生与形成之前就可找出产品的缺陷。

适应性维护可以通过以下措施进行控制。在对管理模块进行配置时，要把硬件、操作系统和其他可能造成环境变化的因素尽可能地考虑在内，只有这样才能够有效且快速地减少某些适应性维护的工作量。将与硬件、操作系统及其他外围设备有关的程序放到特定的程序模块中去；把因环境产生的变化而必须做出修改的程序局部嵌入某些程序模块，再使用内部程序列表、外部文件及经过处理的例行程序包，这样能够在维护时对修改程序提供非常大的便利。

有效且合理地利用以上描述的两类维护方法，能够快速降低完善性维护的工作量。特别是数据库管理系统、程序生成器、应用软件包，能够在很大程度上给维护人员的维护工作减轻一定的负担。除此之外，还应建立软件系统的原型模型，在实际系统开发前将其提供给用户研究。然后，用户通过研究给予的原型模型，进一步完善他们所需要的功能需求，这样就能够减少之后的完善性维护的工作量。

预防性维护包括以下四种办法。

（1）重复且多次地对程序进行修改，与无法看到的设计及源代码斗争到最后，以此来实现对所有要求的有效修改。这种方法是比较盲目的，通常情况下不建议采用。

（2）通过对程序进行仔细的分析，尽可能多地掌握程序内部的工作方法和细节，以便对其进行修改。

（3）对原来的设计进行深入理解，并以此作为基础，用计算机软件工程方法进行重新设计、重新编码和测试。

（4）以软件工程方法学为指导办法，对所有的程序进行重新设计、重新编码和测试，为此可以使用 CASE 工具（逆向工程和再工程工具）来帮助理解原有的设计。

软件的逆向工程是分析程序，其是尝试在一个比源代码层次更高级且抽象的基础上建立程序表示的过程。逆向工程是一种设计恢复的过程。逆向工程能够从已经存在的程序中提取出数据结构、体系结构和程序设计的信息。软件的再工程，也叫作复壮（修理）或再生，它不仅能够从已经存在的程序中重新得到设计信息，而且可以用这些信息重建现在已经存在的 ERP 系统，以改善和提高其综合质量。一般情况下，软件的运维人员会利用再工程工具重新实现已存在的程序，同时添加新的功能或改善它原来的性能。由于那些规模比较大的软件开发机构拥有上百万行的老代码，因此它们才是逆向工程或再工程的主要应用对象。

本书主要从 ERP 系统中软硬件维护的角度介绍 ERP 维护的相关技术。ERP 维护的技术方法有针对 ERP 软件操作系统的维护技术、局域网的维护技术、数据库的维护技术、云端的维护技术、移动端的维护技术等。

2.3.2　软件维护所需的主要工具

软件维护工具依据功能的不同主要分为以下两类。

（1）逆向工程工具：以源代码为输入、输出图形方式的结构化分析和设计模型、使用的列表以及其他设计信息。

（2）再工程工具：用于修改联机数据库系统（如将 IDMS 或 DBZ 文件转换为实体关系格式）。

上面这些工具仅限于某些特定的程序设计语言，而且需要与软件开发人员进行某种程度的交互。下一代的逆向工程工具和再工程工具将使用人工智能（Artificial Intelligence，AI）技术，将知识库应用于特定的领域。人工智能技术的加入将有助于系统的分解和重构。

1. 逆向工程工具

逆向工程工具主要是对现存程序进行开发和分析。类似于测试工具，逆向工程工具也可分为静态和动态两类。静态逆向工程工具（大多数是这一类）是以程序源代码为输入，对程序结构、控制结构、逻辑流、数据结构及数据流等进行抽取和分析。使用此类功能的工具一般被称为程序分割技术，即由开发人员确定其所感兴趣的程序结构部分（数据说明、循环及其他逻辑），而由逆向工程工具去掉其他部分，仅显示这些感兴趣的东西。还有一些依赖分析工具能显示程序的依赖图，表示数据结构、程序部件及其他用户确定特征之间的关系。动态逆向工程工具是在软件运行时对其进行监控，并使用监控期间获得的信息来建立一个行为模型。动态逆向工程工具目前很少，但对维护实时软件和嵌入式系统非常有效。

2. 再工程工具

再工程工具的意义重大，但是现在商品化的工具很少。目前的再工程工具主要可分为两类：代码重构工具和数据再工程工具。代码重构工具是对输入的结构源代码进行逆向工程分析，随后重构代码以满足现代结构化程序设计的概念。尽管这样的工具十分有用，但一般只能集中在程序的过程设计中。利用数据再工程工具进行设计的另一个领域主要是数据方面。该工具评价程序设计语言（通常为 COBOL）中的数据定义和数据库描述语言中的数据库，然后将数据描述翻译成开发人员可分析的图形表示形式。通过与再工程工具进行交互，开发人员可以修改数据库的逻辑结构、规范结构文件，并自动生成一个新的数据库物理设计。

［习题］

----

1. 为什么要对 ERP 软件进行维护？
2. ERP 软件维护的益处有哪些？
3. ERP 软件维护的主要类型有哪些？
4. ERP 软件维护主要包括哪些内容？
5. 什么是软件的逆向工程工具和再工程工具？

第二篇

技术方法

ERP 软件的应用还是需要人为进行操作的，因此操作流程与方法十分重要，没有正确的操作方法是没有办法有效利用 ERP 软件的，更不用说提高企业的工作效率。

　　本篇以用友 NC 软件与用友 U8 cloud 软件为例，介绍 ERP 软件操作系统操作过程中可能出现的问题，对这些问题进行分析与解释，并提出解决办法。

第3章

ERP 软件操作系统维护

3.1 用户权限类维护问题

ERP 软件用户权限维护是一个为进行权限的设置或定义提供基本的依据和原则，为各个岗位及人员的权限设置提供综合指导准则的过程。许多此类软件，以及涉及现金流入和流出的软件都有此方面的功能。一般来说，ERP 软件的用户权限主要可以划分为三个层级：管理员级、领导级和员工级。

如果 ERP 软件的用户权限维护出现了问题，极有可能会导致企业内部员工出现工作舞弊现象，使员工因为工作疏忽而出现一些不必要的问题。用户权限维护问题包括用户权限过大或过小、用户权限之间出现矛盾或冲突、用户权限的设置出现错误等。对于这些问题，一般的解决思路主要是查阅软件的权限设置方法，让软件管理员重新设定用户权限，限制用户未经审核就随意授权的行为，以免再次出现权限维护问题。

3.1.1 用户权限授权

以用友公司开发的 ERP 软件的用户授权规则为例，该软件对用户权限的授权设置主要分为七类：功能权限设置、记录权限设置、字段权限设置、金额权限设置、审批流权限设置、角色权限设置和内部控制权限设置。

功能权限设置主要是指设置各功能模块相关业务明细的操作权限。企业应通过对功能权限进行设置，为用户提供并划分更为细致、明确的功能权限。明确功能权限的设置原则，可以为企业的角色、人员的功能权限分配提供一个可供参考的基本指导准则。权限设置的原则不仅需要保障每个岗位、人员、业务、管理事项在职责范围内拥有充分的授权，还要对企业业务的内在要求进行合理有效的考虑，防止不合理授权所引起的经营信息泄露、业务数据采集错误等较为严重的风险。

记录权限设置是指针对具体业务对象，按照角色或人员来进行权限的合理分配。其业务对象主要包括部门、单据设计、单据模板、项目、凭证类别、人力资源报表、工资权限、人事业务变动、人员档案、供应商档案、存货申请表、存货档案、业务员、意向客户、存货申请类型、货位、资金单位、用户、报账中心单位、仓库等。原则上，记录权限设置就是根据企业的内控规范及业务信息安全管理相关要求，为业务对象的权限设置提供一个能够直接拿来参考的指导性准则。

字段权限设置是指从商业数据保密性的角度出发，根据企业不同人员的业务和管理职责，对其查阅单据、基础档案等中的敏感字段的权限进行授权或控制。比如严禁仓库的保管员接触到出入库单据上有关产品的价格信息。通过字段权限设置能够实现企业对敏感的商业信息或相关数据进行保密的目的。字段权限设置就是依靠企业的内控规范，以及业务单据、基础档案等其中较为敏感的商业数据的保密原则，为字段级权限设置提供一个指导性准则。

金额权限设置主要是对用户能够使用的金额级别进行一定程度的设置或限制，如采购订单的金额审核额度、科目的制单金额额度。在对这两个金额权限进行设置以前，必须先明确对应的金额级别。金额权限设置的原则或前提是能够体现企业对采购订单审核金额、财务制单金额进行控制，能对相关角色和人员进行具体的业务金额授权定义和设置提供指导。

审批流权限设置主要是根据用户审批需求的不同，设置各种具有针对性的审批方案，每个方案可以根据角色、分工和条件的不同设置出较为适合的审批流程和审批信息传递路径。审批流设置能够推动审批过程，缩短流程所需要的时间，对企业的业务过程进行合理的管控，进一步提高企业的业务处理能力。它所要遵循的主要原则是根据企业的内控规范要求，既要考虑企业业务流程特征、审批投入的管理成本及业务效率，又要为审批流的定义和权限设置提供一个可以拿来参考的准则。

角色是指在企业管理中有着某一类职能的组织机构，这个组织机构可以是实际的工作部门，也可以是由拥有同一类职能的人组成的虚拟组织，比如日常工作中最为常见的会计和出纳两个角色（他们可以是一个部门的员工，也可以是不同部门但工作职能一样的员工）。对角色进行相应的设置之后，可以对角色的权限进行定义，使各类角色具有相应的权限。

内部控制权限设置的内容相对比较多，企业的生产、销售、仓储和其他部门应立足本部门在信息系统中的职能定位，积极参与信息系统的建设和管理，依据归口管理部门制定的管理标准、规范、规章来对信息系统进行操作和管理。例如，财务部门主要负责对信息系统中各项业务账务进行准确和及时的处理，以及财务电算化制度的制定、财务计划的制定和下达、计划价格的确定和修改、财务操作规定等工作。另外，企业管理层必须明确定义系统归口管理部门和用户部门在保证系统正常安全运行过程中所应该承担的职责，并制定不同职能部门之间的职责分工表。

3.1.2　用户权限冲突

在用户权限冲突还没有发生之前，管理人员就应该根据岗位分工与授权审批规定对用户权限进行相关设置，以确保其权限能够相互契合。相关设置内容大体包括以下七点。

（1）系统分析：分析用户的信息需求，并根据用户的信息需求对相关的方案进行设计或修改。

（2）编程：通过编写计算机程序来对系统分析员设计和修改的方案进行具体的执行。

（3）计算机操作：负责对应用程序进行运行并监控。

（4）数据库管理：对系统中的相关数据需求进行综合分析、设计，维护企业的数据资源。

（5）信息系统库管理：对信息系统库中短时期内不用的程序和文件，以及所有系统版本中的数据和程序进行分析。

（6）数据控制：维护并且注册计算机路径代码，保证原始数据经过正式、合规的授权，对信息系统的工作流程进行监控，协调数据的输入和输出，把输入的错误数据反馈到输入部门并对其纠正过程进行跟踪监控，并把输出的信息及时分配给经过授权的用户。

（7）终端：终端用户主要负责记录交易的内容，对数据和信息的处理进行授权，并合理地利用系统输出的结果。

另一方面，在系统开发、变更和访问的过程中可能会存在职责不相容的岗位。系统开发和变更过程中不相容的岗位主要包括开发或变更审批、编程、监控和系统上线。系统访问过程中不相容岗位一般包括申请、审批、操作和监控。

当用户的权限冲突已经发生时，说明系统在权限测试时未能测试完善，需要系统管理员重新设置用户的权限。

系统管理员是指一个系统中权限最大的用户，负责对系统的基础数据和参数进行统一的设置，能够给其他所有用户分配或修改权限，也能够进入系统内的任何账套检查配置情况，并验证和解决问题。这个角色一般由企业的项目经理或系统管理人员担任。

3.2　系统参数类维护问题

系统参数是指与系统状态、功能和行为等有关的变量。在和计算机有关的学科中，变量是指某个存在于内存中的值的名称。系统参数是动态变化的，这主要取决于系统当时的客观需求。系统参数类的维护问题最常在软件系统应用于新的操作环境时出现，偶尔也可以在对应用软件的系统进行切换操作（转换成另一个新系统）时出现。其中的问题一般包括操作系统参数的设置问题、ERP软件本身的参数设置问题及数据库的参数设置问题等。数据库的参数设置详见第五章，本章不做过多阐述。

如果系统参数类维护工作没有做好，可能会导致系统上线后运行效率低下，用户抱怨不断，企业领导怀疑系统有运行不稳定等问题。同时，企业如果没有对系统参数的日常管理工作进行很好的掌握，日后将会大大增加系统维护的工作量，情况严重的可能会导致软件系统正常运行受阻。这类问题的解决思路一般是根据相关标准对系统中的软硬件进行评估、确认、安装、调试和检查，并在事后对管理人员和操作人员进行相关的知识技能培训。

3.2.1　系统参数设置

以用友软件为例，其操作系统的参数设置标准方面的相关要求包括基础设置、安全设置、IIS 设置和其他设置。

基础设置包括用户管理、本地策略组参数、服务管理参数等内容。以服务管理参数为例，其部分内容如图 3-1 和图 3-2 所示。

名称	描述	状态	启动类型	登录为
.NET Runtime Optimization Service v2.0.50727_X86	Microsoft .NET Framework NGEN		手动	本地系统
Alerter	通知选定的用户和计算机管理警报。…		禁用	本地服务
Application Experience Lookup Service	在应用程序启动时为应用程序处理应…	已启动	自动	本地系统
Application Layer Gateway Service	为 Internet 连接共享和 Windows 防…		手动	本地服务
Application Management	为 Active Directory 智能映像组策…		手动	本地系统
ASP.NET 状态服务	为 ASP.NET 提供进程外会话状态支持…		手动	网络服务
Automatic Updates	启用下载和安装 Windows 更新。如果…	已启动	自动	本地系统
Background Intelligent Transfer Service	在后台传输客户端和服务器之间的数…	已启动	自动	本地系统
ClipBook	启用 "剪贴簿查看器" 储存信息并与…		禁用	本地系统
COM+ Event System	支持系统事件通知服务 (SENS)，此服…	已启动	自动	本地系统
COM+ System Application	管理基于组件对象模型 (COM+) 的组…	已启动	手动	本地系统
Computer Browser	维护网络上计算机的更新列表，并将…	已启动	自动	本地系统
Cryptographic Services	提供三种管理服务：编录数据库服务…	已启动	自动	本地系统
DCOM Server Process Launcher	为 DCOM 服务提供启动功能。	已启动	自动	本地系统
DHCP Client	为此计算机注册并更新 IP 地址。如…	已启动	自动	网络服务
Distributed File System	将分散的文件共享合并成一个逻辑名…		手动	本地系统
Distributed Link Tracking Client	启用客户端程序跟踪链接文件的移动…	已启动	自动	本地系统
Distributed Link Tracking Server	启用同域内的分布式链接跟踪客户端…		禁用	本地系统
Distributed Transaction Coordinator	协调跨多个数据库、消息队列、文件…	已启动	自动	网络服务
DNS Client	为此计算机解析和缓冲域名系统 (DNS)…	已启动	自动	网络服务
Error Reporting Service	收集、存储和向 Microsoft 报告异常…		自动	本地系统
Event Log	启用在事件查看器查看基于 Windows …	已启动	自动	本地系统
File Replication	允许在多个服务器上自动同时复制和…		手动	本地系统
FTP Publishing Service	允许此服务作为一个文件传输协议(FT…	已启动	自动	本地系统
Help and Support	启用在此计算机上运行帮助和支持中…		手动	本地系统

图 3-1　服务管理参数 1

IIS Admin Service	允许此服务器管理 Web 和 FTP 服务...	已启动	自动	本地系统
IMAPI CD-Burning COM Service	用 Image Mastering Applications P...		禁用	本地系统
Indexing Service	本地和远程计算机上文件的索引内容...		禁用	本地系统
Intersite Messaging	启用在运行 Windows Server 的站点...		禁用	本地系统
IPSEC Services	提供 TCP/IP 网络上客户端和服务器...	已启动	自动	本地系统
Kerberos Key Distribution Center	在域控制器上此服务启用用户使用 Ke...		禁用	本地系统
License Logging	监视和记录操作系统部分(如 IIS、终...		禁用	网络服务
Logical Disk Manager	监测和监视新硬盘驱动器并向逻辑磁...	已启动	自动	本地系统
Logical Disk Manager Administrative Service	配置硬盘驱动器和卷。此服务只在配...		手动	本地系统
Messenger	传输客户端和服务器之间的 NET SEND...		禁用	本地系统
Microsoft Software Shadow Copy Provider	管理卷影复制服务制作的基于软件的...		手动	本地系统
Net Logon	为用户和服务身份验证维护此计算机...		手动	本地系统
NetMeeting Remote Desktop Sharing	使授权用户能够通过使用 NetMeeting...		禁用	本地系统
Network Connections	管理"网络和拨号连接"文件夹中对...	已启动	手动	本地系统
Network DDE	为在同一台计算机或不同计算机上运...		禁用	本地系统
Network DDE DSDM	管理动态数据交换 (DDE) 网络共享。...		禁用	本地系统
Network Location Awareness (NLA)	收集并保存网络配置和位置信息,并...	已启动	手动	本地系统
Network Provisioning Service	在域内为自动网络提供管理 XML 配置...		手动	本地系统
NT LM Security Support Provider	为使用传输协议而不是命名管道的远...		手动	本地系统
Office Source Engine	可保存用于更新和修复的安装文件,...		手动	本地系统
OracleDBConsoleorcl			手动	本地系统
OracleJobSchedulerORCL			禁用	本地系统
OracleMTSRecoveryService			手动	本地系统
OracleOraDb10g_home1ClrAgent			手动	本地系统
OracleOraDb10g_home1CMAdmin			手动	本地系统

图 3-2　服务管理参数 2

安全设置的目的是对杀毒软件和防火墙进行科学、合理的设置,以免相关程序服务被误报或拦截。杀毒软件的设置包括对厂家、版本、病毒库的日期、升级等进行设置,如图 3-3 所示。

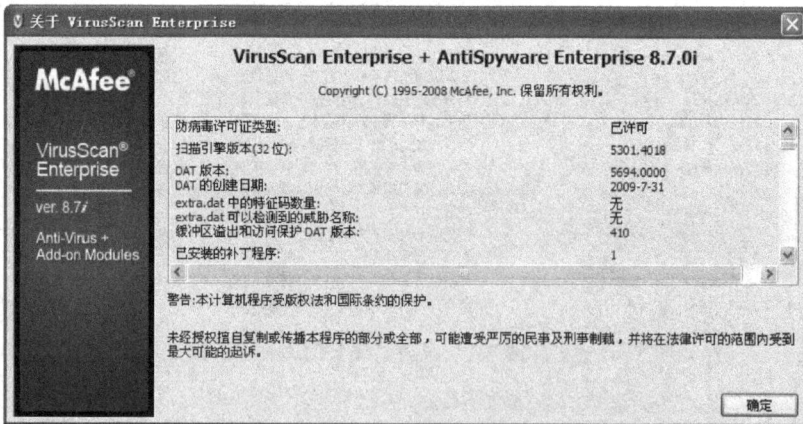

图 3-3　杀毒软件的设置

防火墙的设置包括对版本、防护策略、开放端口进行设置,如图 3-4 所示。

图 3-4　防火墙的设置

IIS 是 Internet Information Services 的缩写，意思是互联网信息服务，它是微软公司提供的基于 Microsoft Windows 系统的互联网基本服务。

其他设置一般需要针对操作系统进行合理的调整，其内容包括远程访问系统等。

3.2.2　ERP软件参数设置

除了对操作系统的参数进行设置，企业还需要对 ERP 软件本身的参数进行一系列设置，以保证 ERP 软件在相关环境中正常运行。ERP 软件的软件设置主要包括系统服务管理、应用服务器配置、权限控制、接口参数设置、基础设置信息、业务参数设置等内容。

ERP 软件的参数设置主要分为三类，即系统服务基础设置、业务参数设置和自定义项。系统服务基础设置主要包括对应用服务器的设置、对数据源的设置、权限控制和参数接口控制等内容。其中，权限控制包括对数据的权限控制、对金额分配的权限控制、对功能的权限控制等。应用服务器设置示例如图 3-5 和图 3-6 所示。

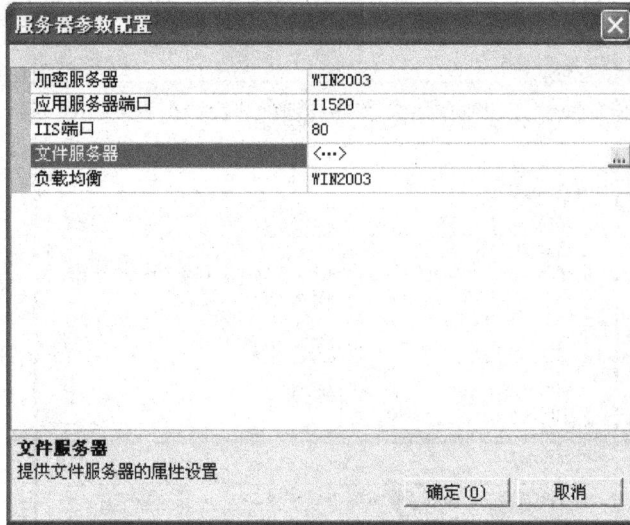

图 3-5　服务器参数设置

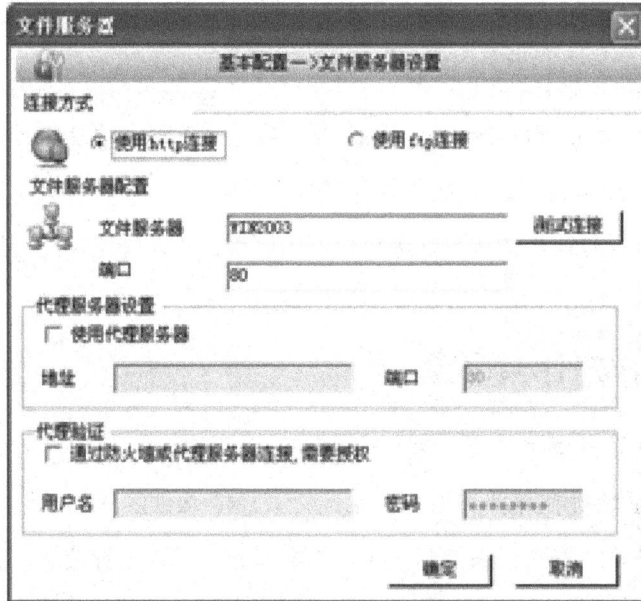

图 3-6　文件服务器设置

业务参数设置主要包括财务会计部分、管理会计部分、客户关系管理部分、供应链部分、生产制造部分的参数设置。财务会计参数设置如图 3-7 所示。

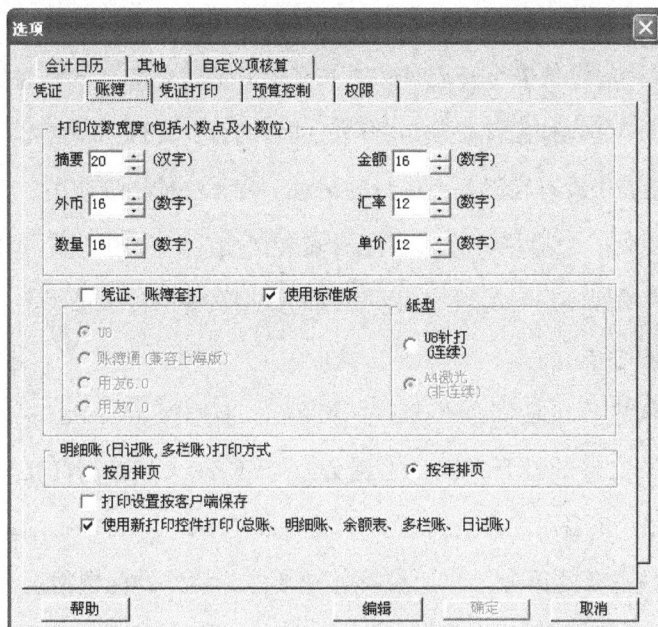

图 3-7 财务会计参数设置

其中，与财务会计有关的设置项主要包括应收款管理、总账、固定资产、应付款管理、网上银行；与管理会计有关的设置项包括项目管理、成本管理、资金管理；与供应链管理有关的设置项包括售前分析、合同管理、采购管理、销售管理、质量管理、委外管理、存货核算、库存管理、出口管理等；与生产制造有关的设置项主要包括设置管理和生产制造参数设置。

3.3 注册表类维护问题

注册表是 Windows 系统用来存储计算机配置信息的一个数据库，它对 Windows 系统本身及其所安装的相关应用程序所必需的系统数据进行集中存储，并且直接控制着 Windows 系统的启动、硬件驱动程序的装载以及某些 Windows 应用程序的运行。

系统中的注册表是一个记录着 32 位驱动的设置和位置的数据库。当操作系统要读取或存储硬件设备中所储存的信息时，它要使用驱动程序甚至一个被 BIOS 支持的设备。在对未被 BIOS 支持的设备进行安装时必须要有相关驱动支持，虽然这个驱动与操作系统是相互独立的，但是操作系统必须与相关驱动相结合，文件名、版本号、其他设置和信息，只要在注册表中没有在设备上运行的记录，就无法被授权使用。

当企业准备运行一个应用程序时，注册表会把相应的应用程序信息提供给操作系统，这样可以使应用程序很容易被找到。正确的数据文件的位置被规定之后，其他设置也都可以相应地被使用。

注册表的结构主要包括四个部分：主键名为"HKEY_CLASSES_ROOT"的部分用于记录各种不同文件的打开方式；主键名为"HKEY_CURRENT_USER"的部分用于保存当前登录用户的各种个性化配置；主键名为"HKEY_LOCAL_MACHINE"的部分是整个注册表最重要的部分，它记录着各种硬件、软件的配置情况，在这其中还可以分为硬件部分、全账号管理器（SAM）、系统部分、软件部分、安全部分；主键名为"HKEY_USER"的部分用于记录当前与默认用户有关的各种配置，对于这一部分的设置，基本上都能够使用控制面板来进行相应的修改。

在注册表中，虽然这些主键表面上看上去处于一种并列或平行的地位，彼此没有任何关系，但实际上，"HKEY_CLASSES_ROOT"和"HKEY_CURRENT_CONFIG"中储存的信息都是"HKEY_LOCAL_MACHINE"中储存的信息的一部分，而"HKEY_CURRENT_USER"中储存的信息则是"HKEY_USER"储存的信息的一部分。

"HKEY_LOCAL_MACHINE"包括"HKEY_CLASSES_ROOT"和"HKEY_CURRENT_USER"中储存的所有信息。在每次启动系统后，系统就会自动映射出"HKEY_CURRENT_USER"中的信息，让企业可以很方便地查看和编辑其中的信息。

实际上，"HKEY_LOCAL_MACHINE/SOFTWARE/CLASSES"就是"HKEY_CLASSES_ROOT"，为了方便企业对其进行查看和编辑，系统专门把它设置为一个根键。同理，"HKEY_CURRENT_CONFIG/SY-STEM/CURRENT CONTROL"就是"HKEY_LOCAL_MACHINE/SYSTEM/CURRENT CONTROL"。

注册表维护工作主要包括注册表的导出备份、修复出现严重错误的注册表、解锁被禁止修改的注册表、修复系统内的关联文件、清除软件重装时原有软件的残留信息、导入解决新软硬件问题时出现的报错信息。

3.3.1 注册表的保护行为

注册表的修改行为实际上存在着一定的风险，即使是很小的失误也可能导致系统发生使用不正常、严重卡顿、报错等现象，严重的甚至会使系统彻底崩溃。因此，在修改某一键值或进行删除操作时必须小心谨慎，一定要将原注册表导出到安全的地方，然后再对其进行修改。

备份注册表主要包括两个步骤，即找出注册表编辑器，然后把相应的注册表内容进行备份。有很多种方式可以打开注册表编辑器，最常用的方法就是打开 Windows 系统下开始菜单中的"运行"程序，然后输入"regedit"运行注册表编辑器。

在注册表的菜单中找出"导出注册表文件"选项之后，需要在对话框中选择备份名和保存的范围，然后在"导出范围"中选择想要进行备份的部分就可完成备份，它的拓展名一般为".reg"。

如果系统中的注册表出现错误，但是还能启动或者进入安全模式的情况，可以尝试运行注册表编辑器，只要在其中选择"引入注册表文件"，然后引入备份文件进行注册表的修复即可。

如果不能进入系统，那么只能在 DOS 环境下以命令行的形式运行注册表的修复，命令语句一般是"Regedit/C filename"。其中"filename"是经过指定的注册表备份文件，参数"/C"指的是导入指定的注册表文件的全部内容。输入命令后，建立一个新的注册表，全部还原完毕后重启就可以了。

3.3.2 注册表的维护修改

系统在长时期的运作过程中会由于各类不可控的原因导致注册表出现错误，而常见的注册表维护问题包括注册表修改行为被系统禁止、系统关联的文件被破坏、卸载软件时存有阻止再次安装的残余文件、新的软硬件安装完毕进入系统时出现兼容性报错等问题。

当出现注册表修改行为被禁止的情况时，企业需要打开 Windows 系统下开始菜单中的"运行"程序，输入"Gpedit.msc"命令后运行，然后在打开的对话框中依次展开"用户配置""管理模板"和"系统"，在菜单中打开"阻止访问注册表编辑工具"选项，把"已禁用"的属性改成"确定"即可修复。

对于修复系统关联的文件，用户往往需要使用特殊的修复代码才可以对注册表进行修复。相同类型的维护问题还包含 ERP 软件卸载重装时可能会出现的残留文件，安装 ERP 软件时出现的一些常见的报错问题，如果涉及数据表，一般需要针对相应的 ERP 软件，找出对应软件产品下的注册表修复工具进行修复。

3.4 系统命名引起的维护问题

由系统命名所引起的维护问题主要包括命名规范问题、命名修改问题、命名重复问题等。一般来说，ERP 软件内部均有自身的命名编码规范。

3.4.1 命名规范问题

任何企业的 ERP 软件中都有属于其自身的一套独特的命名方法或命名体系。具体来说，该体系主要体现在企业内部的基础档案中。企业基础档案是企业管理这一大系统中的一个子系统，它是企业生产、经营等方面的重要基础和首要前提。对企业来说，企业基础档案的重要性是显而易见的，它作为一种重要资源，记录了企业的科研、技术、生产和经营等活动。企业的基础档案主要包括和企业有关的人力资源档案、会计财务档案、组织架构数据档案和物料档案。在这之中，由于各企业的生产过程及产品不尽相同，不同的企业之间对产品往往有着不同的定义和定位，企业间不同的产品信息的传递让物料信息档案的命名问题在 ERP 软件中显得十分关键，而这也是在 ERP 软件维护工作中最需要重视的问题。

物料编码、物料分类归根结底是对基础资料的管理，企业的基础资料体量庞大，种类复杂，基本上每一项都需要进行编码，但是由于物料是 ERP 软件中最庞大的处理对象，因此一定要先将其确定好后再把基础数据导入系统中，尽可能地避免日后烦琐的返工过程。ERP 软件的物料基础信息数据如同人体的血液，遍及全身，同时维系各个不同器官组织之间的相互联系，在人体生命活动中发挥着十分重要的作用。为了对物料代码进行标识，企业应制定一套详细的物料编码规则，并且使用编码器对其进行编码。

物料命名的目的是确定标识物料的属性组合，物料命名规则主要的原则有以下五个。

（1）唯一性。从命名的角度确定物料关键的属性组合，确保命名的唯一性，比如将物料名称、规格、图号三者作为一个组合，一个组合内容只能代表一种物料。

（2）相关性。根据物料编码规则具体划分物料命名的类别。例如，采用大、中、小三种不同规格进行更为细致的描述，建立物料编码规则与物料命名规则之间的关联关系，从而方便企业使用物料，增强企业的体验感。

（3）统一性。考虑到一个组织（集团企业）内不同企业之间的数据交换，一个组织内只可以使用一套物料命名规则。

（4）便捷性。企业可以方便快捷地查找自己关注的物料属性组合，快速高效地识别重码问题；编码管理员也能够快速审核物料属性描述的规范性，同时也可以迅速调整物料命名规则。在物料编码的申请过程中，企业不需要背熟物料命名规则，可即选即用。

（5）灵活性。对于物料命名规则，企业可以根据物料类别的实际情况灵活新增、变更分类，这样做并不会对物料编码规则的完整性造成不好的影响，不会对固有物料编码规则造成破坏。

物料编码申请流程如下所示。

1. 检查 PDM 产品数据账套中是否有可用代码

企业在系统中申请物料编码时，需要提前检查 PDM 产品数据账套中是否有可以使用的物料代码，如果有，就可以点击"复制"，把物料代码复制到自己的账套上直接使用，不需要申请新的代码。

2. 检查是否重码

企业填写了特性值后，可以点击"查询"，在列举物料的规格栏中会显示填写特性值的物料数据清单，这为企业再次确认是否重码提供了方便。

3. 名称是否合规

企业填写物料名称后，执行下一步时，系统能够自动检查企业填写的物料名称是否包括了小类名称。

4. 申请单内容是否合规

编码员要按照物料编码规则和物料命名规则，对企业的物料编码申请单的内容是否符合相关规范进行审核，然后再次检查是否存在重码问题，以确保资料的完整性、规范性和准确性。

3.4.2　命名修改问题

当 ERP 软件内的变量名需要进行重新更换时，必须经过一系列规范化的步骤。以变更物料命名规则为例，物料命名规则的编制需要花费大量的人力、物力和时间，会不可避免地发生分类不恰当的情况，因此在命名规则的执行期间难免需要对其进行调整。有的大中型企业的历史物料基础数据信息庞大、复杂且不规范，在短时期内几乎不可能全部按命名规则进行整理，只能根据客观需要分阶段完成，而在整理过程中往往也会存在对物料命名规则进行调整的情况。随着企业的业务发展需要，现行的物料命名规则根本无法满足新行业、新产品或新物料的分类要求，所以企业也要随之对其做出相应的调整。

由于物料代码一般是按照"大类 + 流水号"来创建的，因此调整物料命名规则的中类和小类规则一般是不会影响物料命名规则的。

物料命名规则发生变化时，企业必须确保所有账套的历史物料基础数据的描述随着新规则的变化进行同步的变化更替，以确保其属性描述与物料命名规则保持一致。

在对企业使用 ERP 软件过程中常见的问题进行汇总之后可以发现，ERP 软件中的命名修改问题一般存在以下四种情况。

（1）修改命名之后，名称并未进行同步修改。

（2）修改命名时，发现名称无法被修改。

（3）修改命名之后，名称暂时发生了更改，但是在退出系统并重新进入时，系统名称又会重新变回旧名。

（4）在配置数据源，对命名进行修改后，发现名称为空。

对于第一种情况，问题一般都出现在系统的缓存方面，此时只要对系统进行刷新操作，然后把缓存释放即可。当然，有时也可能是因为系统本身存在缺陷才导致此问题的产生。

对于第二种问题，如果是发生在操作者本身对系统的操作有误的前提下，那么就必须重新阅读使用手册，弄明白系统的操作流程，若情节严重，则需要专门对企业内的人员进行培训，使他们可以熟练掌握操作流程。还有一种情况则是由于操作者本身被授予的权限不足，在这种情况下如果仍然需要采取修改措施，则必须让系统管理员对操作用户进行授权，或者由系统管理员亲自对命名进行修改。

对于第三种问题，除了操作者操作不当外，比如在无法进行改名操作的环境下进行了改名操作，还有可能是缓存问题，这时只能由管理员对系统进行缓存释放操作。

对于第四种问题，其产生的原因主要是在配置数据时导入不当。

3.4.3　命名重复问题

在 ERP 软件中，命名重复是十分错误的操作，这种情况在实际操作过程中经常出现。在对企业使用 ERP 软件过程中常见的问题进行梳理总结之后可以发现，命名重复问题主要有三种情况：重复命名、异名同物和同名异物。

在重复命名的情况下，一定会导致数据出错，当然这也可能是因为操作问题导致的。在对名称进行修改时，如果对不同的数据进行重复命名，一定会导致新旧数据的相互冲突。此时必须释放旧的缓存，让系统进行信息的局部更新，然后把旧的名称换成新的名称。

异名同物是指同一个物料由于两个或多个企业内部的物料编码不一致而产生的命名不同的现象。一个企业将物料信息导入到另外一个企业内部时就容易产生这类现象。这类现象违反了"主数据统一"的物料编码原则，其本质上属于和管理有关的问题。通用的解决方法是先申请物料编码，经审批合格之后，再把它的名称分配给另外的企业，最后将公企联盟内部的主数据名称进行统一。

同名异物是指虽然存货中的物料名称相同，可是物料的编码却并不一致的情况。这种情况一般不会发生，但是如果发生了就是异常状况，必须对名称的唯一性进行修改。在不改变命名规则的前提下，修复的办法是在规格或型号中增加一些可以方便区分的内容，通过检验后再对名称的唯一性进行修改，从而让系统允许此类情况后再进行修复。

3.5 系统环境更变引发的维护问题

在 ERP 软件的运行过程中，经常会发生因为需要更换新版本而更换整个系统的情况。从信息系统的角度讲，新的信息系统对旧的信息系统进行替换是一个组织发展成长所必须要经历的过程，需要企业在管理与技术两个维度做好维护工作，以确保信息系统的顺利切换。

一般来说，软件的新旧切换包括三种方式：直接切换方式、并行切换方式和逐步切换方式（见图 3-8）。

直接切换方式是指用新系统直接替换旧系统，中间没有其他过渡阶段。这种方式的一大优点就是转换简单，成本较低，但是风险很高。因为新系统并没有真正承担过实际工作，很容易出现一些意想不到的问题，因此，在实际应用时必须采用一些措施，以便新系统一旦失灵，旧系统能够随时恢复运行。直接切换方式不适合用在一些关系重大的系统上。

并行切换方式是指对于一些有重大影响的软件产品，在验收测试后并不立即投入生产性运行，而是同时运行新开发的系统和即将被它取代的旧系统，以方便对新旧两个系统的性能进行综合比较。并行切换方式的主要优点如下。

（1）降低使用关系重大的软件时可能产生的风险。

（2）对新系统进行全负荷测试，以验证新系统的性能。

（3）对用户手册之类的文档资料进行验证。

（4）使用户有充足的时间去熟悉新系统。

1. 直接切换方式

旧系统

新系统

系统切换方向

2. 并行切换方式

旧系统

新系统

系统切换方向

3. 逐步切换方式

旧系统

新系统

系统切换方向

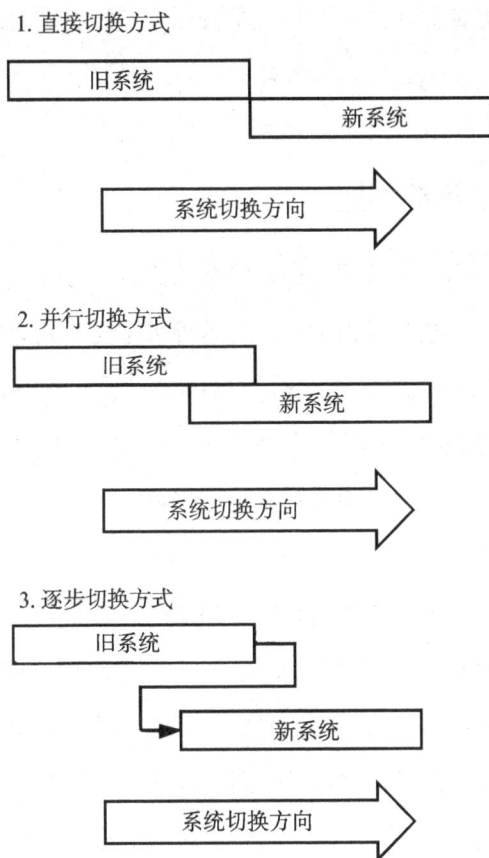

图 3-8　系统软件切换的三种方式

并行切换方式的缺点是所需费用特别昂贵。

逐步切换方式是指把软件分期、分部分地交付客户使用。这种方式能够很好地克服上面两种方式的缺陷，既可以防止直接转换产生的危险，也可以降低并行切换方式所产生的相关费用。但是，用逐步切换方式切换软件会使整个系统一部分是旧系统，另一部分是新系统，所以要考虑好它们之间的配合和接口问题。

在软件的实际交付过程中，常常不是用某个方式单独完成的，而是混合以上几种方式完成的，比如对不是特别重要的部分采用直接切换方式，对比较重要的部分采用并行切换方式，使系统能够平稳地交付使用。

当然，在实际复杂的更换过程中会出现各种各样的维护问题，包括操作技术方面的问题，如数据的切换、备份，模块的切换、备份，新软件的参数是否和系统参数相一致等；管理方面的问题，如信息系统上线对人员操作上新的更高要求、切换过程中的规划与重点制定等。

3.5.1　新旧数据转换问题

系统切换最主要的工作就是数据转换。旧系统的数据一般对质量要求较低，也相对分散，在向新的系统进行转换的过程中，系统运行所需要的大部分数据都需要对旧系统的数据进行加工才能够获得，因此，系统切换的难度完全取决于旧系统的质量。这里的旧系统不仅是指目前组织正在使用的计算机系统，也可以是指过去和手工操作相关的业务流程。旧的流程会不可避免地影响新系统的初期数据，旧流程越不规范、统一，新的系统在转换时就越会遇到各种问题。

数据的转换过程（软件工程方法）如图 3-9 所示。

（1）数据转换需求分析：在进行需求分析之前需要对原系统的数据结构、代码表、数据流程等有所了解，确定哪些数据表需要进行转换，然后形成"原系统数据字典分析报告"和"转换数据表分析报告"。"转换数据表分析报告"的主要内容包括需要进行转换的原系统数据表的名称、主键、用途、问题记录、问题记录产生的可能原因等。

（2）转换设计：在进行转换设计之前需要对要转换的每个数据指标项目进行事先确定，比如转换目标数据库表与原数据库表的指标项之间的对应关系、对应条件、代码项对照关系和指标项目的转换方法，形成数据转换字典对照报告和数据转换设计报告。

（3）编码：进行数据转换时应先根据数据转换字典对照报告、数据转换设计报告、程序功能设计报告编写一套相应的数据转换程序，然后对数据转换程序进行功能方面的测试。

（4）转换测试：在进行转换测试之前应先进行数据转换实验，第一步，先用编写好的数据转换程序对备份数据进行转换；第二步，进行数据合理性和正确性校验，对一些错误的或者有问题的数据进行清除；第三步，将转换完毕的数据与总体数据进行对比，尤其是对关键性数据进行逐项对比，也可以通过人工抽查等方式来校验数据转换的正确性。

在完成数据转换实验之后，还要使用转换后的数据对新系统进行试运行，以检查新系统的运行情况是否符合相应的要求。

| 数据转换阶段 | 数据转换步骤 | 产生的文档 |

需求分析　　原有数据字典分析　←→　原有业务流程分析　→　数据字典分析

　　　　　　确定转换的数据表　→　转换数据表分析报告

转换设计　　新旧数据字典对照　→　数据转换字典对照报告

　　　　　　确定数据转换方法　→　数据转换设计报告

编码　　　　编写数据转换程序　←　程度功能设计报告

　　　　　　　　　　　　　　　　程度功能测试报告

转换测试　　试验性数据转换　→　数据导入报告

　　　　　　错误数据校对　→　数据测试报告

正式转换　　正式数据转换　→　数据转换报告

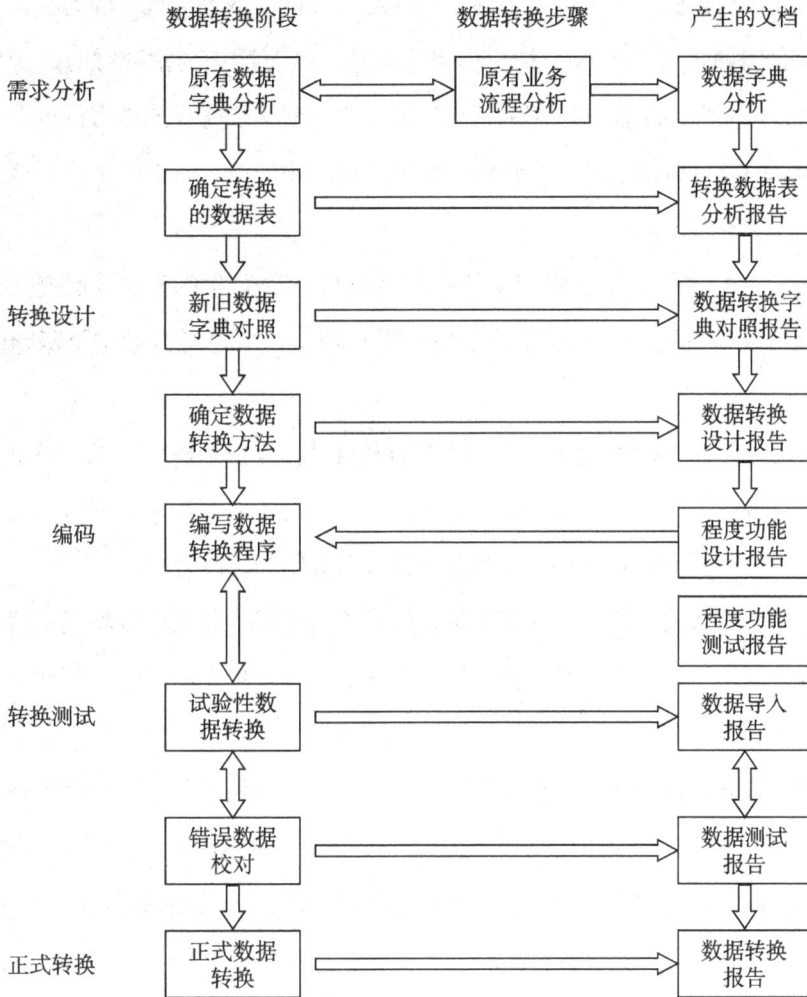

图 3-9　数据转换过程

对于在数据处理或者转换的过程中出现问题的数据，应该找出批量修改的方法；如果无法通过计算机程序进行批量处理，则只能进行人为的修正。

（5）正式转换：正式的数据转换一定要符合以下条件。旧系统的数据都通过了转换实验；对于出现问题的数据，也都进行了相应的修正处理；旧系统的所有功能在新系统的数据进行转换后都能够正常运行。正式的数据转换必须在旧系统停止办理业务的情况下才可以进行，数据转换工作的时间应尽可能集中，争取一次就能转换成功，把新旧系统切换可能带来的风险降到最低。

数据的导入问题实际上可以分为动态数据导入和静态数据导入。静态数据是指相对稳定的数据，比如物料、BOM、供应商等主数据。动态数据是指随时间的变化而发生变化的数据，比如期初库存、期初未完成的采购单、期初未完成的销售订单等。

动态数据的导入转换包括四个步骤：生产系统环境检查、资料转化进系统、资料的检查和验证以及资料的修正。

生产系统环境检查是指正式的生产系统生成后，对生产系统进行检查，检查的项目包括系统配置是否正确、组织是否创建、用户和用户角色是否创建及基础资料是否创建。

资料修正是指在检验和验证后，对错误的资料进行修正和切换，以及对不完整的资料实施修补。对漏进的资料，在发现后要及时进行补充；对有错误的资料，在发现后应马上进行修正；对于多余的资料，应及时对其进行关闭和作废处理。

除此之外，静态数据的导入则需要更多的模板做支持。其具体步骤包括静态数据确认、复核及编码，管理档案和基本档案的信息拆分，基本档案的导入，管理档案的维护与复核等。

在对静态数据进行确认、复核及编码后，必须对基本档案模板进行审核并将其导入系统，其中主要内容包括集团级别的信息，如客户档案（客户编码、地区名称、客户简称、客户名称、客商类型等）、供应商档案（供应商简称、供应商名称、供应商编码、供应商类型等）、存货分类（分类编码、分类名称、编码级次）；存货档案（存货编码、存货名称、存货分类、税率）；企业目录、部门档案、人员档案、结算方式、地区分类、计量单位等；手工录入的信息数据，包括计量单位、币种档案、人员类别等。

在完成基本档案信息的维护与录入工作后，同样需要对管理档案的信息进行维护录入，这其中主要包括了一些企业级档案信息：人员档案、客户档案、供应商档案等。

在整个数据转换过程中，出于对安全因素的考虑，需要事先对数据进行备份。

3.5.2 管理分工与安全问题

在对一个系统进行切换的过程中，需要关注以下几个关键点，只有在管理方面满足了这几项前提，才能提升系统切换的成功率。

（1）细致的规划。系统的切换实际上是信息系统实施阶段的一个核心步骤，必须由专门的团队来讨论和制定相应的计划，包括切换的主要方式、切换的起点及最后期限、切换的步骤和进度控制、资源的合理配置和人员职责分工、初期数据的准备工作等。计划实施之前必须经过专业人员的审定并形成文档，以备查考。

（2）领导的重视。开发信息系统本质上是为了配合组织实现其目标，而组织的领导者和管理层作为组织目标的实际决策者，应对新系统的实施给予足够的重视，并提供一个良好的适合系统切换的条件及环境，更重要的是要学习和掌握信息系统所带来的先进管理思想和方法，布置好合作与分工，同时对新系统的实施保持信心。

（3）人员的培训。任何一个信息系统本质上都是人机系统，只有人才是起决定作用的因素。在信息系统开发的每一个具体的阶段都必须对相关人员进行培训，因此新旧系统切换时的人员培训就显得尤为重要：一是因为这个阶段属于"混乱"时期，仅仅经过试验性测试的新系统还不能够进入实际应用阶段，同时旧系统还没有完全"退役"；二是因为这个阶段参与人员最多，包括新系统的开发者、使用者、管理者等。如果不进行必要的人员培训必然会出现系统切换失败的情形。

（4）组织的重构。新系统的实施会不可避免地对组织机构提出一些新的要求，比如合并或新增一些机构，并且对原有的管理规则与制度进行改变，改变原有的工作模式，创建面向新系统的业务流程和相关制度，以减少新旧系统之间的冲突与错位。

（5）数据的完善。为了使新系统能够更好地运行，数据必须完整、准确、一致、及时。新系统需要哪些数据？原有的数据是否需要改变？哪些数据需要进一步补充或完善？数据主要来源于哪些部门？切换工作的延误与"瓶颈"最终都会归结于数据的整理及变换工作。

在实际的系统切换操作过程中，需要满足以下事项。

（1）强弱搭配：把人员分成若干个小组，由实施系统切换的企业与被实施企业的工程师共同组成。

（2）合理分工：给每个小组分配一部分人手，负责之后的上线工作。

（3）保持通信畅通：把每个人的电话号码都打印出来，然后发给所有的员工，保证他们可以相互联络。

（4）统一指挥，集中保障：统一调度后勤工作人员并保障人员的轮班休息及饮食等问题。

在充分照顾组织事项的同时，也要针对容易出现问题的环节制定一系列应急方案。

常见的问题包括经过定义的一般问题（如基础数据）和实际不一致或不完整；部分人员无法经过授权登录模块、项目不正确；部分单据、票据无法正常打印或打印出现问题；部分业务项目无法确定物料名称、对应物价错误；部分人员无法在系统中正常地完成单据提交工作；部分业务运行速度缓慢等。对于这些问题，相应的处理方案包括安排技术人员核实问题情况，查明原因并及时排除；由于基础数据不全、错误及特殊流程有问题造成部分人员无法进行正常业务操作，此时可以联系管理员在后台直接进行操作，并做好记录，等到问题解决后再补录至新系统；安排专人进行现场办公，负责处理物料等基本信息；工程师在机房对数据库进行实时的监控和优化等。

重大问题包括关键流程存在错误，人员无法进行正常的业务操作，并且会直接影响企业内部机制的正常运行，一般在 30 分钟内无法修复；服务器压力过大，整个系统运行缓慢，影响相关业务的正常运行；服务器宕机等。相应的处理方案为：让工程师迅速针对软件系统问题进行分析，如果 30 分钟内仍然无法解决，应立即上报给有关领导决定是否重新启用旧系统；针对各个部门使用的服务器，把对资源消耗较大的业务统计功能设置为在高峰期限制使用，在非高峰期间可以正常使用；先把系统切换到备用服务器，等到正式服务器恢复以后，再将数据从备用服务器转移到正式服务器等。

[习题]

----

1. 如何管理用户权限？

2. 为什么在环境参数方面会存在维护问题？

3. 对于软件的注册表的维护工作，其保护行为一般有哪些？

4. 系统命名有哪些规范？

5. 在对软件的系统环境进行更换的时候，如何降低在切换过程中发生维护问题的风险？

第4章

局域网维护

4.1 网路设置与维护问题

4.1.1 硬件维护

局域网中主要的硬件设备有网络主机（数据库服务器、Web 服务器、E-mail 服务器、FTP 服务器、打印服务器及各种客户机等）、网络连接介质（双绞线、光纤接头、同轴电缆、光纤、水晶头等）以及网络连接数据交换设备（网卡、网桥、交换机、集线器、网关和路由器等）。这些网络设备本质上都是通过各种电子元器件组合在一起构成的，可是几乎所有的电子元器件在经过了长时间和高负荷的使用后基本上都会不可避免地发生一些磨损、氧化、老化，甚至是电压过载被烧毁等现象，因此必须有专业管理人员依照计划定期对计算机中的各种硬件设备进行检查和排错，同时还要对网络交换设备、网络主机设备、通信线路等进行相应的维护。

网络主机维护的主要内容是对计算机主机与服务器硬件设备等实施计划清理，做好相关设备的检查与保养，并且定期针对重要的设备进行改造和升级。主机一般选择硬件质量较好、主芯片运行速度快、拥有较大容量的内存和超大容量的硬盘，用以保证计算机上的硬件设备可以长期正常和平稳地运行。在对主机的清理维护过程中，应注意对硬盘的维护工作，因为主机中所有的资料数据都会在相当长的一个时期内存储在计算机硬盘当中，所以硬盘的可靠性和稳定性决定了整个主机运行的稳定性。在维护过程中，可以选择采用相应的硬盘保护卡对硬盘实施保护，硬盘保护卡在完成对计算机硬件进行自动定期清理工作的同时，还可以自动做好部分系统的维护工作，这样就可以从根本上提升硬件维护的效率和质量。

网络交换设备是整个网络信息交换的中心，网络交换设备维护工作主要是对集线器、交换器、网关和路由器进行维护。除了需要定期对机房中的各种设备进行清洗与保养以外，还要确保机房的环境温度适宜，同时还要保持适中的湿度，防止线路提前老化或破损。在对连接设备进行维护的过程中，要注意对网络交换设备的运行状态进行实时控制和分析。

对局域网通信线路进行维护的重点是确认网线、光纤、同轴电缆及相应的接口部分是否完好无损，相应的线路是否能够正常连接，同时还需要针对网络流量进行分析与记录。在完成线路整理工作之后还应该明确该线路的功能、作用是否正常，以及连接方式和要求是否符合规范，在线路接口处应该做好相应的标记并进行整理，以便在未来的工作中再次进行维护保养。同时，网络维护人员也应该做好外部线路的实时监控和检查，发现线路损坏时必须迅速修复或者进行撤换，以确保局域网内部线路的畅通。

4.1.2 软件维护

局域网的软件维护工作主要包括针对网络操作系统及网络协议的维护、重要数据和信息的备份以及网络安全软件的安装和设置等。

网络操作系统主要由计算机操作系统和网络连接设备操作系统两部分构成。计算机操作系统就是人们常见于个人计算机上的操作系统，因为这种操作系统不仅能够依照个人需求对项目及类别进行自由设置，同时还能够依照个人期望对系统和文件的属性进行自由改变，因此它的运行状态及系统设置等很多内容都有可能会发生错误，甚至会引来网络病毒和黑客的攻击，最终导致个人计算机系统发生严重错误或导致崩溃。因此，操作人员必须定期对计算机的操作系统进行有效的维护，比如对关键属性的设置进行检查、整理已经安装的软件、对系统垃圾文件进行彻底的清理、清理注册表残余项目、对系统补丁进行升级等。与此同时，由于处理器同样也存在于交换机、路由器等网络设备的内部，这些网络设备基本上也都内置了相应的网络操作系统，其主要作用是帮助硬件完成建立连接、压缩和解压数据、传输数据、转发数据等操作，对其进行的维护工作主要是对网络属性进行设置、重置统计数据、升级交换机和路由器的固件等。

网络协议一般是安装在计算机操作系统中的，维护人员在对计算机操作系统实施维护的同时，也应对网络协议进行合理的维护。通过利用网络协议中提供的相应网络软件，如 IPConfig、Ping、ARP 和 Netstat 等，能够对网络运行状态进行实时监测，了解网络当前的配置情况并对网络故障实时排查等。

处于局域网中的计算机，尤其是服务器如 Web 服务器、FTP 服务器、DNS 服务器、电子邮件服务器和数据库服务器等，存储了大量重要的数据信息，如果这些储存于服务器上的数据出错或者丢失，后果将十分严重。因为服务器上储存的数据和信息资料经常会随着管理员和用户的操作而发生变动，因此必须定期对服务器中的重要数据进行备份，以备不时之需。常用的备份软件有 Ghost 及操作系统中自带的磁盘备份工具等，这些软件能够把所有的重要数据进行打包压缩后储存到磁盘的其他位置，也可以把整个磁盘用另一个磁盘进行镜像备份。一般而言，针对数据和信息资料的备份要遵循"3-2-1"原则，即同时存储 3 份完整的文件（1 份原件加 2 份拷贝文件），并且要把文件同时存储于 2 种不同的储存介质上，同时还要将 1 份拷贝文件及时地保存在异地，只有这样才能够在文件损坏的时候，及时通过备份数据将文件找回。

互联网连接了各种不同的网络和数量巨大的计算机系统，因此只要计算机或局域网连入了互联网后，就必须开始维护计算机或局域网的安全，最好能够及时安装各种防护类软件，如安全防护软件、杀毒软件、防火墙软件等。由于网络环境在实时发生变化，新的安全隐患层出不穷，因此需要操作人员定期对安装在系统中的安全防护软件、杀毒软件、防火墙软件及网络操作系统等进行升级和修复，具体内容主要包括以下几方面。

（1）维护和升级安全防护软件、杀毒软件、防火墙软件等。

（2）根据客观情况要求对系统的安全策略和安全机制进行定期调整。

（3）阻止外部网络直接连接到内部系统上，保证内部系统和数据的绝对安全，同时应该定期做好连接和访问测试，并及时形成规范的报告文件。

（4）对专用出口的网络连接情况进行定期检查，如果发现漏洞必须第一时间进行处理。

（5）要随时根据网格技术和安全防护技术的发展，不断地对安全策略和安全管理制度进行调整，使其与实际需求相匹配。

4.2　防火墙设置与维护问题

4.2.1　防火墙的设置

一般而言，局域网内部可以使用的防火墙主要有两种。

一种是硬件防火墙，也被称为基于路由器的防火墙，它是一种专用的设备，位置处于互联网和局域网之间的网关上。经过它设置的过滤规则或者前提都会经由网络内的每个操作者产生效果，这就使其自然而然地成了设置全网过滤规则时最为理想的选择。与那些针对每台计算机使用的单独防火墙相比，它更加高效且易于管理，只要使用一台设备在主网关上将流量进行过滤，就可以很容易地节省计算能力并简化安全策略。

还有一种是软件防火墙，比如 Windows 系统内置的防火墙，以及 Comodo 等第三方防火墙软件，但是这些防火墙只可以过滤安装了它们的计算机上的流量。

通过在每个网络的网关上使用硬件和软件防火墙的组合，可以构建一个十分有效的安全策略来对整个网络和特定的计算机实施管理。

4.2.1.1　设置基于路由器的防火墙

基于路由器的防火墙一般是通过浏览器访问相应的 Web 界面来对其进行控制，通过对路由器的文档进行查阅，可以获取如何访问和控制它的具体方法。其典型功能如下。

（1）设置安全级别。绝大多数路由器防火墙都会设置安全级别的选择。作为标准，防火墙可能会阻止一切未经请求的传入连接，因为这些连接可能是恶意的。操作人员可以根据实际需要选择更高或更低的安全级别，然后根据其他相关规则对其进行定制。

（2）端口转发。如果内部网络的某些特定服务功能希望提供给其他互联网用户直接连入使用，就可以使用端口转发来完成，因此它被称为端口映射或虚拟服务器。操作人员只需要找出这些服务功能使用的端口号并"端口转发"这些端口号就可以了。

（3）地址过滤。通过创建一个需要过滤的域名关键字表格，可以阻止所有和表格中的域名有关的网络用户访问有特定关键字的网站。例如，在列表中输入"×××"，地址过滤器将会阻止"http://www.abc×××.com""http://www.×××bbb.com"或其他含有"×××"的网址。

（4）关键词过滤。通过建设一个要过滤的关键词列表，能够阻止所有网络用户访问含有表格中关键字的网页。但是，该功能也有一定的缺陷：一般使用超文本传输协议（HTTP）压缩技术的压缩网页内容基本无法被过滤掉，使用 HTTP 加密协议的网页内容无法被过滤。

（5）隔离区。隔离区是指防火墙以外的一个特殊的区域，操作人员能够将一个或多个计算机分配到这个区域，将其公开、透明地显示在互联网上。这样可以让所有上传的封包全部转向操作人员指定的计算机，访问这些设备时过滤规则将不会被执行，这也意味着这些设备不再受到路由器防火墙的保护。

4.2.1.2 设置个人计算机防火墙

Windows 操作系统和其他操作系统一样基本都配备了应用层软件防火墙。类似于硬件防火墙，它们都提供了标准的安全设置，这些设置提供了基本的防范黑客、木马和病毒的功能。

由于这些是应用层防火墙，所以操作人员还能够使用它们为计算机上的特定程序设置访问限制。当一个新的应用程序第一次连入互联网时，操作系统的防火墙可能会提示你允许或拒绝访问。

例如，设置 Windows10 专业版内置的防火墙的方法如下。

（1）打开"设置"—"Windows 安全中心"，也可以直接在对话框中搜索"防火墙"，然后打开"防火墙和网络保护"（见图 4-1）。

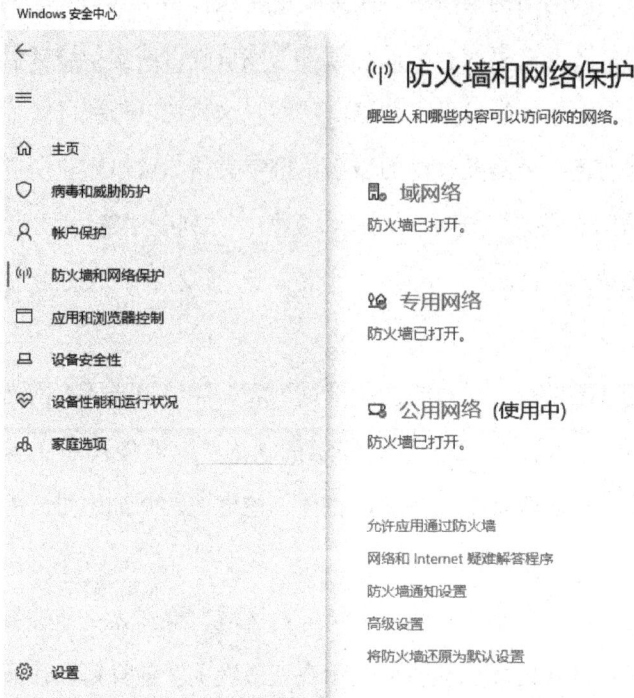

图 4-1 "Windows 安全中心"中的"防火墙和网络保护"

（2）根据实际情况的不同，操作人员可以选择"域网络""专用网络""公用网络"中的一个，点击进入后可以对"Windows Defender 防火墙"设置"开"或"关"。

（3）选择"允许应用通过防火墙"，点击"更改设置"然后就可以为特定程序设置单独的"专用"或"公用"通信权限。

（4）选择"防火墙通知设置"，可以对用于保护设备的应用和服务进行管理，还可以选择从"Windows 安全中心"收到通知。

（5）选择"高级设置"，可以设置应用的"入站规则"和"出站规则"，点击右侧的"新建规则"，对需要创建的规则类型进行选择，然后根据向导提示逐步进行操作即可完成整个设置过程（见图 4-2）。

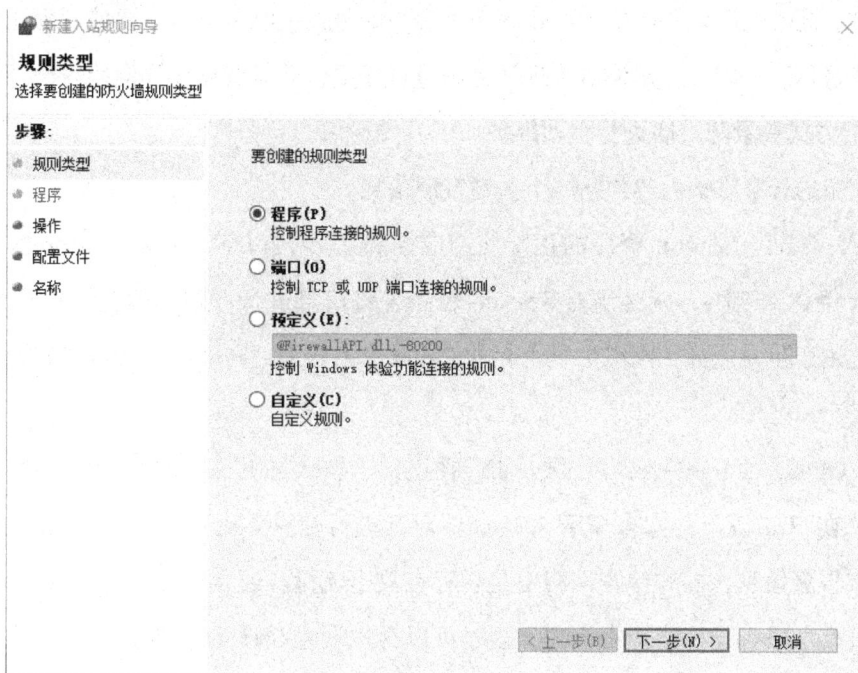

图 4-2　新建出入站规则向导

4.2.2　防火墙的维护

防火墙是保护网络安全的重要手段，也是第一道屏障，它可以有效地保护计算机，使其在自身外围构成一道保护屏障，免于遭受未经授权的互联网访问及内部网络的攻击，如果这一道防线失守了，那么网络安全就会变得岌岌可危。因此，防火墙的维护工作就显得异常重要。一般情况下，防火墙的维护工作主要包括以下两个方面。

（1）维护防火墙的配置文件。无论操作人员在安装防火墙硬件之前考虑得多么精细和严密，一旦防火墙投入到客观的使用环境中，情况就会随时随地发生转变。防火墙的规则总是处于不断变化和调整的过程中，相关配置参数也会随着环境的变化而发生改变。因此，操作人员必须提前编写一套修改防火墙配置和规则的安全策略，并严格实施执行。所有防火墙配置，最好都可以细致到类似哪些流量可以被允许、哪些服务要能够被用到代理这样的细节。

（2）配置好 IP 地址，通过应用指定的终端来对防火墙进行管理，降低密码泄露带来的风险。同时还应该尽可能地设置两级管理员账号，平时尽可能不要使用默认的管理员账号来管理防火墙，应定期对管理员密码进行变更，并设置仅允许使用安全外壳协议（SSH）的方式登录防火墙进行管理维护。

防火墙的日常维护内容包括四个关键资源信息。

（1）Session。Session 资源的正常使用应控制在 70% 以下，只要 Session 资源的正常使用比例达到 85%，就必须对 Session 表和告警信息进行严格的检查，检查 Session 是否被应用于正常业务，网络中是否存在 Flood 攻击行为，同时要考虑设备容量限制并及时升级。

（2）CPU。对于硬件架构的防火墙，在正常工作状态下，防火墙 CPU 的使用率一般应保持在 50% 以下，如果高于 50% 就要对其进行检查。比如检查 Session 的使用情况和各类告警信息，同时检查网络中是否存在攻击流量。通常情况下，防火墙 CPU 的使用率过高一般都与网络攻击有关，这时可以通过设置 Session 对应选项进行防范。另外，还应查看异常流量及告警信息，检查策略是否优化、配置文件中是否存在无效的命令。

（3）内存。防火墙对内存的使用尺度把握得十分准确，采用"预分配"机制，空载时内存的使用率为 50% ~ 60%，随着流量的持续增加，内存的使用率应基本保持在一个适中的水平上。如果出现内存使用率高达 90% 甚至以上的情况，就必须对网络中是否存在攻击流量进行检查，并查看是否是 Debug 分配的空间过大。

（4）硬盘。如果防火墙上保存有日志记录，那么对防火墙的硬盘使用情况进行严格的定期检查就是一件非常重要的事情。如果日志记录没有被很好地保存，那么就必须对防火墙的硬盘使用情况进行彻底的检查。在保留日志记录的前提下，如果硬盘占用量增长过快，那么很可能说明在日志记录清除过程中存在某些问题。当然，在不保留日志记录的前提下，如果硬盘依旧出现占用量异常增长的情况，那就说明防火墙极有可能被人安装了未被授权的工具，已经被人攻破。因此，操作人员必须了解在正常情况下防火墙的硬盘占用情况，并以此为依据，设定一个硬盘空间的维护基线。

① 建立一个防火墙设备维护安排表和维护检查信息表，为判断网络异常发生的时间和原因提供技术参考依据。

② 应急处理。当网络出现故障时，操作人员应迅速检查防火墙的状态，然后判断是否有攻击流量，确定故障是否与防火墙有关。如果故障的确与防火墙有关，就可以在防火墙上打开 Debug 功能跟踪数据包处理的过程，检验策略配置是否存在问题。

［习题］

1. 局域网中需要维护的硬件设备有哪些？

2. 局域网中需要维护的软件设备有哪些？

3. 如何有效地对一份重要的数据进行备份？请举例说明。

4. 防火墙有哪些关键的资源信息？

5. 防火墙中的隔离区功能有什么作用？

第5章

ERP 软件数据库维护

5.1　数据库的安装与调试

5.1.1　数据库的安装步骤与设定

本小结以 SQL Server 和 Oracle 的数据库为例，说明用友 U8 cloud 软件中数据库的安装与调试。

U8 cloud 软件支持 SQL Server 2012、Oracle 11gR2、SQL Server 2016、Oracle 12c 数据库。在使用不同的数据库时，需要按照要求建立相关表空间或文件组，只有这样才能正常完成 U8 cloud 软件的安装。

1. 在 SQL Server 2012 中创建数据库、文件组及 U8 cloud 数据库用户

U8 cloud 在 使 用 SQL Server 2012 数 据 库 时 要 求：建 立 NNC_DATA01、NNC_DATA02、NNC_DATA03、NNC_INDEX01、NNC_INDEX02、NNC_INDEX03 六个文件组，系统对这六个文件组的数据文件名称、位置、个数没有限制，但必须保证每个文件组中都有数据文件。在实际使用的过程中需要根据实际情况修改数据文件存储的位置和大小，确保达到磁盘最大读写效率。

对于文件组的建议如下。

（1）NNC_DATA01 文件组：有对应的物理文件，初始大小为"500MB"。

（2）NNC_DATA02 文件组：有对应的物理文件，初始大小为"500MB"。

（3）NNC_DATA03 文件组：有对应的物理文件，初始大小为"500MB"。

（4）NNC_INDEX01 文件组：有对应的物理文件，初始大小为"200MB"。

（5）NNC_INDEX02 文件组：有对应的物理文件，初始大小为"200MB"。

（6）NNC_INDEX03 文件组：有对应的物理文件，初始大小为"200MB"。

在 SQL Server 2016 中创建数据库、文件组及 U8 cloud 数据库用户的方法，与在 SQL Server 2012 中创建数据库、文件组及 U8 cloud 数据库用户类似。

接下来以金蝶软件为例，展示数据库的安装步骤与设定。

金蝶 KIS 及数据库安装配置如下——以 SQL Server2008 为例。

一、系统配置要求

1.服务器端

CPU：最低要求 1.6 GHz Pentium 4 处理器。

推荐：3.0 GHz Pentium 4 处理器及以上。

内存：最低 RAM 要求 2GB。

推荐：8GB 内存。

硬盘：需要 20GB 以上的可用空间。

驱动器：DVD-ROM 驱动器。

显示器：Super VGA（1024×768）或更高分辨率的显示器（32 位真彩色）。

鼠标：Microsoft 鼠标或兼容的指点设备。

2.客户端

CPU：最低要求 1.6 GHz Pentium 4 处理器。

推荐：3.0 GHz Pentium 4 处理器及以上。

内存：最低 RAM 要求 1GB。

推荐：4GB 内存。

硬盘：需要 10GB 以上的可用空间。

驱动器：需要 DVD-ROM 驱动器。

显示器：Super VGA（1024×768）或更高分辨率的显示器（32 位真彩色）。

鼠标：Microsoft 鼠标或兼容的指点设备。

二、操作系统要求

Windows XP Professional（32位）（SP3）简体中文版

Windows Server 2003 Standard /Enterprise 简体中文版（32位）（SP2）（不支持64位）

Windows 7 旗舰版 简体中文版（32/64位均支持）

Windows Server 2008 Standard 简体中文版（32/64位均支持）

Windows 8 企业版 简体中文版（32/64位均支持）

Windows 8.1 专业版 简体中文版（64位）

Windows 2012 企业版 简体中文版（64位）

不支持 Windows 98、Windows 2000、Windows XP Home 版、Windows Server 2003（64位）。

三、默认安装目录

KIS 专业版的默认安装目录如下。

[Program Files]/Kingdee/KIS/profession/Advance

四、安装组件

安装组件分为"客户端""服务器端""老板报表"。

进行客户端和服务器端安装时，需要对系统所处的环境进行检测。其中服务器端安装还需要根据是否已经安装了相应的数据库（SQL Server、SQL 2008 Express）进行检测，若检测到没有安装相应的数据库，则安装程序自动安装 SQL 2008 Express。

五、安装过程

KIS 专业版有两种安装模式：单机模式安装模式和客户端—服务器安装模式。

1. 安装前检查

（1）检查计算机是否符合相关的系统配置要求。

（2）检查计算机是否已经正确安装了符合要求的操作系统。

（3）检查计算机是否进行了网络 / 虚拟网络配置。

（4）检查操作人员是否在安装之前进行了病毒检查。

（5）检查卸载旧版本前记录的比较重要的数据。

2. 安装注意事项

（1）建议安装程序之前先退出其他应用程序，同时暂停使用杀毒软件和防火墙。

（2）关闭防火墙。

操作步骤：开始菜单—控制面板（查看方式：图标或小图标）—Windows 防火墙，关闭防火墙。

（3）关闭数据执行保护。

操作步骤：同时按"Win"键和"R"键调出"运行"对话框，输入 sysdm.cpl—确定—高级—第一个设置按钮—数据执行保护，选中"仅为基本 windows 程序和服务启用 DEP"并确定，随后重启计算机。

（4）在 Win7/2008/8 操作系统中，请使用 administrator 用户登录操作系统，进行安装使用。

（5）如果无法使用 administrator 用户登录操作系统，还有两种方法。

① 确保用户账户控制设置为最底下的从不通知。

操作步骤：同时按"Win"键和"R"键调出"运行"对话框，输入 msconfig—确定—工具—更改 UAC 设置—启动，调到"最底下的从不通知"并确定，随后重启计算机。

② 以管理员身份运行程序。

操作步骤：用鼠标右键点击桌面上的金蝶图标，选择属性—兼容性，勾选"以管理员身份运行此程序"并确定。

（6）目前可支持 SQL2000（SP4）、SQL2005（SP3）、SQL2008（SP2）、SQL2012（SP1）。

关于数据库的安装，需要注意以下方面。

（1）金蝶 KIS 专业版的安装盘中自带 SQL 2008 Express 数据库（在安装金蝶 KIS 专业版服务器端时，可以根据操作系统的版本自动安装）。

（2）如果并发用户在 5 个用户之内，能够使用金蝶 KIS 专业版自带的 SQL 2008 Express 数据库，如果希望获得更好的性能，建议使用中文版 SQL Server 数据库。

（3）如果并发用户超过 5 个用户，则不建议操作人员使用金蝶 KIS 专业版自带的

SQL 2008 Express 数据库，建议使用中文版 SQL Server 数据库。

（4）如果需要使用 SQL Server 数据库，请先安装好 SQL Server 数据库，再安装金蝶 KIS 专业版。

（5）在安装 SQL Server 时，应在设置"身份认证模式"的界面选择混合模式，安装完数据库后重新启动计算机。

金蝶 KIS 专业版安装过程如下。

（1）请用户自行通过金蝶官方网站下载安装程序。

（2）执行安装程序中的"金蝶 KIS 专业版 V14.1 安装程序 .exe"。

（3）对需要安装的组件进行选择——客户端、服务器端、老板报表；同时阅读并同意"用户许可协议"，对安装文件路径进行设置，点击"立即安装"，系统会根据相关选择与设置自动进行软件安装。

（4）如果用户选择了安装服务器端时系统默认检测是否安装了需要的数据库，若检测到没有安装，则金蝶安装程序会根据操作系统的版本自动帮客户安装 SQL 2008 Express 数据库。

（5）如果安装过程中出现正在配置 SQL，必须先重新启动系统的提示，这是 SQL 2008 Express 本身的提示，点击"确定"按钮，重启计算机后，按上述步骤重新执行安装程序，系统将继续进行金蝶 KIS 专业版的安装。

六、预置演示账套

在服务器端安装时，安装程序能够自动恢复金蝶 KIS 专业版演示账套，这样可以方便用户在第一次使用的时候就登录系统，不需要新建账套就可以感受系统的简洁性。该账套的预设用户名为"manager"，密码默认为空。

七、安装 SQL Server 数据库服务器

如果用户数不多，比如在 5 个以内，一般可以直接安装。如果系统自带数据库，那么操作是十分简单的。

如果需要安装数据库，那么相对复杂一些。

一般先安装数据库，如果安装 SQL 2000 就相对简单，如果安装 SQL2005 和 SQL2008 则相对复杂一些，但网上都有相关的教程。需要注意的是，安装时应把验证

模式设置为混合模式，在安装所有金蝶数据库时都必须这样选择。

需要注意的是，对于早期版本，先安装金蝶专业版，再安装数据库也没问题，但这就涉及数据库升级，因为安装好专业版后就有一个自带的数据库，再安装数据库就要对其进行升级。

接下来介绍如何在 Oracle 11.2.0.4 中创建数据库、表空间及用户。

U8 cloud 软件在使用 Oracle 数据库时要求建立 NNC_DATA01、NNC_DATA02、NNC_DATA03、NNC_INDEX01、NNC_INDEX02、NNC_INDEX03 六个表空间，对这六个表空间的大小有具体的限制，对数据文件的存放位置、存放形式及数据文件个数则没有相关的硬性要求，在具体使用时需要依据实际情况对数据文件存储的位置和大小进行修改，确保达到磁盘的最大读写效率。

创建数据表空间及文件的脚本如下。

CREATE TABLESPACE NNC_DATA01 DATAFILE 'D:\ORACLE\ORADATA\ORA11G\nnc_data01.dbf' SIZE 500MB AUTOEXTEND ON NEXT 50MB EXTENT MANAGEMENT LOCAL UNIFORM SIZE 256KB ;

CREATE TABLESPACE NNC_DATA02 DATAFILE 'D:\ORACLE\ORADATA\ORA11G\nnc_data02.dbf' SIZE 300MB AUTOEXTEND ON NEXT 50MB EXTENT MANAGEMENT LOCAL UNIFORM SIZE 256KB ;

CREATE TABLESPACE NNC_DATA03 DATAFILE 'D:\ORACLE\ORADATA\ORA11G\nnc_data03.dbf' SIZE 500MB AUTOEXTEND ON NEXT 100MB EXTENT MANAGEMENT LOCAL UNIFORM SIZE 512KB ;

CREATE TABLESPACE NNC_INDEX01 DATAFILE 'D:\ORACLE\ORADATA\ORA11G\nnc_index01.dbf' SIZE 500MB AUTOEXTEND ON NEXT 50MB EXTENT MANAGEMENT LOCAL UNIFORM SIZE 128KB ;

CREATE TABLESPACE NNC_INDEX02 DATAFILE 'D:\ORACLE\ORADATA\ORA11G\nnc_index02.dbf' SIZE 300MB AUTOEXTEND ON NEXT 50MB EXTENT MANAGEMENT LOCAL UNIFORM SIZE 128KB ;

CREATE TABLESPACE NNC_INDEX03 DATAFILE 'D:\ORACLE\ORADATA\ORA11G\

nnc_index03.dbf' SIZE 500MB AUTOEXTEND ON NEXT 100MB EXTENT MANAGEMENT LOCAL UNIFORM SIZE 256KB ;

本脚本为参考脚本，在具体使用时需要根据实际情况修改数据文件存储的位置和大小。

本脚本可以在 SQL Plus 中直接执行，也可以通过 SQL Plus 运行，输入连接用户和密码，通过"@"命令运行脚本并提交。下面是通过"@"命令运行脚本的方式示例。

SQL>connect oracle system/manager; SQL>@ c:\SQL_ORA.SQL; SQL>commit;	连接数据库—运行 SQL 脚本—提交

对于表空间的管理建议如下。

（1）NNC_DATA01、NNC_DATA02、NNC_DATA03 区管理选择"本地管理"，统一分配的大小设为"256 KB"。

（2）NNC_INDEX01、NNC_INDEX02、NNC_INDEX03 区管理选择"本地管理"，统一分配的大小设为"128 KB"。

（3）temp 用户临时表空间，名称可以自己确定，但在建立用户时需要指定默认临时表空间，大小自动增长。

（4）U8 cloud 的两个表空间都需要分配限额，限额选择"无限制"。

（5）Oracle 数据库需要调整用户临时表空间的大小，建议最小值为"300MB"，文件增长不受限制。

创建 U8C 用户"U8 cloud"的过程如下。

创建用户及授权步骤如下。

SQL> create user U8 cloud identified by 1 default tablespace nnc_data01 temporary tablespace temp;

SQL> grant dba，connect to U8 cloud；

在 Oracle 11.2.0.4 中创建数据库、文件组及 U8 cloud 数据库用户与在 Oracle 12.1.0.1.0 中创建数据库、文件组及 U8 cloud 数据库用户类似。

5.1.2　数据库与ERP软件间的调试

U8 cloud console 工具是 U8 cloud 软件的基本配置工具。其各个页签的介绍如下。

Data Source：本页签需要读取才能定义、查看或修改，主要包含以下内容。

数据源：数据源为 U8 cloud。

数据库类型：数据库类型包含两种，即 SQL Server、Oracle。

数据库驱动类型：指定所选择数据库的连接方式。

数据源名称：数据源名称为 U8 cloud。

数据库的配置分为标准模式和简单模式两种，具体配置过程如下。

（1）根据提示安装好用友 U8 软件。

（2）打开 mssms（数据库客户端工具），查看服务器名称。

（3）找到用友 U8 软件，打开系统管理—应用服务器配置—选择数据库服务器—数据源配置—点击增加—填写服务器名称—点击确定。

（4）打开系统管理（与应用服务器配置同目录）—系统—初始化数据库。

（5）系统管理—注册。操作人员填写 admin，点击账套系统后会自动匹配，随后确定登录。

下面以金蝶 Oracle 数据库安装为例介绍数据库的安装与 ERP 软件的调试过程。金蝶 Oracle 数据库的安装如下。

服务器系统软件、数据库版本安装推荐如下。

（1）对于数据库服务器的操作系统，推荐使用 Oracle Linux6.9。

（2）对于数据库软件版本，要求安装 11204 企业版（不支持标准版），单节点或 RAC 环境均可，推荐使用 RAC。数据库安装完毕后，打上最新的补丁集。

相关注意事项如下。

（1）PSU 补丁集在单节点环境使用纯数据库版，在 RAC 环境使用 GI 版本。

（2）优先打补丁集，再打小补丁。

（3）解压后，请按照解压出来的 readme.html/txt 文档（解压目录里）说明安装。

（4）有时补丁集和小补丁可能会存在冲突，应在打补丁前做补丁间冲突检查。比如 [oracle@rac12 /backup/soft/p19678658/19678658] $opatch prereq CheckConflictAgainstOH

WithDetail -ph ./

此时该命令的反馈结果可能会包含类似 Conflict with Composite Patch 27338049 这种信息。

遇到这种情况时，通常应到 Support 网站寻找该补丁的最新补丁集，如 19678658_11204171017。

补丁集 19678658 和 27338049 有冲突，但 19678658_11204171017 和该补丁集没有冲突，此时应选择后者。

（5）对于上面列举的小补丁（如 16311211），尽量寻找发布时间晚的补丁，因为早先的版本，可能存在与 PSU 补丁集冲突的情况，而后面的版本则可能已经解决了此冲突。如果补丁 16311211 与补丁集 20180417 冲突，但若是 16311211_11204171017，还是同一补丁，则不会与上述补丁集冲突。

数据库安装成功后，通常会进行参数初始化工作，而要使系统效率达到最优，就需要依据数据库实际的运行情况逐步进行微调。修改了数据库参数后，需重启数据库，以确保修改生效。另外，制定合适的备份策略至关重要。一般情况下，备份策略是以物理备份为主，以逻辑备份为辅，即主要使用 RMAN 备份，同时辅以 expdp 命令导出备份。

对于 RMAN 的备份策略，主要应注意以下几点。

（1）保留几份全库备份（包括全库备份以后的所有日志，以保障可用该备份恢复自该备份以来的任意时间点），但此策略一般只要求有备份，不保障能往回追溯 n 天以来的数据，所以这种策略不是特别常用。

（2）保留恢复最近 n 天以来的备份。使用此策略可以保障备份集，可以恢复从现在开始，往回追溯 n 天以来的任何一个时间点，这是最常用的备份策略。

（3）对于需要保留 n 天的备份策略，应根据甲方的业务需求制定。例如，根据业务需求，需要保留一个月以来的所有备份数据，也就是说从现在开始，往回追溯一个月以来的数据，这个范围内的任意时间点的数据都必须可以恢复。

（4）保留 n 天以来的所有备份集，消耗的是备份集的存放空间，因此，需要考虑磁盘存储不足的情况，配备足够的磁盘空间（需考虑后续数据量的持续增长情况）。

（5）若具备给生产库搭建 Data Guard（DG）环境的客观条件，建议启动 DG 库的数据库闪回功能。在默认情况下，DG 库能够闪回最近 24 小时以内任意时间点的数据。

（6）制定好备份策略后，需要持续观察至少一个备份周期的时间，以确保备份策略进入正常的循环工作状态。

对生产数据库来说，对数据进行备份非常重要。该数据库一般要求自生产系统投入使用开始，就必须保证备份数据策略进入到良性的运行工作状态，DBA 必须根据生产系统的运行情况制定合理的巡检计划，检查包括备份策略在内的运行状态，以确保数据安全。

同时，为保障数据安全，创建合适的表空间也是需要考虑的重要策略。新建的表空间必须是本地空间管理方式（LMT），建议操作人员使用默认 ASSM 段管理方式。表空间通常分为三类，分别是数据表空间、索引表空间、LOB 数据类型表空间。当生产系统经过一段时间后的正常运行后，有可能会出现比较大的表，这时可以考虑为这些大表创建新的表空间，采用在线重定义的方法进行转移。后续若把各类表做进一步的分区，可针对大表创建新的数据表空间和索引表空间。推荐使用最新版本的 Orachk 工具（到 Oracle 的 Support 网站下载）检查数据库环境的当前状况，并根据该工具的检查报告做适当评估。

5.2 数据库的日常维护

5.2.1 数据库的备份

用友软件进行 SQL 数据库备份及恢复账套的方法如下。

随着 SQL Server 版软件逐年增多，与此相关联的数据备份与恢复的问题也层出不穷，我们在解决问题的过程中总结了以下经验。

1.备份的各种方式

（1）在系统管理中做备份，包括年度账的备份和账套的备份。这种备份方式的优点是易操作、压缩性好、占用硬盘空间小，可是缺点也很明显，比如速度慢，而且如果在软件出现故障的情况下，操作人员有可能无法进入系统管理。

（2）在 Enterprise Manager 中做数据库的备份，每一个数据库都有一个特有的备份。这种备份方式的优点是速度快，如果对 SQL Server 有一定的了解，那么操作起来也是十分简单的。

（3）如果 SQL Server 无法正常启动，那么上面两种方式都是没有用的，此时只能采用复制物理文件的方式，把用户账套的 ufdata.mdfufdata.ldf 、ufsystem.mdf 和 ufsystem.ldf 进行备份。

2. 恢复数据的方法

（1）如果有账套的备份，直接使用系统管理中的账套引入功能就可以了。在这种情况下，操作人员的权限信息即使发生了丢失，也可以重新被赋予权限，重新恢复原来的 ufsystem 系统控制库。

（2）如果是年度账的备份，并且软件中还有这个账套和年度信息，就可以通过使用账套主管进行注册，然后从年度账菜单下引入；如果没有这个账套，操作人员可以选择在系统管理中重新建立一个账套，建账时只要留意启用日期、行业性质、账套主管，然后把备份中的 ufdata.ba 用 App 目录下的 ufuncomp.exe 将它解压缩为 ufdata.bak，再将此文件在 Enterpe Manager 中恢复即可。

（3）运用 Enterprise Manager 做 RIS 的单个数据库的备份和年度账的备份时，可以通过运用 Restore Database 功能来实现。其具体过程为：右键单击该数据库—所有任务—还原数据库—从设备—选择设备—磁盘—添加—浏览该文件—确定，在选项标签里勾选"强制还原"，移至的物理文件名为该账套的目录和文件名，然后就可以恢复了。

（4）如果是从其他数据库的备份信息里进行恢复，操作人员就能够选择还原自数据库，然后在参数处查找该数据库和数据库的备份信息。在选项标签里选择"强制还原"，移至的物理文件名为该账套的目录和文件名，然后就可以恢复了。

（5）如果是账套的备份，而这个账套又同时包含很多个年度信息，那么我们可以先将该文件解压缩，然后通过方法"（3）"所述的那样找到该备份文件（备份设备），查看该设备的具体内容，选择要恢复数据库对应的备份号（每个年度一个备份号），在选项标签里选择"强制恢复"，配置正确的物理文件位置。

（6）如果只有 ufdata.mdf（数据库文件），ufdata.ldf（日志文件）可以运用系统数据库（master）里的系统存储过程 sp_attach_db 来恢复。其具体操作过程：用 Query Analyzer 或者 Dos 里的 osql 命令来实现，execsp_attach_db '数据库名'，'参数 1（第一个物理文件的目录及文件名）'，'参数 1（第二个物理文件的目录及文件名）' 如 exec sp_attach_db'ufsystem'，'D:\wf821\admin\ufsystem.ldf'，'D:\wf821\admin\ufsystem.mdf'。

注：如果是该数据库为灰色，则需要先断开该物理文件与数据库的连接，使用 sp_detach_db 语法：execsp_detach_db '数据库名'。

（7）如果只有 MDF 文件（数据库文件），则需要另外一个系统存储过程 sp_attach_single_file_db。

具体语法为 exec ap_attach_single_file_db'ufsystem'，'D:\wf821\admin\ufsystem.mdf'。

（8）stop SQL server service，replace physname by new files andstart SQL server service. 其实这种方法也可以应用于当数据库出现损坏的情况，利用 SQL Server 在启动时主动检测数据库是否完好的功能。

5.2.2　数据库日志记录

数据库日志记录默认不做修改（U8 cloud 软件中有许多日志，每个日志都有级别，包括 all、debug、info、warn、nerror、nstack、off，选择路径中的 logger-config.properties 文件可更改日志级别）。若使用 Oracle 数据库，redo 日志的大小需要修改为 1GB。

日志查询与清理方法：如果日志很大，会造成软件自动备份失败，所以需要定期清理数据库日志。

```
打开 SQL 查询分析器
use ufsystem // 打开系统数据库
select * into a from ua_log // 查询
select * into ua_backuplogfromua_log  // 备份
truncate table ua_log// 清空
```

5.2.3 数据库的日常数据监控

U8 cloud 软件提供的应用安全服务主要有身份管理和访问控制、日志和监控、应用安全管理、资源控制，以此达到保护应用本身的安全、支撑企业安全运维管理需求的目的。

维护日常数据库管理的常用 SQL 语句如下。

1. 查看数据库的启动时间

select convert(varchar(30)，login_time，120) from master..sysprocesses where spid=1（查看数据库服务器名和实例名）

print Server Name.........: + convert(varchar(30)，@@SERVERNAME)

print Instance............: + convert(varchar(30)，@@SERVICENAME)

2. 查看所有数据库的名称及大小

sp_helpdb（查看某个特定数据库的名称、大小及存储位置）

exec sp_helpdb UFDATA_002_2008（重命名数据库用的 SQL）

sp_renamedb old_dbname，new_dbname

3. 查看数据库的版本

select @@version

4. 查看数据库所在机器操作系统的参数

exec master..xp_msver

5. 查看数据库启动的参数

sp_configure

6. 查看所有数据库用户的登录信息

sp_helplogins（查看所有数据库用户所属的角色信息）

sp_helpsrvrolemember /* 修复迁移服务器时孤立用户时，可以用的 fix_orphan_user 脚本或者 LoneUser 过程（更改某个数据对象的用户属主）

sp_changeobjectowner [@objectname =] object，[@newowner =] owner /

注意：更改对象名的任一部分都可能破坏脚本和存储过程。把一台服务器上的数据库用户登录信息备份出来可以用 add_login_to_aserver 脚本。

7. 查看链接服务器

sp_helplinkedsrvlogin（查看远端数据库用户的登录信息）

sp_helpremotelogin

8. 查看某数据库下某个数据对象的大小

sp_spaceused @objname［还可以用 sp_toptables 过程看最大的 N（默认为 50）个表，查看某数据库下某个数据对象的索引信息 ］

sp_helpindex @objname（还可以用 SP_NChelpindex 过程查看更详细的索引情况）

SP_NChelpindex @objname /*clustered 索引是把记录按物理顺序排列，索引占的空间比较少。对键值 DML 操作十分频繁的表建议用非 clustered 索引和约束，fillfactor 参数都用默认值。*//* 查看某数据库下某个数据对象的约束信息 */

sp_helpconstraint @objname

9. 查看数据库里所有的存储过程和函数

use @database_name

sp_stored_procedures（查看存储过程和函数的源代码）

sp_helptext @procedure_name（查看包含某个字符串 @str 的数据对象名称）

select distinct object_name(id) from syscomments where text like %@str%（创建加密的存储过程或函数，在 AS 前面加 WITH ENCRYPTION 参数。解密加密过的存储过程和函数可以用 sp_decrypt 过程 ）

10. 查看数据库中的活动用户和进程信息

sp_who（查看 SQL Server 数据库中的活动用户和进程信息）

sp_who active（查看 SQL Server 数据库中的锁的情况）

sp_lock（进程号 1 ~ 50 是 SQL Server 系统内部用的，进程号大于 50 的才是用户的连接进程）

spid 是进程编号，dbid 是数据库编号，objid 是数据对象编号（查看进程正在执行的 SQL 语句）

dbcc inputbuffer

5.3 数据库的修改优化维护

数据库在执行过程中必须根据数据库中记录的统计信息来确定哪一个是最优的执行路径，所以最好对数据库进行及时的分析并全面地记录统计信息，这在数据量较大的情况下显得尤为重要。因此，建议数据量大的用户在升级系统前后，最好能够对数据库进行优化分析。对数据库进行日常管理时，也要根据实际情况做好定期的优化分析，更新数据库统计信息。需要注意的是，做数据库优化操作都比较耗时，尤其是用户数据量较大时更为明显，建议在没有业务处理时进行优化。

5.3.1 SQL Server 2012数据库优化

1. 启用快照隔离

declare @exec_stmt nvarchar(4000) select @exec_stmt='ALTER DATABASE '+db_name()+' set read_committed_snapshot ON ' exec (@exec_stmt)

2. 禁用并行

sp_configure 'show advanced options', 1

go

reconfigure with override

go

sp_configure 'max degree of parallelism', 1

go

reconfigure with override

go

3. 禁用锁升级

禁用锁升级有以下两种方式。

（1）命令行方式。

执行下面命令可以禁用锁升级，但数据库重启后失效。

DBCC TRACEON（1211，-1）

在对次参数进行设置后，每次数据库实例重启时都会失效，参考下面的"图形界面方式"可以使实例重启后自动禁用锁升级。

（2）图形界面方式。

开始—所有程序—Microsoft SQL Server 2012—配置工具—SQL Server 配置管理器—SQL Server 服务—在其右侧找到并右键点击"SQL Server（MSSQLSERVER）"—属性—在"SQL Server（MYSQLSERVER）属性"弹出框中点开"启动参数"选项页（见图 5-1）。

图 5-1　SQL 图形界面参数

在上面的输入框中输入"-T1211"，点击"添加"，会弹出图 5-2 所示的警告窗口，提示需要重启服务才能使更改生效。

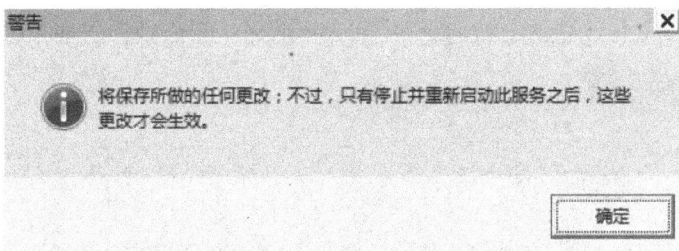

图 5-2　SQL 重启警告

然后回到"SQL Server（MYSQLSERVER）属性"弹出框，点击"确定"按钮结束配置。

4.打开死锁的 TRACE

（1）命令行方式。

执行下面命令可以禁用锁升级，但数据库重启后失效。

DBCC TRACEON（1222，-1）

对此进行参数设置后，每次数据库实例重启时都会失效，参考下面的"图形界面方式"可以使实例重启后自动禁用锁升级。

（2）图形界面方式。

开始—所有程序—Microsoft SQL Server 2012—配置工具—SQL Server 配置管理器—SQL Server 服务—在其右侧找到并右键点击"SQL Server（MSSQLSERVER）"—属性—在"SQL Server（MYSQLSERVER）属性"弹出框中点开"启动参数"选项页（见图 5-3）。

图 5-3　启动参数

在上面的输入框中输入"-T1222"，点击"添加"并应用，会弹出图 5-4 所示的警告窗口，提示需要重启服务才能使更改生效。

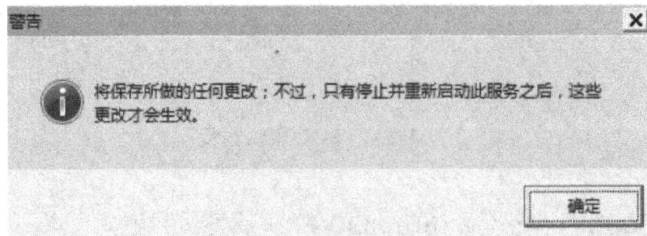

图 5-4　启动警告

然后回到"SQL Server（MYSQLSERVER）属性"弹出框，点击"确定"按钮结束配置。

5. 更新统计信息

注意：优化脚本在建立了 U8 cloud 软件对应的数据库后，对数据库进行优化。

具体的脚本及其执行方法如下。

收集单个表的统计信息：exec analyze_tab @i_tab_name='test'

收集整个数据库的统计信息：exec analyze_tab

6. 创建 JOB 任务

下面我们以用户 SA 登录数据库 Adventure Work 2012 为例，利用图形化界面方式创建一个名为 analyze_tab，从 2021/3/9 开始每周六凌晨一点执行的任务。具体步骤如下。

在 Microsoft SQL Server Management Studio 左侧找到"SQL Server 代理"的子选项"作业"。

右键单击"作业"—"新建作业（N）"，然后会弹出"新建作业"框。在"新建作业"的"常规"选择页输入作业"名称"和"所有者"，比如输入作业名称为 analyze_tab，作业所有者为 sa。

在"新建作业"的"步骤"选项页单击"新建"，在弹出的"新建作业步骤"框的"常规"选项页按提示依次输入"步骤名称""类型""数据库""命令"等。例如，输入步骤名称为 step，类型为默认 Transact-SQL 脚本（T-SQL），数据库为 Adventure Work 2012（登录数据库名），命令为 exec analyze_tab（该任务执行内容）。

单击"确定"完成新建作业步骤。

在"新建作业"的"计划"选项页单击"新建"，在弹出的"新建作业计划"框中依次输入作业计划"名称""计划类型""频率""每天频率"和"持续时间"等。例如，创建一个计划名称为"plan1"，从 2021/3/9 开始每周六凌晨一点执行的计划。

回到"新建作业"弹出框，点击"确定"按钮完成"JOB"创建。

通过下面两种方法查看"JOB"添加是否成功。

（1）在 Microsoft SQL Server Management Studio 左侧打开"SQL Server 代理"的"作业"子选项。如果作业名字（Myjob）的右下角有向下的红色箭头则说明该"JOB"没有创建成功。

（2）通过视图查看，若 enabled=1，则说明该"JOB"是有效的。

select sJOB.job_id, sJOB.name as job_name, sJOB.enabled from msdb.dbo.sysjobs AS sJOB where sJOB='analyze_tab'

5.3.2　Oracle数据库优化

对于 Oracle 数据库用户，更新指定表统计信息方法需要在"SQL Plus"中执行。下面是在"SQL Plus"中执行优化操作命令，"U8 cloud"是当前系统存储业务数据的用户。在执行过程中，如果有个别表的分析出错，系统会继续处理其他表，并将错误信息写入 analyze_log 表。

SQL>connect U8 cloud /1 @oracle

SQL>grant create any table to U8 cloud（这一步非常重要，需要显式地赋予用户建表权限）

CREATE OR REPLACE PROCEDURE ANALYZE_TB AS

OWNER_NAME VARCHAR2(100);

V_LOG INTEGER;

V_SQL1 VARCHAR2(800);

V_TABLENAME VARCHAR2(50);

CURSOR CUR_LOG IS

SELECT COUNT(*) FROM USER_TABLES WHERE TABLE_NAME = 'ANALYZE_LOG';　—1

BEGIN

—DBMS_OUTPUT.ENABLE (buffer_size=>100000);

—1.1

BEGIN

OPEN CUR_LOG;

FETCH CUR_LOG

INTO V_LOG;

IF V_LOG = 0 THEN

EXECUTE IMMEDIATE 'CREATE TABLE ANALYZE_LOG (USER_NAME VARCHAR(20)，OP_TIME CHAR(19) DEFAULT to_char(sysdate，"yyyy-mm-dd hh24:mi:ss")，ERROR_TEXT VARCHAR(200)，TABLE_NAME VARCHAR(40))';

END IF;

END;

SELECT USER INTO OWNER_NAME FROM DUAL;

V_SQL1 := 'INSERT INTO ANALYZE_LOG (USER_NAME，ERROR_TEXT，TABLE_NAME) VALUES ("' || OWNER_NAME || '"，"ANALYZE BEGIN"，"ALL")';

EXECUTE IMMEDIATE V_SQL1;

sys.dbms_stats.gather_schema_stats(ownname => UPPER(OWNER_NAME)，

estimate_percent => 100，

method_opt => 'FOR ALL INDEXED COLUMNS'，

cascade => TRUE);

V_SQL1 := 'INSERT INTO ANALYZE_LOG (USER_NAME，ERROR_TEXT，TABLE_NAME) VALUES ("' ||

OWNER_NAME || '"，"ANALYZE END"，"ALL")';

EXECUTE IMMEDIATE V_SQL1;

commit;

—1.2 delete tmptbstatitics and lock statistics

BEGIN

for x in (select a.table_name，a.last_analyzed，b.stattype_locked

from user_tables a，user_tab_statistics b

where a.temporary = 'Y'

and a.table_name = b.table_name

and (b.STATTYPE_LOCKED is null or

a.last_analyzed is not null)) LOOP

IF x.last_analyzed IS NOT NULL THEN

```
--delete stats

dbms_stats.delete_table_stats(ownname => user,

tabname =>x.table_name,

force => TRUE);

END IF;

IF x.stattype_locked IS NULL THEN

—lock stats

dbms_stats.lock_table_stats(ownname => user,

tabname =>x.table_name);

END IF;

END LOOP;

END;

EXCEPTION

WHEN OTHERS THEN

IF CUR_LOG%ISOPEN THEN

CLOSE CUR_LOG;

END IF;

COMMIT;

END;

/

SQL>exec ANALYZE_TB
```

下面提供的脚本示范了如何创建定时任务，该操作也要在"SQL Plus"中运行。例如，设置为每两天的凌晨两点更新统计信息。在建立当前"JOB"时，使用 U8 cloud 软件的用户连接数据库执行。对于优化时间的设置，用户根据实际情况灵活调整。

```
VARIABLE JOBNO NUMBER;

VARIABLE INSTNO NUMBER;

BEGIN SELECT INSTANCE_NUMBER INTO :INSTNO FROM V$INSTANCE;
```

DBMS_JOB.SUBMIT(:JOBNO，'ANALYZE_TB;'，TRUNC(SYSDATE)+1+2/24，'TR UNC(SYSDATE)+2+2/24'，TRUE，:INSTNO);

COMMIT;

END;

/

注意关闭 Oracle 自动更新统计信息的任务：

BEGIN DBMS_AUTO_TASK_ADMIN.disable(client_name => 'auto optimizer stats collection', operation => NULL, window_name => NULL); END;

［习题］

----

1. ERP 软件数据库维护的主要技术有哪些？

2. 在 U8 cloud 软件中，分别以 SQL Server 和 Oracle 的数据库为例，说明安装 ERP 软件数据库的主要步骤。

3. 在数据库的维护过程中，日常数据监控措施主要有哪些？

4. 在使用 ERP 软件的过程中，针对数据库的性能优化维护措施主要有哪些？

5. 数据库的日志记录与修改日志记录需要注意哪些环节？

第 6 章

ERP 软件云端技术维护

6.1 ERP 软件云端技术介绍

云计算本质上是一种基于互联网的计算方式，企业通过这种方式可以把共享的软硬件资源和信息按照客观实际需求提供给计算机和其他设备。与传统的 ERP 相比，云 ERP 有着十分显著的优势，它可以为企业提供大量可灵活使用的安装设置，最重要的是成本低廉，不会增加企业的额外负担；另外，它还可以为企业提供几乎能适用于所有业务类型的功能。云 ERP 的优点如下。

1. 数据安全性更高

由于制定了十分严格的协议，云 ERP 为企业的数据提供了较高级别的安全和隐私保护，显著增强了数据的安全性。

2. 数据管理方便

因为云 ERP 有十分优良的可扩展性，所以企业如果把所有的信息数据都保存在云端，那么企业可以随时随地地对这些数据进行移动，而且丝毫不用担心丢失问题。

3. 低成本、低许可

与传统使用模式相比，企业只要按期向云 ERP 支付相应的许可金，就可以确保所有员工正常使用这一系统，不需要给每一个使用者都购买许可。

4. 维护简单

在传统 ERP 的使用过程中，企业为了 ERP 系统能够不断地增加一些新的功能，会不停地对其进行升级，而对云 ERP 来说，类似这样的操作步骤变得十分简洁，直接到云中下载技术安全包，然后再进行更新即可，从而节约了操作人员的时间，大大减轻了工作量。

云计算系统有能力为企业提供高效且安全的数据计算和数据存储服务。企业通过云计算系统的客户端对输入物流、人流、资金流、信息流等信息数据多重加密后，经过互联网传输到私有云，从而使云服务器能够根据客观的运行情况，为客户服务合理分配节点，以响应请求和处理相关操作。最后云服务器把处理结果传输回该云计算系统的客户端，以方便客户浏览、查询和对相关资源进行管理。同时，企业还可以实时存储各种不同的数据，最后在云服务器定制与自己实际需求相适应的功能模块，为企业提供适合自身需求的云 ERP 服务。网络安全数据传输主要包括两个维度：第一是数据的多重加密，包括 RSA 加密和 DES 加密等多种加密方式，客户端只有接收到了专用的密匙才能给用户查看加密的数据，保证了企业数据的封闭性和安全性；第二是关于数据安全的验证，可通过采用 SSL、SET 等安全传输协议进行加密的安全的网络传输，保证了数据传输过程中的安全性和稳定性。网络安全防护技术中首先是加密技术（数字信封，即对称加密和非对称加密相结合的技术）；其次是数字摘要技术；之后是数字签名技术和认证技术（认证中心和数字证书）；最后是数字时间戳技术。

U8 cloud 软件是用友公司云系列产品的核心组成部分，是一套基于 J2EE 技术体系的产品。U8 cloud 软件主要提供企业级云 ERP 整体解决方案，秉承"轻管理、敏经营、简 IT"的理念，助力企业实现运营的数字化、智能化，增加企业收入，降低成本，提升效率，降低服务门槛。U8 cloud 软件全面支持多组织的业务协同、人力服务、营销创新、智能财务等，并融合用友云服务，实现企业互联网的资源连接、共享、协同，并成为企业信息服务平台的核心。下文以 U8 cloud 软件为例，说明云端环境与协议的设定、云端数据维护和脚本维护。

6.2 云端环境与协议的设定

6.2.1 云端环境配置要求

1. 服务器环境配置要求

U8 cloud 软件支持多种操作系统，包括 Win2008 Server R2、Win2012 Server R2、Win2016 Server、Centos7.4 操作系统（见表 6-1）。

表 6-1 服务器环境配置

应用服务器操作系统	操作系统位数	CPU	JDK 版本
Win2008 Server R2	64	Intel Xeon	ufjdk1.7.0_141
Win2012 Server R2	64	Intel Xeon	ufjdk1.7.0_141
Win2016 Server	64	Intel Xeon	ufjdk1.7.0_141
Centos7.4	64	Intel Xeon	ufjdk1.7.0_141

2. 硬件配置推荐

云端环境的硬件配置如表 6-2 所示，该表以 Intel Xeon E5 为标准计算。

表 6-2 硬件配置表

U8C 系统注册用户数量（个）	0～150		151～300		301～450		451～600		>600	
配置	应用服务器	数据库服务器	应用服务器	数据库服务器	应用服务器	数据库服务器	应用服务器	数据库服务器	应用服务器	数据库服务器
CPU 物理核数	4	4	4	4	8	8	8	8	1	1
内容容量	8GB	8GB	8GB	8GB	16GB	16GB	16GB	32GB	1GB	1GB

（1）表 6-2 为作者推荐的配置，大部分企业都可以直接采用，后续可结合企业实际业务负载情况做进一步的动态调整，以达到最优效果。

（2）全员应用业务（如报销、友空间）与 U8 cloud 软件注册用户换算比例为 3∶1，比如 1 个注册用户操作时所产生的系统负载，与 3 个报销人员所产生的系统负载相当。

（3）应用服务器 CPU 建议 Intel Xeon E5 系列主频在 2.5GHz 及以上，数据库服务器 CPU 建议 Intel Xeon E5 系列主频在 3GHz 及以上。

（4）建议将应用服务器和数据库服务器放在一个网段内。

（5）数据库服务器存储可以使用外挂存储 SAS 盘，同时应用服务器存储建议使用 SAS 存储或 SSD 存储。

（6）注册用户超过 600 个时，推荐使用 NC 产品，或者与总部联系评估硬件方案。

6.2.2 客户端配置要求

1.客户端硬件配置要求

客户端硬件配置要求如表 6-3 所示。

表 6-3　客户端硬件配置要求表

配置	建议配置
CPU	双核（或更高）
内存	4GB（或更高）
硬盘（剩余空间）	10GB（或更高）
打印机	操作系统所能适配的打印机
显示适配器	支持主流分辨率 1280×768/800/1024、1366×768、1440×9000、1600×900、1680×1050

2.客户端软件配置要求

客户端软件配置要求如表 6-4 所示。

表 6-4　客户端软件配置要求表

软件项	建议软件配置	备注
客户端操作系统	Windows7，Windows8.1，Windows Server 2008，Windows 10，Windows Server 2012，MAC10.11.6，MAC10.12.6	—
浏览器	iUFO cloud 仅支持 IE11	暂不支持其他版本的浏览器
客户端	UClient 客户端自带的 1.7.0_80jre	支持 32bit 和 64bit

（1）本版支持 MAC 客户端，但 iUFO cloud 及部分第三方软件的功能在 MAC 环境下使用时会受限。

（2）iUFO cloud 暂时不支持 MAC 客户端。

（3）对于 CA 用户，由于第三方 CA 厂家对 MAC 客户端的 Key 驱动进行适配，客户端往往无法导入用户信息，CA 用户在 MAC 客户端无法使用。

（4）HRword 卡片使用的第三方控件未完全支持 MAC 客户端，与此相关的人员卡片、职务说明书、岗位说明书、劳动合同模板文本等功能在 MAC 客户端无法设计和直接预览，可以导出到本地实现预览。

（5）在 MAC 客户端上打印物料码和货位码时，不显示二维码信息。

6.2.3 网络相关要求

用户通过防火墙对 U8 cloud 软件的服务器进行访问时，需要开放相应的端口。企业可以使用灵活的配置环境，如单机应用模式或集群模式。需要注意的是，必须保证相关端口不被其他应用占用。

DHCP、DNS、Proxy、Wins 和防火墙等服务不要在数据库服务器和应用服务器上安装或启用。企业可以把防火墙功能关闭，保证数据库服务器和应用服务器能够实现高速网络通信，强烈推荐应用服务器、数据库服务器、Web 服务器间使用千兆网络进行连接，对于安装或设置跨网关、跨防火墙通信的做法不建议企业采用。

对应用服务器的网卡进行正确的设置很重要。一般情况下，必须保证网卡驱动、网关、IP 地址、物理网线、路由器等被正确配置。有网卡被启用而未连接物理网线时，可能会影响 U8 cloud 系统的网络操作性能，因此建议禁用不使用的网卡。

6.2.4 正式环境搭建

安装 U8 cloud 软件的步骤如下。

（1）安装 U8 cloud 软件前应把操作系统准备好，需要保证在预先设置的目标路径下至少有 10GB 的剩余空间，用于保存应用程序和相关日志。若要安装请执行 U8 cloud

软件安装盘根目录下的 u8csetup.bat 文件，然后进行安装。

（2）服务配置及部署。配置服务 IP 地址、端口，保存设置，然后点击"下一步"，等到部署结束后点击"完成"就可以了。进入 U8 cloud 软件的安装路径 u8c_home，运行 startup.bat，Serverstartupinxxms 表示服务已经正常启动。

（3）登录 U8C 工作台。在代码安装完成后，启动相关服务，然后在浏览器中访问并登录用友 U8C 工作台，用户名为"root"，密码默认为空。注意，此处要注意浏览器的兼容性问题。

（4）生成 Hardkey。录入 8 位产品条码，生成 Hardkey 后点击"下一步"。

注意，此处产品条码为"Y"开头，需要与激活码一起查询。

（5）生成证书。点击进入企业应用中心，通过注册用户—创建企业账号—添加应用—新建企业—绑定企业—激活应用—导入或增加应用用户操作，完成 U8 cloud 应用激活和添加 U8 cloud 应用的用户等准备工作。

值得注意的是，用户在注册企业服务中心账号时必须绑定手机号，否则会影响后续激活。

在用户注册过程中，用户应先到企业应用中心进行用户注册，注册完成后用户就可以直接登录企业应用中心了。

创建企业账号时，用户在对应用进行激活之前必须先创建一个企业账号，选择"企业账号"页签，新建企业账号，在填写相关信息后点击"新建"。

添加应用时，对新建的企业账号进行选择，在应用列表中添加 U8 cloud 应用。

在"企业服务中心"中点击"新建企业"，在对相关信息进行填写后进行认证，等待认证通过。

选择新建的企业账号，点开应用列表，点击"产品激活"，绑定上一步已认证的企业。

进入企业服务中心—企业账号—立即绑定。

再次进入企业账号—应用列表，点击"产品激活"，录入激活码。

录入 U8C 访问地址，上传 Hardkey 后点击"下一步"完成激活。

对于创建企业账号的用户，系统会默认该用户为该企业账号的管理员，并同步为

U8 cloud的权限管理员。选择U8 cloud应用的用户管理，添加U8 cloud应用的操作人员。

（6）配置数据源。回到U8C工作台点击"下一步"，读取、选择数据库类型并填写数据库相关信息，保存并测试通过后点击"下一步"。

（7）升级数据库。在对语种进行选择后，点击"升级数据库"，等到升级完成后点击"下一步"即可。

（8）激活授权。使用企业服务中心注册用户登录，录入激活码后点击"激活"按钮，待激活成功后点击"同步用户"。

（9）UClient下载。在浏览器中输入U8 cloud环境地址进行访问，提示下载UClient，点击"立即下载"即可下载。

（10）用户登录U8 cloud。

如果企业应用中心配置了访问地址，用户可以直接登录UClient自动下载U8 cloud应用。

对数据中心进行初始化设置之后，管理员可以获得iUFO cloud系统管理员权限，同步U8 cloud的用户并创建、分配角色。之后普通用户就可以登录iUFO cloud进行业务操作。

6.3 云端数据维护

企业可利用云端数据对客户端模块进行处理，为系统交换数据并对数据进行分类处理；由传输模块进行实时传输和离线存储；远程服务器负责实时交互和提供近期的企业所需要的行业、技术、商业、政府等方面的信息，进行技术支持和技术软件的调用，同时通过远程方式使用供应商的软件系统；通过云端模块自动处理与采购和销售有关的信息，进行在线财务处理，提供信息安全防护和网络远程监控管理，提供政策、标准和产学研交流平台。

6.3.1　云端数据监控检查

1. 监控服务概述

以金蝶云平台监控服务模块为例，该模块可以针对金蝶云平台的资源和服务进行监控，这是金蝶云平台所有云服务的监控管理的总入口。操作人员可以在这里看到十分全面、详细的监控信息数据。目前监控服务暂时能够支持基于容器服务和主机环境的监控，对云服务关键指标进行全面的提取，以监控图表的形式进行展示。企业可以使用监控服务，以了解自身的资源使用率、应用程序的性能和云服务运行状况，同时该模块还支持设置自定义告警阈值，根据企业自定义的规则发送通知。

2. 主要功能模块

监控服务的主要功能模块如表 6-5 所示。

表 6-5　监控服务的主要功能模块

模块	功能描述
监控概览	提供总体概况、报警概况、总体监控信息
监控列表	集中展示企业所有的监控项，可以查看每个监控项的具体监控信息
监控任务	展示所有的监控任务，包括企业添加的任务以及云监控自动生成的金蝶云容器资源类监控任务
采集模板	采集模板用来对监控指标进行统一管理
仪表盘	为企业提供丰富的看板和图表，满足企业在各种场景下对监控数据的可视化需求
报警管理	报警管理分为报警事件的查看和报警联系人的管理

3. 监控服务使用流程

监控服务主要通过监控任务管理监控项。监控任务一般分为两类：云监控自动生成的监控任务、企业自定义监控任务。

（1）云监控自动生成的监控任务。云监控自动生成的监控任务主要用于监控云容器资源。对于这类任务，企业无须配置，只要所在项目使用了云容器的资源，就会自动生成监控项。企业主要依靠配置报警策略和图表。

（2）企业自定义监控任务。企业如果想要自己对某一类资源进行监控，只要创建一个监控任务就可以完成，但在创建监控任务之前，需要指定一个采集模板。

4. 监控任务

监控任务本质上是对基于具体监控对象（主机、容器中的服务等）的同一种类的监控指标进行监控的集合，一般可以通过采集模板进行区分。例如，企业希望创建一个任务，此时就可以采用主机资源监控标准模板，监控企业某项业务的所有主机资源。

监控任务主要包括监控对象、监控项、报警策略等。在监控任务下可以对这些内容进行管理。

除了云监控自动生成的监控任务由云监控维护外（用户不可进行修改、删除、禁用、启用等操作），其他所有的监控任务都是通过企业自己进行管理的，包括创建、修改、删除、禁用、启用等操作。

试用的企业最多可以创建两个监控任务。

创建监控任务的操作步骤如下。

（1）创建监控任务

通过左侧导航栏进入监控任务列表，点击列表上方的"创建监控任务"按钮。

① 采集器的部署。创建监控任务前，企业需要根据监控对象的类型及业务需求，自己部署采集器。企业可参考主机采集器部署文档和容器服务采集器部署文档进行部署。

② 基本信息配置如下。

任务名称：任务名称由中英文组成，不超过 32 个字符。

存储节点：是指云监控采集到的数据的存储地区，企业可以根据采集对象所在的地区选择合适的存储节点。

③ 采集规则配置如下。

采集模板选择：根据监控对象安装的采集器类型选择对应的采集模板。

端口路径周期配置：端口路径周期默认为模板配置的值，企业可根据采集器的状态更改默认值。

附加标签：监控服务会将附加标签添加到采集到的时序数据的指标处。

④ 采集点配置如下。

配置方式：采集点配置是指具体的监控对象的配置，分为自动发现和静态配置两种方式。自动发现需要选择具体的发现器；静态配置需要手动添加监控对象。

代理访问：当企业的监控对象没有可以访问的地址时，可以通过配置代理的方式，让云监控能够访问企业的监控对象。此时需要企业填写具体的代理地址。

（2）修改监控任务

① 只有企业自己创建的监控任务可以修改。

② 只允许修改采集点及采集周期。

③ 修改采集点后，监控项会相应被创建或被删除。

（3）禁用、启用监控任务

监控任务状态包含已启用和已禁用两种。已禁用的监控任务不会采集数据。

（4）删除监控任务

① 删除监控任务后，监控任务下的所有监控项、报警策略等都会被删除，报警事件会恢复。

② 只有企业自己创建的监控任务可以删除。

（5）查看监控任务

监控任务详情页面包括监控项、报警策略、采集点状态等信息，企业可以对这些信息进行管理。

6.3.2 云端数据的传输安全维护

云实际上是一种比喻的说法，其本质上体现的是网络、互联网，所以云计算服务主要是依托网络。如果网络的正常运行受阻，那么会对云计算服务产生非常大的负面影响。

云 ERP 是一种企业级别的 ERP 系统，不仅可以很轻松地将企业集成于自己的安全网络环境之内，而且自身就具备十分优秀的访问控制功能与数据安全传输功能。

作为应用系统本身，U8 cloud 软件的各应用模块完全运行在用友的中间件服务器上，中间件本身的底层特性与健壮体系，能保证 U8 cloud 软件应用的高度安全性。

作为面向大中型集团企业 ERP 的支持平台，U8 cloud 软件面对的是规模庞大、业务复杂并且地域比较分散的企业，涉及局域网、广域网等网络环境及相应的安全问题。

下面以金蝶云为例，说明云端数据的传输安全维护。

1. 数据传输安全

（1）加密的网络数据传输

① SSL 加密：服务端 SHA-2 权威证书、256 位 AES 加密。

② 通过测试发现目前的加密措施并不会对产品的性能和使用体验带来很大的影响。

2. 身份认证安全

（1）面向角色的系统权限机制

① 对企业进行严格的限定，企业只可以访问与自身角色有关系的功能和数据。

② 生成完整的系统访问操作日志供管理员查看分析。

（2）多种用户身份验证手段

① 设置强密码规则、登录验证码。

② 采用动态密码、客户端证书等身份验证手段。

（3）访问地址策略

制定客户端白名单，比如限定只有工作地点的 IP 能使用 ERP 云服务。

3. 数据备份

（1）通过 AWS S3 对象存储进行数据备份

AWS S3 的数据可靠性接近 100%。

（2）数据库备份

备份最近 1 个月的所有数据。

（3）服务器备份

服务器都是 AWS EC2 虚拟机，均会定时并在配置发生变动时将虚拟机快照备份到 AWS S3。

4. 运维安全

（1）物理服务器

① K/3 Cloud 云服务被部署在了亚马逊 AWS 上，无论是金蝶云的运维人员还是相关的服务人员都不可以接触物理服务器。

② 利用亚马逊的基础设施安全策略，确保企业的数据安全和信息安全。

（2）运维人员

① 运维人员本质上并不负责对企业的产品进行维护，他们只负责对企业的云服务环境进行搭建和实施运维。

② 运维人员没有权限登录企业的产品系统，因为他们是没有产品系统的用户名和登录权限的。

③ 对运维人员采用的是最少权限原则，只需要对其提供必要的运维工作权限。

④ 运维人员没有权限获取用户的相关业务数据：任何数据的备份和恢复只能通过运维平台才可以进行，都是通过运维平台自动完成的，并且运维平台对所有的备份文件都进行了严格的加密。

（3）产品服务人员

① 产品服务人员不允许接触企业的相关数据，他们没有运维平台的权限。

② 产品服务人员同样不能登录企业的产品系统，因为他们是没有产品系统的登录权限的。

③ 任何产品服务人员都需要在企业的监管或监督下才可以对企业的产品进行相应的后勤服务。

（4）运维平台和产品

① 运维平台是自动化的运维系统，不需要运维人员参与，基本上所有的运维操作都是系统自动完成的。

② 运维平台对于运维服务操作都有日志记录和安全审计。

③ K/3 Cloud 云服务产品对于所有的系统操作都有日志记录和安全审计。

6.3.3　云端数据解析

为了保护数据信息的安全性，防止有人企图对数据进行窃取，在网络上传输数据时，需要对数据报文通过硬件加密的方法来实现，操作人员可以根据数据的处理量等因素进行硬件加密或软件加密。

利用浏览器访问系统中的重要数据时，使用 HTTPS 协议，在浏览器和 Web 服务器间建立安全的 SSL 通道，确保信息的保密性。

6.3.4　云端数据的备份与记录

1. 云端数据的备份

（1）如图 6-1 所示，打开登录界面并以管理员的身份登录系统。

图 6-1　登录界面

（2）如图 6-2 所示，点击账套中的"输出"选项。

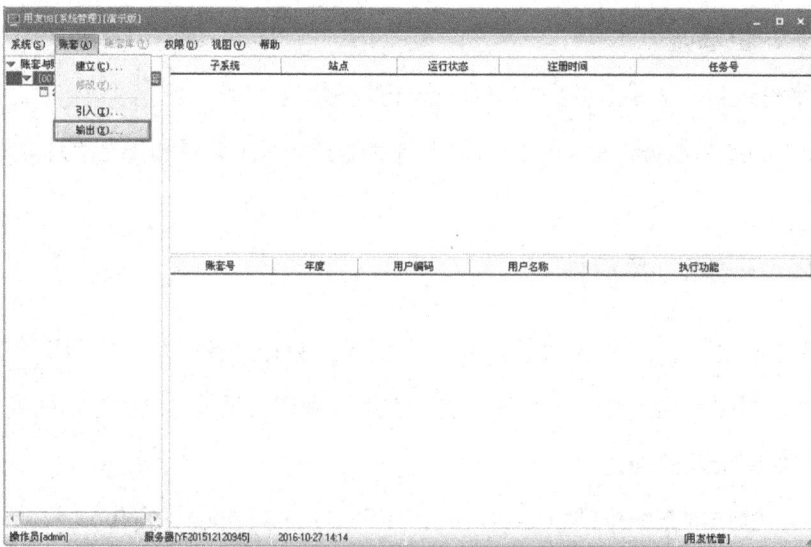

图 6-2　操作界面

（3）如图 6-3 所示，选择数据备份文件存放的路径，可以点击"新建文件夹"，在所选路径下创建一个文件夹保存，选择好路径后点击"确定"。

图 6-3　路径界面

（4）在新弹出界面点击"确定"，然后等待备份完成即可。

2. 云端数据的恢复

下面以 SQL 数据库说明数据恢复过程。

（1）如图 6-4 所示，进入 SQL—数据库，单击右键后点击"恢复数据库"。

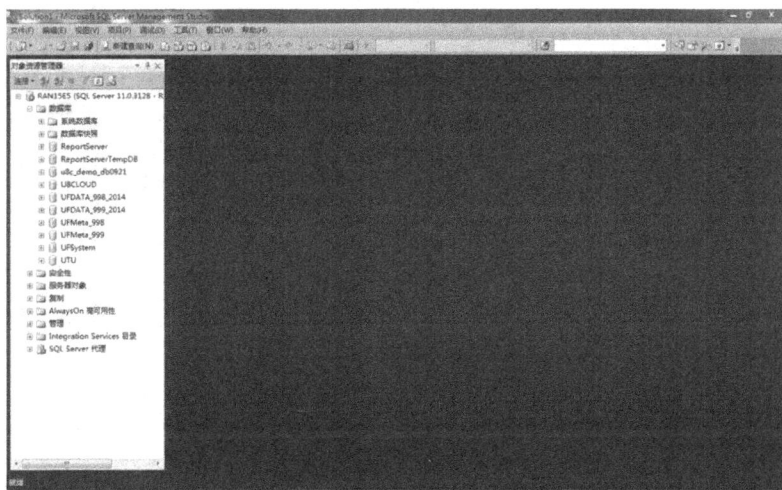

图 6-4　恢复数据库界面

（2）如图 6-5 所示，选择"设备"，选择 U8C 演示数据库备份，恢复数据库操作后，会有新的 U8C 演示数据库创建。

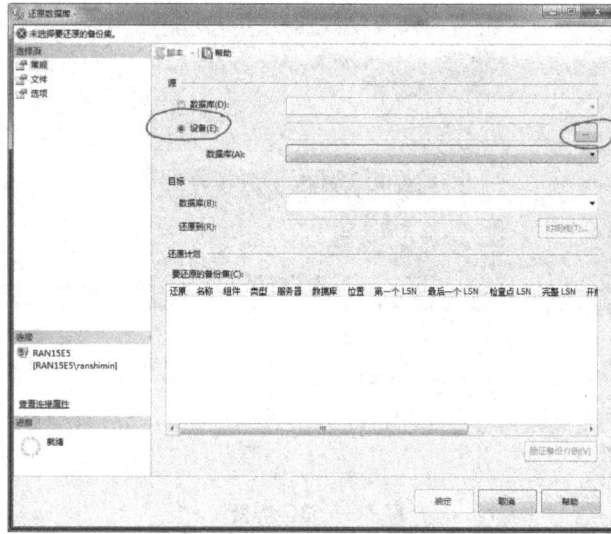

图 6-5　数据库创建界面

如果需要修改文件路径，可以在"文件"界面中修改，如图 6-6 所示。

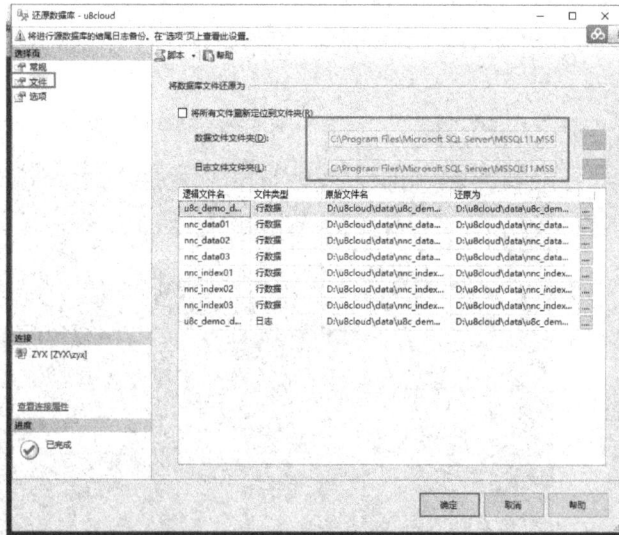

图 6-6　文件路径修改界面

如果需要修改数据库名称，可以在"数据库"界面修改数据库名称，如图 6-7 所示。

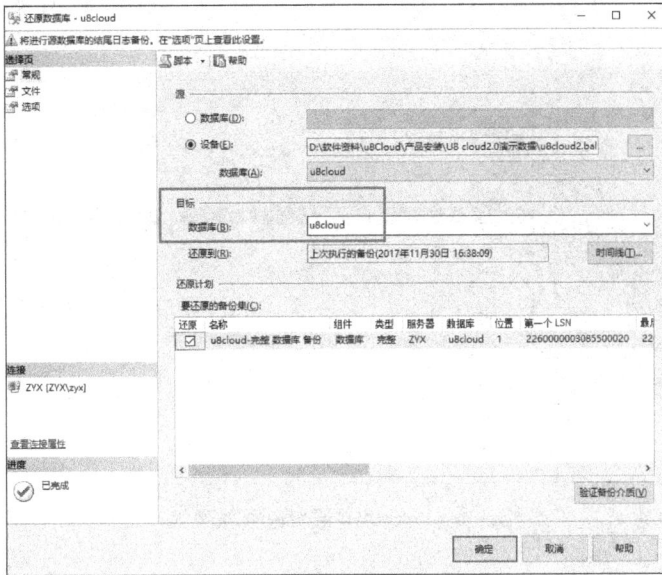

图 6-7 数据库名称修改界面

（3）进入 U8C 软件安装目录，填写 U8C 软件数据库名称。

如图 6-8 与图 6-9 所示，重启系统，重启 U8C 软件服务器后即可登录。其他配置可参见 U8C 软件安装说明文件。

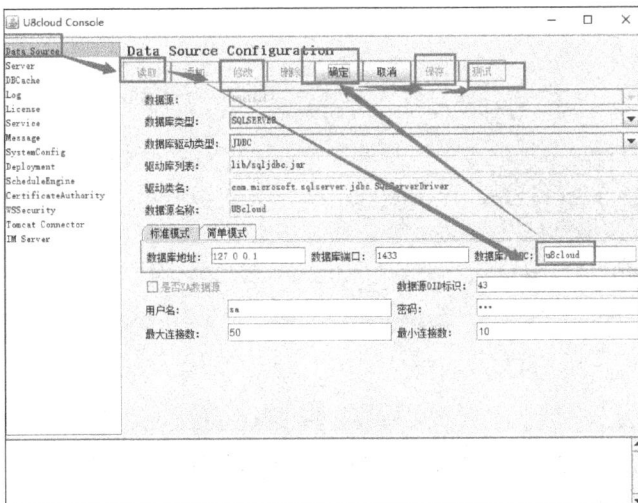

图 6-8 U8C 软件服务设置界面 1

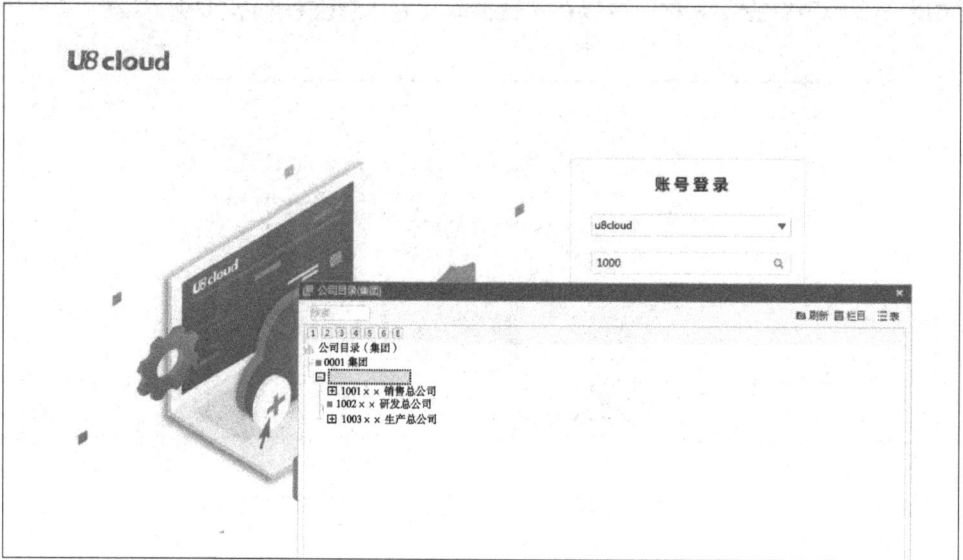

图 6-9　U8C 软件服务设置界面 2

（4）由于是直接恢复的数据，有时会把以前的用户授权也直接恢复。顾问加密授权是有用户数限制的，对于占用授权的用户，需要用 demo 用户登录 U8C 软件的集团建模平台，并在企业建模平台界面删除用户占用，具体情况如图 6-10、图 6-11 所示。

图 6-10　U8C 软件登录界面

104

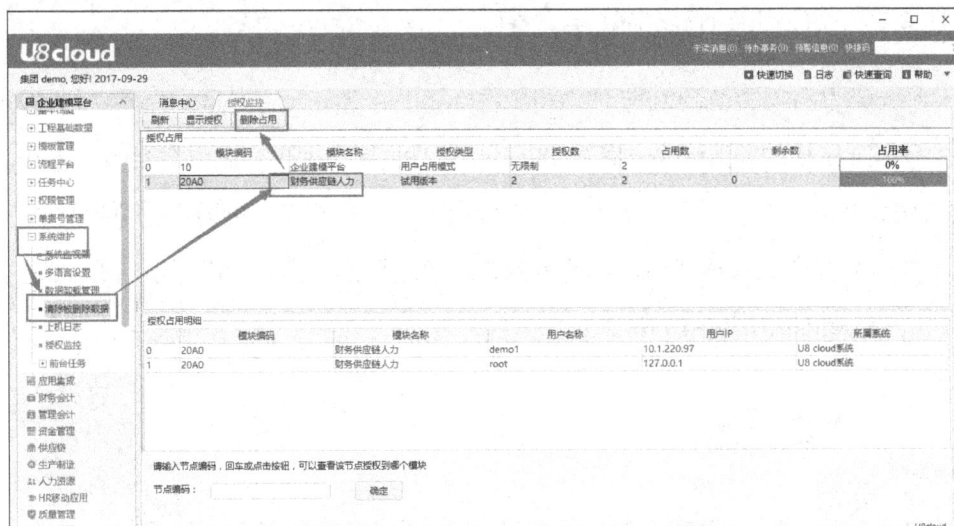

图 6-11 U8C 软件后续操作界面

6.4 云 ERP 架构

6.4.1 云端框架介绍

云 ERP 系统是在软件服务化（Software as a Service，SaaS）模式框架下建立的。它是通过 Java 平台环境进行开发的。所有基于 B/S 结构的应用软件都可以通过服务提供商部署在统一的服务器上。所有服务器端对客户端都是透明的，当然也包括应用软件服务器和数据库服务器。企业只需要配备计算机、移动终端和移动网络系统，即通过互联网获取所需要的软件和服务即可，并不需要了解软件运行的平台和服务器。

我国 SaaS 产业已经进入一体化应用发展的新阶段。这一阶段的企业服务特征主要表现为：纵向各领域的 SaaS 应用深入管理、运营，连接到交易；横向各领域的 SaaS 应用广泛集成。在纵向与横向的深度整合下，最终实现"工具、数据、内容、业务"的一体化企业服务。

6.4.2　U8 cloud软件框架介绍

U8 cloud 软件与传统的 ERP 软件相比在本质上有着很大的不同，它是一个集交易、服务、管理于一体的整体解决方案。U8 cloud 软件主要集中于企业内部管理、管控、协同的透明、规范、高效；通过云模式，降低成本，快速部署，帮助企业免除软硬件的投入，快速搭建企业管理架构；通过云服务连接进行业务模式、服务模式的创新。U8 cloud 软件部署框架如图 6-12 所示。

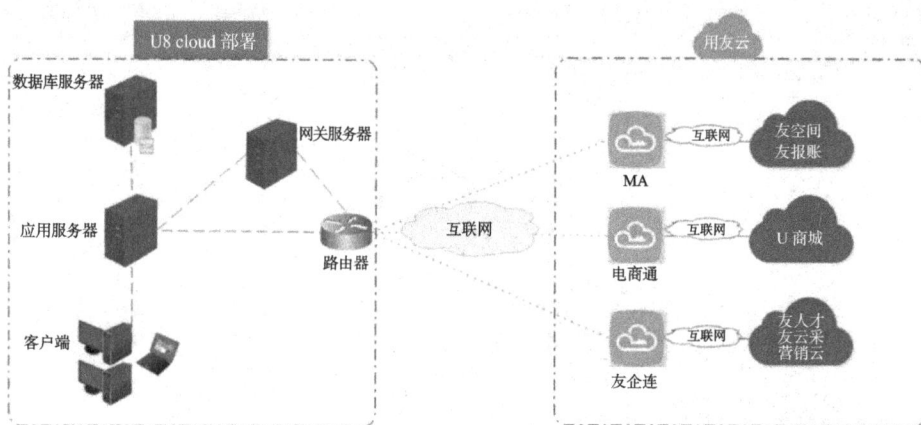

图 6-12　U8 cloud 软件部署框架

U8 cloud 软件作为新一代云 ERP 软件，其特点如下所示。

（1）定位新：在互联网商业时代，U8 cloud 软件能够在减轻企业 IT 负担的同时，增加企业 IT 商业价值的创造；不仅解决了管理成本和效率的问题，在业务定位上也支持了企业的业务创新。

（2）立意新：面对商业环境的剧烈变化，企业不仅需要业务创新，还需要管理创新。单一的小工具创新难以支撑企业的整体战略，局部的业务创新也无法提高企业的整体盈利能力。这些企业需求是目前市场上其他产品无法满足的。企业需要一个基于云计算的"新"云 ERP 平台。

（3）应用新：U8 cloud 软件集成了用友云的多种云服务，如营销云、采购云、金融云、协同云等，基于云服务的特点，企业可以在第一时间使用最新的功能，使企业拥有全新的运营能力。

（4）模式新：全面支持云部署、云服务购买、云模式。

U8 cloud 软件结构如图 6-13 所示。

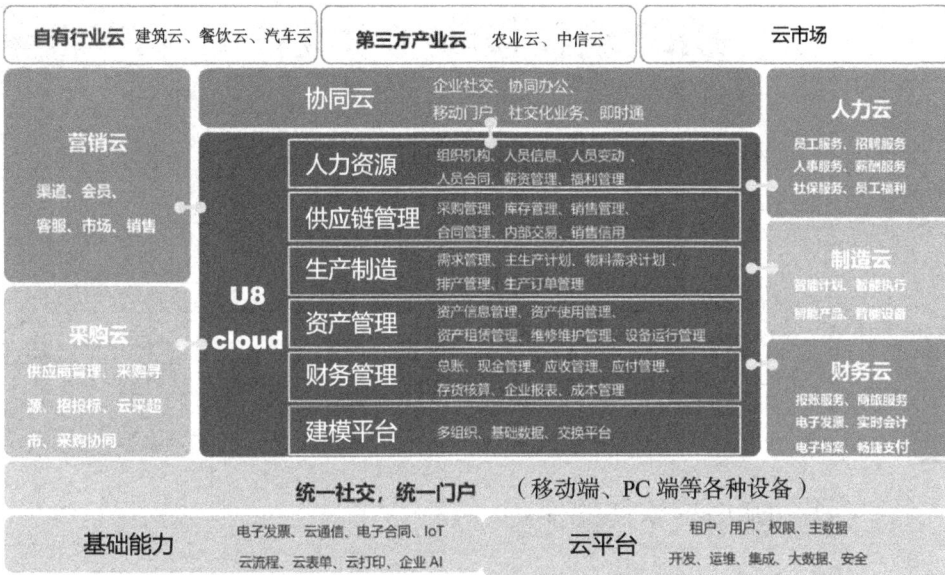

图 6-13　U8 cloud 软件结构

习题

1. ERP 软件云端维护技术主要包括哪些方面？

2. ERP 软件云端从哪些方面进行环境与协议的设定？

3. ERP 软件云端数据维护的主要环节有哪些？

4. 请以 U8 cloud 软件为例，描述 ERP 软件云端数据维护的主要过程。

5. 请描述 ERP 软件云端维护的优势。

第 7 章
ERP 软件移动技术维护

7.1 ERP 软件移动技术介绍

7.1.1 移动端ERP软件的作用

随着社会信息化的不断发展，越来越多的企业注重企业信息化方面的建设，ERP 软件就是较好的信息化建设软件。但是，受到地域、网络技术限制等多重因素的影响，传统的 ERP 软件并不能百分之百地解决企业内部的信息数据问题，如信息孤岛、数据无法充分共享等，并且暂时还无法实现"指尖上的 ERP 管理"。

移动端 ERP 软件的特点主要体现在 4G 技术和云 ERP 技术的充分融合上，这可以给企业的管理带来根本性的变化。在 4G 网络环境下，操作人员能够把 PC 端上那些烦琐的 ERP 应用程序放置于云端，每一台计算机终端都能够使用 4G 网络连接到云上，完成企业的管理协同工作。4G 时代的 ERP 软件能够很好地融合移动通信网络和互联网等多个不同的网络系统，成为企业实现个性化管理的有力武器，管理人员能够从 ERP 软件的海量数据中提取信息，通过平板、手机上网及通过互联网 Web 进行 ERP 工作处理，随时随地实现个性化的 ERP 管理。移动端 ERP 软件的好处可以概括为以下几点。

（1）价格低廉。PC 端 ERP 软件的一个突出特点就是需要配备相应的 PC 终端，具有较高的成本投入，很多企业无法承担，尤其是中小型企业。但是移动端 ERP 软件的资金投入较少。ERP 系统可以通过使用更便宜的移动电话和其他通信终端来构建。同时，移动端 ERP 软件的用户往往容易接受手持办公的方式，并且能为其节省大量的培训时间、培训成本和推广成本。移动端 ERP 软件是企业节约成本的捷径。

（2）即时管理。在经济全球化的背景下，企业的生存环境更加复杂，竞争也越来越激烈，商业模式也伴随着市场区域的变化而悄然发生着转变。移动端 ERP 软件为企业的管理提供了很大的便利，实现了实时管理。由于业务需要，企业高层及管理者经常出差，多数情况下携带的笔记本电脑十分笨重，使用不便，难以及时办理审批等业务。但在部署移动端 ERP 软件之后，操作人员可以轻松地使用移动电话来处理企业的财务预算和其他审批流程。在任何时候，如果想要了解和查询企业的财务状况都可以实现。同时，还可以随时随地地接收各种指标的报警信息，并在第一时间做出反应；销售人员、财务人员等可以随时随地快速、实时地报告情况。这些功能给企业管理带来了极大的便利。

（3）全业务流。移动端 ERP 软件的一个特点就是它的全面性。移动端 ERP 软件可以通过接入移动互联网，实现移动 OA、移动查询、移动分析、移动预警、移动 CRM、移动物流、移动销售、移动审批、移动金融等功能。相比于传统 ERP 软件主要在服务制造企业中具有优势，移动端 ERP 软件则可以为零售、物流、金融等企业提供个性化的定制服务。特别是对零售企业来说，移动端 ERP 软件可以实现全网的订单集成，连接各大零售平台的商品信息，让商家及时了解店铺情况并进行处理。

（4）娱乐性强。移动端 ERP 软件可以让企业的管理实现"人性化"，它强调用户体验感和满意度，以人为核心，强调共享与协作。对企业管理人员来说，人、财、物的管理审批工作十分烦琐，使用移动工作流后，操作人员能够像网络聊天一样随时随地地对企业进行管理。移动端 ERP 软件所具备的独有的辅助功能也会让用户取得意想不到的效果。例如，"附近的同事""附近的客户"等功能会让用户在不知道找谁吃饭的时候帮他们做出选择。还有社交化工具，比如微博、微信公众号的集成，让每一个流程所涉及的员工都能够在 ERP 软件中直接进行交流，十分方便。云 ERP 的使用让过去人际沟通与流程处理相互隔离的局面得到了极大改善。

（5）客户黏性高。移动端 ERP 软件延长了 ERP 的管理链条，它可以把客户管理纳入传统的管理模式之中。通过移动端 ERP 软件的订单管理模块，可以让企业的客户、经销商通过便携式移动设备随时随地下单，并且可以实时跟踪订单的状态，避免反复追问订单的情况，节省双方的沟通成本。同时，它能够让销售人员及时掌握客户的动态，以及客户的历史交易信息、信用信息、联系方式等，销售人员还可以直接帮助客户订货、跟单，从而提高客户满意度。

7.1.2　移动端ERP软件的优点

首先，随着移动互联网技术的进一步发展，移动端 ERP 软件的应用前景十分广阔，同时随着 5G 的应用落地，移动端 ERP 软件可以进一步增强 ERP 软件自身的资源整合能力，使 ERP 软件的应用边界得到很大的扩展，提升 ERP 软件对于企业的应用价值。

移动端 ERP 软件有以下三个方面的优点。

第一，打破应用场景的局限。与传统的 ERP 软件进行对比后可以发现，移动端 ERP 软件能够进一步打破应用场景的局限性，尤其是针对需要进行长期流动作业的职场人士来说，通过移动端 ERP 软件可以十分方便地完成各种业务操作。需要注意的是，虽然移动端 ERP 软件能够打破应用场景的限制，但是其对于安全性的要求也会更高。

第二，实现精准管理。实现精准管理是 ERP 软件最重要的优点之一，在目前 ERP 软件正在一步一步向价值管理方向转变时，移动端 ERP 软件可以更加全面地展现出职场人士的工作价值。通过结合移动端 ERP 软件和后端的大数据技术，企业同样可以更全面地对职场人士的工作价值进行分析，并能够将职场人士引导至更高的发展方向，达到促进职场人士岗位升级的目的。

第三，降低工作难度。移动端 ERP 软件的使用同样可以在一定程度上降低职场人士的工作难度。移动端 ERP 软件与人工智能技术的有机结合是未来发展一个十分重要的趋势。通过对人工智能技术的应用，职场人士很多基础性的操作都能够通过人工智能技术来实现。移动端 ERP 软件的功能将随着人工智能平台的陆续落地应用而得到扩展。

随着产业互联网的快速发展，移动端 ERP 软件将再一次简化传统 ERP 软件的操作步骤，从而帮助企业更好地提升工作效率。

U8 cloud 软件可以对企业的财务管理提供创新，尽可能地帮助企业实现以交易为核心，促进全员参与，为企业提供更高价值的智能财务管理。移动审批、移动下单、电子发票、电子会计档案、电子支付、移动报销、智能记账等，这些智能、简洁的应用，不管是对交易、商务还是对业务管理与核算以及员工体验，都可以很好地体现出更智能化、更便利化、更低成本、更高效率等价值。

7.1.3　移动端ERP软件与云端数据的传输过程

移动端与服务器端数据库的同步应满足以下几个需求。

（1）同步时双向传输数据需要最小化。双向是指服务器端的数据库更新同步到移动端，以及移动端的数据库更新同步到服务器。每次只可以传输两端有差异的数据。

（2）支持离线。支持离线本身就是一种特别好的用户体验，其另一个优点是用户每次在移动端查询数据时只需查询本地数据库，这样可以很好地避免过多的服务器端查询。本地数据库降低了很多服务器的压力，从某种程度上来说也给用户节省了不少流量。数据库更新操作也是如此，仅需要更新本地数据库，然后在适当的时机与服务器端进行同步。总的来说，在移动端查询和更新数据只与本地数据库有关。

（3）冲突解决。如果一个用户账号在多个移动端进行离线使用，势必会产生数据冲突，其中的关键在于数据模型的设计和同步算法。以下是一些构思和想法。

下面是对象类代码，对应数据库的表字段。

服务器端设计：

```
1.   public abstract class ServerBaseModel {
2.   public long userId; /* Global unique user id */
3.   public long id; /* Model id. Unique for user */
4.   public long lastmodified; /* Last modified server time stamp */
5.   public boolean deleted; /* delete flag */
6.   }
```

移动端设计：

```
1.public abstract class ClientBaseModel {
2.public long userId; <span style="font-family: Arial, Helvetica, sans-serif;">/* Global unique user id */</span>
3.public long id; /* Model id. Unique for user */
4.public long lastmodified; /* Last modified server time stamp */
```

```
5.public boolean deleted; /* delete flag */
6.public boolean dirty; /* Local dirty flag */
7.}
```

具体分析如下。

首先是如何选择表的主键 ID。

（1）使用 aut-oincrement 作为主键？不行！根据前面支持离线的需求，主键 ID 应该在移动端就已经生成。若使用 aut-oincrement 作为主键，在同一个账号的情况下无法保证多个移动端的唯一性，只可以做到单个移动端的唯一性，也不能保证服务器端全局的唯一性。

（2）使用 UUID 作为主键？可行！每一条数据在移动端创建时即为之生成 UUID。这样基本可以保证服务器端全局的唯一性。

（3）推荐的方案。使用 userid 和一个用户唯一的 modelid 作为联合主键。modelid 需要保证在同一 userid 下唯一，这样再加上 userid，便可确保数据全局的唯一性。问题是如何选择 modelid？一个比较可行但是不能保证完全没有重复的是时间戳。

接下来是如何判断服务器端的数据已经更新。

每一条数据存储一个 lastmodified 时间戳。这个时间戳是服务器端的时间。对于同一条数据，如果移动端的 lastmodified 小于服务器端的 lastmodified，就可以判断数据已经更新。

对于移动端数据的更新，可以在移动端数据库增加一个 dirty 标志，用以表示本地新增或修改的数据，这些数据会在下一次同步时上传至服务器。

根据前面 lastmodified 和 dirty 字段的设计，整个数据模型是一个增量式的。数据只允许新增和更新，所以在这里增加一个 deleted 标志表示数据是否已经被删除。

7.2　移动 App 软件的维护

7.2.1　App的系统版本支持维护

用友 App 系统维护界面如图 7-1 所示。

图 7-1　用友 App 系统维护界面

金蝶 App 系统维护界面如图 7-2 所示。

图 7-2　金蝶 App 系统维护界面

7.2.2　App的用户界面维护

下面以金蝶 KIS 为例说明 App 的用户界面维护。

1.添加服务

登录成功之后，点击"添加服务"，进入移动应用商城。在移动应用商城"排行"

或"分类"中，选择需要添加的服务，点击"添加"即可将服务添加到本地，其界面如图 7-3 所示。

图 7-3　添加服务界面

服务添加成功之后，在服务列表界面可看到已添加的服务，如图 7-4 所示。

图 7-4　服务列表界面

2. 启动 / 关闭 / 删除服务

（1）启动服务：在本地服务列表界面，按钮显示的内容对应了服务的启动和关闭。若显示"已关闭"，此时点击一下该按钮即可将服务启动。（注：已添加的服务必须为启动状态，这样手机端的轻应用才能正常使用。）

（2）关闭服务：在本地服务列表界面，若按钮显示为"已关闭"，则服务已关闭；若按钮显示为"已启动"，则服务已启动，此时点击一下该按钮即可将服务关闭。

（3）删除服务：鼠标悬停在服务一栏时会显示"删除"按钮，此时点击"删除"按钮即可将服务从本地列表中删除。

3. 其他功能

系统还提供了重新登录、企业信息管理、检测网络通道状态、检测更新等功能，如图 7-5 所示。

图 7-5　App 其他功能界面

（1）重新登录：在菜单中点击"重新登录"，切换到登录界面。

（2）检测网络通道状态：在菜单中点击"检测网络通道状态"，会弹出当前网络状态的提示信息。

（3）检测更新：在菜单中点击"检测更新"，若有新版本则提示升级，若没有新版本则显示当前版本信息。

（4）关于：在菜单中点击"关于"，会显示机器码及金蝶 KIS 的微信服务号的二维码，使用微信扫描二维码即可添加服务号。

（5）云之家用户管理。

① 在菜单中点击"云之家用户管理"，打开云之家管理中心登录界面，输入企业号及密码进行登录。

② 进入"导入与导出"界面，下载模板，并按要求填写模板内容，如图 7-6 所示。

图 7-6　模板下载界面

③ 点击"导入数据"，将已填写好的模板导入，即完成企业组织与人员的导入。

（7）相关链接：在菜单中，提供云之家公共号管理、云之家官网链接、产品论坛、下载资源等功能。

7.2.3　App的技术功能改进维护

要做好 App 的技术功能改进维护，首先要做好 App 不同版本的服务器兼容。

（1）做好服务器端的设计，特别是数据库方面的设计，只有目光足够长远，才能应对后期的各种变化。例如，在项目启动的时候，先画初始框架与蓝图，想着 5 年后这个项目的流行程度与用户需求，如果要满足那时的用户需求，后台现在应该怎么设计。

（2）客户端访问的接口，通过命名空间隔开：

/api/1.0/users/register

/api/1.2/users/register

（3）强制升级客户端版本。这样做的好处是，如果某版本有严重的 Bug，那么可以在新版本发布后，强制升级版本（强制升级必然是不会轻易触发的，所以不会有严重的审核问题）。

在软件工程领域有个最重要的原则，叫作开闭原则，具体说来就是软件应"对扩展开放，对修改关闭"。也就是说，你可以添加功能，但是不要随意修改已有的功能。

（4）API 可以与实现的业务逻辑适当解耦，比如 API 只是做一些参数的识别与匹配，一些具体的业务逻辑放到单独的 Business Layer 中去处理。

（5）早期就设置一个稳定的错误代码系统及处理规范。大多数的服务器请求都会返回 status/errorMsg/code 之类的信息，我们可以在一开始就定义 code=911 是接口已过期，请升级客户端，这样就既可以避免后期维护太多的 API 版本，也能引导用户升级客户端。

（6）最底层的东西一定要足够抽象，以应对长期的、可变的应用场景。

其他需要注意的地方如下。

（1）API 有版本区分。

https://api.example.com/v1/user/ID

https://api.example.com/v2/user/ID

https://api.example.com/v3/user/ID

（2）在常规设计方面，应注意：

① 一般向下兼容两个版本，以监控版本的使用；

② 小版本号尽量做到兼容，大版本号的更新可以采用强制升级的方式进行。

App 多版本控制的服务端解决方案如下。

（1）应用场景。移动端可以按一定周期发布新版本，但是用户不一定会及时更新到最新版本，所以需要服务端能支持移动端的旧版本。

服务端支持旧版移动端的方式如下。

① 需要服务端接口做好兼容，以让相同的接口支持移动端不同版本的请求。

② 相同的接口支持移动端不同版本的请求，但是在 header 或者 uri 中加入 version 信息时，需要服务端根据 version 信息做相应的处理。

③ 不同的接口支持移动端不同版本的请求，这需要服务端调用不同的接口。

（2）最佳实践。针对上面的第二种方式，具体的实现方式如下。

① 服务端只部署一套代码，根据版本号引入相应的控制器处理移动端的请求。

② 服务端根据版本号部署多套代码，根据版本号将移动端的请求转发到相应的上游服务。

由于服务端接口修改了返回值结构，不能兼容移动端的旧版本，而且需要上线新版本代码，所以采用部署多套代码的方式，利用 nginx 的反向代理，将不同的版本号映射到 nginx 不同的端口号上。

[习题]

----

1. 移动端 ERP 软件具有什么样的作用？

2. 移动端 ERP 软件的优势和特点是什么？

3. 请描述移动端 ERP 软件与云端数据的主要传输过程。

4. 以用友 U8 cloud 软件为例，说明移动 App 软件的主要维护过程。

5. 应从哪些方面对 App 的技术功能进行改进维护？

第三篇

实施应用

对 ERP 软件维护技术的实际应用是连接基础概念、技术方法和企业实际需求的桥梁。技术方法在实际 ERP 软件运行过程中的应用是企业管理人员、业务人员需要了解和掌握的。

　　通过本篇的介绍，读者能够了解在 ERP 软件维护过程中可能存在的问题，以及如何处理这些问题，从而具体了解 ERP 软件维护的过程，并掌握其中的应用手段。

第8章

ERP软件中财务会计和集团财务管理的维护问题

8.1 财务会计基础维护知识

一般来说，企业经营的主要目标是实现利润的最大化，因此企业的核心业务流程之一便是财务管理，具体体现在检查财务账簿、生产利润与产值规模上。在财务管理模块中，一般包括固定资产管理、总账管理、应付应收账款管理等子模块。

在ERP系统中，财务管理的功能具体体现在将财务工作内容信息化，并将相关信息录入系统进行管理。借助计算机技术来完成财务工作的方式在辅助企业管理人员进行决策的同时，也可以提升财务数据的准确性。同时，ERP系统不仅可以帮助企业管理者实时查询财务数据，及时掌握企业资金的实际情况，还可以帮助企业最大化地利用资金，实现企业资金运作的透明化。

具体来说，财务管理模块在ERP系统中的功能主要体现在以下几点。

1.构建完善的财务管理体系

在企业的财务管理体系中，引入ERP系统可以集成财务指标与非财务指标，提高企业财务管理的综合性，各部门在企业财务管理中的协作问题也能在很大程度上得到解决，进而在部门之间实现数据共享，帮助各部门更好地开展工作。

2.促进企业管理的一体化发展

通过应用ERP系统，财务人员可以量化财务预算指标，从而有针对性地开展财务管理工作。以资金管理和控制为例，为了实现企业资金运用的透明化，避免企业出现资金浪费现象，企业可以通过应用 ERP 系统，提前将资金运用到预算管理中来。同时，管理者可将 ERP 系统与 HR 系统、OA 系统相结合，使企业管理融合发展，促进企业的纵向管理，提高资源的分配效率。

其中比较复杂的是，对于 ERP 软件财务管理模块维护的内容，在动态的使用过程中，除软件开发公司专门规定的内容外，也会出现一些新内容，尤其是在会议沟通、行业竞争、学术探究活动中会经常出现。因此要注意以下几点。

首先，维护工作的基本前提是解决财务管理模块维护的前置问题。前置问题主要是指财务会计软件的入门工作，如理论培训、安装规范培训、使用技巧培训、初始设置培训等，其目的是提高使用财务会计软件的用户的技能熟练度和软件操作水平。

其次，维护工作的核心问题是财务管理模块维护的关键项目。工作过程与财务数据存在一定的特殊性，在使用软件的过程中，软件数据的恢复及备份是十分重要且必要的。这就要求在软件维护的过程中，必须做好完备的数据备份工作，并且确保恢复数据时有足够的时间。从这个角度看，维护工作的两个核心问题分别是数据的备份与恢复。

最后，维护工作的焦点是快速解决财务管理模块维护疑难问题。在 ERP 软件财务管理模块的使用过程中，存在客观的系统问题和操作者的主观能力问题，通常两者相互结合形成令财务工作者头疼的难题。虽然这种问题的发生在任何一种软件中都不可能避免，但解决工作中出现的问题是软件维护工作的第一要务。在处理这类问题时，一是要利用软件维护指南默认的解决方案及时解决问题；二是请专业技术人员来现场操作，以处理难题；三是企业自行联系相关人员或查找相关问题，在搜索引擎咨询及在线支持系统中查询问题解决方案；四是通过软件升级快速解决问题。

8.1.1　基础维护知识

本节以用友 U8 软件为例介绍 ERP 软件中财务管理模块的基础维护知识。ERP 软件中的财务管理模块包括总账管理、薪酬管理、应收款管理、应付款管理、固定资产管理、会计报表计算管理与企业资金管理七个子模块。

8.1.1.1　总账管理

总账管理模块的内容包括总账预算、核销管理、核销查询、业务凭证、现金流量、期初年初、财务 KPI、出纳账、科目账、核算属性、月末事务等。总账管理模块对于需要进行凭证管理、账簿管理和出纳管理的企事业单位皆适用。以下列出了总账管理模块的几项具体功能。

（1）设置：期初余额、选项、数据权限分配、金额权限分配、总账套打工具、账簿清理。

（2）凭证：填制凭证、主管签字、出纳签字、审核凭证、查询凭证、打印凭证、科目汇总、摘要汇总表、记账、常用凭证。

（3）出纳：现金日记账、账簿打印、银行日记账、资金日报、支票登记簿、银行对账、长期未达账审计。

（4）现金流量表：现金流量凭证查询、期初录入、现金流量明细表、现金流量统计表。

（5）账表：我的账表、科目账、客户往来辅助账、个人往来账、项目辅助账、部门辅助账、账簿打印。

（6）综合辅助账：科目辅助明细账、科目辅助汇总表、多辅助核算明细账、多辅助汇总账。

（7）期末：对账、生成转账、定义转账、结账。

8.1.1.2　薪酬管理

薪酬管理模块的内容主要包括工资计算、工资汇总与分配、个人所得税计算、工资表的查询统计与打印。

薪酬管理模块对于各类企业、行政单位、事业单位均适用。具体而言，薪酬管理模块可用于进行工资核算、工资费用分摊、工资发放和个人所得税核算等；也可以通过与总账系统的结合，将工资凭证传送到总账中；或者与成本管理模块相结合，向对应的成本管理模块提供人员的费用信息。以下是该模块的具体功能。

1. 初始设置

（1）设置人员附加信息。

（2）设置工资类别及适用部门（多工资类别）。

（3）设置人员工资档案。

（4）设置多次发放。

（5）自定义工资项目及其计算公式。

（6）设置工资项目从人事系统获取数据的取数公式。

（7）提供工资核算币种、多工资类别核算、个人所得税扣税处理等账套参数。

2. 业务处理

（1）工资数据变动：对工资数据进行改动、汇总处理，主要包括对数套工资类数据进行汇总。

（2）工资发放清单：提供部门和人员的工资发放清单，并提供工资发放的取款单。

（3）工资分摊：系统在月末自动完成工资的计提、分摊、转账业务，同时将生成的凭证同步至总账系统。

（4）银行代发：本功能较为灵活，适用于通过银行发放工资的企事业单位。通过预置银行代发模板，该功能可以令用户实现借助不同的银行在同一工资账中代发工资，并以多种文件格式输出。

（5）扣缴所得税：本功能提供个人所得税的申报与自动计算服务。

3. 统计分析报表业务处理

（1）提供按月查询凭证的功能。

（2）提供工资表：人员类别汇总表、工资发放条、工资卡、部门工资汇总表、条件汇总表、条件明细表、工资发放签名表、条件统计表、多类别工资表等。

（3）提供工资分析表：部门分类统计表、分部门各月工资构成分析表、工资项目分析表、按项目分类统计表、员工工资项目统计表、员工工资汇总表、部门工资项目构成分析表等。

8.1.1.3 应收款管理

应收款管理模块主要是对企业的收入期望进行管理，包括应付款、未清跟催、交易记录、相关报表等功能。

通过对应收单、收款单的录入，应收款管理模块得以对企业的往来账款进行分析，从而精准地提供企业的往来账款信息，并得出坏账分析报表、周转分析报表、账龄分析报表、回款情况分析报表、欠款分析报表等，辅助管理人员做出决策，从而更有效地分配和利用资金，提高资金使用效率。以下是其具体的功能模块。

（1）设置：初始设置、期初余额、选项。该模块主要用于建立应收款管理的基础数据。为了让系统根据设定的选项进行相应的处理，账套正式启用前的所有应收业务数据都需要作为开户数据录入系统，设置运行所需要的账套参数。

（2）应收单据处理：应收单据录入、应收单据审核。该模块可以实现对应收业务单据内容、应收业务单据的记录、查阅，并完成应收业务的日常管理工作等。

（3）收款单据处理：收款单据录入、收款单据审核。该模块可以对结算单据（如收款单、付款单）进行管理，包括付款单录入、收款单审核等功能。

（4）选择收款：用于一次对多个客户、多笔款项进行收款核销的业务处理。

（5）核销处理：手工核销、自动核销。该模块主要用于处理收回客商款项、核销处理该客商应收款，建立应收款核销记录，监督对应收款的及时核销，并最终强化对往来款项的管理。

（6）坏账处理：坏账发生、计提坏账准备、坏账查询、坏账收回。

（7）转账：应收冲应收、红票对冲、应收冲应付、预收冲应收。

（8）票据管理：对商业承兑汇票和银行承兑汇票进行管理。

（9）汇兑损益：及时计算并处理外币单据的汇兑损益。

（10）制单处理：生成凭证并将凭证传递至总账系统记账。

（11）单据查询：发票查询、应收核销明细表查询、收付款单查询、凭证查询、单据报警查询、信用报警查询、应收单查询。

（12）账表管理：报表、业务账簿、统计分析、科目查询。

（13）期末处理：月末结账、取消月结、期末结账。

8.1.1.4　应付款管理

应付款管理模块可以通过录入发票、付款单、应付单等单据，综合管理企业的往来账款，精准且及时地提供供应商的账款余额资料，对各种报表进行分析并提供相关结果，合理地配置相关资金，提高企业的资金使用效率。

与应收款管理模块类似，应付款管理模块包括以下功能模块。

（1）设置：初始设置、期初余额、选项。该模块主要用于建立应付款管理的基础数据，将正式启用账套前的所有应付业务数据录入到系统中，以作为期初建账的数据，设置运行所需要的账套参数。

（2）应付单据处理：包括应付单据录入、应付单据审核等功能，对结算单据（应付单、采购发票等）实施管理。

（3）付款单据处理：包括付款单据录入、付款单据审核等功能。

（4）选择付款：对多个供应商或多笔款项进行付款。

（5）核销处理：手工核销、自动核销。

（6）票据管理：管理银行与商业承兑的汇票。

（7）转账：应付或预付冲应付、红票对冲及应付冲应收。

（8）坏账处理：计提坏账准备、坏账发生、坏账收回、坏账查询。

（9）汇兑损益：主要计算并处理外币单据的汇兑损益。

（10）制单处理：生成并将凭证传递至总账系统进行记账。

（11）单据查询：应付单查询、信用报警查询、发票查询、凭证查询、单据报警查询、收付款单查询、应付核销明细表。

（12）账表管理：统计分析、业务账簿、报表、科目账查询。

（13）期末处理：月末结账、取消月结。

8.1.1.5 固定资产管理

固定资产管理模块一般包括业务凭证、交易记录、固资分析、固资购置、未清跟催、统计分析等功能。固定资产管理模块主要是帮助企事业单位计算和管理固定资产，它可以计算固定资产的增减变动情况，并按用户设定的折旧方法自动对固定资产计提折旧、分配折旧费用、生成相应的记账凭证，以及输出各种固定资产报表和账簿。该模块包括以下功能模块。

1. 系统设置

（1）提供固定资产设备清单。

（2）可自定义资产分类编码中的固定资产的使用年限、残值率、使用方式和资产类别等。

（3）可自定义对应部门需要核算的科目，自动生成转账时间、转账凭证，并自定义使用状况，增加折旧属性。

（4）提供了名为"反结账"的纠错功能，该功能可以将系统的状态恢复至月末结账前。

（5）根据各相关单位的固定资产管理需求，提供了整套账不提折旧功能。

2. 业务处理

（1）企业可自由设置固定资产卡片项目。

（2）提供辅助信息，对资产附属设备进行管理。

（3）可批量打印固定资产卡片。

（4）根据不同企业的需求提供能够按类别对固定资产卡片样式进行定义的功能。

（5）通过对固定资产卡片的批量复制、变动并实现其他账套卡片的引入，提高系统中的卡片录入效率。

（6）提供原值的大修记录、启用记录、清理信息、变动表等附表。

（7）处理各种资产的变动业务，包括部门转移、使用年限调整、使用状况变动、净残值调整、折旧方法调整、原值变动、累计折旧调整、工作总量调整、资产类别调整等。

（8）提供固定资产的评估功能，包括对净残值率、折旧方法、原值、使用年限等进行评估。

3. 计提折旧

（1）通过对折旧分配周期进行自定义设置来满足不同行业的需求。

（2）自定义折旧公式，按照分配表来自动生成记账凭证。

（3）提供两种平均年限法，用不同的计算公式来计提折旧。

（4）提供更灵活和全面的折旧分配表，包括类别折旧分配表和部门折旧分配表，其中各表均需要按辅助核算项目进行汇总。

（5）提供平均年限法、双倍余额递减法、工作量法、年数总和法等各类计提折旧方法。

（6）对折旧计提进行计算时，能将净残值、原值、使用年限、累计折旧、净残值率、折旧方法的变动纳入其中，自动更改相关的计算方法并计提折旧，生成折旧分配表，然后结合折旧分配表制作记账凭证。

4. 输出账表

（1）账簿：固定资产总账、部门类别明细账、固定资产明细账、固定资产登记簿。

（2）分析表：部门构成分析表、价值结构分析表、类别构成分析表、使用状况分析表。

（3）统计表：评估汇总表、固定资产统计表、固定资产原值一览表、评估变动表、盘盈盘亏报告表、逾龄资产统计表、固定资产到期提示表、役龄资产统计表。

（4）折旧表：固定资产折旧清单表、部门折旧计提汇总表、固定资产及累计折旧表、固定资产折旧计算明细表。

（5）减值准备表：减值准备余额表、减值准备总账、减值准备明细账。

8.1.1.6　会计报表计算管理

会计报表计算管理模块主要是完成报表输出和报表数据二次加工，它基于报表生成报送功能，对总账系统中的数据进行采集并提供报表公式定义，包括公有报表、私有报表、供应链所需的管理报表、报表格式设置、报表数据采集、报送情况管理、在线报表数据查询和分析等功能。

会计报表计算管理模块的主要职责是编制、处理各种内外部的报表，从总账系统或其他业务系统的相关表格中获取相关会计信息，在自动编制会计报表的同时，审核、汇总并生成各种分析图和报表，并按预定格式统一输出各类会计报表。

在会计报表方面，用友公司开发的电子表格软件 UFO 报表是用友旗下一系列 ERP 软件中独有的表格软件，可单独使用，用于处理日常办公事务，包括表格制作、数据运算、图形制作、表格打印等；还能与其他软件相结合，作为通用的财务报表系统来使用，如今这一软件已广泛应用于各个行业的财务、计划、会计、人事、统计、税务等部门。

UFO 报表软件包括以下功能。

（1）提供各行业报表模板：为多个行业提供对应的财务报表模板，生成复杂报表并可自定义模板，同时还可以根据企业的实际需要来定制模板。

（2）文件管理：可创建、读取、保存、备份和管理报表文件；能够进行不同文件格式的转换；支持多个窗口同时显示和处理；将财务数据标准化后，进行"导入"和"导出"，以确保数据在其他各类财务软件中的通用性，实现数据交换。

（3）格式管理：提供了充足的格式设计功能，如设定组合单元、调整行高列宽、画表格线、设置显示比例、设置字体和颜色等，可以制作各种报表。

（4）数据处理：UFO 以独有的格式管理来处理各类表页，将大量同格式表格汇总在一个总的报表文件中进行处理。在对表格进行数据处理时，系统提供了舍位平衡、排序、汇总、审核等功能，以及绝对单元格、丰富的函数，可以在快速定义计算公式的同时从各类账务系统中提取数据，从而生成报表。

（5）图表输出：可以将数据表以图形的形式输出；系统中主要采用图文混排的方式，实现图形数据组织，制作直方图、立体图、折线图等各种类型的分析图表，可自定义图表的大小、位置及标题等，并可以打印输出图表。

（6）二次开发功能：提供自定义菜单和批命令，并自动记录命令窗中输入的多个命令，进一步将有规律性的操作过程进行编制，从而形成批命令文件；提供受众较广的Windows 自定义菜单，可以利用批处理命令，在短时间内开发出企业专用的系统。

8.1.1.7 企业资金管理

随着市场经济的快速发展，企业管理者对资金管理越来越重视，为了实现资金管理的需求，目前的 ERP 软件提供了资金管理功能模块，其内容大致包括收付款、转账、贷款、单据动态查询、银行对账、明细、收付款方式、费用报销、账户等。

资金管理模块实现了企事业单位等对资金管理的需求，以银行提供的单据、企业内部单据、相关凭证为基础，记录资金业务及与资金管理有关的其他业务，办理内外部收付款、转账等业务，提供个人利息管理功能，实现对各项资金的管理；提供累计利息管理功能，实现活期存贷款资金管理；提供各种单据查询和各种统计分析报表的动态管理。

8.1.2　衍生维护知识

从财务会计模块业务流程（见图 8-1）中可以看出，在 ERP 环境中，各个模块之间均有不同程度的重叠和连接，而财务会计部分则与 ERP 系统中的供应链及成本管理部分有着十分紧密的联系。

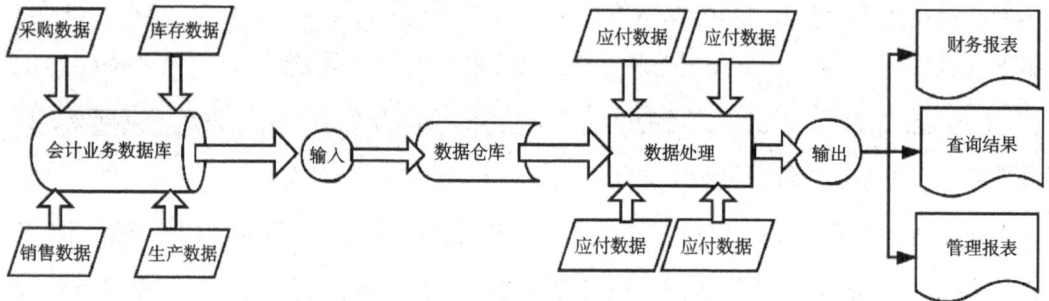

图 8-1　财务会计模块业务流程

8.1.2.1　财务会计模块维护流程

财务会计模块维护流程主要包括运行维护组织、日常业务指导、问题反馈环节、应用升级环节和维护制度说明。

（1）运行维护组织主要包括五个方面的信息：业务部门、应用模块、负责人、联系电话和邮箱。

（2）日常业务指导流程要求相应的责任人主动到客户现场与软件使用者进行沟通交流，了解客户在软件使用过程中遇到的问题以及客户对软件提出的需求和意见，并对问题进行分析，按照问题的性质进行处理。对属于软件操作的问题和属于软件缺陷的问题要及时解决。同时，也可在项目实施期间建立项目热线，安排专人接听，记录客户提出的问题并进行解答，电话中解决不了的问题要进行记录。另外，还可以建立 QQ 群或微信群等沟通平台，若有用户在群中提出一些问题，其他用户能帮忙解决，这样就调动了用户的参与积极性。

在保证问题解决后应第一时间通知软件操作人员，通常可以在群中或在软件登录页面发布信息。

（3）问题反馈环节一般将问题分为三大类进行处理。

第一类是使用问题：对软件的使用问题要及时进行指导。

第二类是软件缺陷：属于软件缺陷的问题要及时登记 TD（HTML 标签），同时登记项目问题台账，并对问题进行跟踪，直至问题处理完毕。

第三类是需求问题：首先确认需求问题是否为合同范围内的，如果是合同范围内的需要先登记 TD 及项目问题台账，需求描述要准确，并及时与企业的软件工程师进行沟通，待与软件工程师确认实现方案后再与客户确认。

（4）在应用程序升级环节，若针对软件缺陷或需求问题有升级补丁，则需要先将补丁在测试服务器上进行测试，测试通过后才能对程序进行升级。升级前要先对程序进行备份，如果要同时升级 SQL 数据库，那么需要同时对数据库及数据表进行备份。

程序升级后要登记"项目系统维护记录"，并对问题进行跟踪观察，确认无误后在项目问题台账中解决方法一栏中登记并关闭 TD。

对于问题台账记录项目实施期间遇到的所有问题，无论是否登记 TD 都要记录在问题台账里面。维护记录是对服务器更新情况的记录，是按照更新的先后顺序进行记录的。

8.1.2.2 财务会计维护内容

以浪潮 GS6.0 财务会计系统为例，其维护内容分为日常维护和服务器维护，维护对象包括服务器与前置机。其中，前置机可定义为用于现场的中间设备，目前在银行普遍采用前置机的有 POS、ATM、银联金卡、IC 卡、券银通、电话银行、缴费、银税通、电子汇兑、公积金管理等系统。

1. 日常维护

日常维护包括数据的备份与恢复、客户端的安装与登录、服务器与前置机的维护等工作。

在数据的备份与恢复工作中，系统需要与浪潮 GS6.0 财务会计系统一起备份，采用财务会计系统备份数据的管理方式。为了安全，建议备份数据在多台服务器上各保存一份。但由于服务器一般都存放在一个机房内，所以仍需要进行人工异地定期备份，并定期清理，以确保有足够的磁盘空间。

客户端的安装与登录工作则主要由操作文档提供。

在日常维护工作中，首先应对数据库服务器进行维护。因为在数据量较小的阶段，资金业务以查询和监控为主，所以只需要与财务会计系统共用一台数据库服务器；为了保证数据的安全，也可使用两台服务器做双机热备系统，当有一台服务器出现故障时自动切换到另一台服务器上。

该服务器上除了浪潮 GS6.0 的应用外，还有资金系统的"调度程序"和"银企直连程序"，所以必须保证"调度程序"和"银企直连程序"是开启的，如果该服务器重启了，必须人工启动这两个程序。

银企平台在平时主要完成三项任务：测试是否连接银行成功，启动监听程序，新增银行账户时在银行账户设置中录入。

其次是应用服务器，因为目前用户不多，所以暂时使用一台兼容机作为应用服务器和银企直连服务器。

最后是银行前置机，在前置机的程序正常运行以后，最重要的是日志的定期备份和清除，此时应注意前置机上的 Windows 系统自带的防火墙是否开启。

2. 服务器维护

服务器维护工作主要集中在其开关机上。所发生的情况主要有三种：意外停电、预定停电与正常开机。

在发生不可预知的停电情况时，有以下四步解决方案。

（1）如果是突然停电，又自动加电这种情况，那么把服务器依次启动，顺序是数据库服务器—银行前置机服务器—应用服务器。

（2）人工开启银行前置机。

（3）在应用服务器上运行浪潮"银企直联程序"，系统启动时会自动进入登录窗口，点击"确定"即可登录，然后启动监听服务控制台，并点击"开始监听"。

（4）在应用服务器桌面上运行"调度程序"，出现操作界面后点击"确定"，然后在出现的窗口中将需要查询的数据打钩，点击"确定"后将程序最小化即可（如果初次运行时就有已经启动的提示，请与浪潮实施人员联系解决）。

在预知停电或有节假日的情况下，采用四步关闭程序法。

（1）关闭接口程序。关闭在应用服务器上运行的"调度程序"和"浪潮银企接口平台"，关闭银企接口程序。

（2）关闭前置机。

（3）关闭应用浪潮银企接口服务器。

（4）关闭数据库服务器。

正常开机的操作程序顺序则是以上步骤的倒叙。

3. 相关技术材料与注意事项

报表常用公式如下。

Mselect 系：Mselect 单指标取值函数，比如 A 表的 C12 单元格指向 B 表的 D11 单元格；Mselecta 区域指标取值函数，比如 A 表的 C1 到 C12 区域单元指向 B 表的 B2 到 B13 区域单元。

Zdate 系：Zdate 函数计算的是当前计算日期，比如 2019 年 1 月报表对应 20190131，2019 年第二季度报表对应 20190630；Zdateqc 函数计算的是当前计算日期的初始值，比如 2019 年 1 月报表对应 20190101，2019 年第二季度报表对应 20190401。

Zday-month-year 系：Zday 函数计算当前计算日期的日，比如 2019 年 1 月报表对应 31；Zmonth 函数计算当前计算日期的月，比如 2019 年 1 月报表对应 1；Zyear 函数计算当前计算日期的年，比如 2019 年 1 月报表对应 2019。

余额公式：资产负债表年初余额公式的设置方式如下：① Mselect［期末指标,,-zmonth()］，上年 12 月报表必须有保存过的数据（计算、手填）；② GLQC［'1001',,'01',,,'本币','Y',k('单位'),'本币','0001'］，不使用合并报表。

Substr 函数：Substr 函数的意思是截取字符串函数，具体的用法为 Substr（字符串，开始位置，截取长度）。

8.2　实施案例分析与解读

8.2.1　财务会计和集团财务中的维护案例

8.2.1.1　IUFO 会计报表维护问题

1. 报表的 IE 兼容性设置

第一步：设置兼容性视图。打开 IE 浏览器，在浏览器上方点击鼠标右键，勾选菜单栏，然后找到"工具"，选择兼容性视图，添加 U8C 的 IP 地址（见图 8-2）。

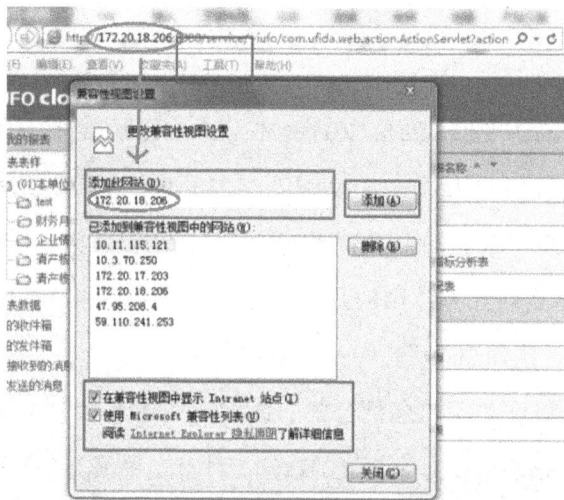

图 8-2　IE 兼容性设置

第二步：设置安全站点。打开 IE 浏览器，在浏览器上方点击鼠标右键，勾选菜单栏，找到"工具"，选择"Internet 选项"，找到"安全"页签，选择"受信任的站点"，点开"站点"，添加 U8C 的 IP 地址。

注意，如果在添加 U8C 的 IP 地址时 IE 提示"添加到该区域的站点必须使用前缀https://"，就把"对该区域的所有站点要求服务器验证"勾掉（见图 8-3）。

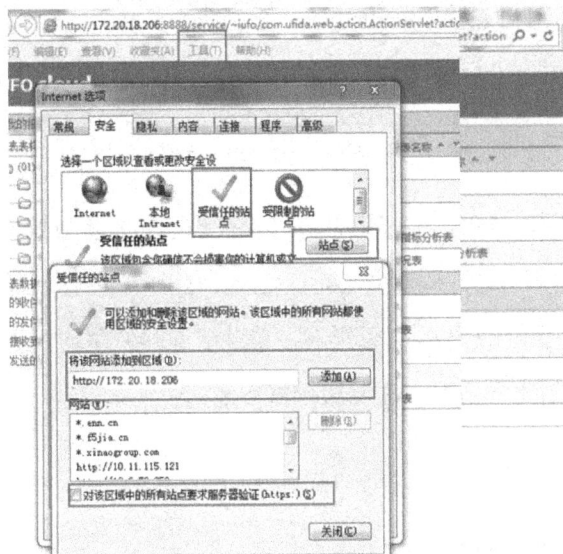

图 8-3　Internet 选项安全设置

　　第三步：取消弹出窗口阻止程序。打开 IE 浏览器，在浏览器上方点击鼠标右键，勾选菜单栏，找到"工具"，选择"Internet 选项"，找到"隐私"页签，取消勾选"启用弹出窗口阻止程序"（见图 8-4）。

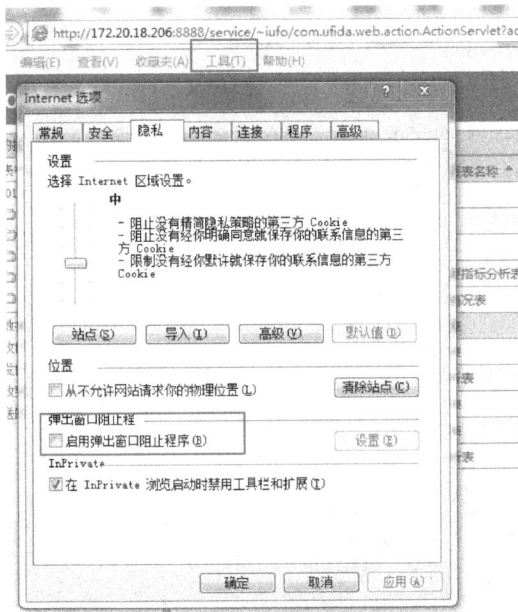

图 8-4　Internet 选项隐私设置

2. 报表的 SQL 语句相关维护问题

当需要对 IUFO 用户进行锁定时，root 用户锁定执行这条 SQL：

```
update iufo_userinfo set islocked=' 否 ' where islocked=' 是 ';
```

如果在 IUFO 中管理员密码被忘记，可以执行该语句，重置密码为 "root"：

update iufo_userinfo set password='piofhmkgcjhbff ij' where user_id='000000000000';

上述 SQL 和解除锁定的 SQL 互不影响，单独或同时使用均可。

对于需要重新初始化的情况，需要执行以下语句：

(1) delete iufo_user_role;

(2) delete iufo_user_org;

(3) delete iufo_user_prefopt;

(4) delete iufo_datasource;

(5) delete iufo_releasetask;

(6) delete iufo_checkresult;

(7) delete iufo_total_time_cond;

(8) delete iufo_querycond;

(9) delete iufo_total_reports;

(10) delete iufo_total_simple_content;

(11) delete iufo_totalinfo;

(12) delete iufo_userinfo;

(13) delete iufo_report_commit;

(14) delete iufo_measure_pubdata;

(15) delete iufo_log;

(16) delete iufo_ctexec;

(17) delete iufo_investdata;

(18) delete iufo_unitinfo_hb_body;

(19) delete iufo_unitinfo_hb_head;

(20) delete iufo_vouch_body;

(21) delete iufo_vouch_head;

(22) delete iufo_task_default;

(23) delete iufo_total_subcond;

(24) delete iufo_accvouchlog_body;

(25) delete iufo_accvouchlog_head;

(26) delete iufo_meetdata_body;

(27) delete iufo_meetdata_head;

（28）delete iufo_unit_info。

U8 cloud 软件在执行完命令后需要重启，并且需要在 uclient 中删掉 IUFO，在重新添加登录后正确初始化。

3. 审计数据相关问题

虽然审计公司的审计数据一般是针对集团下具体公司的某个年度的，但是在 U8C 软件中，集团下所有公司的年度数据均集中在一个数据库中，无法进行有针对性的单独备份，因此需要单独提供审计信息导出工具。具体操作步骤如下。

（1）对需要提供审计数据的公司及年度进行确认。

（2）在对应的公司的企业建模平台中进行登录操作，并选择审计信息—审计信息导出，具体如图 8-5 所示。

图 8-5　审计信息导出

（3）设置数据导出的格式，具体要求如图 8-6 所示。

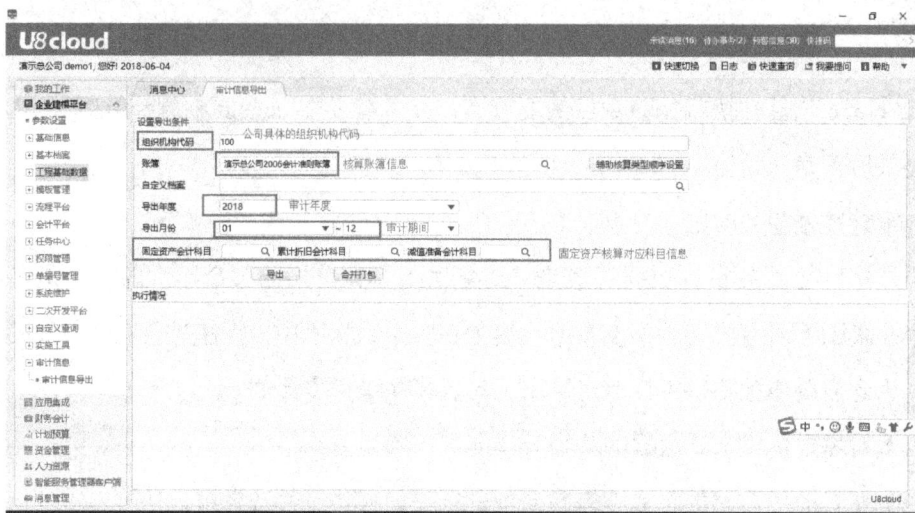

图 8-6　审计信息导出格式要求

需要注意的是，辅助核算类型的设置顺序（见图 8-7）需要和企业建模平台—财务会计信息—辅助项输入控制规则中辅助核算项内的顺序（见图 8-8）一致。

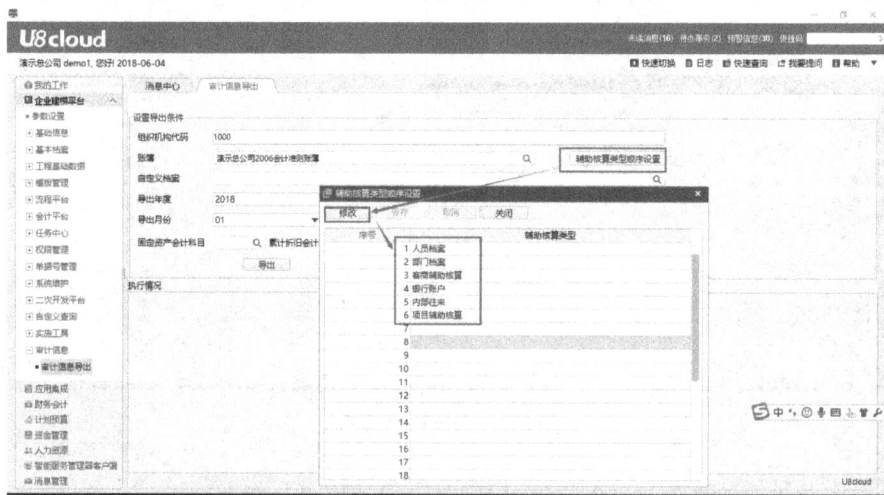

图 8-7　辅助核算信息

图 8-8　辅助核算设定

（4）找到图中的导出键后，导出基本档案；合并打包并输出数据后，两次导出过程中所选择的文件夹必须一致（见图 8-9）。

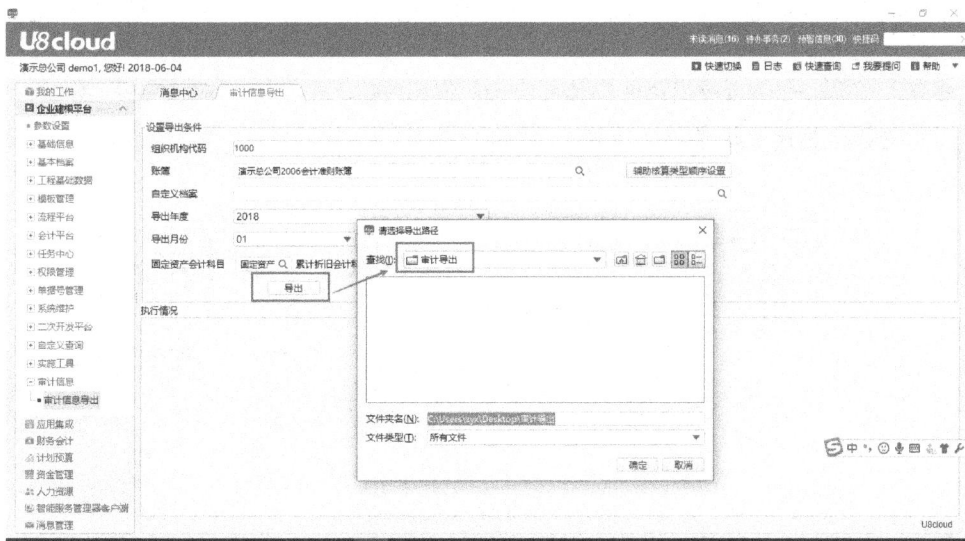

图 8-9　审计信息导出

（5）将导出的数据（见图 8-10）提供给审计公司。

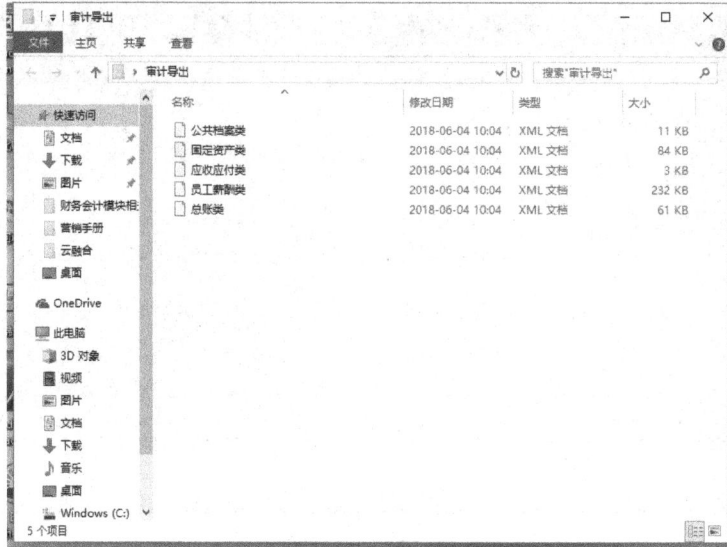

图 8-10　审计数据

4. iUFO 的舍位平衡

应用场景：舍位平衡一般是针对超大型企业的，报表单位是千元或者万元，报表某些小数位对整体数据影响不大，因此应保留特定位数。

舍位平衡的实现方案如下。

（1）先设定舍位平衡条件（见图 8-11 和图 8-12）。

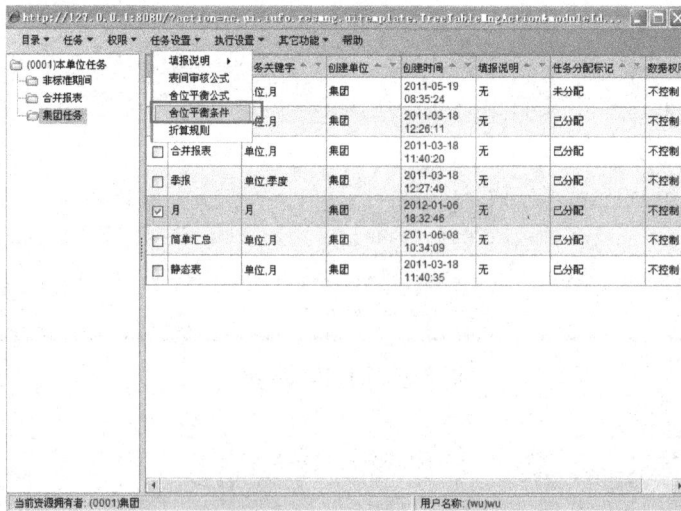

图 8-11　舍位平衡条件设定

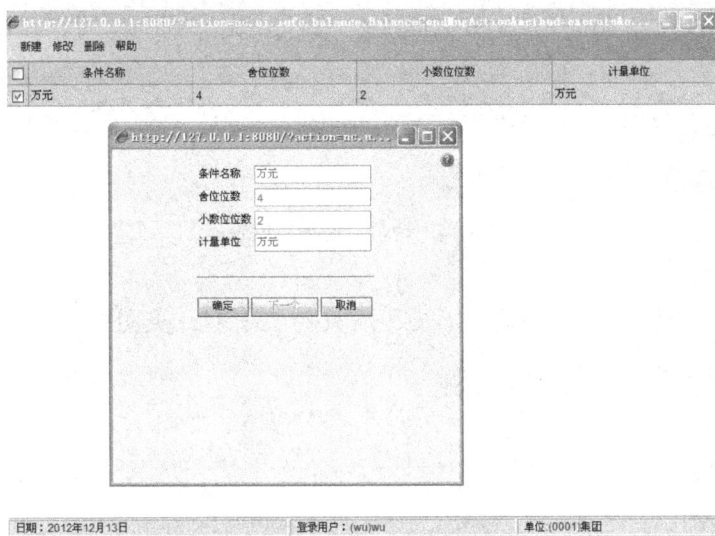

图 8-12　舍位平衡细节设定

（2）设定舍位平衡公式。点击"参照"选择报表，公式设置成功后点击"保存"（见图 8-13）。

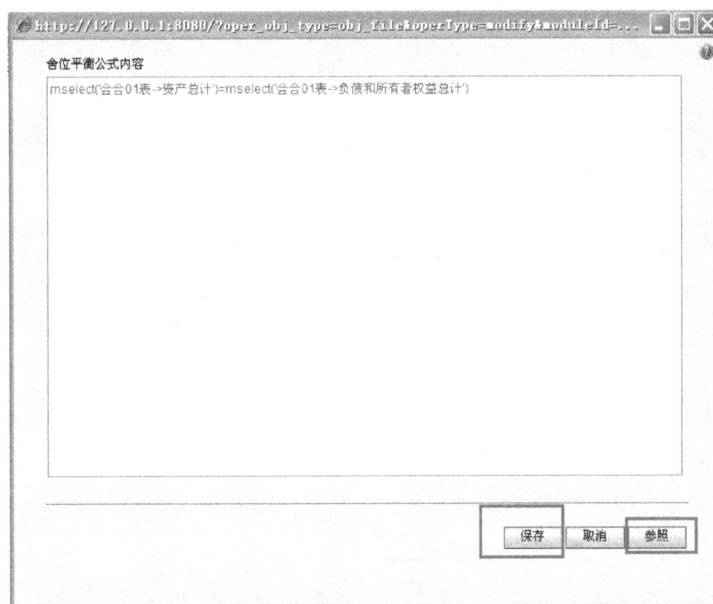

图 8-13　舍位平衡公式内容

（3）按任务组织进行舍位平衡报表设置（见图 8-14）。

ERP软件维护技术

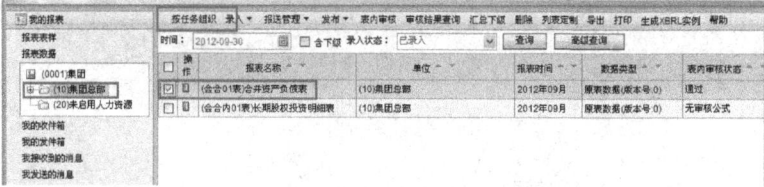

图 8-14　舍位平衡报表设置

（4）点击"舍位平衡"，选择"万元"后点击"确定"（见图 8-15），系统会生成一个新版本的报表任务和新版本的报表。

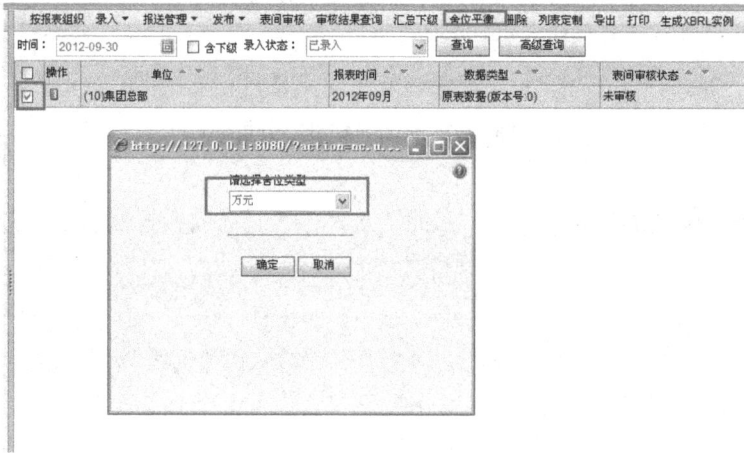

图 8-15　舍位平衡类型设置

5. 报表合并问题一

应用场景：对于公司有交叉持股、股权复杂现象的抵销处理（见图 8-16）。

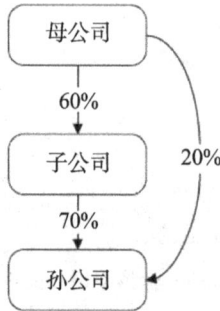

图 8-16　交叉持股现象场景

实现方案如下。

先由子公司生成子公司与孙公司的合并报表，然后由母公司根据子公司已经生成的中间合并报表与母公司的个别报表生成母公司的合并报表。

在子公司进行合并生成与孙公司的权益类抵销分录时，由于参与合并的都是个别报表，并且子公司对孙公司的投资比率大，属于控制型投资，因此，长期股权投资和投资收益是按控制型投资模板进行对账和抵销的。

母公司进行逐级合并的时候由于使用的是子公司已经生成的中间合并报表，所以系统会追溯子公司合并时的合并范围是子公司和孙公司，母公司此时的合并范围就是母、子、孙三个公司，但由于子公司已经生成了合并报表，子公司合并范围内的子公司持股孙公司70%的抵销已经体现在子公司的合并报表中了，所以此时关于这项的抵销不会发生。

但子公司合并范围内的公司与当前合并范围内的其他公司发生的投资关系应该抵销，这时候母公司持股子公司60%，以及母公司持股孙公司20%的投资就属于这种情况。对子公司来说，只有母公司持股子公司60%，没有其他投资单位，所以母子公司之间的长期股权投资和投资收益在本质上是按控制型投资模板进行对账和抵销的。

对孙公司来说，由于在子公司生成中间合并报表的时候，子公司与孙公司之间已经按控制型投资模板抵销过了，所以母公司持股孙公司20%属于非控制型投资，此时母公司与孙公司之间的长期股权投资和投资收益是按非控制型投资模板进行对账和抵销的。

在实践中，在母公司层面做对账和抵销的过程中需要同时勾选控制型和非控制型模板，系统会根据股权关系的设置自行判断需使用的相关模板，自动生成不同的抵销分录。

6. 报表合并问题二

应用场景：一个企业集团往往是既有子公司又有分公司的，因此对数据的合并有一定的要求，往往需要先简单地将本部数据与分部数据进行合并后再和子公司的数据进行合并。以下列内容为例。

AB公司（母公司）有A1、A2这两个分公司，虽然分公司独立核算，与本部之间并没有投资关系，但其内部是有往来的。AB 公司另有 B1、B2 两个子公司，其与本部之间存在需要抵销的投资关系，以及内部交易的数据。在这个过程中，需要解决的需求是：先将 A1、A2 两个分公司的数据和 AB 公司本部的数据合并，生成 AB 公司的数据；再把 AB 公司的数据与 B1、B2 两个子公司的数据合并，最终生成 AB 公司的合并报表数据。

分析完案例后可以发现，AB 公司本部的数据和分公司的数据、子公司的数据分别要进行一次合并。合并操作是有先后顺序的，并且后一次合并操作是建立在前一次合并操作的基础上的。在系统中，由于同一个单位在一个操作任务下只能有一个合并结果，因此需要建立一个虚拟单位来存储合并结果。

单位结构设置如图 8-17 所示。

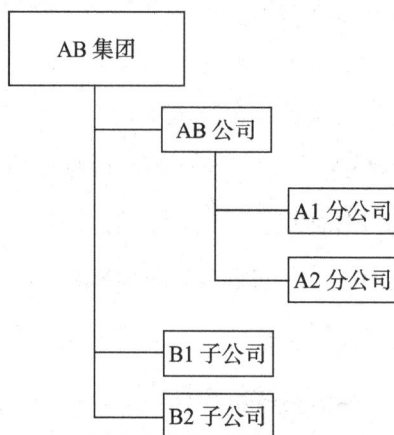

图 8-17　单位结构设置

具体操作如下。

（1）设立报表数据为 AB 公司本部的数据。

（2）将分公司放在 AB 公司的下级，以便后续进行合并操作。

（3）在 AB 公司做报表合并时，合并范围为 AB 公司（个别报表）、A1 分公司（个别报表）、A2 分公司（个别报表）。

（4）设置投资关系，AB 公司针对 B1 子公司和 B2 子公司投资。由于长期股权数据放置在本部，是 AB 公司对子公司的投资，因此投资方一定是 AB 公司，而不是虚拟单位。

（5）设置 AB 公司的虚拟单位，并将 AB 公司、B1 子公司和 B2 子公司都放于其下。

（6）建立虚拟单位 AB 集团对 AB 公司进行虚拟投资时，系统中要求合并母公司对参与合并的单位必须有完整的投资链，设置持股比例为 0，否则无法进行权益类的抵销，因此必须设置该持股比例。

（7）在 AB 集团设置合并范围：AB 公司（合并报表）、B1 子公司（个别报表）、B2子公司（个别报表）

注意事项（或常见问题）如下。

若 AB 公司没有分公司，将报表合并的结果放在 AB 公司层级中即可，没有必要再建立虚拟单位。

建立单位结构时可以和 AB 公司并列，也可以将子公司放在 AB 公司的下级。

若不要求列出 AB 公司和分公司的报表合并后的结果，可将分公司和子公司一起合并。在这种情况下不建立虚拟单位，将合并结果直接放在 AB 公司层级中即可。其单位结构如图 8-18 所示。

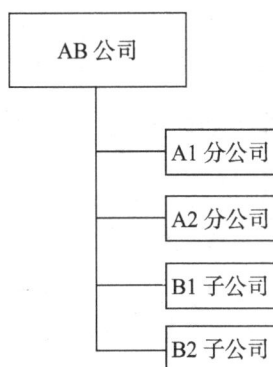

图 8-18 调整后的单位结构

具体操作：AB 公司个别报表为本部数据，设置 AB 公司对子公司的投资比例，在AB 公司做报表合并，选择所有分公司和子公司。

8.2.1.2 总账系列问题

1. 自定义转账维护问题

经常有人问及自定义转账的一些问题，U8C 服务部将自定义转账的有关问题进行了归集。

常见问题如下。

（1）常见的自定义结转公式。

前提条件：每个一级科目都有下级科目，取各个会计科目的期末余额进行结转，无论期末余额方向是借方还是贷方都可以。

（2）在金额公式中设置下级科目数据（见图 8-19）。

序号	摘要	科目	辅助项	方向	币种	金额公式
1	期间损益结转	本年利润			人民币	GE0
2	期间损益结转	销售费用		贷	人民币	QM("6601*","","","","")
3	期间损益结转	管理费用		贷	人民币	QM("6602*","","","","")
4	期间损益结转	财务费用		贷	人民币	QM("6603*","","","","")
5	期间损益结转	主营业务成本		贷	人民币	QM("6401*","","","","")
6	期间损益结转	其他业务成本		贷	人民币	QM("6402*","","","","")
7	期间损益结转	营业外支出		贷	人民币	QM("6711*","","","","")
8	期间损益结转	主营业务收入		借	人民币	QM("6001*","","","","")
9	期间损益结转	其他业务收入		借	人民币	QM("6051*","","","","")
10	期间损益结转	营业外收入		借	人民币	QM("6301*","","","","")

图 8-19　自定义转账金额公式设置

金额公式中在会计科目下增加"*"，如 QM（"6601*"，""，""，""，""）。

（3）结转完成后，科目余额表还是不平，有部分数据没有结转成功。

① 金额公式中设置了借贷方向。

如果在金额公式中设置了借贷方向，则系统会依据借贷方向取值。例如，若公式为QM（"6601"，""，""，""，"借"），则系统取值时是取科目余额表中期末方向为借方的数据。

② 辅助核算类型发生变化。

比如凭证中的会计科目有两个辅助核算项目，但是入账会计科目中有一个辅助核算项目。在这种情况下只能手工修改结转凭证，这样下个月就可以自动结转了。

辅助核算取值原理如下。

下文中的"对应"是指前者和后者均为空的辅助核算项目，并且两个为空的辅助核算项目保持一致。

自定义转账凭证设置界面左侧的输入账户和辅助核算项目是凭证上要结转的账户和辅助核算项目。如果辅助核算项目为空，系统根据账户下各辅助核算项目的组合进行结转；如果公式中账户和辅助核算项目的参数为空，系统自动将凭证左侧的账户和辅助核算项目作为取号的账户和辅助核算项目；如果公式左侧的账户有辅助核算项目，但账户中没有设置辅助核算项目，则对账户下的各辅助核算项目进行组合，如果当前输入账户的辅助核算项目为空，系统检查输入账户的辅助核算项目是否与处理时输入账户的辅助核算项目和输入功能一致，如果不一致，则不能结转使用。

归纳实际应用，大致有以下几种情况。

（a）入账科目的辅助核算项目为空，取数函数的辅助核算项目不为空，比如科目"11"中有部门核算（见表8-1和表8-2）。

表 8-1　部门核算表一

科目	辅助核算项目	币种	公式
11	—	所有币种	QM(22,,,[部门档案 =001])

是否对应：是。

处理结果：结转部门"001"。

表 8-2　部门核算表二

科目	辅助核算项目	币种	公式
11	—	所有币种	QM(22,,,)

是否对应：是。

处理结果：结转所有部门。

（b）入账科目与取数函数的辅助核算项目均为空，且其辅助核算项目一致。例如，科目"11"和科目"22"分别有部门与客户的辅助核算项目，以及部门与项目的辅助核算项目，但项目与客户都已指定（见表8-3）。

表 8-3　指定客户与项目的核算表

科目	辅助核算项目	币种	公式
11	客户 A	所有币种	QM(22,,,[项目档案 =001])

对于取数函数与入账科目的辅助核算，无论辅助核算项目是否为复数，只要满足为空的辅助核算项目相互一致的条件，便可以将为空的辅助核算项目按对应的关系进行

结转。

（c）入账科目与取数函数的辅助核算项目均为空，并且两个为空的辅助核算项目不一致。例如，科目"11"和科目"22"分别有客户与项目的辅助核算项目，但均为空（见表8-4）。

表8-4　部分内容为空的核算表

科目	辅助核算项目	币种	公式
11	—	所有币种	QM(22,,,)

是否对应：否。

处理结果：不结转。

（d）入账科目与取数函数的辅助核算项目均为空，并且后者为空的辅助核算项目包含前者的辅助核算项目。例如，科目"11"和科目"22"分别有部门与客户的辅助核算项目，以及部门与项目的辅助核算项目，但客户已指定（见表8-5）。

表8-5　客户已指定的核算表

科目	辅助核算项目	币种	公式
11	客户A	所有币种	QM(22,,,)

是否对应：是。

处理结果：将科目"22"下所有项目中每个部门的期末余额结转至科目"11"的客户A的每个部门中。

（e）入账科目和取数函数的辅助核算项目均为空，并且前者为空的辅助核算项目包含后者的辅助核算项目。例如，科目"11"和科目"22"分别有部门与客户的辅助核算项目，以及部门与项目的辅助核算项目，但项目已指定（见表8-6）。

表8-6　项目已指定的核算表

科目	辅助核算项目	币种	公式
11	—	所有币种	QM(22,,,[项目档案=001])

是否对应：否。

处理结果：不结转。

（f）入账科目和取数函数的辅助核算项目均不为空。例如，科目"11"和科目"22"分别有客户与部门的辅助核算项目（见表8-7）。

表 8-7　各项指标均不为空的核算表

科目	辅助核算项目	币种	公式
11	客户 A	所有币种	QM(22,,,[部门档案 =001])

是否对应：是。

处理结果：将科目"22"的期末余额结转到科目"11"的客户A上。

③ 币种错误：在凭证中有外币的凭证，但是自定义转账定义中设置的是人民币。

④ 金额公式中的会计科目错误：由于发生过会计科目变更或其他原因导致该错误，其解决办法为重新设置金额公式。

⑤ 凭证数据错误：有个别凭证无论如何都结转不过去，在期末处理—结账处，同时按"Ctrl+Alt+A"，更新辅助核算，然后点击重建余额表，清理缓存，如果还是不行，则删除凭证，重新制单。

2. 总账中常用凭证的维护问题

应用场景：企业在日常制单过程中，存在每期都需要录入相同或类似的凭证的问题，此时可以保存某一个凭证作为常用凭证，后续直接调用该凭证即可。

实现方案如下。

（1）维护常用凭证。点击"常用凭证"中的"维护常用"，找到需要维护的常用凭证并保存（见图8-20和图8-21）。

图 8-20　常用凭证维护

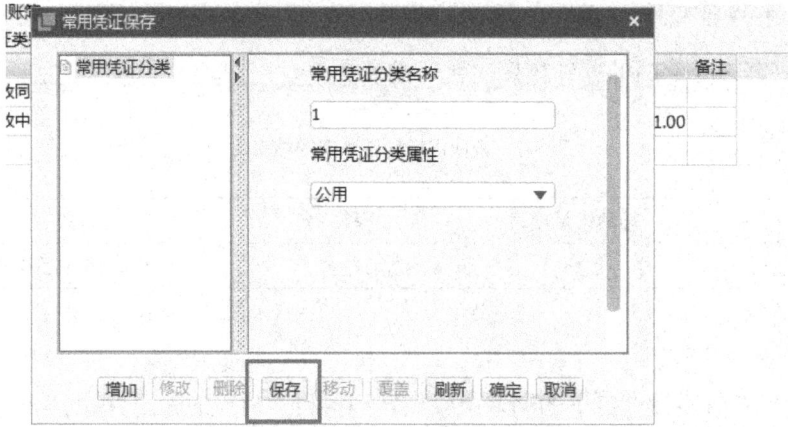

图 8-21　常用凭证维护设定

（2）调用常用凭证。新增凭证时如果想调用经过维护的常用凭证，选择相应的常用凭证并确定即可（见图 8-22）。

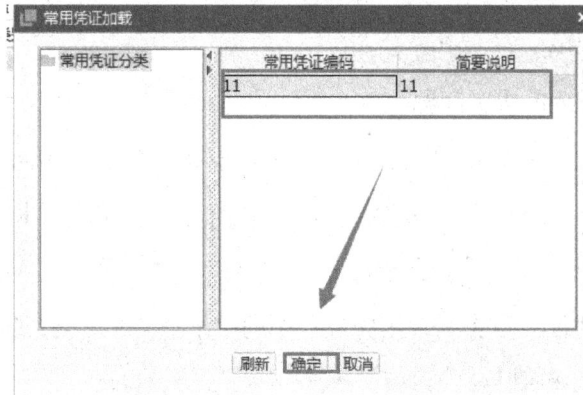

图 8-22　常用凭证调用

8.2.1.3　薪酬系列问题

企业需要按照自定义项档案中增加的自定义项来作为薪酬分摊条件，最终生成凭证。具体的设置过程如下。

（1）自定义项档案的设置：登录动态建模平台—基本档案—自定义项—自定义项档案定义，进行自定义档案的创建并确定档案内容。

（2）信息集的设置：可以通过信息集的设置来实现自定义信息项，也可以作为分摊条件/辅助核算，最后增加信息项并将其添加到模板。

（3）登录集团动态建模平台—二次开发工具—会计平台—影响因素定义，选择"工资福利系统"，增加影响因素"是否资源池/是否项目"，对应基础档案类型为"是否资源池/是否项目"。

（4）登录集团动态建模平台—会计平台—财务会计平台—单据影响因素定义，选择"工资发放单据"，增加系统影响因素"是否项目/是否资源池"，属性名为"选择 B0 工资发放单据下的自定义影响因素 1/自定义影响因素 2"。

（5）登录公司动态建模平台—会计平台—财务会计平台—科目分类定义（系统预置的科目分类包括计提工资、应付工资），根据客户要求定义影响因素、对照表，修改计提工资和应付工资的影响因素、对照表。

（6）登录公司动态建模平台—会计平台—财务会计平台—凭证模板定义—工资发放单据，根据客户要求定义借贷方分录。

（7）登录公司人力资源—薪酬管理—发放设置—分摊类型节点，定义一个分摊类型，包括凭证中需要的所有薪酬项目，设置好增减项。

（8）登录动态建模平台—基本档案—财务会计信息—会计科目，增加辅助核算项目。

（9）登录公司人力资源—薪酬管理—薪酬核算—薪酬分摊—薪酬发放—薪酬分摊节点，选择薪酬类别、薪酬分摊类型、薪酬单据。这时在薪酬分摊条件中可以看到自定义的薪酬分摊条件，双击并增加条件。

8.2.1.4　应收应付中的坏账问题

坏账的处理主要有以下几个步骤。

1.坏账计提方案设置

坏账计提方案是指用户定义本系统内计提坏账准备的方案，以及设置各方案的计提方法、计提期间、期初余额、计提基数算法，以根据用户的应收账款进行计提坏账准备。

操作位置：财务会计—应收管理—基础设置—坏账计提方案。

操作说明：新增坏账计提方案（见图8-23）。

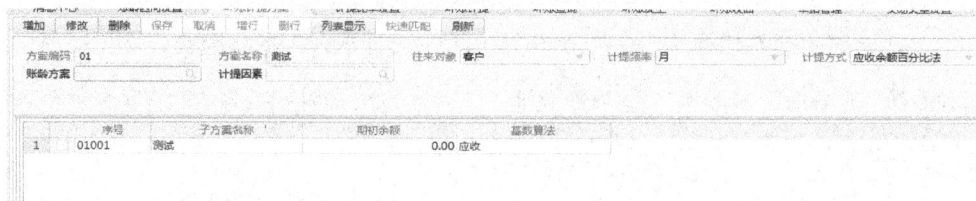

图8-23　坏账计提方案设置

如果选择计提方式为应收账龄分析法，则需要在企业建模平台—基本档案—结算信息—账龄区间设置节点进行设置。

同一个往来对象在一个期间内只能启用一个方案；启用后只能追加子方案，不能对计提要素及已存在的方案进行修改。

2.计提比率设置

坏账计提比率是指用户定义坏账计提方案各期间的计提比率。

操作位置：财务会计—应收管理—基础设置—计提比率设置。

操作说明：新增计提比率（见图8-24）。

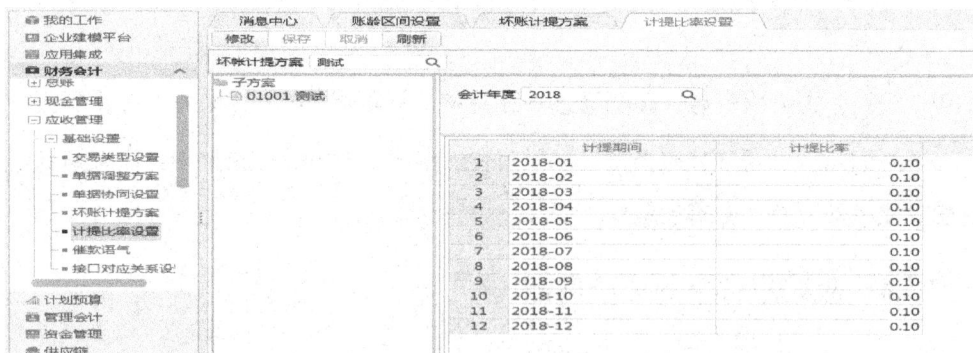

图8-24　计提比率设置

已计提期间的计提比率不能修改；设置计提比率后方能进行计提坏账操作。

3.坏账处理

坏账处理是指系统提供的坏账发生、坏账收回、坏账查询后的处理，以及计提应收坏账准备等功能。

操作位置：财务会计—应收管理—日常业务—坏账处理—坏账计提。

操作说明：计提坏账。

本功能可以计提一定期间内应收款的坏账准备。

快速计提：在坏账计提界面中选中需要进行坏账计提的方案，点击"坏账计提"按钮，系统将自动计提坏账准备。

计提坏账设置如图 8-25 和图 8-26 所示。

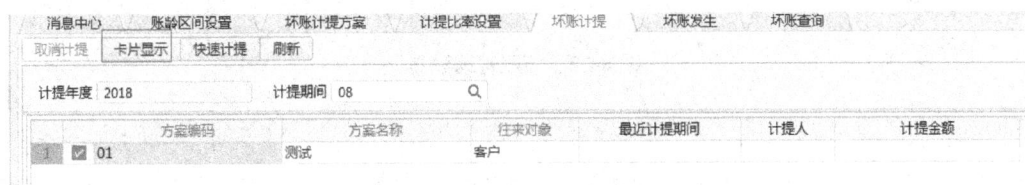

图 8-25　计提坏账设置 1

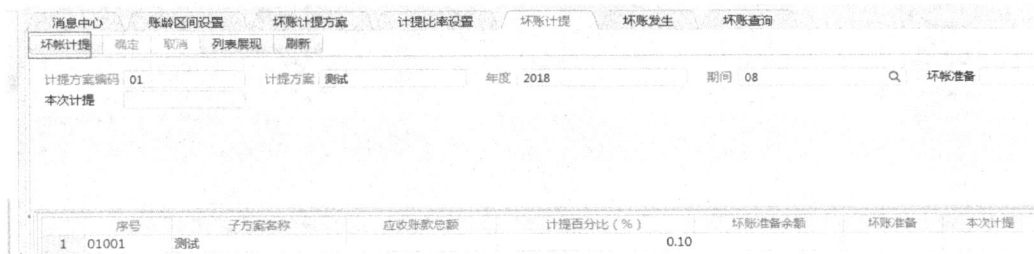

图 8-26　计提坏账设置 2

4. 坏账发生

坏账发生是系统提供的一种流程，企业可以将某些应收款项确认为坏账。通过该功能，企业可以选择发生过坏账的业务单据，确定在一定时间内发生的坏账，让企业记录坏账准备，及时核销坏账，从而避免应收账款长期处于滞留状态。

操作位置：财务会计—应收管理—日常业务—坏账处理—坏账发生。

操作说明：坏账发生。

坏账管理设置如图 8-27 和图 8-28 所示。

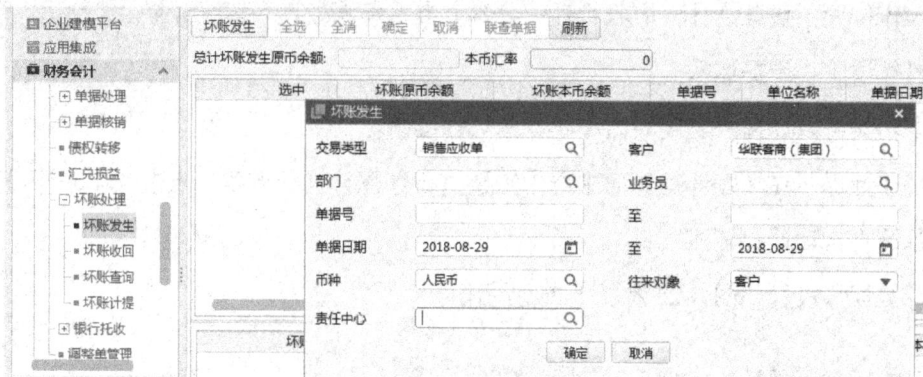

图 8-27　坏账管理设置

图 8-28　计提坏账子方案设置

5. 坏账收回

坏账收回是指 ERP 系统提供的对应收款已确定为坏账后又被收回的业务处理功能。

操作位置：财务会计—应收管理—日常业务—坏账处理—坏账收回。

操作说明：坏账收回。

坏账收回设置如图 8-29 和图 8-30 所示。

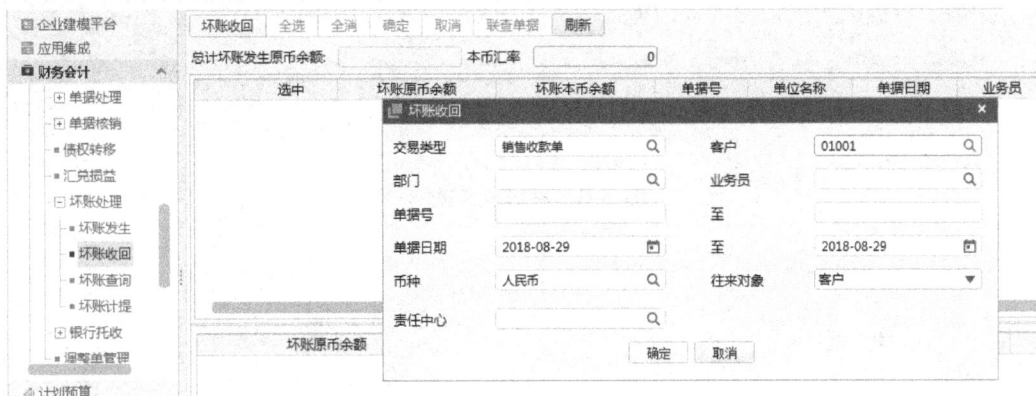

图 8-29　坏账收回设置 1

图 8-30　坏账收回设置 2

6. 坏账查询

坏账查询是指 ERP 系统提供的一种查询功能，能够对系统内的坏账处理过程和处理结果进行查询。该功能可以查询系统中一定时间内发生的应收坏账业务处理情况及处理结果，从而加强企业对坏账业务的监督。

操作位置：财务会计—应收管理—日常业务—坏账处理—坏账查询。

操作说明：坏账查询、坏账取消。

取消坏账：选中某一行坏账，点击取消操作按钮就可以取消坏账。

坏账查询与取消操作如图 8-31 和图 8-32 所示。

图 8-31　坏账查询操作

图 8-32　坏账取消操作

8.2.1.5　固定资产问题

1. 固定资产清理维护问题

企业在生产经营过程中，存在将一些固定资产进行资产清理，或者从普通购入转为融资租赁等各种情况。面对这些情况，使用资产评估不足以满足企业的业务需要，因此应采用资产清理的方式。资产清理分为两个步骤：第一个步骤是减少资产，第二个步骤是按新值重新录入。

具体操作步骤如下。

（1）打开固定资产—结账，查看最小未结账月，用最小未结账月登录。

此处请根据实际会计月份进行设置（见图 8-33）。

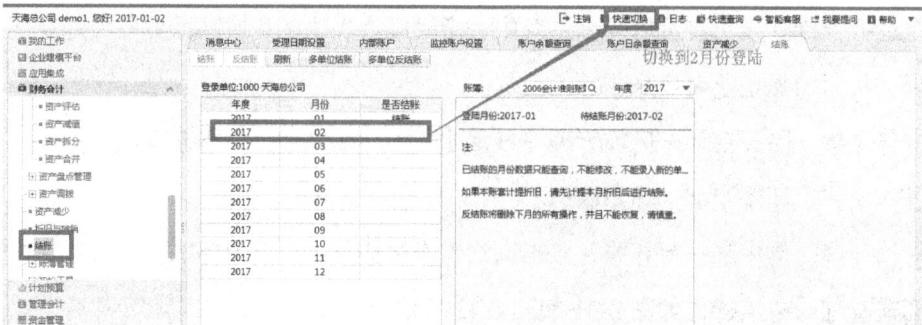

图 8-33　固定资产月份设置

（2）固定资产清理。

操作节点：财务会计—固定资产—资产减少。

固定资产清理设置如图 8-34、图 8-35 和图 8-36 所示。

图 8-34 固定资产清理设置 1

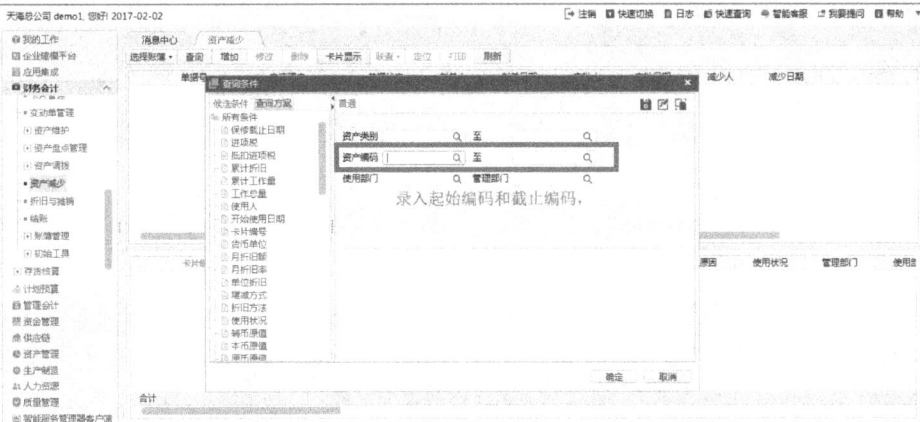

图 8-35 固定资产清理设置 2

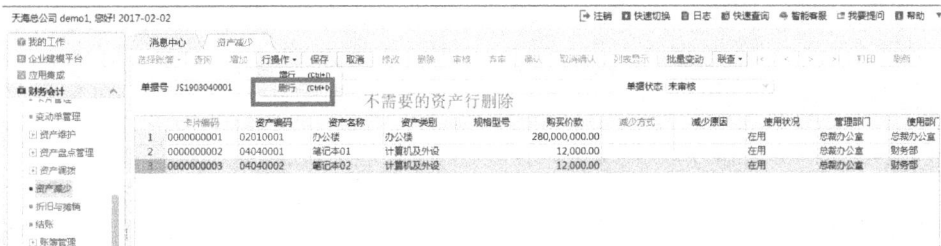

图 8-36 固定资产清理设置 3

固定资产减少方式的选择如图 8-37 所示。

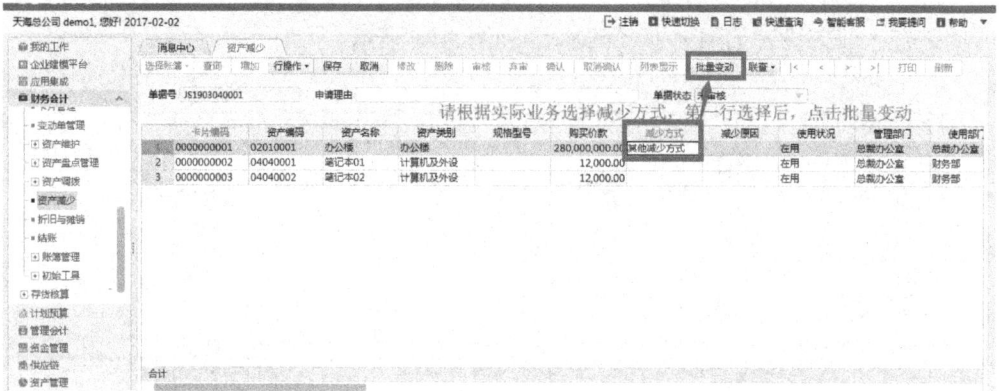

图 8-37　固定资产减少方式选择

固定资产减少设置如图 8-38 所示。

图 8-38　固定资产减少设置

如果不需要生成总账凭证，则按图 8-39 所示的设置。

图 8-39　取消总账凭证生成设置

如果需要生成凭证，则需要设置科目分类以生成凭证（见图 8-40）。

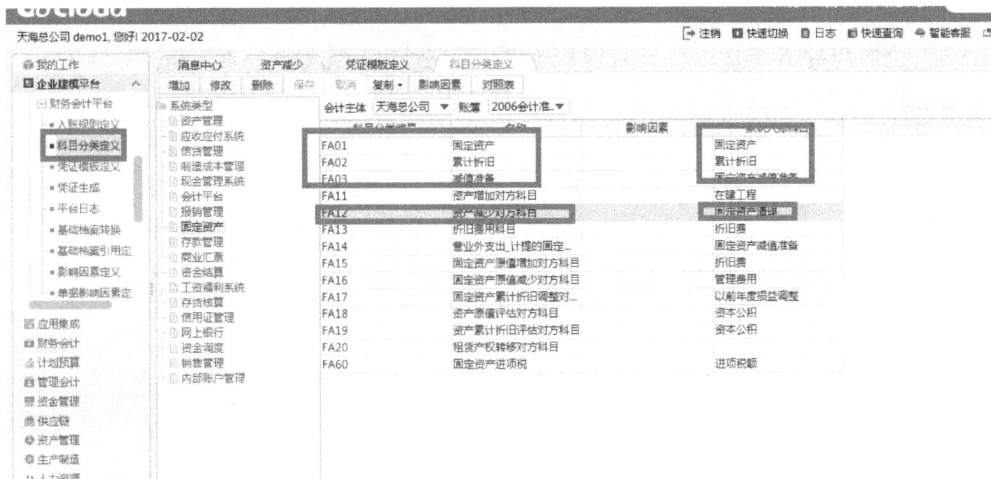

图 8-40　设置科目分类

（3）重新录入新的卡片，如果需要当月计提折旧，则录入原始卡片；如果不需要计提折旧，则录入新增资产（见图 8-41）。

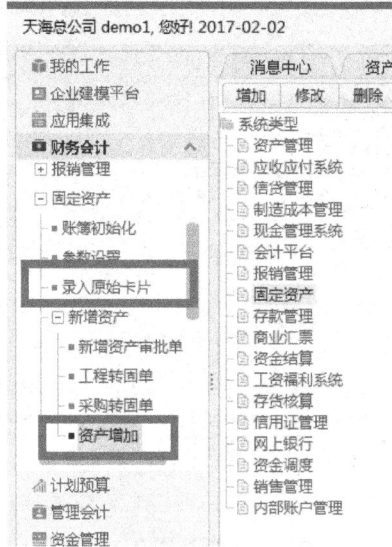

图 8-41　新增资产设置

（4）也可以导入卡片，在导入模板上用是否新增资产区分，"0"是原始卡片，"1"是新增资产（见图 8-42 和图 8-43）。

图 8-42　卡片导入设置

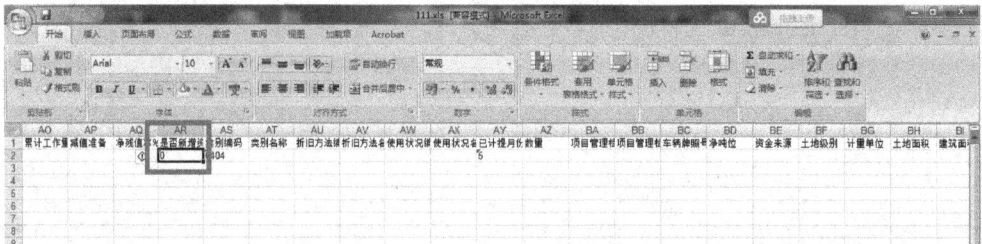

图 8-43　卡片表格设置

2. 固定资产待摊费用使用问题

应用背景：在实际业务中，每个月都有固定的摊销值，需要每个月都生成固定的凭证。在 U8C 系统中，可以使用固定资产模块实现此需求。

（1）基础设置

① 建立资产类别：在集团或企业建模平台建立资产类别（见图 8-44）。

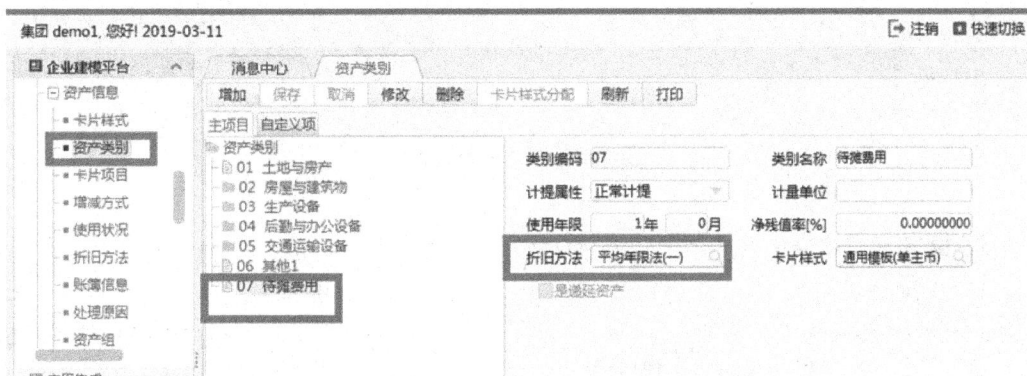

图 8-44 建立资产类别

② 建立账簿信息：入账和减少当期计提折旧是指资产新增当月和资产减少当月都计提折旧。此处请根据实际业务情况设置（见图 8-45）。

图 8-45 账簿设置

（2）业务数据录入

① 录入新增资产，具体如图 8-46 所示。

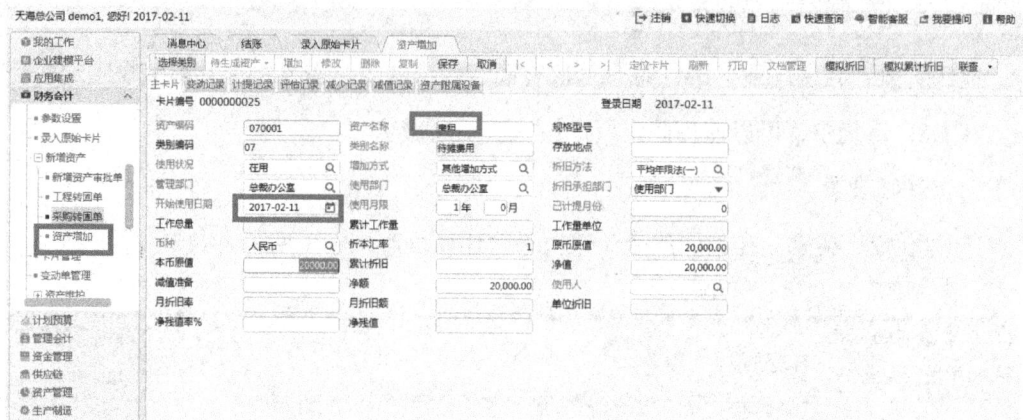

图 8-46　录入新增资产

② 设置折旧计提，具体如图 8-47 所示。

图 8-47　设置折旧计提

③ 折旧生成凭证：在企业建模平台—会计平台—科目分类定义中，设置资产类别为影响因素，不同类别的入账科目不同。

[习题]

1. 财务管理模块下的维护问题包括哪几个方面？

2. 在财务会计方面，一般的维护流程有哪些？

3. 薪酬管理模块的具体功能有哪些？

4. 固定资产管理模块主要处理的业务范围是什么？

5. 在应收应付问题模块中，对坏账的处理方式是什么？

第 9 章

ERP 软件中供应链管理的维护问题

9.1 供应链管理基础维护知识

ERP 软件中的供应链管理系统是一个综合的管理系统，集合了进、销、存、财务、决策分析等各项功能。供应链管理系统包括四个管理模块：采购管理、销售管理、库存管理和存货核算。采购管理模块作为供应链管理系统中的初始环节，其主要功能是帮助企业实现对应的采购计划，以管理采购业务的整个过程。销售管理模块作为供应链管理系统中的一个重要组成部分，拥有报价、订货、发货、开票完整的销售流程，支持各类销售业务。库存管理模块也是供应链管理系统中的重要组成部分之一，是供应链的中枢环节，能够满足采购环节的入库、销售环节的出库等各类业务需要，以及对库存、批次、物料等的全面管理，与供应链环节及财务会计环节集成使用，发挥其强大的功能。存货核算模块是对日常业务数据进行录入，并进行存货成本核算，它与采购管理、销售管理、库存管理模块均有交集，其主要流程包括对各类出入库单据的查询、调整和计算。

9.1.1 基础维护知识

9.1.1.1 库存管理模块

库存管理模块是用友 U8 软件的重要模块之一，可以实现采购入库、成品入库、材料出库、销售出库、盘点管理等业务需要，满足仓库货位管理、出库跟踪入库管理、批次管理、保质期管理、可用量管理等业务应用。库存管理模块可以单独使用，也可以与财务管理模块及其他供应链管理模块集成使用，从而发挥其强大的应用功能。

ERP 软件的库存管理模块包括以下功能。

（1）初始设置：选项设置（企业业务处理过程中所使用的各种控制参数）、期初结存录入（仓库中各类存货的期初结存情况）、期初不合格品录入（期初未处理的不合格品结存量）。

（2）入库业务：填制产成品入库单、采购入库单和其他入库单。

（3）出库业务：填制材料出库单、销售出库单和其他出库单。

（4）调拨业务：填制调拨申请单和调拨单。

（5）盘点业务：对存货进行定期或不定期的清查，以查明存货盘盈、损毁、盘亏的数量与原因，并编制存货盘点报告。

（6）领料申请：对于生产用原辅料、包装材料，研发用试剂耗材、原料及维修所用备件，可以由使用部门来填制领料申请单，在相关部门批准之后，由仓库根据领料申请单发料。

（7）限额领料：对于管理比较严格的工业企业，可以采用限额领料单加强管理。

（8）不合格品：不合格品记录单、不合格品处理单。

（9）货位调整：用于调整存货的货位。

（10）单据列表：其他入库单列表、采购入库单列表、销售出库单列表、产成品入库单列表、其他出库单列表、材料出库单列表、限额领料单列表、领料申请单列表、调拨单列表、调拨申请单列表、不合格品记录单列表、盘点单列表、货位调整单列表、不合格品处理单列表、ROP（再订货点法）采购计划列表。

（11）条形码管理：条形码规则设置、条形码规则分配、条形码生成、采集器设置、条形码批量生单。

（12）ROP：设置 ROP 选项，进行 ROP 运算、ROP 采购计划、日均耗量与货点维护。

（13）其他业务处理：处理订单预留、批次冻结、远程应用、整理现存量。

（14）对账：进行库存与存货对账、库存账与货位账对账。

（15）报表：查询库存报表、统计报表、批次账报表、库存账报表、货位账报表、储备分析报表、ROP 采购计划报表。

9.1.1.2 采购管理模块

所有采购业务的流程都在采购管理模块的管理范围内，该模块提供了完整的订货、到货、入库、请购、采购结算、开票等流程，也可以按照实际应用情况来进行定制。这一模块的具体应用领域包括各类工业、零售、物资供销、医药、商业批发、外贸等企业的财务部门和采购部门。

采购管理模块既可以单独使用，也可以与合同管理、主生产计划、需求规划、库存管理、销售管理、出口管理、存货核算、应付款管理、质量管理、售前分析、商业智能管理等模块集成使用，提供完整、全面的财务和业务处理流程。

采购管理模块的具体功能包括以下几个方面。

（1）设置：采购期初记账、采购选项，可记录采购管理模块期初数据与相关采购账单，并可以设置企业在业务处理过程中采用的控制参数。

（2）供应商管理：包括供应商供货审批、供应商资格审批、供应商存货价格表、供应商存货对照表，以及对相关的供应商业务的分析和查询。

（3）请购：用料部门向采购部门提出采购申请，或者由采购部门单独汇总企业内部的采购需求，制作采购清单。

（4）采购订货：采购订单、MRP/MPS 计划批量生单、ROP 计划批量生单、请购比价生单、齐套生单、配额生单、采购订单列表、采购订单执行统计表、采购订单预警和报警表。

（5）采购到货：到货单、采购退货单、到货拒收单、到货单列表。

（6）采购入库：通过采购到货和质检过程，将验收合格的货物入库。若本月存货已入库，但采购发票还未收到，则暂时将货物入库，待发票到账后，根据采购单和发票办理采购付款。

（7）采购发票：采购发票是供应商开出的销售货物的凭证，系统将根据采购发票确认采购成本，并据此登记应付账款。

（8）采购结算：采购会计根据采购清单和采购订单核算采购成本。采购结算的结果是采购结算表，该表是记录采购收据记录与采购请购记录的对应关系的结算对比表。采购结算有两种方式：自动结算和人工结算。运费单可以单独结算，以获得成本折扣。

（9）现存量查询：查询存货的现存量信息。

（10）月末结账：逐月将每月的单据数据封存，并将当月的采购数据记入相关账表中。

（11）报表：查询采购报表、统计表、采购账簿，并据此进行采购分析。

9.1.1.3　销售管理模块

企业生产经营成果的实现过程便是销售，它是企业经营活动的中心。销售管理模块是供应链系统的重要组成部分之一，它提供了报价、订货、发货、开票完整的销售流程，支持普通销售、分期收款、委托代销、零售、直运、销售调拨等多种类型的销售业务，实时监控销售价格和信用状况。企业可以根据实际情况进行定制，搭建自己的销售管理平台。

销售管理模块的功能包括以下几点。

（1）设置：设置系统业务处理控制参数销售选项，录入期初数据（期初发货单）。

（2）价格管理：设置价格类型、存货价格、客户价格、大类折扣、批量折扣等。

（3）销售报价：向客户提供规格、货品、结算方式、价格等信息，双方达成协议后，销售报价单转为有效力的销售订单。

（4）销售预订单：非正式的、客户有意向的销售订单。

（5）销售订货：由购销双方确认的客户的要货过程，可以根据销售订单组织货源，并对订单的执行过程进行管理、控制和追踪。

（6）销售发货：处理发货单、退货单等单据，查询发货单列表，批量生成发货单。

（7）发货签回：客户在收到货物以后，在发货单上签署的结果或签收的单据。

（8）销售开票：在销售过程中企业给客户开具销售发票及其所附清单，包括销售专用发票、销售普通发票、红字专用销售发票、红字普通销售发票等；查询销售发票列表，批量生成发票。

（9）代垫费用：随货物销售所发生的暂时代垫，将来会向客户收取的，不通过发票处理而形成的费用项目，如运杂费、保险费等。

（10）费用支出：记录和统计在销售业务中，随货物销售所发生的为客户支付的业务执行费。

（11）包装物租借：企业随货物销售发生的包装物租借业务，如将包装物出租、出借给客户使用，企业对客户收取包装物押金。

（12）防伪税控：提供销售发票与防伪税控开票系统的接口。

（13）销售计划：用于编制部门销售计划、业务员销售计划、货物销售计划、销售计划执行报告。

（14）销售现存量查询：查询存货的现存量信息。

（15）月末结账：逐月将每月的单据数据封存，并将当月的销售数据记入相关报表中。

（16）报表：查询报表、统计表、明细表，据此进行销售分析。

9.1.1.4　存货核算模块

存货是指在生产经营过程中为实现交易而保存的各种资产，如产成品、货物、在制品、半成品、燃料、各种材料、包装物和低值易耗品等。

存货核算模块主要是针对存货的收付业务，通过掌握存货的消耗情况，及时、准确地将各类存货的成本汇总到成本项目和成本对象中，为企业成本核算提供基础数据；动态地反映库存资金变化情况，提供库存资金周转率、占用率分析，在降低库存、减少资金结余、保证生产经营的前提下，及时、可靠、准确地加快资金周转速度。

该模块主要用于对企业存货的出入库业务进行管理，计算企业存货的出入库业务余额，涉及的单据主要包括销售出库单、采购入库单、产成品入库单、其他入库单、材料出库单、假退料单、其他出库单、入库调整单、出库调整单、产成品成本分配单、计划价/售价调整单等。财务账主要包括存货明细账、发出商品明细账、受托代销商品明细账、差价明细账、差异明细账，系统会根据企业选择的核算方法自动计算成本并记账。

存货核算模块的日常业务主要是录入存货核算的日常业务数据，并进行成本核算。在与采购、销售、库存等模块集成使用时，该模块主要完成从系统传过来的不同业务类型下的各种存货的出入库单据、调整单据的查询及单据部分项目的修改、成本计算。在单独使用该模块时，要完成各种出入库单据的调整、成本计算，以及单据的增加、修改、查询。

存货核算模块的功能包括以下几个方面。

（1）初始设置：选项设置（定义系统参数）、期初数据录入（存货的期初结存情况、期初差异、期初分期收款发出商品）、科目设置（存货科目、对方科目、税金科目、运费科目、结算科目、应付科目、非合理耗损科目、凭证摘要设置）、其他设置（最大最小单价／差异率）。

（2）日常业务：日常库存和会计业务的数据录入和处理。成本核算主要通过文件来完成。入库单据用于入库成本核算，出库单据用于出库成本核算（对于销售业务成本核算，可在系统选项中选择出库成本核算的方式是销售发票还是销售放款单）。

（3）业务核算：正常单据记账、发出商品记账、直运销售记账、特殊单据记账、恢复记账、暂估成本录入、结算成本处理、产成品成本分配、平均单价计算、差异率计算、期末处理、月末结账、自动计算等。

（4）财务核算：生成凭证、查询凭证列表、与总账对账、发出商品与总账对账。

（5）跌价准备：跌价准备设置、跌价准备期初、期初跌价准备列表、计提跌价准备、跌价准备列表、跌价准备制单、跌价准备余额表、跌价准备与总账对账。

（6）账表：查询账表、账簿、汇总表、分析表。

9.1.2 衍生维护知识

在 ERP 软件中，各个模块之间的内容都有所重叠，产生交集，尤其是供应链管理模块与财务管理模块。供应链管理模块中的库存管理、销售管理、采购管理和库存核算模块与财务管理模块中的几个模块之间有着紧密的联系。

供应链管理模块中的采购管理模块主要负责采购订单、采购到货单、采购发票和运费发票；销售管理模块主要负责销售订单、销售发货单、销售发票、代垫费用单和销售支出信息。在这两个模块之间，采购管理模块负责向销售管理模块传递采购发票，销售管理模块负责向采购管理模块传递销售订单和发票。

库存管理模块负责接受采购管理模块和销售管理模块的入库单和出库单，主要负责材料出库单、产品入库、成品入库、其他出入库、调拨、盘点、组装拆卸、形态转换等业务。

用友 U8 供应链管理模块的基本流程如图 9-1 所示。

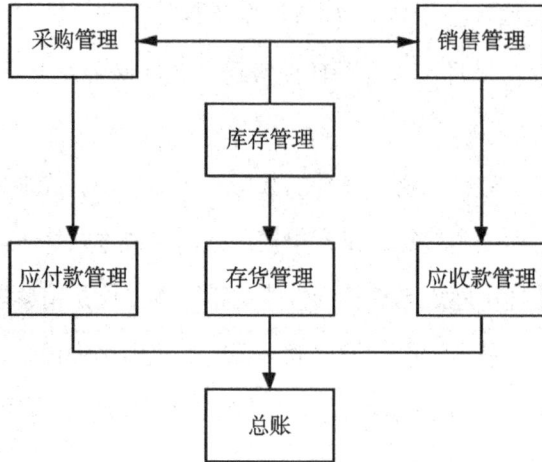

图 9-1　用友 U8 供应链管理模块基本流程

　　库存管理模块会将出入库单发至存货核算模块，存货核算模块负责出入库调整、假退料单判定、暂估成本录入、结算成本处理、产品成品的成本分配、正常单据的记账、特殊单据的记账和生成凭证等业务。

　　在财务管理模块与供应链管理模块的交接中，采购模块和应付款模块进行交接，应付款模块将付款信息传至采购管理模块，采购管理模块将采购发票传至应付款模块。同时，销售管理模块与应收款模块对接，前者将销售发票传至后者，后者将收款信息反馈至前者。

　　在财务管理模块中，总账模块负责接受存货核算模块的出入库凭证，应收款模块中的应收、收款转账凭证，应付款模块中的应付、付款、转账凭证等内容。

　　成本管理模块与 ERP 软件其他模块之间都有着不同程度的联系（见图 9-2 和图 9-3），包括生产制造管理模块中的物料数据模块，财务管理模块中的总账、固定资产模块，人力资源管理模块中的薪资福利模块等。

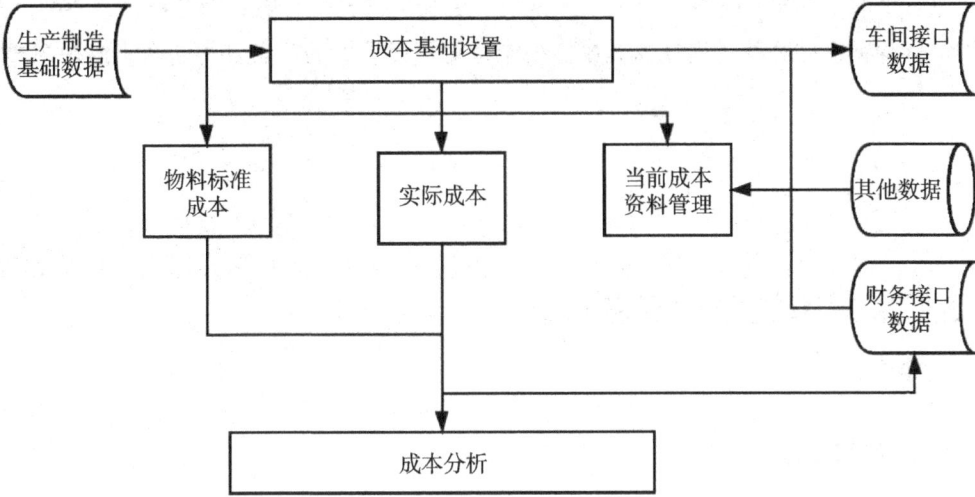

图 9-2　成本管理模块与其他模块之间的关系

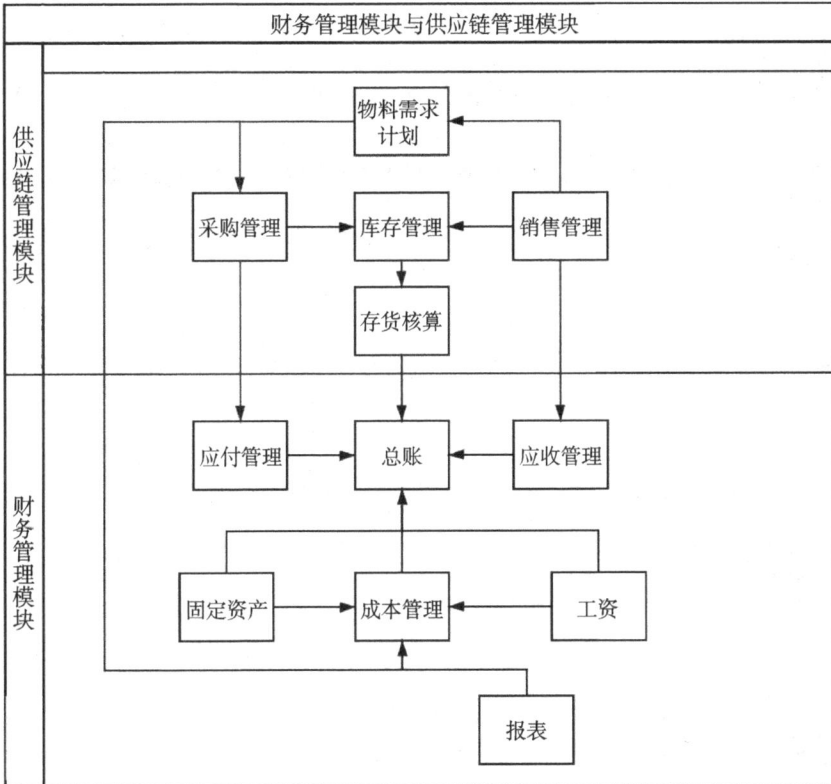

图 9-3　成本管理模块在各管理模块中所处的位置

由于成本管理模块在整个 ERP 系统中有着十分重要的地位，因此其与其他模块之间均保持着紧密的联系，而在这其中，各个数据流通量大的节点处便是产生维护问题的地方。

9.2　维护案例分析与解读

一、存货核算

1.存货核算采购模块案例

应用场景：在多个项目的实施过程中，对于存货核算中采购入库单生成凭证时的需求，都需要有仓库辅助核算。下面以采购入库单为例，介绍实现方式。在设置产品之前，请先打相关补丁。

（1）在会计科目中设置的辅助核算科目如图 9-4 所示。

图 9-4　在会计科目中设置的辅助核算科目

（2）在存货核算中设置的项目入账科目如图 9-5 所示。

图 9-5　在存货核算中设置的入账科目

（3）在会计凭证中设置的存货核算凭证模板如图 9-6 所示，其设置如图 9-7 所示。

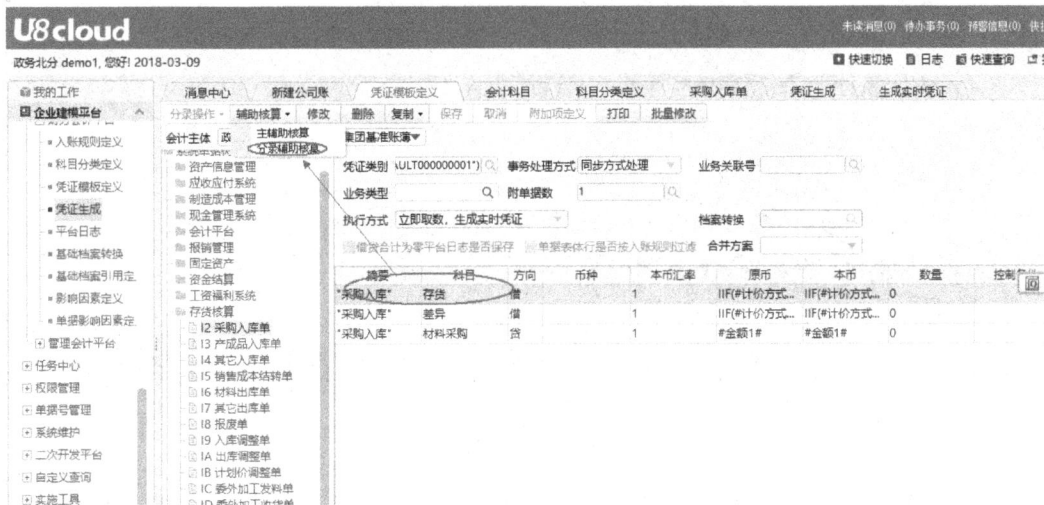

图 9-6　存货核算凭证模板

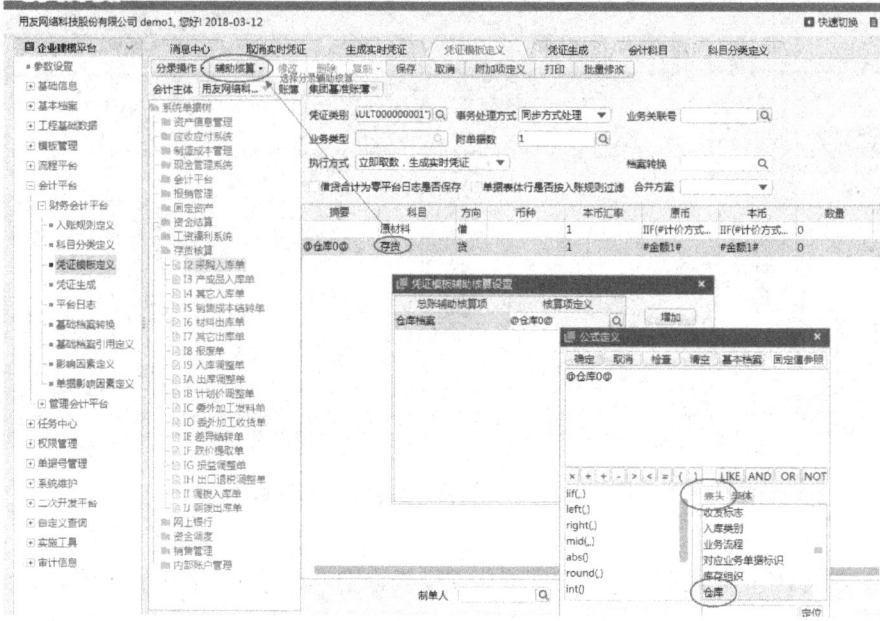

图 9-7　存货核算凭证模板的设置

（4）凭证验证效果如图 9-8 所示。

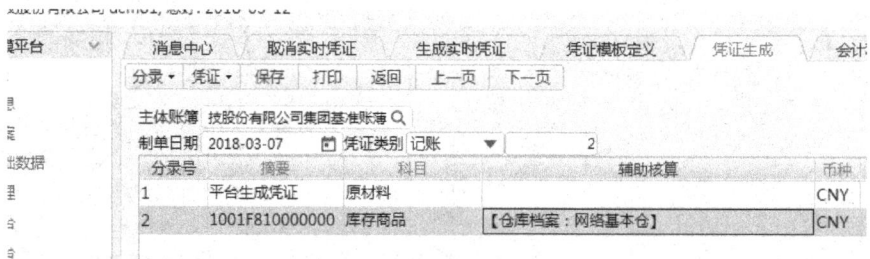

图 9-8　凭证验证效果

2. 存货核算中的销售案例

应用场景：在多个项目的实施过程中，需要针对存货核算的采购入库单生成凭证时，有客商辅助核算和供应商辅助核算两种辅助核算方式，企业应根据自身要求选择合适的辅助核算方式。

下面以采购入库单为例，介绍这两种辅助核算的实现方式。

（1）在会计科目中设置的辅助核算科目如图 9-9 所示。

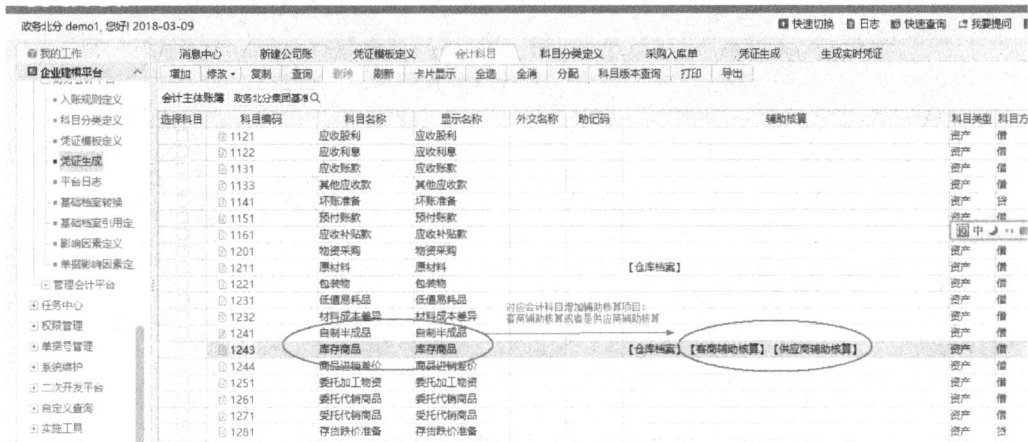

图 9-9　在会计科目中设置的辅助核算科目

（2）在会计科目中设置的项目入账科目如图 9-10 所示。

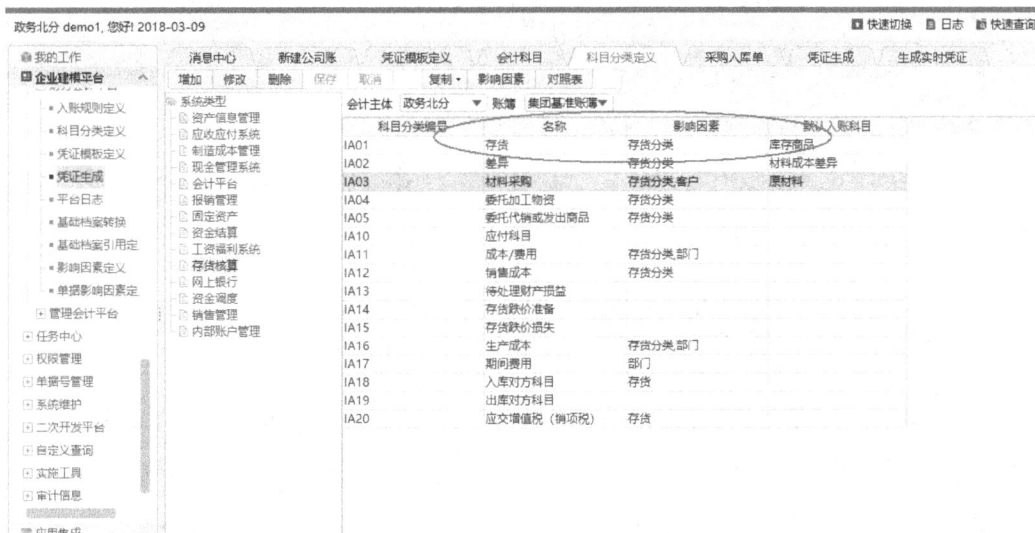

图 9-10　在会计科目中设置的项目入账科目

（3）在会计凭证中设置的项目单据的凭证模板如图 9-11 所示。

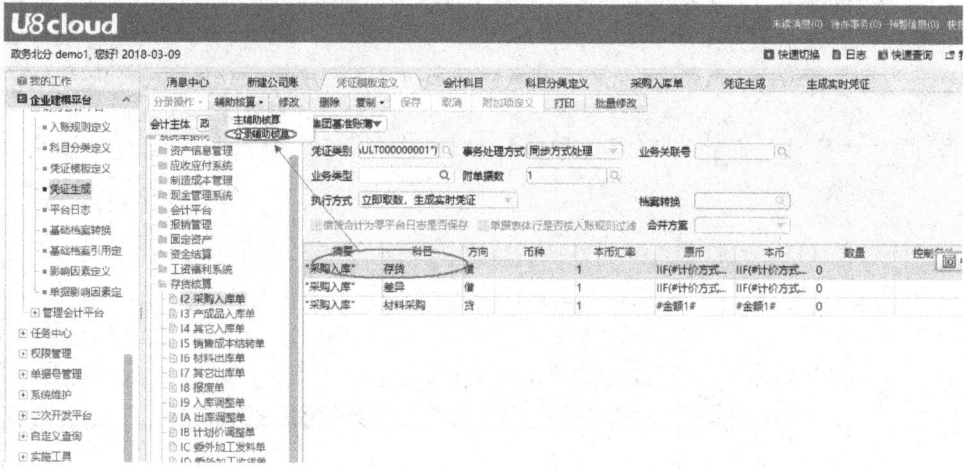

图 9-11　项目单据凭证模板

3. 存货核算中的凭证单据问题案例

企业可以通过查询 SQL 来实现对问题的检查，查询生成会计凭证的相关 SQL 如下。

（1）在会计平台上有记录，但是没有生成会计凭证：

```
select vbillcode, csumrtvouchid, pk_corpfromia_bill_b where brtvouchflag='Y' and cvoucherid is null
and nmoney<>0
```

（2）在会计平台上没有记录，但已经过成本计算或者差异率、全月平均计算的
单据：

```
select vbillcode,csumrtvouchid,pk_corpfromia_bill_b where brtvouchflag='N' and iauditsequence>0
and    [fpricemodeflag not in (4,5) or fdatagetmodelflag in(7,1)]
```

在查询第一条 SQL 时，所查询出来的单据没有生成会计凭证的有下列几种情况。

（1）单据已经在会计平台上生成了实时凭证，但是用户还没有生成会计凭证。

若是这类情况，用户可以按照单据的制单日期，在查询实时凭证后直接生成就可
以了。

（2）将单据传给会计平台生成实时单据，用户处理并生成了会计单据，但又删除了
会计单据。

用户可以根据单据的生成日期，在会计平台中点击"重新计算"，选择相应的单据

类型，重新生成实时凭证并生成会计凭证。

（3）单据已经传递到会计平台并生成了实时凭证，但是用户将实时凭证直接删除了。

此时系统无法进行处理，可以通过下面这条 SQL 进行确认：

```
select * from dap_finindex where procmsg=' 上面 SQL 查询出来的 csumrtvouchid'
```

如果查询不到，则说明实时凭证已经被用户手工删除了。

解决方案如下。

（1）如果用户将存货核算单据传递给核算平台进行合并，在"合并生成实时凭证"节点，点击"取消合并查询"，查询后取消；然后再次点击"合并查询"，在会计平台中生成查询后，将实时凭证作为会计凭证处理。

（2）如果用户已将单据交给核算平台，在生成的实时凭证的查询对话框中勾选"已成本化"标志，查询后取消；在生成的实时凭证的查询对话框中勾选"已计入成本"标志，查询单据后生成实时凭证并生成记账凭证。

（3）单据传到会计平台，但会计平台不生成实时凭证。在这种情况下，会计凭证模板一定没有配置正确，或者是会计科目对照表设置不正确。例如，库存类别 A 设置为进入账户 1，库存类别 B 设置为进入账户 2，但库存类别 C 没有定义进入哪个账户。面对这类问题，请仔细检查相关项目的设置并进行更改。

根据上述方法生成的实时凭证为第二次 SQL 查询出的数据。

所有的业务都要有记录，发生在哪个会计期间，单据就贴在哪个会计期间，单据会传递到会计平台。

二、库存管理

1.库存预警维护方案

应用背景：库存预警（"安全库存预警""超储预警""短缺预警"）经配置后无法生效。

这三个预警的安全库存量、最高库存量、最低库存量取值位置是由参数"IC049：存量管理按库存组织还是按仓库"决定的，若参数为"库存组织"，则取值位置在物料生产档案的库存信息页签；若参数为"仓库"，则取值位置在库存管理 / 基础设置 / 仓库存货存量节点。

解决方案如下。

（1）若参数 IC049 为"库存组织"，则在物料生产档案的库存信息页签下设置安全库存、最低库存和最高库存，具体如图 9-12 和图 9-13 所示。

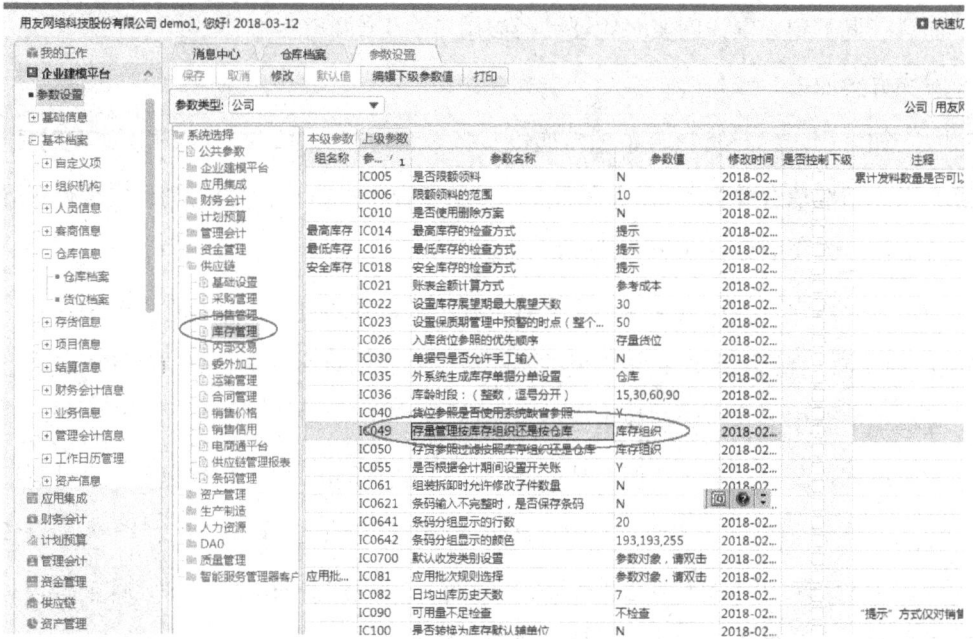

图 9-12 安全库存设置 1

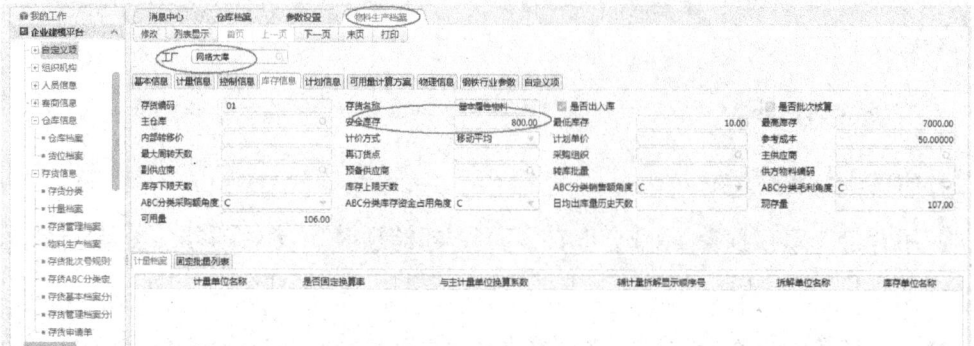

图 9-13 安全库存设置 2

（2）若参数 IC049 为"仓库"，则在库存管理 / 基础设置 / 仓库存货存量节点下按仓库设置安全库存、最低库存和最高库存，具体如图 9-14 和图 9-15 所示。

图 9-14　参数为仓库的情况下的安全库存设置 1

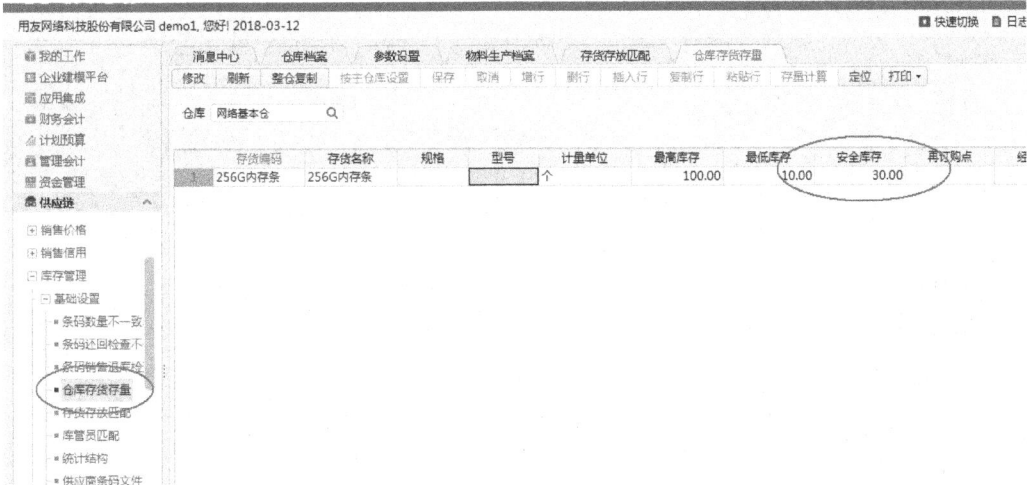

图 9-15　参数为仓库的情况下的安全库存设置 2

（3）预警设置方式如图 9-16、图 9-17 和图 9-18 所示。

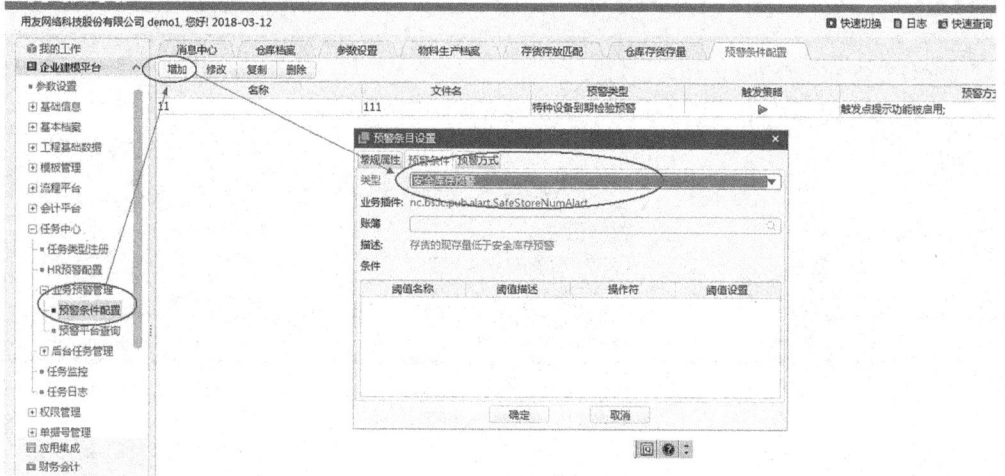

图 9-16　预警设置 1

图 9-17　预警设置 2

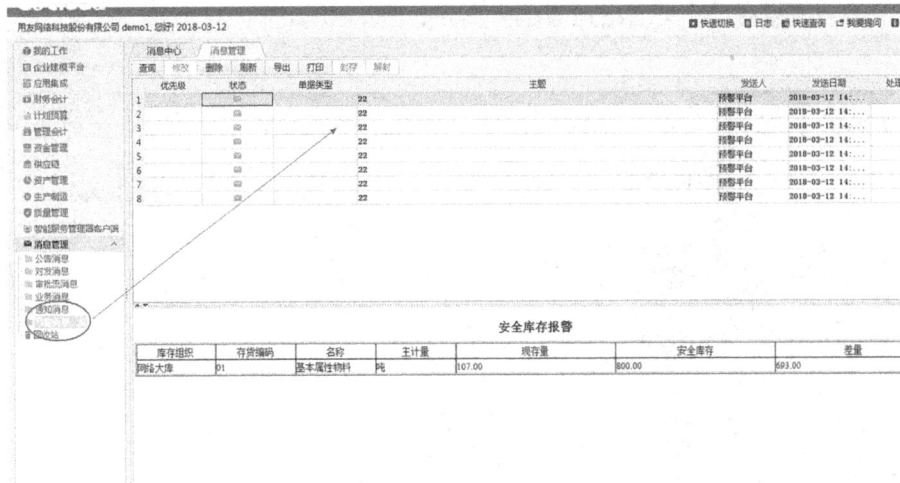

图 9-18 预警设置 3

（4）如果没有库存，在预警时不提示低于安全库存。

2. 库存新增功能维护

应用背景：在库存管理的出入库流水账中有业务日期字段，这个字段指的是出入库单据上表体的入库日期或出库日期，当实际业务中表头的单据日期和表体的出入库日期不一致时，系统就没有字段可以显示表体的单据日期了，不能满足企业的操作需要。

解决方案如下。

（1）到二次开发工具 – 报表模板初始化节点，节点编码为 "40083204"（见图 9-19）。

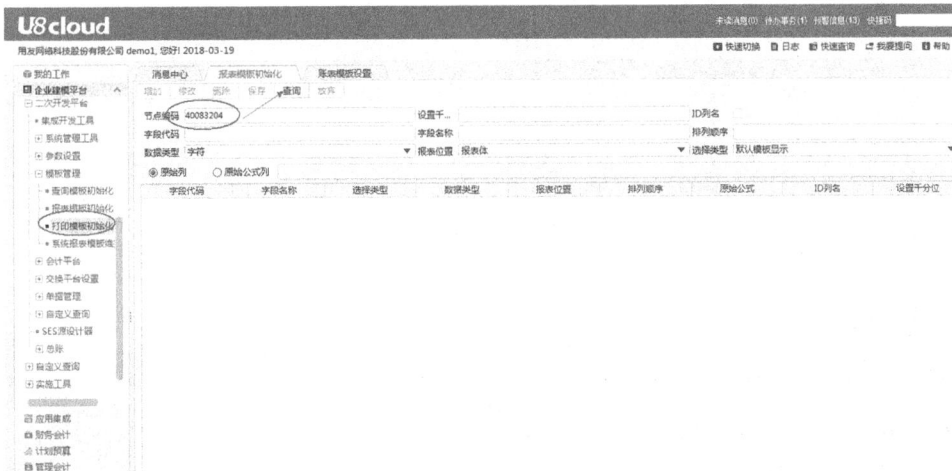

图 9-19 报表模板初始化节点

（2）报表模板初始化节点增加原始公式列如图 9-20 和图 9-21 所示。

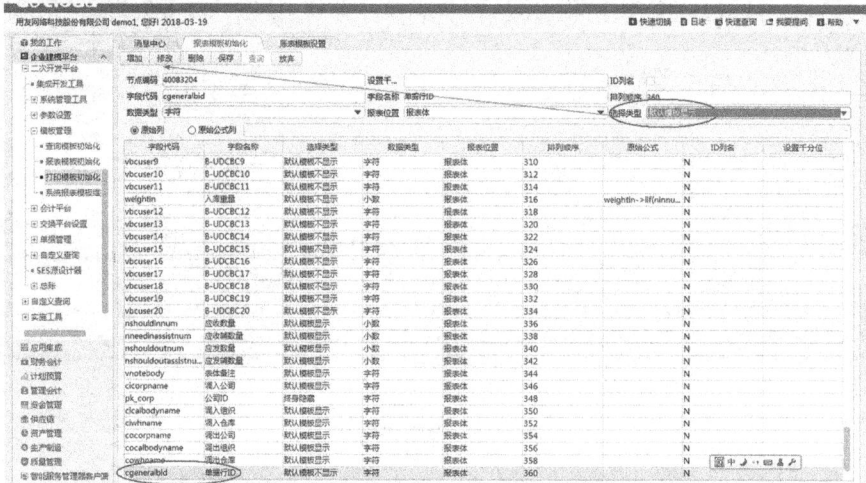

图 9-20　节点增加原始公式列

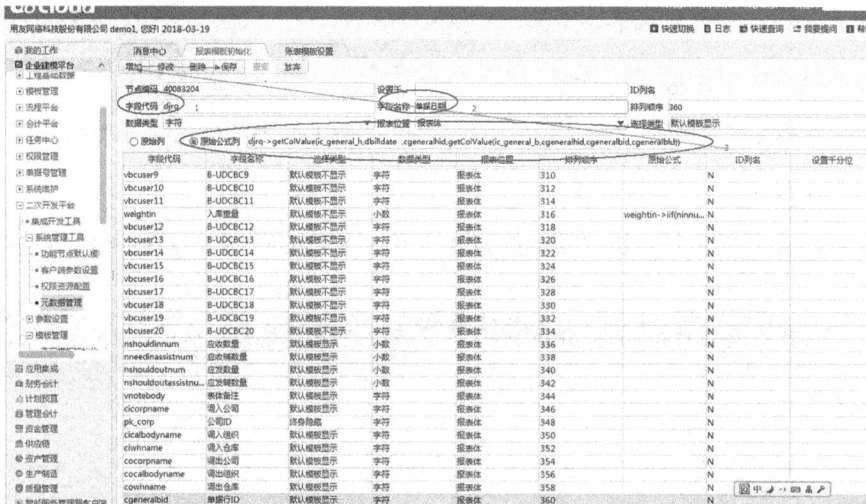

图 9-21　节点增加原始公式列操作

公式如下：

djrq->getColValue［ic_general_h,dbilldate,cgeneralhid,getColValue(ic_general_b,cgeneralhid,cgeneralbid,cgeneralbid)］

说明：在界面中任意一行，根据一定的顺序操作，操作完成后先点击"增加"，再点击"保存",单据显示顺序根据项目需要调整即可。

（3）效果展示：调整完成后界面会显示一串数字的字段。

三、采购管理

1. 订单未完成的维护问题

对于未完成的采购订单，需要调用以下 SQL 语句将其从数据库中查询出来。

（1）查询已入库但是未完全开采购发票的采购订单。

① select distinct po.vordercode

② from bd_corpbp,po_orderpo,po_order_bpb,bd_busitypebusi

③ where po.dr=0

④ and pb.dr=0

⑤ and po.pk_corp=bp.pk_corp

⑥ and pb.pk_corp=bp.pk_corp

⑦ and po.corderid=pb.corderid

⑧ and po.cbiztype=busi.pk_busitype

⑨ and pb.naccuminvoicenum<pb.naccumstorenum--naccuminvoicenum 累计发票数量；naccumstorenum 累计入库数量

⑩ and pb.naccumstorenum>=0

⑪ and po.dorderdate<='2013-12-31'

⑫ and busi.busicode='c001'

⑬ and busi.pk_corp='1001'

⑭ and pb.iisactive=0-- 未关闭采购订单

（2）查询已入库但是未开采购发票的采购订单。

① select distinct po.vordercode

② from bd_corpbp,po_orderpo,po_order_bpb,bd_busitypebusi

③ where po.dr=0

④ andpb.dr=0

⑤ and po.pk_corp=bp.pk_corp

⑥ and pb.pk_corp=bp.pk_corp

⑦ and po.corderid=pb.corderid

⑧ and po.cbiztype=busi.pk_busitype

⑨ and pb.naccuminvoicenum<pb.naccumstorenum--naccuminvoicenum 累计发票数量；naccumstorenum 累计入库数量

⑩ and pb.naccumstorenum>=0

⑪ and pb.naccuminvoicenumisnull-- 已经存在入库，但是累计发票数量字段是空值

⑫ and po.dorderdate<='2013-12-31'

⑬ and busi.busicode='c001'

⑭ and busi.pk_corp='1001'

⑮ and pb.iisactive=0-- 未关闭采购订单

2. 采购时的信息修改类维护问题

由登记人（自定义为"pk"）查出信息修改记录并删除，系统在发送时会提示重新配置，以下是 SQL 执行语句。

```
select id,pophost,smtphost,username,address,password,isdefault,pk_user from pub_mail_account
where pk_user=' 登录人 pk'
```

其形式如下。

```
select id,pophost,smtphost,username,address,password,isdefault,pk_user from pub_mail_account
where pk_user='0001A410000000000607'
```

四、销售管理

1. 异常销售订单的查询问题

（1）查询已出库但是未开发票的销售订单。

① select distinct po.vreceiptcode

② from bd_corpbp,so_salepo,so_saleexecutepb,bd_busitypebusi,so_saleorder_bso

③ where po.dr=0

④ and pb.dr=0

⑤ and so.dr=0

⑥ and po.pk_corp=bp.pk_corp

⑦ and po.pk_corp=so.pk_corp

⑧ and po.csaleid=pb.csaleid

⑨ and po.cbiztype=busi.pk_busitype

⑩ and pb.ntotalinvoicenumber<pb.ntotalinventorynumber--ntotalinvoicenumber 累计开票数量;ntotalinventorynumber 累计出库数量

⑪ and nvl(pb.ntotalinventorynumber,0)>0

⑫ and nvl(pb.ntotalinvoicenumber,0)=0

⑬ and (pb.ntotalinvoicenumber=0orpb.ntotalinvoicenumberisnull)-- 已经存在出库，但是累计发票数量字段是空值

⑭ and po.dbilldate<='2018-04-20'

⑮ and busi.busicode='c001'

⑯ and busi.pk_corp='1001'

⑰ and pb.bsquareendflag='N'-- 未关闭订单

⑱ om bd_corpbp,po_orderpo,po_order_bpb,bd_busitypebusi

⑲ where po.dr=0

⑳ andpb.dr=0

（2）查询已出库但是未完全开发票的销售订单。

① select distinct po.vreceiptcode

② from bd_corpbp,so_salepo,so_saleorder_bso,so_saleexecutepb,bd_busitypebusi

③ where po.dr=0

④ and pb.dr=0

⑤ and so.dr=0

⑥ and po.pk_corp=bp.pk_corp

⑦ and po.pk_corp=so.pk_corp

⑧ and po.csaleid=pb.csaleid

⑨ and po.cbiztype=busi.pk_busitype

⑩ and pb.ntotalinventorynumber>pb.ntotalinvoicenumber--ntotalinvoicenumber 累计开票数量 ;ntotalinventorynumber 累计出库数量

⑪ and pb.ntotalinventorynumber>=0

⑫ and po.dbilldate<='2018-04-20'

⑬ and busi.busicode='c001'

⑭ and busi.pk_corp='1001'

⑮ and pb.bsquareendflag='N'-- 未关闭销售订单

2. 销售发票系统维护问题

在销售发票或销售订单做自定义项引用设置时保存系统报错（见图 9-22）。

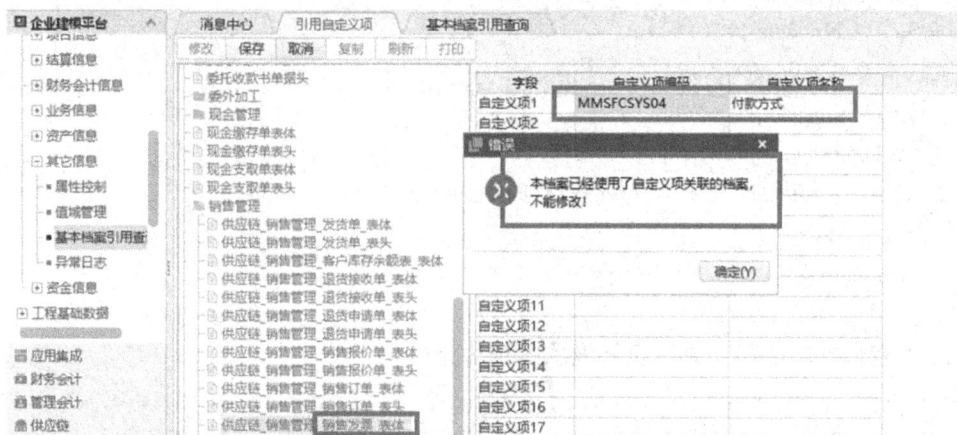

图 9-22　销售系统报错

　　报错原因：这种报错是因为自定义项在单据上直接使用了，没有做引用，对应单据的数据库中已经存储数值了，因此在做自定义项引用保存时，若系统检查数据库中对应字段有值，就会给予该提示。由于项目实施时设置混乱，在界面中不易检查出哪些单据做了引用，因此应提供后台查询脚本，以便查询出是哪些单据的自定义项存储的数据；根据现场业务情况来决定是清除对应字段的内容还是更换其他自定义项。

　　脚本 1：如果引用的自定义项是销售订单表头，请修改下面脚本范本查询自定义项使用的单据，查询哪个自定义项直接修改下面脚本中的相关信息（公司编码、销售订单号等）即可。以查询销售订单表头自定义项 1 的使用情况为例。

```
① select b.unitcode 公司编码 ,a.vreceiptcode 销售订单号，a.dr 是否删除，a.vdef1 销售订单表头
自定义项，a.pk_defdoc1 销售订单表头自定义项主键 from so_salea
② leftjoin bd_corpb on a.pk_corp=a.pk_corp
③ where a.vdef1 is not null or a.pk_defdoc1 is not null
```

如果查询销售订单表头自定义项 15 的使用情况，脚本改为：

```
① select b.unitcode 公司编码 ,a.vreceiptcode 销售订单号，a.dr 是否删除，a.vdef15 销售订单表头
自定义项，a.pk_defdoc15 销售订单表头自定义项主键 from so_salea
② leftjoin bd_corpb on a.pk_corp=a.pk_corp
③ where a.vdef15 is not null or a.pk_defdoc15 is not null
```

　　脚本 2：销售订单表体和销售发票表体的自定义项都存储在一个表里（"so_

saleexecute"），因此引用检查时都检查这个表，发现这个表里对应的自定义项有值就会报引用关系，不区分是销售订单还是销售发票。因此，这个查询脚本有两个：一个是查询销售订单表体自定义项的数据的，另一个是查询销售发票的表体自定义项的数据的。

查询销售订单的对应自定义项值时，直接修改下面脚本中的相关信息（销售订单号、公司编码等）即可。以查询销售订单表体自定义项 1 的使用情况为例。

① select distinct a.vreceiptcode 销售订单号 ,b.unitcode 公司编码 ,a.dr 删除标志 ,d.vdef1 销售订单表体自定义项 ,d.pk_defdoc1 销售订单表体自定义项主键

② from so_salea

③ leftjoin bd_corpb on a.pk_corp=b.pk_corp

④ leftjoin so_saleexecuted on d.csaleid=a.csaleid

⑤ where a.csaleid in

⑥ (selectc saleid

⑦ from so_saleexecute

⑧ where vdef1 is not null

⑨ or pk_defdoc1 is not null)

查询销售发票的对应自定义项值时，直接修改下面脚本中的相关信息（销售发票单据号、公司编码等）即可。以查询销售发票表体自定义项 1 的使用情况为例。

① select distinct a.vreceiptcode 销售发票单据号 ,b.unitcode 公司编码 ,a.dr 删除标志 ,d.vdef1 销售发票表体自定义项 ,d.pk_defdoc1 销售发票表体自定义项主键

② from so_saleinvoicea

③ leftjoin bd_corpb on a.pk_corp=b.pk_corp

④ leftjoin so_saleexecuted on d.csaleid=a.csaleid

⑤ where a.csaleid in

⑥ (select csaleid

⑦ from so_saleexecute

⑧ where vdef1 is not null

⑨ or pk_defdoc1 is not null)

脚本 3：如果引用的自定义项是销售发票表头，请修改下面脚本范本查询自定义项使用的单据，查询哪个自定义项直接修改下面脚本中的相关信息（公司编码、销售发票订单号等）即可。以查询销售发票表头自定义项 1 的使用情况为例。

① select b.unitcode 公司编码，

② so.vreceiptcode 销售发票单据号，so.dr 是否删除，so.vdef1 销售发票表头自定义项，so.pk_
defdoc1 销售发票表头自定义项主键

③ from so_saleinvoiceso

④ leftjoin bd_corpb on b.pk_corp=so.pk_corp

⑤ where so.vdef1 is not null

⑥ or so.pk_defdoc1 is not null

脚本4：销售订单表体和销售发票表体的自定义项都存储在一个表里（"so_
saleexecute"），因此引用检查时都检查这个表，发现这个表里对应的自定义项有值就会
报引用关系，不区分是销售订单还是销售发票。因此，这个查询脚本有两个：一个是查
询销售订单表体自定义项的数据的，另一个是查询销售发票的表体自定义项的数据的。

查询销售订单的对应自定义项值，直接修改下面脚本中的相关信息（销售订单号、
公司编码等）即可。以查询销售订单表体自定义项1的使用情况为例。

① select distinct a.vreceiptcode 销售订单号 ,b.unitcode 公司编码 ,a.dr 删除标志 ,d.vdef1 销售订单
表体自定义项 ,d.pk_defdoc1 销售订单表体自定义项主键

② from so_salea

③ leftjoin bd_corpb on a.pk_corp=b.pk_corp

④ leftjoin so_saleexecuted on d.csaleid=a.csaleid

⑤ where a.csaleid in

⑥ (select csaleid

⑦ from so_saleexecute

⑧ where vdef1 is not null

⑨ or pk_defdoc1 is not null)

查询销售发票的对应自定义项值时，直接修改下面脚本中的相关信息（销售发票单
据号、公司编码等）即可。以查询销售发票表体自定义项1的使用情况为例。

① select distincta.vreceiptcode 销售发票单据号 ,b.unitcode 公司编码 ,a.dr 删除标志 ,d.vdef1 销售
发票表体自定义项 ,d.pk_defdoc1 销售发票表体自定义项主键

② from so_saleinvoicea

③ leftjoin bd_corpb on a.pk_corp=b.pk_corp

④ leftjoin so_saleexecuted on d.csaleid=a.csaleid

⑤ where a.csaleid in

⑥ (select csaleid

⑦ from so_saleexecute

⑧ where vdef1 is not null

⑨ or pk_defdoc1 is not null)

3. 销售流程异常修复维护问题

在销售流程中，若流程为销售订单—销售发票—销售出库单，删除出库单后重新参照发票来做单据，偶尔会有参照不到的情况，一般来说这是由删除出库单的时候数据回写错误导致的。下面将需要检查的字段进行了汇总，以后在遇到项目问题的时候可以先排查一下是否是回写问题。

（1）销售订单主表"so_sale"中字段"boutendflag"为出库结束标志，默认为"N"。

（2）销售执行情况表"so_saleexecute"中字段：

"ntotalinventorynumber"为累计出库数量；

"totalbalancenumber"为累计结算数量；

"ntalbalancemny"为累计结算金额是否为 0；

"bifinventoryfinish"为是否出库结束；

"bifpaybalance"为是否结算结束。

（3）销售发票主表"so_saleinvoice"中字段"ibalanceflag"（结算标志），默认为"N"。

（4）销售发票子表"so_saleinvoice_b"中字段"nbalancenumber"（结算数量）为 0。

同样，流程为销售订单—销售出库单—销售发票的时候，如果删除发票，也可以检查下面的字段。

（1）销售订单主表"so_sale"中字段"binvoicendflag"为开票结束标志，默认为"N"。

（2）销售执行情况表"so_saleexecute"中字段：

"ntotalinvoicenumber"为累计开票数量；

"ntotalinvoicemny"为累计开票金额；

"totalbalancenumber"为累计结算数量；

"ntalbalancemny"为累计结算金额为 0；

"bifinvoicefinish"为是否开票结束；

"bifpaybalance"为是否结算结束，默认为"N"。

（3）出入库单表体"ic_general_b"中字段"isok"为结算完毕标志，默认为"N"。

（4）单据表体附表—累计结算表"ic_general_bb3"中字段：

"naccountmny"为累计结算金额；

"naccountnum1"为累计结算数量；

"nsignnum"为累计开票数量为 0；

"bsettleendflag"为结算完毕标志，默认为"N"。

4．销售价格调整预警维护问题

问题描述：在销售调价单中，如果 5 月 7 日录了调价单，生效日期是 5 月 8 日，审批如果是在 5 月 7 日，那么在 5 月 8 日的时候调价单不起作用，必须在 5 月 8 日审批才能生效。

解决方案：需要在预警平台配置一条调价单的预警，类型为调价单，如图 9-23 所示。

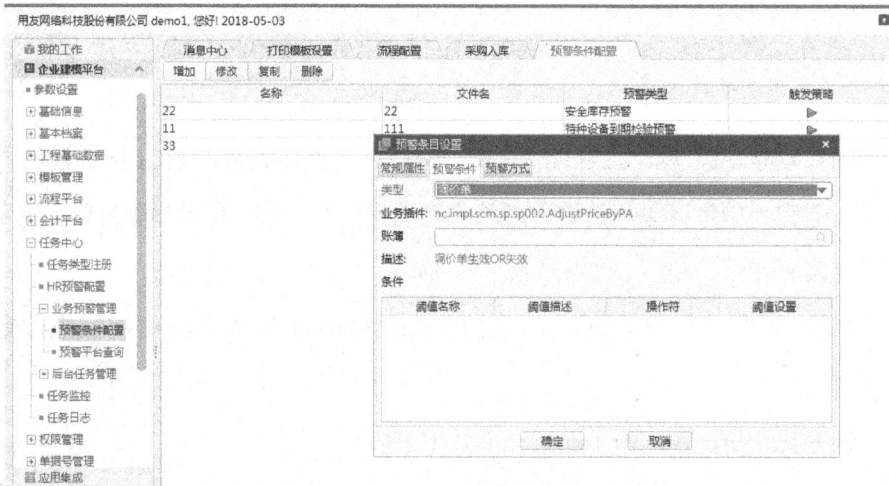

图 9-23　调价单预警设置

触发策略：建议选择定时预警，每天执行一次。该预警执行时会对生效日期是当天的调价单生效（服务器时间）。调价单预警条目设置如图 9-24 所示。

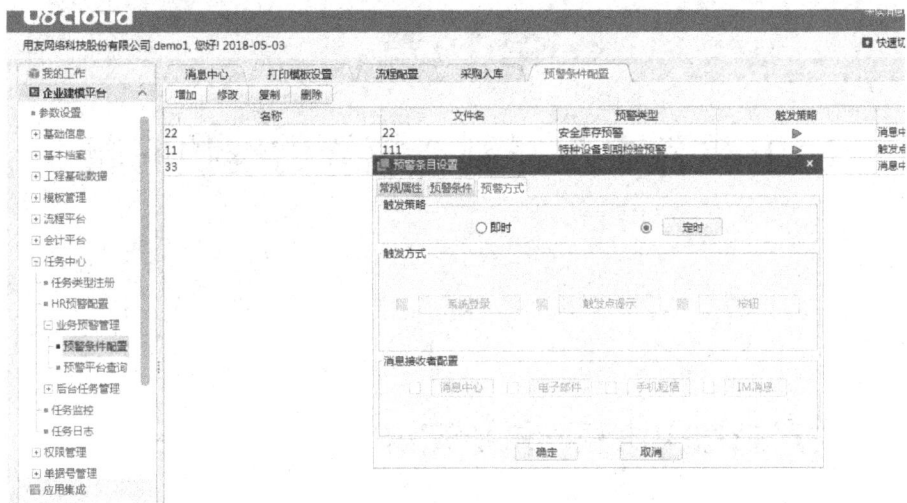

图 9-24　调价单预警条目设置

[习题]

----

1. 在库存管理模块中，库存预警的基本维护思路是什么？

2. 供应链管理模块中有哪些子模块，各子模块之间是如何联系的？

3. 采购管理模块与哪些模块相互联系并集成使用？

4. 在存货核算模块中如何对没有生成会计凭证的单据进行查询？

5. 对于销售发票系统的常见报错问题，有哪些解决途径？

第 10 章

ERP 软件中生产制造模块的维护问题

10.1 生产制造模块基础维护知识

10.1.1 基础维护知识

10.1.1.1 物料清单

物料清单（Bill of Material，BOM）是一种描述性文件，主要针对产品结构的技术性进行描述。BOM 细致地揭示了产品组件、子件、零件及原材料之间的结构层次和结构关系，包括每个组装件所必需的各下属部件的需求数量、加工工艺、定额工时、资源占用等数据信息。物料清单是一个核心文件，尤其是对制造企业来说更为重要，它被广泛地应用于制造企业各部门的所有活动中：生产部门需要依照物料清单去生产最终的产品；仓库要利用物料清单进行物料或原材料的派发；财务部门要依靠物料清单去计算最终的成本；销售和订单输入部门要利用物料清单明确客户购买的产品的最初结构；维修服务部门要利用物料清单明确需要哪些备件；质量控制部门要依靠物料清单确保产品被正确地生产；计划部门要依靠物料清单来计划物料的实际需求和企业目前具有的能力等。

BOM 本质上是一个宽泛的概念，依据使用目的不同，可以将 BOM 细致地划分为很多种类，比如设计图纸上的 BOM、计划 BOM、计算最终产品装配的制造 BOM、计算成本的 BOM、保养维修的 BOM 等。由于企业在不同时期、不同阶段对 BOM 应用的侧重点不同，因此可能会有不同的 BOM 提法，ERP 软件提供了制造 BOM、计划 BOM、配置 BOM、工程 BOM、超级 BOM 五种类型。

（1）制造 BOM：制造 BOM 是 ERP 软件一般需求（MRP）计划的基石，企业利用它来表示物料（包括成品、半成品）的构成情况，即这种物料是由哪些原材料、半成品构成的，以及每一组成分的使用量、特点属性等。

（2）计划 BOM：计划 BOM 是指规划类物品定义的 BOM。在企业需要对一个大的产品种类而不是某个具体的产品实施预测时，就可以对计划 BOM 进行合理的定义。计划 BOM 通过对其每个具体产品的计划百分比进行合理的设置来确保达到预期的目的，同时对该品类中所有具体产品进行预测。

需要注意的是，计划 BOM 的父件配件必须是规划类物品，子件必须是主生产计划（MPS）件，同时所有子件的计划百分比之和只能为 100%。

（3）配置 BOM：配置 BOM 是客户通过对超级 BOM 进行配置而得来的，它和制造 BOM 的性质类似，只是两者的来源不同。

需要注意的是，BOM 的定义处不可以新增配置 BOM，配置 BOM 必须在销售管理模块中的客户 BOM 维护处添加。

（4）工程 BOM：工程 BOM 是指被用在工程设计领域中的 BOM，它无法用于生产制造，只可以作为数据为专业人员提供参考，同一物品的工程 BOM 并不唯一。

（5）超级 BOM：超级 BOM 主要是描述 BOM 子件中哪些是必选件，哪些是可选件。在这一工作中，对哪些是特征件的配置信息也会有所描述，比如我们把一台计算机的内存、CPU 设定成必选子件，将网卡设定成可选子件。配置 BOM 依靠超级 BOM 进行生成。超级 BOM 的子件可以是超级 BOM，也可以是制造 BOM 和原材料，并且相同物品的超级 BOM 可以有多个。

BOM 是 ERP 软件中十分重要的数据库，它与企业中很多职能部门都有特别紧密的联系，所以在 ERP 软件中建立 BOM 直接关系到系统的处理效果和使用效果。此外，BOM 的构造也是特别关键的。在 ERP 软件中构造 BOM 时需要特别注意以下事项。

（1）每个部件（项目）都必须在 BOM 中有其唯一的编码，所有相同的项目都只能对应唯一的编码，而不同的项目之间也只能使用不同的编码。

（2）为了精细化加工活动中的某些操作，保证所有重要环节的实施，必须把相同零件的不同加工状态看作两个不同零件的加工，并在 BOM 中进行构造。

（3）在实际的装配活动中，有时可以把零件装配成一个没有名字的组件，或者是因为某些工艺上的要求把零件归类在一起加工，组成一个临时组件，这是为了让 BOM 中的零部件的不同层次对应现实装配的活动过程。不过即使这些组件在产品的零件明细表和装配图上没有被显性地反映出来，但是在实际的计划管理中还是要具体无误地反映出来。这需要在 BOM 中设置一种叫作"虚单"的项目。这种项目有时也被称作"虚拟件"，这种项目在物理上其实是不存在的，它的目的在于简化 MRP 的生成过程，降低零件之间的相互影响。

（4）把工装、模具建立在 BOM 中。根据客观情况，为了强化某些工装、模具的准备工作，还可以把工装、模具构建在 BOM 中，这样可以把一些核心的生产准备纳入计划中。

（5）BOM 必须灵活地设计它们中的每个项目的属性，以满足不同部门获得零件的不同信息的需求，如计划、成本、库存、订单等方面。

BOM 在 ERP 软件中起到了举足轻重的作用，它是生成 MRP 的主要信息来源，同时也是联系 MPS 与 MRP 的桥梁。BOM 中的数据信息常常在 MRPII 或者 ERP 软件中被用于 MRP 计算、成本计算、库存管理等环节当中。由于其数据信息的准确性会直接影响整个生产计划的准确性，所以企业在定义 BOM 之前一定要注意审核信息的准确性。BOM 的作用主要有以下几个方面：① 作为利用计算机识别物料的基础；② 作为 MRP 运行最核心的基础数据来源；③ 帮助各种物料的工艺路线生成最终的产品项目；④ 作为配套和领料的资料来源；⑤ 用来支撑仓库进行原材料和零组件的配套；⑥ 作为成本计算的主要信息来源；⑦ 对最终销售的产品进行定价；⑧ 是在质量管理中从最终产品追溯到零件、组件和原材料的工具。

10.1.1.2　主生产计划

主生产计划（Master Production Schedule，MPS）是指一种能够详细地确定最终产品在各个具体时间段内的实际生产数量的计划。其对象主要是最终产品，也就是企业销售的产品，但是在有些情况下也可能是先完成组件的 MPS 再发布最终装配计划。在这个过程中，具体的时间段一般以周作为单位，有时候也可能是日、旬、月。

MPS 描述的主要内容是一个生产计划，包括企业生产什么、生产多少及什么时候完成，这些是 MPS 最为主要的内容，也是 MPS 的显著特点。其中，生产什么主要描述的是 MPS 的规划对象；生产多少主要是对 MPS 的规划对象的计划数量进行描述；什么时候完成主要描述的是 MPS 的规划对象最终完成的时间段，这里所说的时间段一般是最晚的时间段。

另外，MPS 是把企业战略目标、经营规划和生产计划大纲等宏观计划转变为生产作业计划和采购作业计划等微观作业计划的工具。不管是企业战略还是企业经营规划、生产计划大纲，都是针对企业未来发展或长远发展目标进行描述的，这个目标指的不是具体的目标，而是一个概括性的目标。根据 MPS 的基本原理，能够获取采购作业计划和生产作业计划。采购作业计划和生产作业计划都是企业实际执行的微观作业计划。

主生产计划的作用主要如下：①是企业物料需求计划（MRP）的直接来源；②是平衡企业生产负荷与生产能力的一种方法；③是连接市场销售和生产制造环节的重要纽带；④是引导企业生产管理部门开展生产管理和调度活动最具权威性的文件；⑤其质量关系到企业的生产组织工作和资源的利用效率。

MPS 在 ERP 软件中的编制思路主要是解决企业计划生产哪些产品、具体完成时间、生产量大致有多少的问题，具体描述如下。

（1）根据生产规划（生产计划大纲）和计划清单对每个项目的生产预测进行最终的确定。它在一定程度上反映了某类产品的生产规划总生产量中预期分配到该项产品的部分，它可以用于指导 MPS 的编制，使主生产计划员在对 MPS 进行编制时能遵循生产规划的相关目标。

（2）根据生产预测、已经获取的客户订单、配件预测对毛需求量进行计算。某个时区的毛需求量指的是该时区的客户合同订单与未实现的预测的总量之和。此时，MPS 的毛需求量已经不再是预测信息，而是具有实际指导意义的生产信息。

（3）依照毛需求量和事先确定的订货策略与批量，包括安全库存量和期初库存量，对各时区的 MPS 产出量和预计可用库存量进行计算。

此时，企业应对预期可用库存量进行计算。预期可用库存量的含义与现有量的含义是有区别的，它是指在现有库存中除去预留给其他用途的已经被分配的量，能够用于需求分配的那一部分库存。当预期可用库存量无法满足毛需求及安全库存目标的需求时，就出现了净需求。净需求其实是一个触发器，它可以触发MPS的大批量、规模化的生产。

在计算过程中，如果发现预期可用库存量是一个正值，则意味着能够满足需求量，不需要再对主生产量进行安排；如果预期可用库存量比安全库存量低，就需要计划安排一个周期MPS的生产批量，在考虑到制造和库存目标的前提下，将MPS的生产批量尽可能地与需求相靠近，从而推导出MPS在计划展望期内各个时段的生产量和生产时间，给出一份在生产提前期条件下安排生产的MPS备选方案。在此过程中，要注意均衡生产的要求。

当毛需求量主要用预测值作为标准进行计算，而预测值大于合同量时，主生产计划员应进一步判断是否需要进行补充。短缺时必须依照预测的可靠性、能力资源和库存状况，在确认订单前进行分析。这也是订单要在确认之后才可以下达的主要原因之一。

（4）计算可承诺量，为销售部门提供决策依据。由于按预期计划的批量投产会不可避免地有计划产量大于净需求的情况发生，同时，如果预测值大于订单量，那么毛需求量一般取预测值，当然也会有产量大于需求量的情况发生。在有些计划产出时段，若计划产出量超过下一次出现计划产出量之前各时段订单量总和的数量，则是允许随时向客户出售的，这部分数量被称作可承诺量。这个数量信息能够供销售部门在机动地做决策时选用，它是销售人员与加急订单的客户细致商谈供货条件时的重要依据。同时，可承诺量中还包含了安全库存，安全库存的作用就是弥补供需两方面的某些短缺。

（5）用粗能力计划对MPS备选方案的可行性实施评估。粗能力计划需要针对生产中所需要的关键资源进行周密的计算和细致的分析。关键资源通常指的是瓶颈工作中心、关键供应商、有限的自然资源、专业技能、不可外协的工作、资金、运输、仓库等。粗能力计划一般用于核对关键生产资源的情况，也就是关键工作中心、人力和原材料是否可以满足MPS的需要，以便MPS在需求计划与客观能力之间取得相对平衡。粗能力计划根据资源清单，按最初的MPS，对每一个工作中心的资源需求进行计算，既可以按产品项目也可以按月或按工作中心来对资源需求进行汇总。最后，将工作中心的实际能力与市场需求进行对比。如果市场需求超出了工作中心的实际能力，就要进行合理的调整。企业可以采用调整生产能力（如选择加班）的方式，也可以把某些项目转移到其他工作中心进行处理；如果市场需求依旧大于生产中心的实际能力，可以调整MPS。如果计划不可行，则可以将问题转交给管理部门处理。若经调整后达到了平衡，即市场需求和工作中心的实际能力达成一致，则将MPS递交管理部门审批。

（6）一旦初步的MPS对生产量和关键工作中心的生产能力进行了预测，并对MPS与能力进行了平衡，最初的MPS就确定下来了。下面的工作主要是对MPS进行评估，对存在的问题提出一些切实可行的建议，同意MPS或者否决MPS。如果需求和能力大致上平衡，则同意MPS；如果需求和能力差距较大，则否定MPS，并提出可行的修改方案。如果能力和需求不平衡，主生产计划员应先进行调整，尽最大努力达到平衡。其调整方法是改变预计负荷，可以采取的常用措施包括对订单进行重新安排、将订单延后、终止订单、订单拆零、改变产品组合等。若要改变生产能力，则可以采用的方法主要包括改变生产工艺、鼓励加班、外协加工、加速生产、雇用临时工等。

（7）批准和下达MPS。在结束以上程序后，还应该把MPS初稿和生产计划大纲进行对照分析。MPS必须和生产计划大纲保持高度一致，也就是MPS中产品类的总数必须等于对应周期内的生产计划大纲的数量。之后，向负责审批的人员提交MPS基本步骤初稿及分析报告，等待审批。经过正式批准的MPS是制定下一步MPS的依据。正式得到审批后的MPS，应下达给有关的使用部门，包括生产制造部门、采购部门、工程技术部门、市场销售部门、财务部门及其他有关人员等。

对MPS进行编制的步骤主要包括收集、整理需求数据，确定展望期和时段并对时区进行合理划分，计算毛需求量、预期可用库存量和净需求量，对初步的MPS进行确认等。其中，需求量数据指的是和MPS的量化有关的数据，如当前库存、安全库存、客户订单和预测数据等。

10.1.1.3　物料需求计划

物料需求计划（Material Requirement Planning，MRP）是指针对MPS的所有项目所需要的全部制造零件与采购件的网络支持计划和时间进度计划。物料需求计划能够依靠市场的需求预测和客户订单制定产品的生产计划与进度计划，并对需求资源与可用能力进行再一次的平衡。其主要内容包括客户需求管理、产品生产计划、原材料计划及库存记录。

MRP 的主要作用是对制造系统的复杂生产过程进行合理的控制，这要求系统随时能够检查所有项目并确认它们是否都能满足市场需求。在这个过程中，如果存在物料短缺的情况，则会不可避免地引起严重的连锁反应，进而使生产速度下降甚至陷于停顿。因此，原料及各种零部件的需求计划也正是在汲取过往经验的基础上最终发展起来的。它不仅能够用于需求计划系统，也可用于进度系统。

MRP 是一个根据时间紧迫程度划分的优先计划，是 ERP 系统的核心。

MRP 是 MPS 更高级别的发展，也是实现 MPS 的保证和支持。MRP 依照主生产计划、物料清单和物料可用量，详细计算出企业生产的所有加工件和外购件的实际需求，并依照产品交货的先后顺序，计算出所有加工件和外购件的需求时间，最后针对计划顺序提出具体的建议。然而，为了顺应客观存在的不断变化，企业应不断地对 MRP 进行修正。

MRP 的处理过程为：① 将 MPS 结果录入 MRP 中；② 对毛需求量进行详细的计算；③计算净需求量；④ 如果净需求量 > 0，则生成订单，否则直接进入最底层，并同时将结果返回至第二步；⑤ 确认下达订单计划。

MRP 的运行不是一蹴而就的，规划环境的所有变化都可能对整个规划的运行带来一定程度的影响。经过 MRP 运算后，得到了一个主生产计划、物料需求计划、物料清单、物料需求及库存状况之间相对平衡的采购作业计划和生产作业计划。可是，这种平衡可能会因为某一个或某些因素发生变化而被打破，导致生成的采购作业计划和生产作业计划（即采购订单、生产订单）无法满足实际的需要。这些因素包括对产品结构设计进行更改、客户订单数量和交货日期改变、供应商延期发货、生产加工废品比最初预计的多或少、关键工作中心或工作单元损坏、库存状况发生变化等。

为了确保 MRP 的准确性，在上述变化发生时必须及时对 MRP 进行更新。目前，更新 MRP 的方式有两种：一种是再生式，另一种是净改变式。

1. 再生式

再生式是指对整个系统的计划实施更新，生成一个全新的 MRP，并覆盖所有的原始数据信息。在操作过程中，MPS 被列举在所有最终产品项目的需求分解中，每种物料清单都可能会被访问，每个相关物料的库存状态记录都会被更新，每个物料、每个工作计划都需要重新进行安排，每项作业计划的日程都必须重新安排，系统会输出大量的相关报告。

这种更新方式的优点是数据的处理效率很高，因为它总是为用户提供最新的计划数据。但是该方式的主要问题是计算量过大，两次计算之间的主生产计划、物料清单和作业计划因素的变化等无法及时反映到 MRP 中。

2. 净改变式

净改变式是指依照指定条件的变化情况，比如主生产计划的变化、物料清单的变化等，利用局部运算的方式更新最初 MRP 的部分数据信息。在操作过程中，可以采用局部分解的方式。局部分解的方式在很大程度上缩小了需求规划的范围，避免了重新安排的频率的增加。对于局部分解，我们可以从两个不同的角度来理解：每次运行 MRP 时只分解 MPS 中的一部分，而库存事务引起的分解仅局限于事务直接涉及的物料和这些物料的更下一级物料。

净改变式不仅能够每天持续运行，同样也能够随着数据的变化实时运行。它的优势在于能够及时对状态变化进行应对。但该方式也同样存在系统自清洗能力差、数据处理效率较低、对各种变化过于敏感等局限性。

对于使用净改变式的管理人员来说，最难以应对的问题之一是系统要求管理人员不断地更正正在进行的操作，比如修改已下订单的已加工零件的结构，或者是修正已采购零件的到货日期等。但是，要解决这些问题，管理人员应具有较高的实际技能和知识水平，即管理人员应对系统提供的不合理的建议予以纠正，而在实践中对于如何才能合理、有效地管理这些措施并有效地落实这些建议，还需要花费更多的精力加以考虑。

实践中根本不存在所谓的纯粹的再生式与净改变式 MRP 更新方式。在实际的生产应用中，企业通常的做法是每月（或每周）第一次运行 MRP 系统时采用再生式，其余每次运行 MRP 系统时采用净改变式。

10.1.1.4　能力需求计划

能力需求计划（Capacity Requirement Planning，CRP）是指对物料需求计划所需要的能力进行细致核算的一种计划管理方法。具体来讲，CRP就是对每个生产阶段进行准确的计算，确定每个工作中心（过程）所需要的各种资源，得到人力负荷、设备负荷等资源负荷信息，并平衡生产能力和生产负荷。

MRP是在资源无限的前提条件下进行编制的，该计划是否能够执行还需要经过进一步的分析。分析的主要内容是明确是否有充足的物料和生产能力。如果有物料但没有足够的生产能力与之对应，就无法实现原来的生产指标；相反，如果有充足的生产能力但没有足够的物料，那么生产能力就会闲置起来。

CRP的目的是通过对MRP的需求和企业现有生产能力进行细致的比较分析，及早发现限制产能进一步发展的瓶颈，为企业生产任务的实现提供充足的产能保障。

能力需求计划主要分为两个层次：粗能力需求计划和细能力需求计划。前者的主要作用是编制生产计划大纲或主生产计划，把主计划转换成相关的工作中心的能力要求。粗能力需求计划省略了一些次要的信息，尽可能地简化和加快能力计划的处理过程。另外，粗能力需求计划仅对生产计划所需要的关键工作中心的能力进行了简单的分析和评估，并概述了产能需求。细能力需求计划则以MRP的输出为基础，同时与生产制造信息进行深度结合，对工作中心的能力进行细致而周密的分析，计算出人员负荷和设备负荷，对瓶颈进行预测，调整生产负荷，平衡生产能力、人力和设备负荷。细能力需求计划的优点包括两个方面：一方面，能最大限度地利用相关人力与设备；另一方面，能够减少产品的加工等待时间，缩短生产周期，为生产人员提供能力。

ERP软件中的CRP可分为无限能力需求计划和有限能力需求计划两种。

1.无限能力需求计划

无限能力需求计划是指在不考虑产能限制的前提下，对各个工作中心的产能和负荷进行细致的计算，以获得工作中心有关负荷情况的数据，同时生成能力报告。当负荷大于能力时，必须对超负荷的工作中心进行合理的调整，比如采取加班加点、转移负荷工作中心、采用替代工序、外协加工或直接购买等措施。如果这些措施的效果不明显，那么只能选择延长交货期或将订单取消。

这里提到的无限能力只是暂时不考虑能力的约束，尽可能地平衡与调整能力，充分发挥潜能或扩充能力，以最大化地满足市场需求。

目前的 ERP 软件大多采用这种方式，这也体现了企业以市场为中心的战略思想。

2. 有限能力需求计划

有限能力需求计划是指工作中心的能力是有限的，一般按优先级顺序进行规划：将能力优先分配给级别较高的物料，如果工作中心的工作量已满，优先级较低的物料一般会被延迟处理，即订单被延迟。这种方式可以不对负荷与能力进行平衡，因为按优先级分配负荷一般不会有超负荷的情况发生。优先级是指物品加工的紧迫性，优先级数字越小，优先级越高。

要计算 CRP，就要先将物料需求计划的物料需求量转变成能力需求，即转换为负荷。编制 CRP 的通常做法是先确认 MRP 各时段需要加工的物料，获得各工作中心所需要的负荷，再将其与各工作中心的额定能力进行细致的对比，得到各工作中心的负荷报告，然后由管理器依照所报告的负载和订单的优先级对其进行合理的调整和平衡。CRP 的编制一般分为以下五个步骤。

（1）对相关数据进行收集是 CRP 计算过程的开始，相关数据包括各种任务单（有关生产制造指令的单据）、工作中心数据（反映能力）、工艺路线文件、工作中心文件和工作日历等。

（2）计算工作中心的负荷，把所有的订单分配给相关工作中心（不考虑有效的能力和限制），然后明确相关工作中心的最大负荷，并依照订单的流程图，由记录人员详细地对每个中心的工作量进行计算。当不同的订单需要同样的工作中心时，将依照时间段进行组合。最后，将每个工作中心的负荷与工作中心记录中存储的额定能力数据进行详细的比较，以获取工作中心负荷（需求）和能力之间的对比信息，以及工作中心效能的实际利用率。

（3）分析结果并反馈负荷报告，对工作中心的负荷情况（超负荷、负荷刚好和负荷不足）及存在问题的时间和程度进行详细说明。如果许多工作中心超负荷运转或出现负荷严重不足的情况，那么能力就失去了平衡。纠正前必须分析造成这种情况的原因。如果是超负荷，则必须采取措施解决能力不足问题，否则无法实现最初的能力需求计划。

如果是负荷不足，则作业费用会不可避免地增加。对流程式工业来说，设备很难关闭，负荷不足是一个更为严重的问题，因此，必须对负荷报告进行详细分析，并反馈信息，调整计划。问题是多种多样的，有主生产计划阶段的问题，有 MRP 存在的问题，也有工作中心和工艺路线方面的问题，因此，企业要对各工作中心进行具体的分析和检查，确认造成各种问题的原因，以便正确地解决问题。

（4）调整能力或负荷时有两个要素：能力和负荷。在解决负荷过小或超负荷问题时，应根据具体情况对能力和负荷进行适时、合理的调整。

调整能力的措施主要包括以下四项。

① 调整劳动力。如果缺乏相应的劳动力，则根据实际需要雇用更多的工人。如果劳动力超过当前的实际需要，则可适当安排培训，提高工人的技术水平，或对劳动力进行重新分配，把负荷不足的工作中心和劳动力分配到超负荷的工作中心。

② 安排加班。通常来说加班只能是一种应急措施，经常加班绝不是一种可取的方法。

③ 重新安排工艺路线。如果某个工作中心承担的任务超出了正常负荷，那么可以把一部分订单安排给负荷不足的工作中心。这样能够让两个工作中心的负荷水平都得到平衡。

④ 转包。如果在相当长的时间内都超负荷工作，可以考虑把某些限制产能的瓶颈作业转包给供应商。

调整负荷的措施主要包括以下四项。

① 交叉作业。为了尽可能地减少在工艺路线中两个相连工作中心总的加工时间，可以在第一个工作中心完成整个批量的加工任务之前，把部分已完成的零件转给第二个工作中心。

② 调整生产批量。把一份订单的批量细分成几个较小批量，在相同的机器上在同一时间安排生产。这种调整措施并不能降低负荷，而是将负荷集中在更短的时间内。

③ 减少准备提前期。将准备过程规范化，能够减少准备时间，从而尽可能地降低负荷，把节省下来的能力用于实际的加工过程。

④ 调整订单。调整订单包括把一份订单进行提前或推后安排，或者先完成一份订单的

一部分而将其余部分进行推后安排，或者取消某些订单等。在经过严密的分析和调整后，当能力和负荷达到平衡时，就可以确认能力需求计划，正式下达任务单了。

（5）CRP 经过分析和调整后，将已确定采取过调整措施的相关修改数据重新输入。

10.1.2　衍生维护知识

此处主要在 U8C 软件的运算环境下，介绍生产制造模块下的相关维护知识，以及 MRP 的运算条件与 MRP 的运算算法。

10.1.2.1　MRP 的运算条件

（1）定义生产 BOM，生成底层码（见图 10-1）。

图 10-1　BOM 定义操作

特别说明：在生产 BOM 中出现了新增或修改的物料后，必须在数据管理模块中生成底层码，否则 MRP 运算将无法展开。

（2）除主产品外，其他物料定义计划属性为 MRP（见图 10-2）。

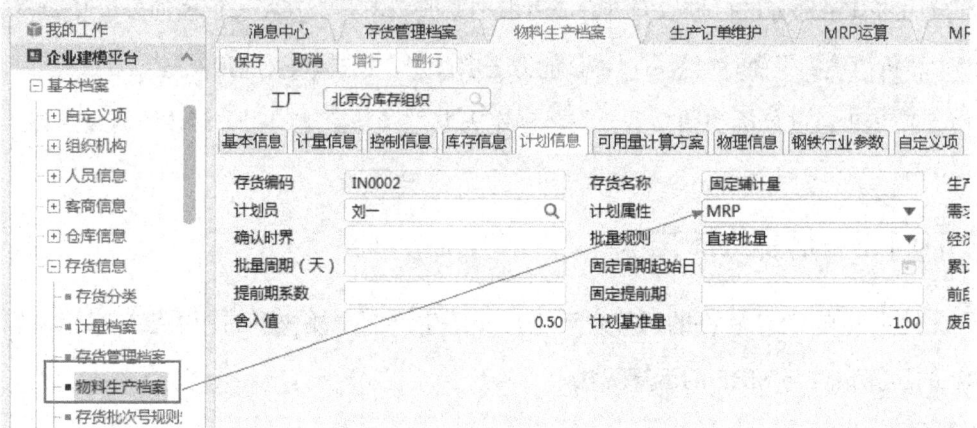

图 10-2　物料定义计划操作

（3）如果仓库未定义"是否 MPS/MRP 运算"，则此仓库的现存量不会被 MRP 考虑（见图 10-3）。

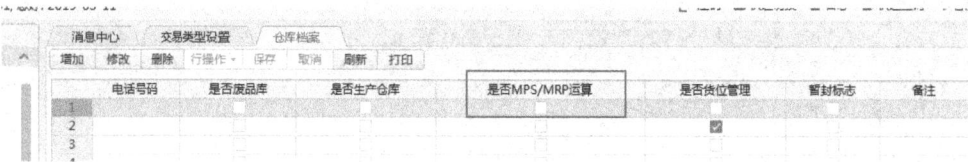

图 10-3　物料定义计划注意事项

10.1.2.2　MRP 运算算法

1. 基本逻辑

净需求量 = 毛需求量 + 预计出库量 − 预计入库量 − 期初库存量 + 安全库存量

系统依靠自由项匹配相应的 BOM，如果找不到相应的 BOM，系统按默认版本进行 BOM 分解。

虚项即生成子订单物料不生成计划订单，按净需求量分解下级物料。

2. 毛需求量

（1）MPS 件在 MPS（或独立需求）中的计划需求量按 BOM 展开产生的子项的需求量计算。

（2）MRP 子件是在独立需求中的计划需求量。

（3）自由项不完全相同的毛需求看作不同的需求（在需求不合并的情况下）。

3. 预计出库量

备料计划（计划态＋审核态）表示的是未出库量，需求日期按表体的需求日期运算。

4. 预计入库量

（1）对于非结束态的生产订单未完工量（或未入库量），日期为订单计划完成日期，若脱期，则为预计完成日期。

（2）对于非完成态的计划订单的计划数量，若已生成生产订单，则参考生产订单。

（3）对于非关闭态的请购单的请购数量，若生成采购订单，则参考采购订单。

（4）对于非关闭态的采购订单未到货量（或未入库量），日期为订单计划的到货日期。

5. 计划订单的概念

（1）计划订单泛指 MPS 和 MRP 所产生的订单，只是物料的计划类型不一样，单据是一样的（本书在没有特别说明的情况下，订单都是指计划订单）。MRP 运算只产生 MRP 订单。

（2）MRP 运算的来源之一是 MPS 订单（当然不只是 MPS 订单，还有独立需求与备料计划）。

6. MRP 净改变、MRP 全重排

（1）MRP 净改变是指在 MRP 订单发生调整（指手工修改）的情况下，需要针对局部进行重新运算，这样可节省运算时间。

（2）MRP 全重排是指在独立需求或 MPS 调整的前提下进行算法的重排。

（3）进行 MRP 重新运算（全重排、净改变）时，系统会删除"计划"状态的 MRP 订单，并重新生成 MRP 订单，原因是"计划"状态的 MRP 订单表示该订单可随时变更。

7. 需求合并

系统只对运算产生的需求日期在同一天的计划订单进行合并。自由项不同的需求也可以合并。

8. 两个时界

（1）需求时界：物料的固定提前期。

（2）确认时界：对于下级物料的累计提前期，计划时界为确认时界后至展望期结束。

（3）进行 MRP 运算时，若产生的 MRP 订单的开始日期处于需求时界内，则说明该订单的下级件已经完工或采购到货，该订单应该投入生产，不能修改，否则无法按期交货，系统可自动将该订单下达。

（4）进行 MRP 运算时，若产生的 MRP 订单的开始日期处于需求时界外、确认时界内，则说明该订单的下级件已经部分完成或采购到货，该订单应该考虑投入生产，但有变更的余地，由于要考虑相关订单是否继续执行，变更要谨慎，系统可自动确认该订单。

（5）进行 MRP 运算时，若产生的 MRP 订单的开始日期处于确认时界外，则表明该订单的下级件还没有开始生产或未采购到货，该订单可随时变更，系统可自动将该订单的状态定为"计划状态"。

MRP 运算的状态日期时界如图 10-4 所示。

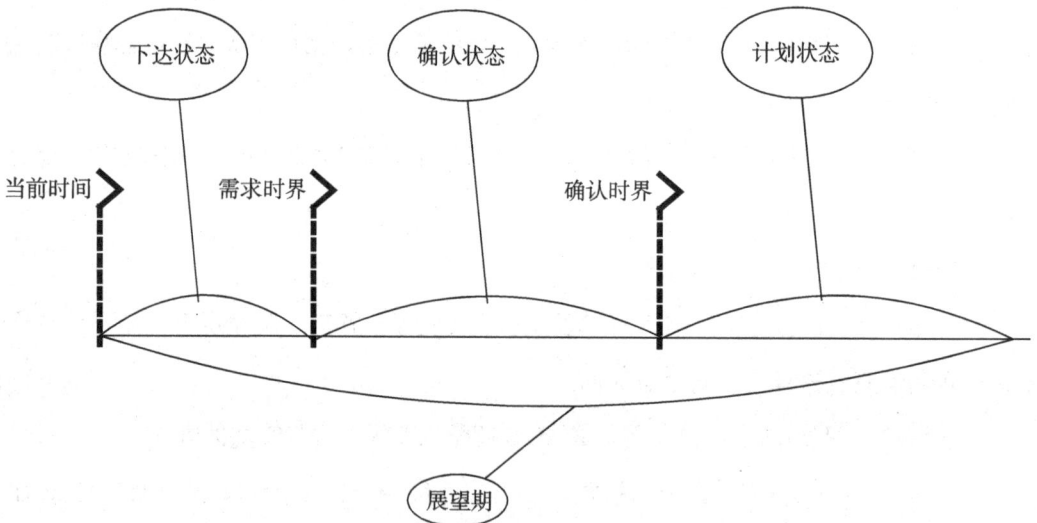

图 10-4　MRP 运算的状态日期时界

9. 时界与计划订单三个状态的关系

时界是所有计划订单的时界（MPS 订单与 MRP 订单），与计划订单的三个状态（下达状态、确认状态和计划状态）相配合。

（1）下达状态是指计划订单处于需求时界内（或者不处于需求时界内，但手工改变了状态），这表示该订单应该投入生产，不能修改。

（2）确认状态是指计划订单处于需求时界外、确认时界内（或者不处于确认时界内，但手工改变了状态），这表明该订单有更正的余地，因为要考虑相关订单是否继续执行，变更要谨慎。

（3）计划状态是指计划订单处于确认时界外（或者不处于确认时界外，但手工改变了状态），这表示该订单可随时变更。

10. 计划订单的三个状态

（1）手工增加的计划订单一般都是确认状态，表明只能手工修改、删除，可通过相关操作改变其状态。

（2）一般来说，MRP 运算后产生的计划订单是计划状态，只有在运算界面中的参数"过需求时界直接传送""过确认时界直接确认"是勾选状态时，经过运算后才有可能产生下达状态与确认状态的 MRP 订单（只有 MRP 运算才有此功能，它会自动改变MRP 订单的状态）。

（3）计划订单处于确认状态时，通过"取消确认"按钮改变为计划状态。

11. 变动提前期的计算

变动提前期 = 固定提前期 +（计划数量 – 提前期批量）× 提前期系数 ÷ 提前期批量

10.2　维护案例分析与解读

10.2.1　生产制造模块中的维护案例

本节主要介绍生产制造模块中常见的与 BOM 产品管理模块和 MRP 相关的维护问题。

10.2.1.1　产品管理相关维护问题

1. BOM 导出报错问题

通过生产 BOM 维护导出 BOM 清单时报错（见图 10-5）。

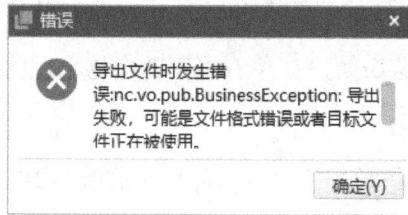

图 10-5　BOM 导出报错信息

对于这个问题，在"应用集成"—"外部系统信息设置"处新建一个规则，编码命名为"1003"即可（见图 10-6）。

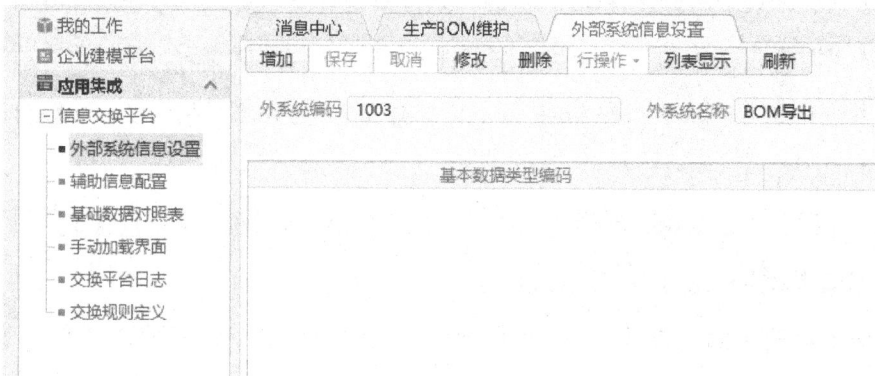

图 10-6　对 BOM 导出报错的处理

其中名称命名自取，在导入默认基础数据匹配规则时会用到，对于导入结果无影响。

2. U8C2.1 版本中 BOM 如何启动自定义项

（1）定义自定义项，备注型号。

（2）引用自定义项，位置为工程基础数据—物料清单。

（3）修改单据模板，模板编码为"AV"，在控制信息页签的"zdy1"中勾选"卡片显示/列表显示"，鼠标右键点击这个自定义项，移动项目到表体，选择基本信息，确定后保存模板，分配给操作人员。

（4）登录具体节点验证效果即可（见图 10-7、图 10-8、图 10-9、图 10-10、图 10-11 和图 10-12）。

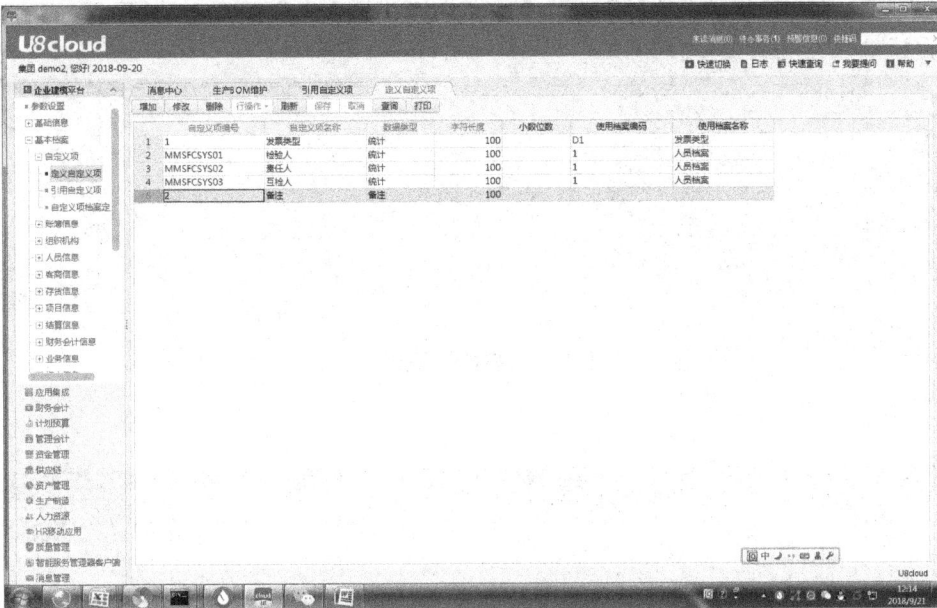

图 10-7　登录节点验证 1

图 10-8　登录节点验证 2

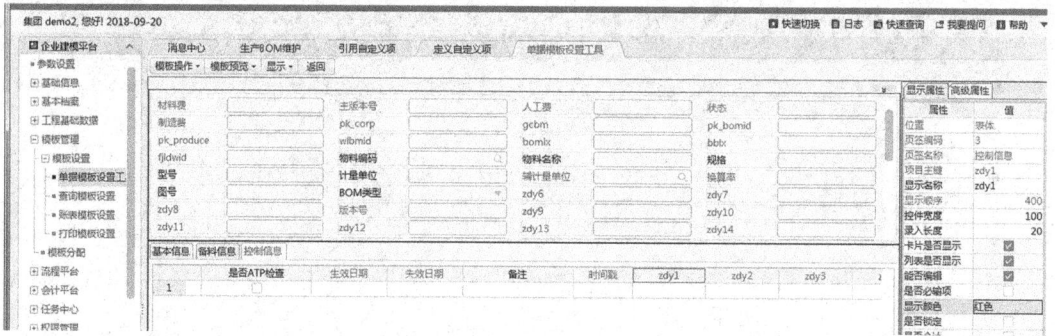

图 10-9　登录节点验证 3

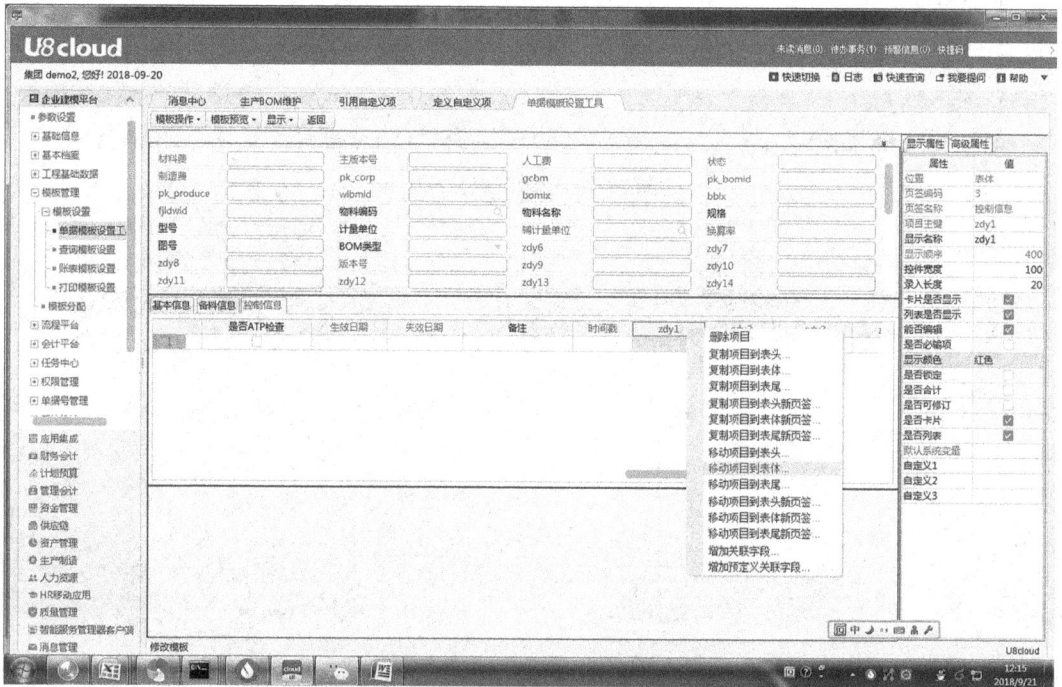

图 10-10　登录节点验证 4

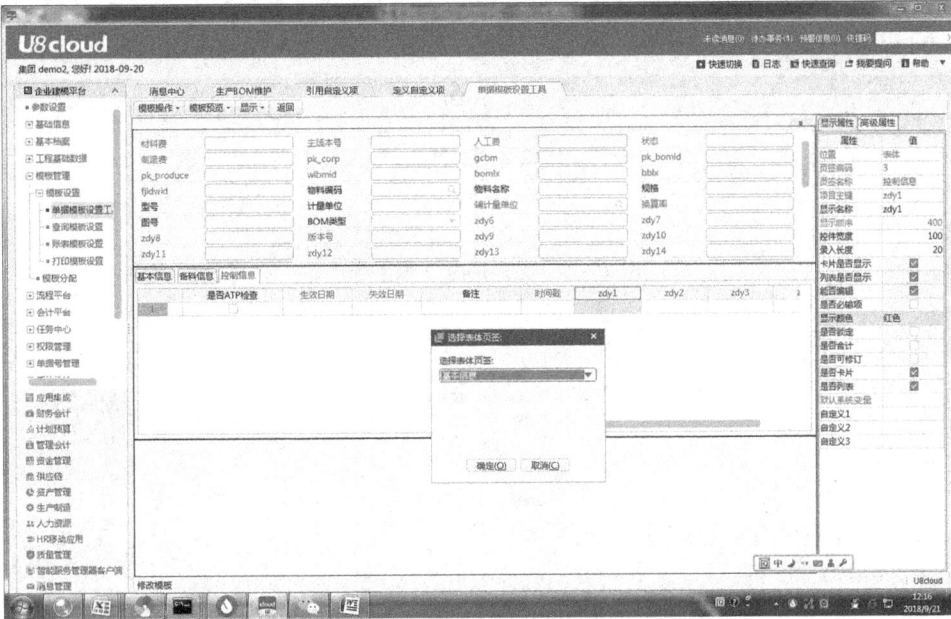

图 10-11　登录节点验证 5

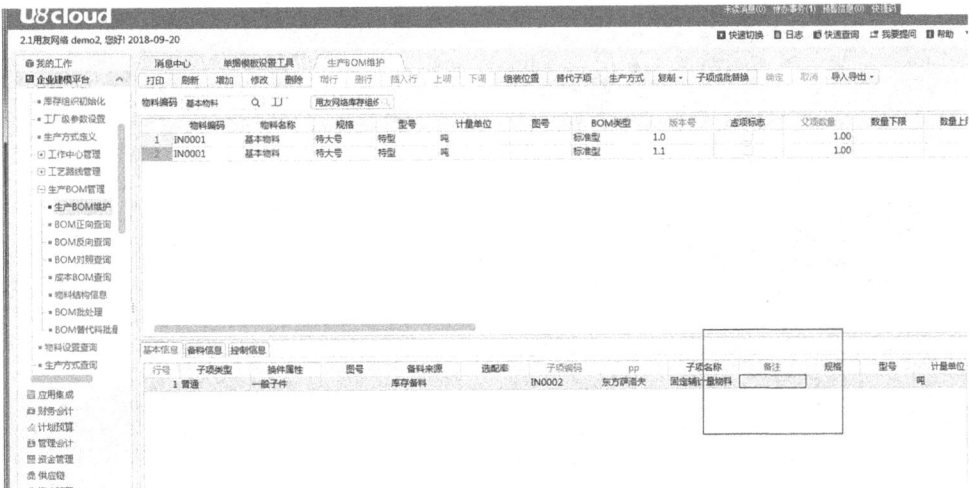

图 10-12　登录节点验证 6

3. BOM 导入问题

BOM 导入问题注意事项如图 10-13、图 10-14、图 10-15、图 10-16、图 10-17、图 10-18 和图 10-19 所示。

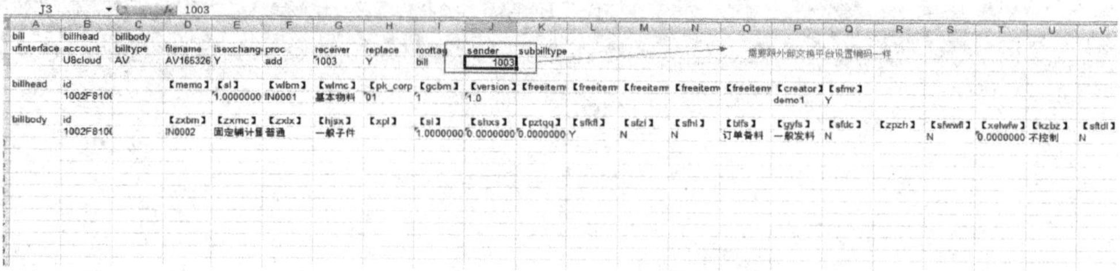

图 10-13 导入问题注意事项 1

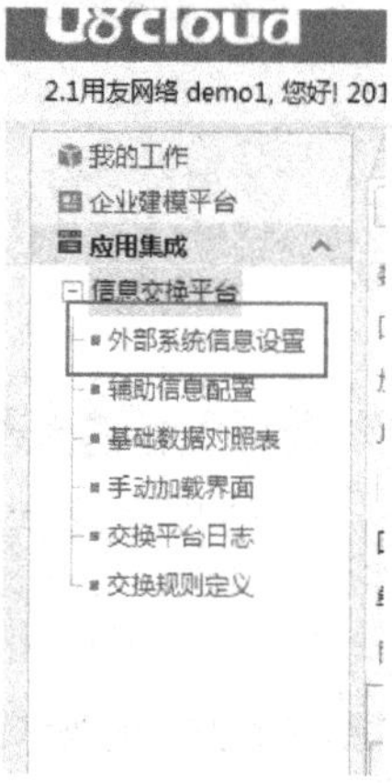

图 10-14 导入问题注意事项 2

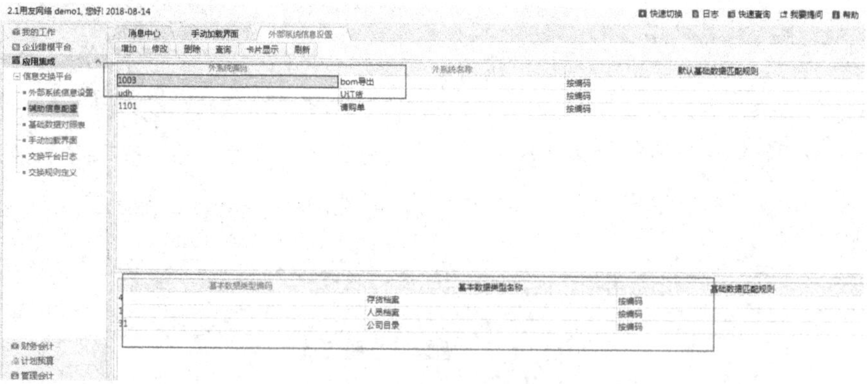

图 10-15 导入问题注意事项 3

图 10-16 导入问题注意事项 4

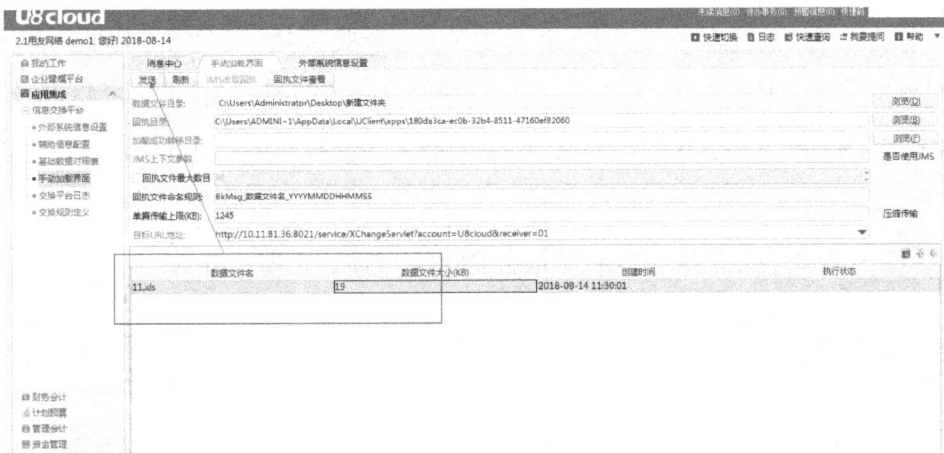

图 10-17 导入问题注意事项 5

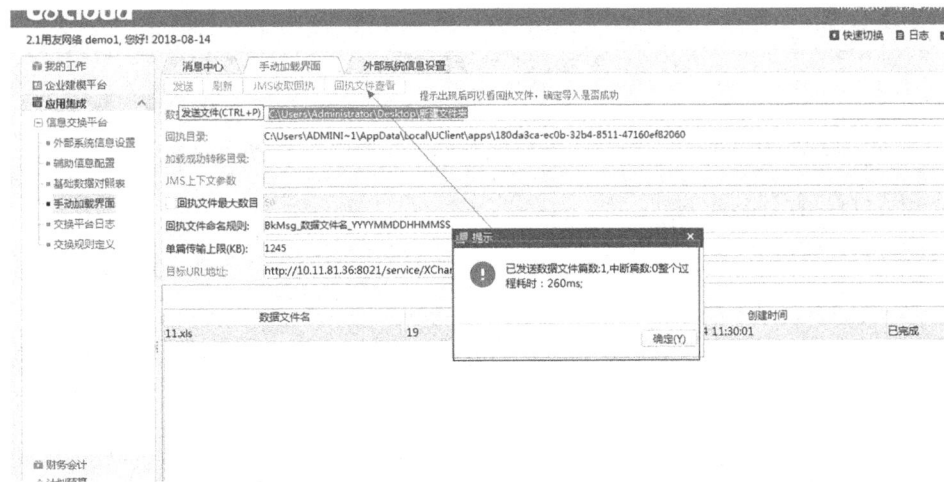

图 10-18 导入问题注意事项 6

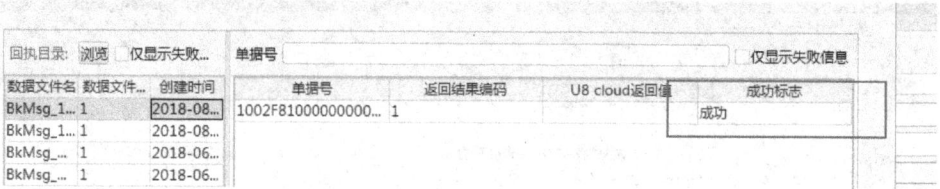

图 10-19 导入问题注意事项 7

4. 当生产过程中 BOM 出现相同物料重复录入时的解决方案

假设在配件 A 上要用到两种材料相同而长度分别为 1m 和 0.4m 的塑料管，企业为了方便管理和采购，将两个长度不同的管子采用一个物料号来管理，在创建物料 A 的生产 BOM 时，当物料 A 的下层同时出现两个相同的物料 B（一个代表 0.4m，另一个代表 1m），在保存时系统校验不通过。解决此类问题的方法如下。

（1）定义自定义项。在集团环境中，操作位置为基本档案—自定义项—定义自定义项。

定义一个新的自定义项"长度"，数据类型为"备注"（见图 10-20）。

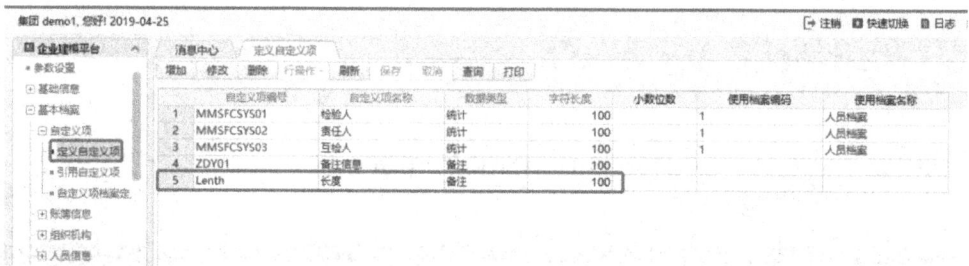

图 10-20 定义自定义项

（2）在自由项中引用自定义项。在集团环境中，操作位置为企业建模平台—基本档案—存货信息—存货基本档案。

在存货基本档案—集团自由项的自由项 1 中引用自定义项（见图 10-21）。

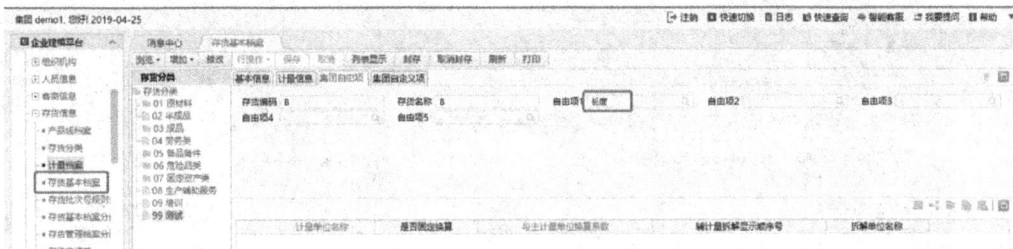

图 10-21　引用自定义项

（3）创建 BOM

创建 BOM 的操作位置为企业建模平台—工程基础数据—生产 BOM 管理—生产 BOM 维护。

物料 B 在 BOM 同层引用 2 次，分别在自由项 1 中录入不同的长度来区分，在保存时，系统校验通过。

5. 材料倒冲操作

材料倒冲是在生产环节将原材料领至车间二级库（线上仓）使用，在使用过程中不记录耗用情况，待生产完工后，依据完工数量和耗用定额自动计算实际耗用的一种材料领用模式，适用于低值易耗品。

在生产制造环节中，需要先将原材料从备料计划的出库仓库转至备料计划的入库仓库，产品完工时，需要进行倒冲操作，此时系统自动生成备料计划入库仓库的材料出库单。

其关键设置点如下。

（1）设置倒冲产品：在"物料生产档案"节点中的"控制信息"页签，勾选"是否倒冲产品"标记（见图 10-22）。

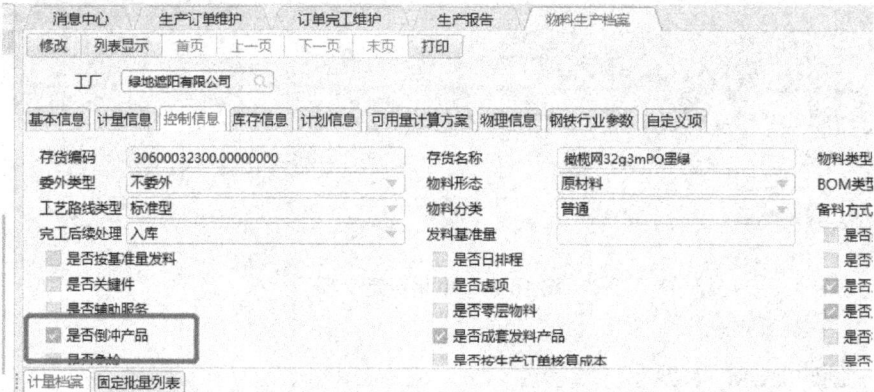

图 10-22　**设置倒冲操作关键点** 1

（2）设置倒冲物料：在"生产 BOM 维护"节点的表体中勾选"是否倒冲"标记（见图 10-23）。

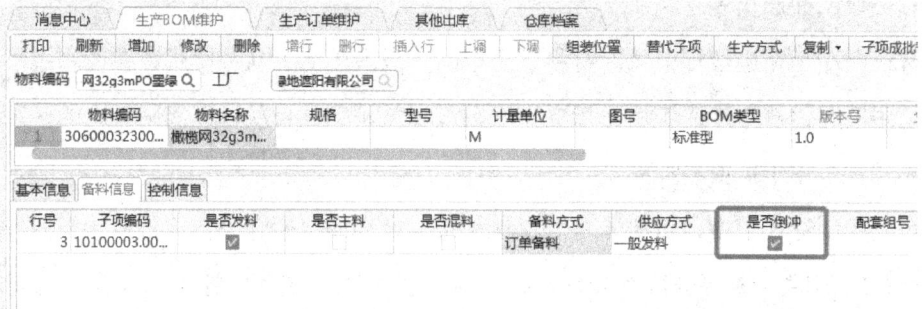

图 10-23　**设置倒冲操作关键点** 2

（3）维护出库仓库和入库仓库：在备料计划表体中同时维护出库仓库和入库仓库（见图 10-24）。

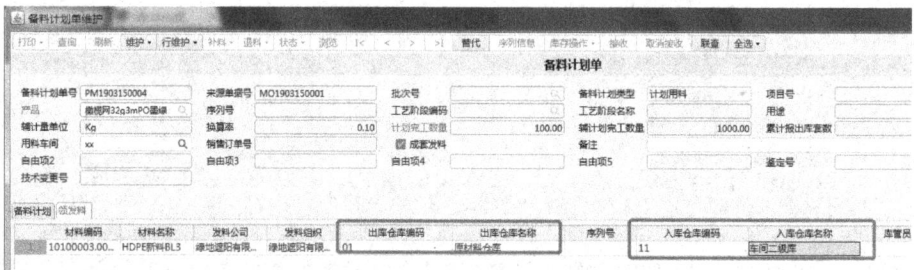

图 10-24　**设置倒冲操作关键点** 3

其操作流程如下。

（1）在"生产 BOM 维护"表体中维护倒冲项（见图 10-25）。

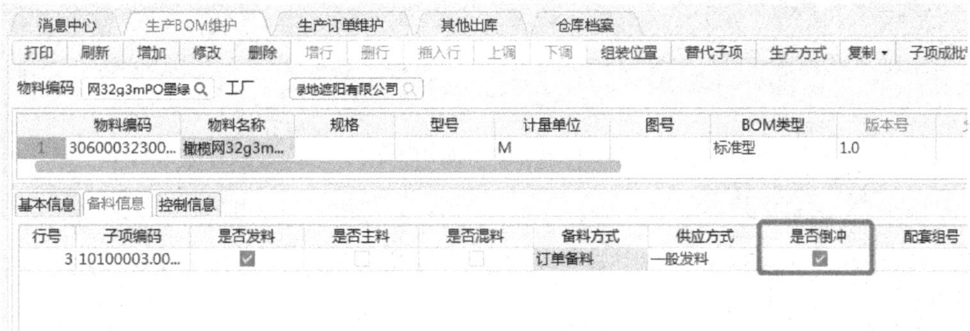

图 10-25　设置倒冲操作 1

（2）在"生产订单维护"表体中创建生产订单（见图 10-26）。

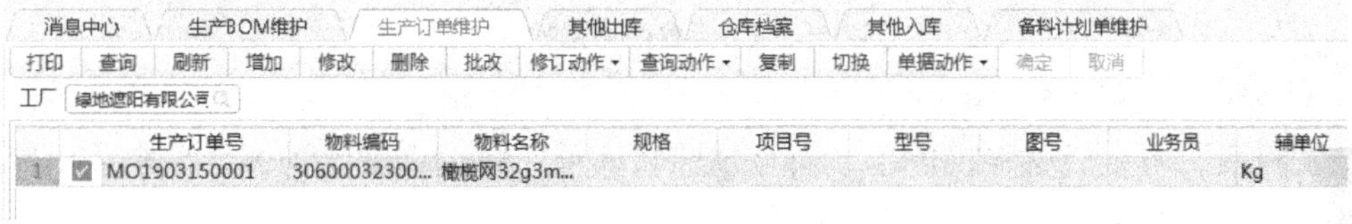

图 10-26　设置倒冲操作 2

（3）在"备料计划单维护"表体中维护备料计划出库仓库和入库仓库（见图 10-27）。

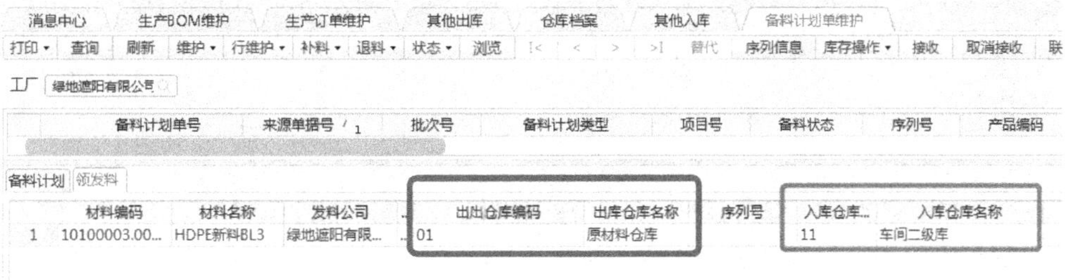

图 10-27　设置倒冲操作 3

（4）在"备料计划单维护"节点进行库存发料操作（见图 10-28 和图 10-29）。

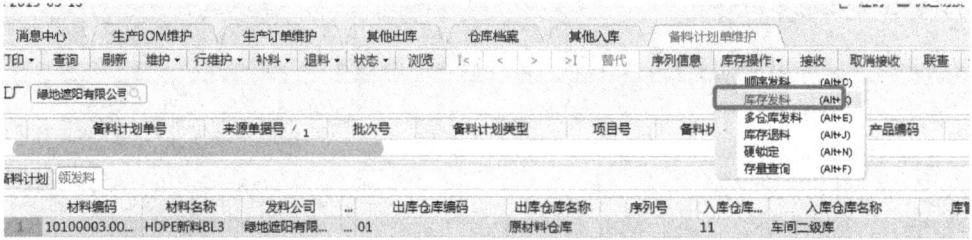

图 10-28　设置倒冲操作 4

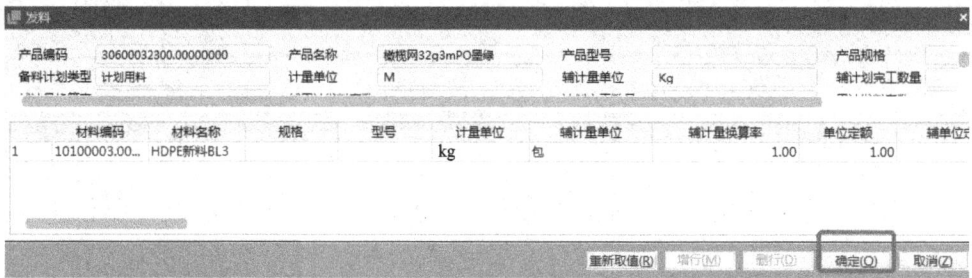

图 10-29　设置倒冲操作 5

发料后，不生成材料出库单，而是生成转库单，转出仓库为备料计划表体出库仓库，转入仓库为备料计划表体入库仓库（见图 10-30）。

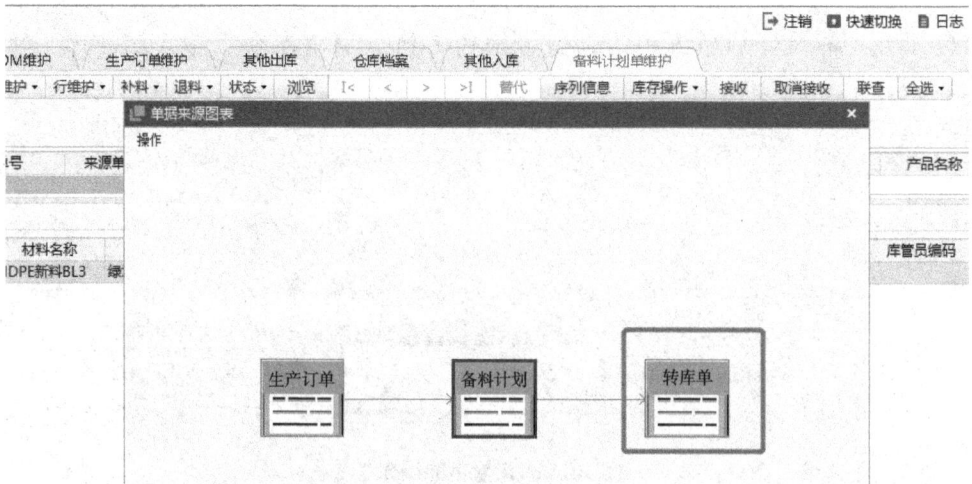

图 10-30　设置倒冲操作 6

（5）对转库单进行转库操作：依次选择"转出"和"转入"，也可以选择"直接转出"（见图10-31）。

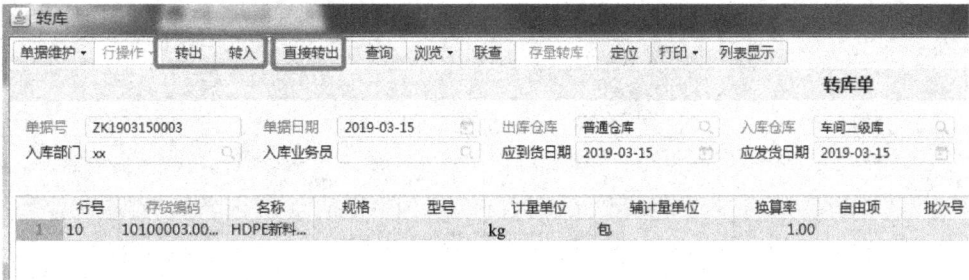

图10-31　**设置倒冲操作**7

随后，生成库存其他出库单和库存其他入库单（见图10-32）。

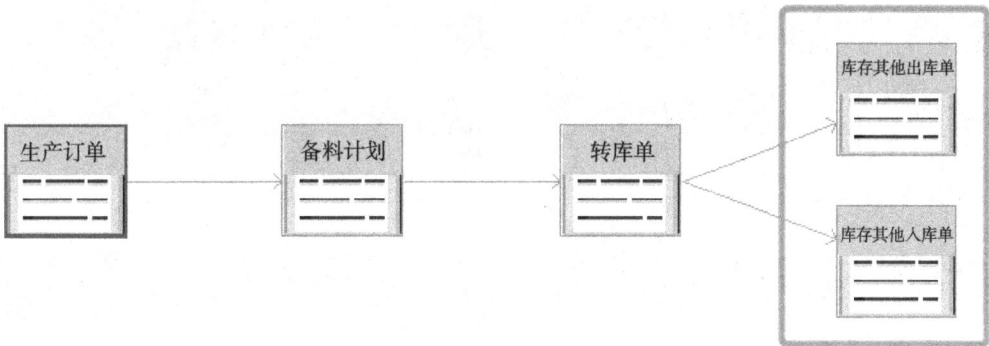

图10-32　**设置倒冲操作**8

（6）对生产订单做投放操作（见图10-33）。

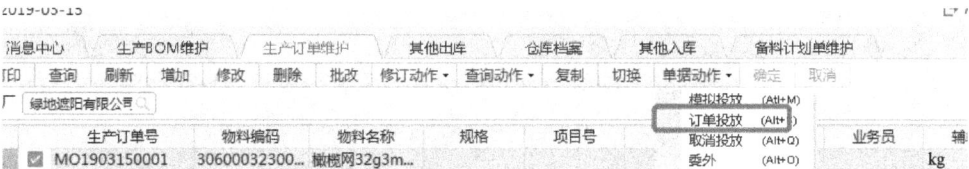

图10-33　**设置倒冲操作**9

（7）创建生产报告（见图 10-34）。

图 10-34　设置倒冲操作 10

（8）在"生产报告"节点进行倒冲操作（见图 10-35、图 10-36 和图 10-37）。

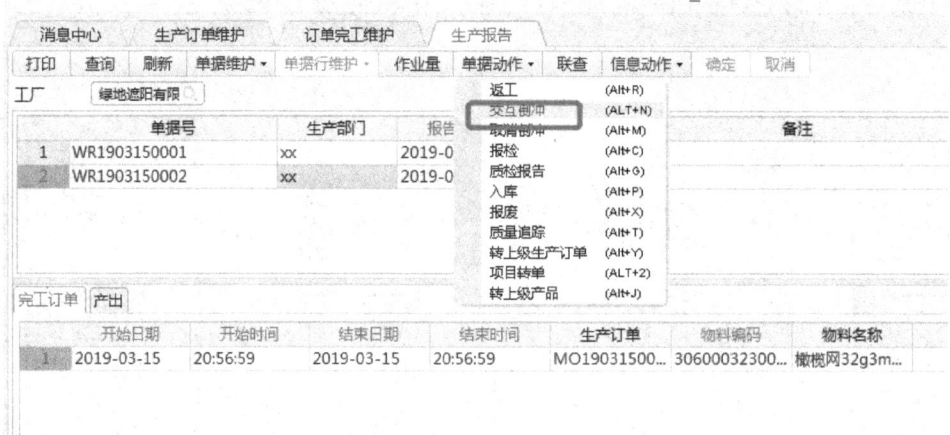

图 10-35　设置倒冲操作 11

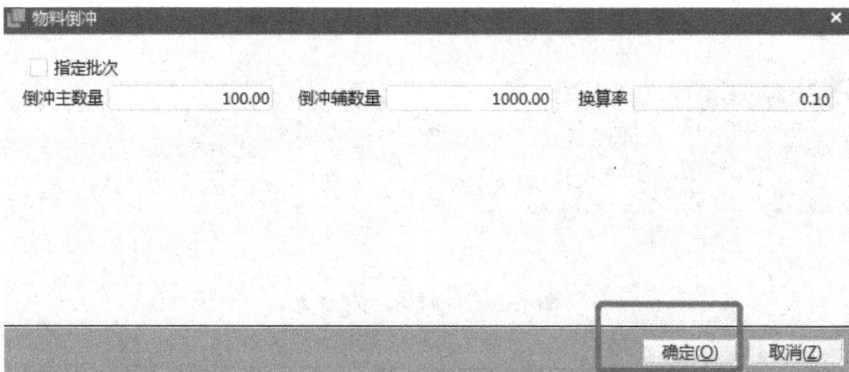

图 10-36　设置倒冲操作 12

图 10-37　**设置倒冲操作** 13

倒冲后生成转入仓库的材料出库单（见图 10-38）。

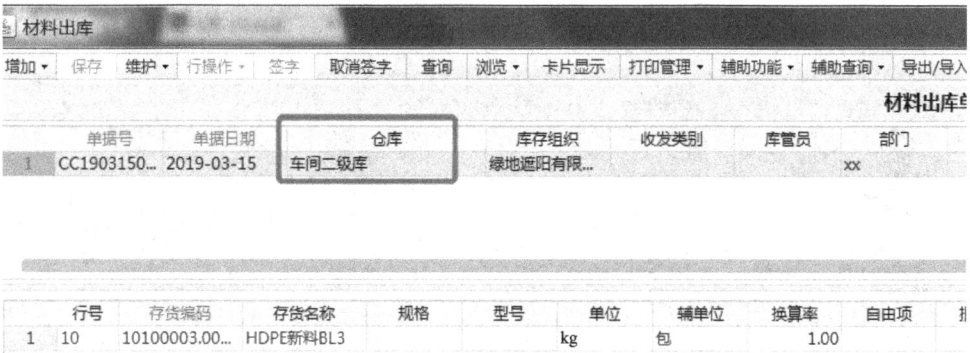

图 10-38　**设置倒冲操作** 14

一般情况下的产品管理流程如图 10-39 所示。

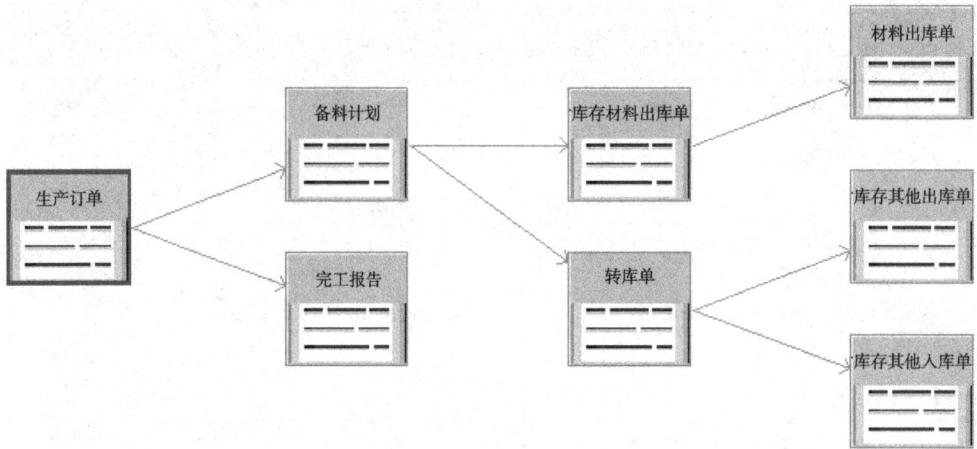

图 10-39　产品管理流程

10.2.1.2　MRP 相关维护问题

MRP 相关维护问题如下所示。

问题一： 多张生产订单进行 MRP 运算后，在生成的计划订单中，同种物料数量不会自动合并。

原因：在物料生产档案的"控制信息"要求中，并没有勾选"是否需求合并"（见图 10-40）。

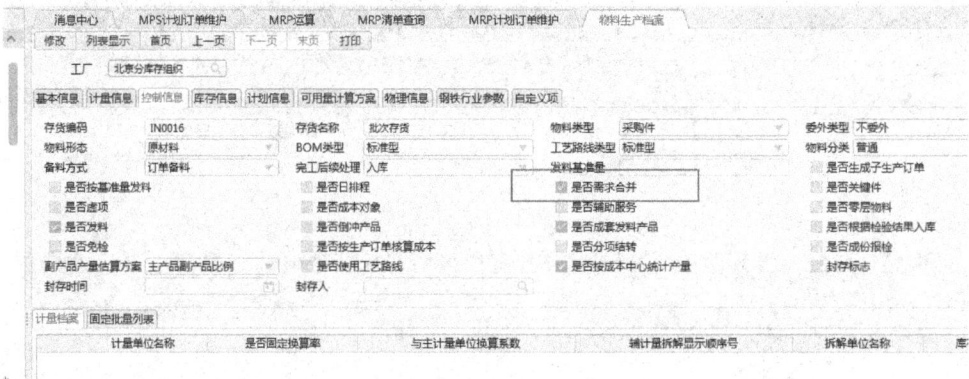

图 10-40　对应勾选选项

问题二： 采购订单是直接录入的，已通过审核，并且在"计划策略维护"里面勾选了"采购订单",但在 MRP 运算时没有取到这个采购订单的信息。

原因:MRP 运算没有考虑到采购订单,这是因为采购订单的需求库存组织字段没有值。

该问题的解决方案如下。

(1)把采购订单的需求库存组织字段放出来,维护上值即可。

(2)把统计的字段改成收货库存组织字段,打上补丁即可。

问题三:MRP 方案运算时哪个参数是控制采购订单的在途量的?

答案:在设置 MRP 时,在选择的计划策略中需要勾选"采购订单",非关闭态的采购订单未到货量(或未入库量)日期按订单计划到货日期计算。

问题四:MRP 运算结果中销售预测没有参加计算,找不到具体原因,但是独立需求已经参与计算了,设置的参数如下。

(1)计划策略里设置了考虑销售预测与独立需求。

(2)销售预测里维护了产品的预测数据。

(3)MRP 运算结果中只能看到独立需求计算出来的结果。

原因:

(1)物料生产档案—计划信息页签中的计划属性应为 MRP;

(2)存货管理档案—管理信息页签中的"是否虚项"不能勾选;

(3)在计划策略里设置的合并策略是实际需求的话,就只取实际需求,不考虑预测需求,只有合并策略是取大值时,才会对预测需求和实际需求进行合并抵销;

(4)销售预测作为需求时,只能参考指定了工厂的销售预测。

问题五:销售预测怎样被 MRP 运算获取?

答案:MRP 运算时若直接将销售预测作为需求,则只能参考指定了工厂的销售预测,对于没指定工厂的预测不做处理,应检查销售预测录入时是否指定了工厂。

问题六:BOM 一共有 10 种材料,MPS 计划模拟下达能看到 10 行缺料信息,MRP 运算结果只有 9 行计划信息。

原因:父项存货和子项存货的底层码是一样的。MRP 运算时不会计算这个方面。

找到工程基本数据—基础数据管理—数据管理节点,选好日期,点击底层码生成,生成成功就可以了。

问题七：MRP 运算设置的计划策略未生效，已经考虑扣除库存存量生成请购单，但请购单数量仍然未扣除库存数量（实现功能：MRP 运算后生产的请购单需扣除库存量）。

原因：仓库属性需要勾选是否 MRP 运算，才能进行 MRP 中的存量供给运算（见图 10-41）。

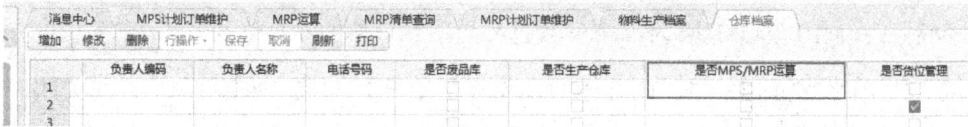

图 10-41　MRP 运算勾选选项

［习题］

1. 对于 BOM 的构建，有哪些注意事项？

2. MPS 的编制流程是什么？

3. MRP 的基本运算算法有哪些？

4. 生产环节中的材料倒冲操作是如何实现的？其作用有哪些？

5. 在 MRP 运算中丢失采购订单信息的原因有哪些？

第11章

ERP 软件中人力资源管理模块的维护问题

11.1 人力资源管理基础维护知识

在 ERP 软件中，人力资源管理模块本质上是一种为了对企业更好地进行管理而从事的一种管理活动，其主要目的是对企业所拥有的人力资源进行获取、保持、使用、评价、开发与激励等。该模块通过对企业运行过程中的人与事物之间的关系进行协调，尽可能地处理不同员工之间的矛盾，最大限度地发挥每个人的潜能，达到人尽其才、物尽其用的目的，最终实现人力资源价值的最大化发挥，以满足组织发展的目标和个人进步的需求。

人力资源管理模块主要包括工作职能分析、招聘、培训、职业规划、绩效、薪酬、激励、合同管理和企业文化等相关内容。

人力资源管理模块构建了一种不同于传统模式的、通过增强员工内部满意度和忠诚度来提升员工绩效的全新体系，其主要的目的是运用与人力资源管理有关的方法对与生产相关的业务流程进行有效的组织和整合，从而降低成本，帮助企业创造更多的财富和利润。

人力资源综合管理的解决方案有很多种，如果从人力资源管理的视角出发，几乎所有和数据有关的解决方案都会在一定程度上被使用，与之相关的软件不仅功能强大，而且种类繁多，功能主要包括人力资源规划、组织机构管理、时间管理、人员合同管理、人员信息管理、薪酬管理、社保福利、人员变动管理、能力素质管理、任职资格管理、绩效管理、继任与发展管理、招聘管理、HR 分析报表、人力资源分析等多个方面的管理内容，通过软件在一定的框架下将各项管理内容整合统一。

11.1.1　基础维护知识

和人力资源管理模块相关的基础知识包括组织工作中的分析管理、劳动合同管理、薪酬管理、绩效管理、人力资源规划等内容。

11.1.1.1　组织工作的分析管理

企业的组织结构在企业的运作过程中占有非常重要的地位，一个科学有效的组织结构可以让企业内部员工各司其职，最大限度地发挥出团队效益，达成预期的目标。企业的组织结构本质上是用来展示组织各层次或等级的排列顺序、空间位置、联系方式，以及各层级之间的相互关系的模型，它是一个执行管理和经营任务的体制结构。

总的来说，企业的组织结构在整个管理系统中起到了一个"框架"的作用，有了它，企业运营系统中的人力、物力、信息才可以顺畅地流动，从而使组织目标的实现成为可能。

组织工作的分析管理在组织结构的设计中起到了中流砥柱的作用。

企业人力资源管理结构中一项十分重要的基础工作便是工作分析。一个企业是否对日常工作进行分析，以及工作分析质量的好坏等，都会对人力资源管理工作的各个环节产生影响。

工作分析又称职务分析或岗位研究，是一项不可或缺的人力资源管理技术。它主要是对某个特殊的岗位做出一些具体而明确的规定或要求，从而让不同岗位的员工了解所在岗位的工作内容、工作性质、工作责任、工作任务，以及应具备的能力条件等。

一般来说，企业出现以下三种情况时就需要进行工作分析。

第一，企业中成立了新的组织或部门时，应进行工作分析。

第二，由于科学技术及管理方式的不断发展，新技术、新方法、新系统会不时地出现，尤其是在工作性质发生变化的情况下，企业运营模式发生了新的变化，此时也需要进行工作分析。

第三，当企业需要设立某个新岗位时，工作分析可以辅助新员工更快地了解该岗位的有关内容。

工作分析过程会涉及以下常用的专业术语。

工作要素：是指在工作过程中不能再继续分解的最小单位，如打电话、接水等。

工作任务：是指在某个特殊的时期内为达到某种特定的目的所从事的一系列与企业生产相关的工作活动，主要表现为一些特定的工作要素的组合，比如让员工写一份报告。

工作职责：是指由一个人独立完成的某一项或多项任务构成的整体活动，比如一名打字员的工作职责包括打字、校对等。

职位：是指在有效的时间范围内，组织能够满足一个独立员工满负荷工作运转要求的一项或者多项互相影响、互相联系的职责总和。

岗位：这里所说的岗位是由组织内部由多个完全相同的职位构成的。一般来说，这样的岗位有两种可能，第一种可能是一个职位就是一个岗位，第二种可能是由多个职位共同构成一个岗位，一个岗位上有可能只有一个人，也可能有多个人。

职务：是指在职责的重要性以及数量关系上基本一致的一组职位的集合或者统称。"职务"实际上和"工作"具有相同的含义，一个职位可以由一个职务构成，也可以由多个职务构成。

职业：本质上这是一个跨组织的概念，它实际上是指在不同的时间、地点以及不同的组织中，从事相同或相似活动的一系列工作的统称。

职业生涯：是指一个独立的个体在其工作和生活中所经历的一系列的职位、工作或职业的总和。

工作分析在人力资源管理体系中十分重要，它是明确人力资源管理全部职能的基础。工作分析本身是一个十分严谨有序的过程，必须按照既定的工作流程进行，只有这样才能够充分发挥它的作用，帮助企业在人力资源管理过程中建立一套适合其自身发展需求的基本制度，才能够对不同岗位的各项工作职能起到支撑作用。

工作分析的内容十分丰富，主要包括对不同工作进行系统描述和说明，其工作流程包括六个阶段，分别是准备阶段、调查阶段、分析阶段、描述阶段、运用阶段及控制和评估阶段。这六个阶段彼此之间相互联系、相互影响。

同时，工作分析的方法也种类繁多，主要包括访谈法、工作实践法、观察法、问卷法与工作日志法等。

一般来说，工作分析的方法不同，实施步骤也会有很大的差异。目前使用较多的是观察法，其具体实施步骤如下。

1. 工作信息的初步调查

对已有的文件进行浏览，了解分析工作的主要内容、职责、流程等相关内容。

2. 现场观察

现场观察的主要目的是让分析人员尽可能地熟悉周围的工作环境、工具、设备、机器等。一般来说，部门主管比较熟悉每个岗位的工作条件和主要职责，能够较为准确地回答和分析不同人员提出的问题，因此在现场观察时最好有部门主管陪同。

3. 拟定工作调查单，把需要收集的与工作信息有关的事项尽可能详细、准确地罗列出来，同时在编写时也要尽可能地考虑到使用的简洁性和实用性。

4. 进行工作调查

（1）工作人员通过现场调查和询问，如实填写每个职位的工作情况。

（2）进行面谈。如果因客观情况导致现场调查不方便的，或者为了能够更加详细地对实际情况加以了解，可以邀请有关人员进行面谈，让工作人员一边询问一边填写工作调查单，这样可以最大限度地提高收集到的资料的质量。在情况允许并且不影响正常工作的情况下，可以利用休息时间对调查单进行填写。

5. 整理资料

工作人员需要对工作调查单进行整理并且编写工作说明书。在这个过程中，如果出现对有些工作细节仍不清楚或有遗漏的情况，应重新进行调查。

6. 审核及定稿

把工作说明书发送给工作执行人员、分析人员、管理人员进行独立的审核，同时要求审核人员必须根据事实对工作说明书进行逐字逐句的审核，并依次进行逐级审核，即让每个职位的上级主管对工作说明书进行审核，同时确保每一个工作说明书至少能够被三个人审核。如果有不同意见可以暂停审核，并集体进行讨论，直到意见达成一致后方可对工作说明书和工作规范再次进行编写，并针对说明书的有关形式等问题再次征求意见，确认后最终定稿。

11.1.1.2 劳动合同管理

劳动合同是指一种建立在企业和劳动者之间的一种劳动关系，它对雇用双方的权利与义务进行了书面界定。

一般来说，劳动合同主要具备三个特点：第一，劳动合同的双方，主体一方必须是劳动者，另一方是企业；第二，当事人双方必须遵守相关强制性规定，并且在相关法律框架下订立劳动合同，否则将被视为无效；第三，订立劳动合同的双方法律地位平等，在劳动合同履行过程中，企业和劳动者属于一种支配与被支配的关系。

一般的劳动合同在得到法律承认后都有订立、履行、更变、解除与终止五个基本的状态。

1. 劳动合同的订立

劳动合同的订立必须以书面形式进行，并且遵循以下原则。

（1）企业从雇用之日起就必须与劳动者签订相应的劳动合同，建立劳动关系。

（2）如果企业和劳动者已经建立了劳动关系但并未同时订立相应的书面劳动合同，必须根据相关法律要求，在用工之日起的一个月之内订立正式的书面劳动合同。

（3）如果企业从用工之日起超过一个月的时间期限仍然未与劳动者订立正式的劳动合同，从用工之日起满一个月的第二天到满一年的前一天，必须依法向劳动者按照每月两倍的工资进行支付，同时视为从用工之日满一年的当天已经与劳动者订立了无固定期限的劳动合同，并且立即订立正式的书面劳动合同。

2. 劳动合同的履行

劳动合同的履行是指在正式的劳动合同生效之后，劳动合同双方依据劳动合同的规定，实际履行和承担各自的义务以及获取和实现各自依法享有的权利的行为。

企业和劳动者必须依据正式的劳动合同的规定，全面且及时地履行各自的义务。企业必须在劳动合同的规定和国家相关法律的约束下，及时且足额地向劳动者支付相应的劳动报酬。如果有企业拖欠或未足额支付劳动报酬的情况发生，劳动者可以根据相关法律向当地人民法院申请强制支付令。企业必须严格执行劳动合同中规定的定额标准，禁止强迫或变相强迫劳动者加班。如果企业安排加班，同时劳动者自愿接受加班的，企业必须按照国家有关规定向劳动者支付合理的加班费。

劳动者拒绝企业的违规指挥、强迫劳动者从事高风险作业的行为，不视为违反劳动合同。劳动者有权针对危害自身生命安全和身体健康的劳动条件向企业提出批评、检举和投诉。

3. 劳动合同的变更

企业与劳动者本着自愿的原则，通过协商后可以对劳动合同约定的内容进行合理的更改。变更劳动合同时只能采用书面形式进行，并且变更后的劳动合同文本必须由企业和劳动者各自持有一份。

如果企业对单位名称、法定代表人、主要负责人或投资人等事项进行变更，不影响劳动合同的继续履行。即使企业发生了合并或者分立等特殊情况，原劳动合同依然有效，劳动合同由继承其权利和义务的企业继续履行，直至合同到期。

4. 劳动合同的解除

劳动合同的解除是指从劳动合同正式订立后到合同期限到期之前，因出现某些特殊情况，经过合同双方协商一致，提前解除劳动关系或某一方单方面通知解除劳动关系的行为。

劳动合同的解除一般可以分为两个类别，分别是协商解除和法定解除。企业和劳动者经过协商达成一致后，可依法解除劳动合同。如果是由企业提出解除合同的，必须依法向劳动者支付相应的经济补偿金，如果是由劳动者主动提出辞职而要求解除劳动合同的，那么企业可以不用向劳动者支付经济补偿金。经济补偿金的支付标准主要依照劳动者在本企业工作的年限而定。根据相关法律，工作每满 1 年的按照 1 个月的工资标准向劳动者支付相应的补偿，6 个月以上不满 1 年的按 1 个月的工资标准进行支付，不满 6 个月的一般向劳动者支付半个月的工资作为经济补偿。

法定解除一般是指在员工正常工作期间出现了国家法律所规定的或劳动合同所列举的能够解除劳动合同的情形时，无须双方当事人协商同意，可以依据法律自动解除劳动合同或由雇用双方的某一方单方面提前结束劳动合同。一般来说，它可以分为劳动者单方面解除和企业单方面解除。

5.劳动合同的终止

劳动合同的终止是指劳动合同在正式订立后，由于出现了某些法律规定的情况，致使企业与劳动者之间的劳动关系自动终止，或导致合同双方的劳动关系的继续履行成为不可能而必须终止的情形。导致劳动合同终止的情形如下。

（1）劳动合同到达有效期限的。

（2）劳动者到达法定退休年龄，开始依法享受基本养老保险待遇的。

（3）劳动者因故死亡，或者被人民法院宣告死亡或失踪的。

（4）企业被依法宣告破产的。

（5）企业因为某些问题被相关执法部门依法吊销营业执照、责令关闭、撤销或企业决定提前解散的。

（6）法律法规等相关文件规定的其他情形。

企业与劳动者不得约定上述情形之外的其他形式的终止劳动合同的条件，即使规定了也得不到相关法律的支持与承认。

11.1.1.3　薪酬管理

薪酬是指员工从企业依法获得的各种直接和间接的经济收入的总和。一般而言，薪酬也被视作奖励系统中金钱奖励的一个分支。在企业中，员工的薪酬主要是由三个部分构成的：一是基本薪酬，二是激励薪酬，三是间接薪酬。

（1）基本薪酬：是指员工根据工作时间或工作效能获得的基本、稳定的经济收入。

（2）激励薪酬：是指根据员工的工作效益的不同，或者团队根据自身的客观经济表现而制定的除基本薪酬之外的收入。

（3）间接薪酬：是指企业或相应的雇用机构给员工提供的各种工作福利。与基本薪酬和激励薪酬有所不同，间接薪酬的支付与员工的工作能力和工作绩效并没有直接的联系，它往往具有一定的普遍性。

薪酬管理是指企业在自身的经营战略和发展规划的指导下，对可能影响自身发展的各种内外部因素进行综合考虑，以确定自身的薪酬水平、薪酬结构和薪酬形式，并对薪酬进行合理调整和控制的整个过程。

薪酬水平是指不同部门、不同岗位和整个企业的薪酬的平均水平，它可以反映企业薪酬在外部的实际竞争力。薪酬结构是指企业中不同岗位、不同人员之间的薪酬关系，它可以反映企业薪酬的内部一致性。薪酬形式是指不同类型的薪酬在基层员工和企业整体薪酬中的有机结合。薪酬调整是指企业根据内外部客观因素的变化，合理地调整薪酬水平、薪酬结构和薪酬形式的活动。薪酬控制是指对企业支付的薪酬总额进行及时的测量和监控，以维持合理且正常的薪酬成本，避免给企业造成额外的财务负担。

企业不同的管理形式需要有合理的薪酬形式与其相对应，即使是在同一个企业中，由于部门的不同以及生产环节的差异，对应的薪酬管理方式也会有较大的差异。但是从另一个方面来说，由于不同的部门同时隶属于一个相同的企业，薪酬管理方式在某方面又具有一致性，因为只有这样才能够使薪酬管理成为企业经营管理体系中不可或缺的重要组成部分。一个企业的薪酬管理方式及管理架构是否科学合理，关系到企业是否能够获得高层次的人才，是否能够高效地调动员工的工作积极性，对企业的竞争力和未来的生存发展具有十分重要的意义。

薪酬管理作为人力资源管理不可或缺的一部分，它与其他各个构成要素有着紧密的联系。

职位分析是在薪酬管理方式中促进实现分配的合理性和公平性的重要基石。在目前最为常见的薪酬管理体系中，确定薪酬水平的主要依据是通过职位分析形成的职位描述，职位评价的主要信息一般来自职位描述的内容。即使在新的技能工资制度得到实施应用的情况下，职位分析仍然具有十分重要的意义，因为对员工的技能进行评价仍然是以他们的工作为基础的。

对人力资源规划而言，其核心问题体现在人力资源管理过程的平衡上。其中，改变内部人力资源供给的重要手段之一就是调整薪酬政策。当然，这必须在正常的工作时间范围内严格进行。

在招聘工作中，工资因素往往是招聘人员需要考虑的最为重要的因素之一。另一方面，招聘方式也会对薪酬管理产生或多或少的影响。而决定工资增长幅度的核心因素主要是就业人员的数量和结构。

绩效管理在薪酬管理中同样起着不可或缺的重要作用，激励薪酬能否成功实施的关键是能否对员工的绩效做出精准、科学的评价。另一方面，企业能够及时地对员工的进步进行不同程度的合理奖励，也能够提高激励的效果，确保绩效管理对员工的约束力。

　　薪酬管理系统规划主要包括两个层次，分别是总体规划和分类计划。总体规划是指对计划期内薪酬管理的总目标、总政策、实施步骤和总预算进行精细化安排。分类计划包括工资计划、奖金计划和福利计划。这些计划是总体规划的进一步分解和具体化，在总体规划的实施中发挥着十分重要的作用。

11.1.1.4　绩效管理

　　绩效管理是人力资源管理最为核心的环节之一，也是企业最强有力的管理手段。由于员工的工作效率对企业的整体绩效有着最为直接的影响，因此，要想进一步提升企业整体的工作效率、优化员工的工作成果，就必须进行绩效管理，只有这样才能最大限度地达成企业的预定目标。建立一套科学、合理、有效的绩效管理体系，是最大限度地利用和开发人力资源的重要措施。目前，常用的绩效管理体系和管理方法有很多种，企业只有充分了解和认识自身的情况，才能采用最为合理的体系和方法，也只有这样才能实现最高效的绩效管理。

　　绩效管理的本质特征是管理者与员工之间具有一致性，他们可以通过协商实施有效的沟通，形成一个动态的理想的管理过程，以激励员工进一步改进其业务水平，最终实现组织的目标以及员工的个人目标，从而对员工绩效进行更好的管理。绩效考评是指企业各个层次的管理者采用合理的方式从定量和定性两个不同的角度对下属员工的工作完成情况进行全面、科学的考察和评估。虽然绩效考评与绩效管理在字面上十分相似，但两者有着本质上的区别。

　　两者之间是包含关系，即绩效管理包括绩效考评，绩效考评是绩效管理的一个重要组成部分。企业管理者必须通过绩效考评才能够为企业的绩效管理人员提供改进资料，从而最大限度地提升企业的绩效管理水平。

　　绩效管理与两个环节存在着比较密切的联系：工作分析和薪酬管理。

　　工作分析对组织的绩效管理起着十分重要的作用。企业管理者必须依靠工作分析明确不同岗位的工作职责和其他重要的工作产出，从而制定各岗位的关键绩效指标（KPI），并按照KPI来确定绩效评估标准。总体来说，工作分析提供了绩效管理的标准。

　　目前，应用最为广泛的薪酬管理体系制定标准是职位价值及管理者的胜任力，由此可以看出绩效对薪酬的影响很大。通常来说，绩效在一定程度上决定了薪酬中最可能发生变化的部分，如奖金、绩效工资等。

绩效管理本质上是一个多阶段、多目标的综合过程，它一般被认为是一个循环过程，其各个环节既是紧密相关的，又是不断循环的。绩效管理的基本流程包括绩效计划、绩效辅导、绩效考评、绩效反馈、绩效改进及绩效结果应用六个步骤。

KPI 是以企业绩效管理系统为基础的考评体系，是用于考核和管理被考核者的能够量化的或可行为化的标准体系。KPI 体现的是对组织战略目标有增值作用的绩效指标。通过在 KPI 上达成承诺，员工与管理者能够进行工作期望、工作表现和未来发展等方面的沟通。

一般来讲，KPI 由以下几个层级构成。

（1）企业级 KPI：由企业战略目标演化而来。

（2）部门级 KPI：根据企业级 KPI 和部门职责确定。

（3）业绩衡量指标：由部门级 KPI 落实到具体岗位的指标。

与 KPI 相关的概念还有平衡计分卡。平衡计分卡主要是利用财务、客户、内部经营过程、学习与成长四个方面的指标之间相互驱动的因果关系实现"绩效考评—绩效改进"及"战略实施—战略修正"的目标。

平衡计分卡与传统的绩效评价方法相比，既突破了传统绩效评价方法的一些局限性，也超越了单纯的绩效评价功能。它将财务、客户、内部经营过程和学习与成长这四类指标进行有机的整合，把传统意义上的业绩评价与企业的竞争能力、绩效管理和长远发展紧密联系起来。

平衡计分卡的管理思路包含了以下五个环节的循环。

（1）阐述愿景和明确战略目标：通过业务状况分析阐述愿景和明确战略目标。

（2）绩效目标的设定：需要将愿景与战略目标落实到平衡计分卡的四个维度中，建立组织、部门、个人或团队的平衡计分卡。

（3）绩效指导和沟通。

（4）再次阐述愿景，明确战略目标：通过月度考核、季度考核和年度考核来实现。

（5）绩效改进：汇报、分析考核结果，并将考核结果反馈给部门、个人或团队，并调整考核策略。

以平衡计分卡为基础的绩效管理流程本质上是绩效管理的一个不断调整和改良的绩效循环过程，它实际上已经包括了传统绩效管理系统实施中的绩效计划、绩效目标的设定、考核、指导、沟通和反馈与改进等环节。

11.1.1.5　人力资源规划

人力资源规划是指企业为了实现自身的战略目标，以企业的人力资源现状为基础，对各个部门人力资源的需求和供给状况进行合理的分析和预测，并以此为基础制定相配套的计划和程序，确保各个部门都可以在正确的时间获得正确的人员，实现企业人力资源的最佳配置，从而满足企业和员工个人的发展需要。

人力资源规划在整个人力资源管理过程中处于一个统筹的地位，它为人力资源管理的其他重要活动制定了目标、原则和方法，它的科学性、准确性直接影响着人力资源管理工作的有效性。因此，能否做好人力资源规划关系到企业人力资源管理部门的工作能否正常地实施和开展。

人力资源规划是一项十分复杂的战略工程，它基于企业发展战略的指导，以全面核查现有人力资源、分析企业的内部和外部条件为支撑，以预测未来的人员供应和需求为切入点，具体内容包括晋升规划、补充规划、培训开发规划、人员调配规划、薪酬规划等，涵盖了人力资源管理工作的绝大部分内容。人力资源规划同时还通过人事政策的制定对人力资源管理活动产生重要影响。企业的人力资源规划一般分为两个层次：一个层次是人力资源总体规划，另一个层次是人力资源具体规划。

人力资源总体规划是指根据企业的总体战略目标，对规划期间人力资源开发与管理的总原则、总方针、总目标、总措施、总预算进行适当的安排。人力资源具体规划是指对人力资源的业务范围和功能进行规划，它是人力资源总体规划的范围扩展和时空具体化。另外，每一个具体的计划还由目标、任务、政策、步骤和预算等部分组成，确保管理者可以从不同的方向对人力资源进行总体规划和设计。人力资源具体规划主要包括人员补充规划、人员使用与调整规划、人才替代发展规划、人才教育培训规划、评估与激励规划、劳动关系规划、退休与离职规划、员工薪酬规划、员工职业发展规划等。

一般而言，人力资源规划的制定流程主要有五个步骤：组织内外部环境信息收集分析、组织人力资源存量及预测分析、人力资源总体规划的定制与分析、人力资源具体规划的定制、人力资源规划的控制与调整。

制定完人力资源规划后，在实施人力资源规划期间，企业需要建立与之相匹配且完善的人力资源管理信息系统。有效的人力资源管理信息系统有利于企业更好地对人力资源规划进行调整。

1. 人力资源管理信息系统的概念

人力资源管理信息系统是指企业通过计算机和其他先进技术，运用科学的管理方法，对人力资源管理工作相关信息进行分析、处理和应用，帮助人力资源管理人员完成信息管理的相关工作，同时完善工作职能的应用系统（主要包括收集、保存、分析和报告）。一个有效的人力资源管理信息系统应当能够提供及时、准确、完善的信息，这些信息对于企业做出科学的人力资源管理决策是十分重要的。

2. 人力资源管理信息系统的作用

人力资源管理信息系统能够为企业提供一个收集、存储和处理信息的平台，能够保证企业快速、有效地进行人力资源管理的决策及企业整体战略目标的规划，为企业建立人力资源数据中心，提升企业的人力资源管理水平，为企业管理者做出决策提供相应的支撑。

总的来说，建立人力资源管理信息系统是人力资源管理中一项最为基础也是最为重要的工作，它可以提供详尽的人力资源信息和资料，为决策者尽可能多地提供备选方案，并对方案进行优化和完善，以提高决策者的决策能力，让企业的决策和管理更加科学化。

企业建立人力资源管理信息系统的主要步骤如下。

（1）建立相应的人力资源管理信息平台，利用计算机和互联网技术组建企业的人力资源信息数据库，同时配备建立平台所需要的各种硬件设备和软件设备。

（2）建立人力资源管理信息平台的收集、保存、分析、报告等各个大系统的子系统，明确每个子系统的具体应用方法。

（3）把收集到的所有信息输入人力资源信息数据库，同时进行必要的分类。

（4）利用人力资源管理信息系统和人力资源信息数据库进行各项人力资源规划工

作，对企业的人力资源状况进行准确的分析和预测。

11.1.1.6　招聘管理

招聘管理是指企业为了满足自身未来的发展需要，根据人力资源规划和工作分析的相关要求，探索和吸引有能力、有兴趣在本企业发展和工作的人，并录用适当的人员的过程。招聘主要由主体、载体和招聘对象组成。主体是指用人机构（招聘单位）派出相应的招聘人员具体负责招聘工作的组织和实施。载体是指信息的传播媒介，也就是招聘信息传播的各类渠道。招聘对象主要是指符合标准的应聘者。

招聘既是企业获取人力资源的重要环节，也是企业人力资源管理工作的重要基础。企业需要在不同的时期和发展阶段获取不同的人力资源。只有招聘到符合企业发展目标的员工，才可以促进企业的发展，企业才能够具备利用客观物质资源的能力，从而正常顺利地进行运营。不仅如此，人是一切管理工作的核心和基础。招聘之所以是企业人力资源管理工作最重要的环节，主要是由招聘工作的内容和员工在企业中的地位来决定的。

一般员工的招聘流程包括招聘计划的制定、招聘信息的发布、简历的筛选、应聘者的选拔、员工录用、招聘评估与总结。

11.1.1.7　员工培训管理

员工培训是指企业为了扩大业务范围和培养人才，对员工进行有目的、有计划的各种培训和管理活动，其目标是让员工不断扩大自己的知识范围，提升和发展自己的能力，端正自己的态度和行为。对员工进行培训是使企业员工适应新的发展要求、更快速地胜任当前工作或获取更高职位的重要途径，培训的出发点是企业的生存与发展。

员工培训的种类有很多，主要包括四种：岗前培训、在职培训、专题培训与员工自学。

岗前培训主要针对新入职员工和调职员工。对于前者，培训的主要内容为企业简介、员工手册、人事管理规章制度、企业文化、业务技能、工作要求、工作程序、工作职责等。对于后者，培训的主要内容为新的工作要求、程序、职责与对应的业务技能等。

在职培训主要针对在职员工，其目的在于提高在职员工的工作效率，以更好地协调企业的运作及发展。在职培训的内容由各部门决定，主要包括工作程序、工作流程等。

专题培训是指企业根据自身的发展需要或部门的岗位需求，组织部分或全部员工进行某一主题的培训工作。

员工自学是指员工利用工作以外的时间参加的自费学历教育、自费进修或培训、自费参加职业资格或技术等级考试及培训。对于员工在业余学习时所产生的费用，只要所学内容与企业相关，企业一般都会给予一定比例的报销。

培训管理的主要环节包括培训需求分析、培训实施与管理、培训效果评估。

培训需求分析是培训环节的第一步，能否准确地预测和分析市场真实的需求，在一定程度上直接决定了培训的合理性和有效性，进而对企业的绩效和经营目标的实现产生影响。

传统的培训需求分析一般包括战略层次分析、组织层次分析和员工个人层次分析。

1. 战略层次分析

战略层次分析主要由人力资源部发起，需要有企业管理层或咨询小组的密切配合。企业制定的战略在一定程度上决定了培训目标，如果企业战略模糊，培训目标就难以明确，培训工作就失去了相应的指导方向和评价标准。因此，人力资源部必须对企业的战略目标进行明确，并在此基础上做出可行的培训规划。

2. 组织层次分析

组织层次分析主要是针对企业的目标、资源、环境等因素进行分析，明确企业内部存在的相关问题，并分析培训活动是否是解决问题最有效的方式。在组织层次分析中，最好把企业的长期目标和短期目标作为一个整体来考虑，并考虑可能影响企业目标实现的因素。

3. 员工个人层次分析

员工个人层次分析主要是明确员工当下的实际工作绩效与员工绩效标准和员工技能要求之间是否存在差距以及差距的大小，以为评估培训效果和新一轮的培训需求提供参考。

在培训需求分析过程中，不仅要做好前期的资料收集工作，还要制定相应的调查计划并对调查结果进行分析与总结。一般而言，收集培训需求信息的方法主要有面谈法、重点团队分析法、工作任务分析法、观察法及问卷调查法。

培训计划要想顺利实施，就要注意以下内容：宏观目的、计划实施原则、培训需求、培训目的、培训对象、培训内容、培训时间、培训地点、培训方式、培训组织者、评估方式、备用计划、培训预算和签发人。

培训效果评估是企业培训工作最后也是极为重要的一个阶段。它是通过建立培训效果评估指标和标准体系，对员工培训是否达成了预期的目标、培训计划是否有效实施等进行全面的检查、分析和评估，然后将评估结果反馈给主管部门，以作为后续制定、修订培训计划，以及进行培训需求分析的依据。

常见的培训评估效果信息包括培训内容设置、培训的及时性、培训目标设定的合理性、教材选用与编辑、教师选定、培训时间选定、培训场地选定、培训形式选择、培训组织与管理、受训群体选择等方面。

培训的评估指标有五个：认知成果、技能成果、情感成果、绩效成果和投资回报率。对此，企业不仅需要对来自不同渠道的信息进行汇总归档，还要对一系列数据进行分析，从而得到最后的培训评估结果。

11.1.1.8　职业生涯规划

职业生涯规划是指对员工职业生涯的规划和安排，包括个人计划与组织计划两个层次。从个人计划层次看，每个人都有强烈的愿望和要求去成长、发展，并从现在和未来的工作中得到满足。为了实现这一愿望和要求，人们会不断地追求理想的职业，并希望在自己的职业生涯中得到顺利的成长和发展，从而制定关于自己成长、发展和不断追求满意的计划。从组织计划层次看，职业生涯规划是指组织为了不断地增强员工的满意度并使其能与组织的发展和需要相结合而制定的，使员工个人的成长和发展与组织的需求和发展相结合的计划。

一般来说，制定职业生涯规划就是整合企业现有人力资源的职责和结构，使人力资源各方面相互加强，产生协同效应。

职业生涯规划应该能够满足管理者、员工和组织的需要。一方面，为了建立目标和完善职业规划，个人需要了解自己的知识、技能、能力、兴趣和价值观，并寻找有关职业选择的信息。另一方面，管理者应以反馈的形式向员工提供个人表现、组织工作和职业机会等方面的帮助；而组织则应负责提供任务、政策和计划方面的信息，并支持员工自我评估、培训和发展。当个人的动机与企业提供的机会相结合时，将极大地促进个人的职业发展。

同时，实施职业生涯规划需要具备一些基本的条件，从而为职业机会的开发创造一个有利的环境。职业生涯规划的实施还需要管理层的支持，由管理层确定职业目标、人力资源管理政策，并且在企业内进行广泛的宣传。

11.1.2 衍生维护知识

人力资源管理模块业务逻辑如图 11-1 所示。

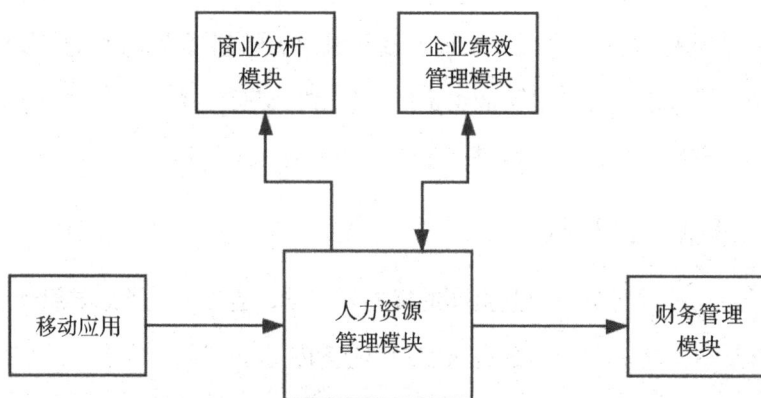

图 11-1　人力资源管理模块业务逻辑

本节以用友 NCV6.5 和 NCV6.3 软件为例，主要介绍在 ERP 软件操作中需要了解的人力资源管理模块下的业务逻辑。其中，商务分析模块包括人力资本分析等内容；企业绩效管理模块包括企业报表和全面预算等内容；人力资源管理模块则包括薪资管理、组织机构管理、人员合同管理、能力素质管理等内容；财务管理模块包括总账、利润中心等内容。

11.1.2.1　组织架构管理

组织架构管理是人力资源管理模块的基础内容之一，ERP 软件可以帮助企业建立完整的组织架构，支持多种组织架构设计模式，可灵活设置各级组织架构、架构间的上下级关系，并且在系统中准确定位每位员工。每次组织架构的调整都有详细的数据及原因记录，方便回溯追踪，还可以通过组织架构管理工具对组织中的部门、职位、职务等信息进行维护，并据此形成汇报关系，构建企业 HR 业务流程。

组织架构管理包括以下三个部分的内容。

（1）部门管理：企业可以对部门架构进行设立和撤销操作，建立无限层级的树形部门架构；可以回顾部门架构的历史记录；可以即时查看组织架构图并直接打印，也可以导出为 HTML 格式。

（2）职务及岗位管理：企业可以对职务及岗位架构进行设计和撤销操作；对岗位编制进行管理；可以为职务及岗位建立说明书；可以实时导出各部门及岗位的人数统计表，以随时了解企业编制情况。

（3）模型化管理：企业可以建立精确的岗位及员工能力素质模型，为人力资源管理各项工作提供量化依据。能力素质模型可基于系统指标库来构建。

组织架构管理是人力资源管理的基础，主要用于构建企业组织体系、职务、岗位体系，其主要内容包括企业建模、组织架构调整、岗位职务体系调整、服务中心模式和组织架构图设置。

1. 企业建模

企业建模是对企业架构进行分析、设计和改造的重要方法，它已经成为现代企业设计和管理自身架构的重要工具。将企业架构模型转换到企业信息系统是网络化形势下对企业建模的新需求，它保证了从模型设计到模型实施的快速性、方便性和一致性。随着各种先进技术的发展，企业建模将受到越来越多的关注。

主流的建模方法有集成计算机辅助制造（Integrated Computer Aided Manufacturing，ICAM）的定义方法（ICAM DEFinition method，IDEF）、基于统一建模语言（Unified Modeling Language，UML）的建模方法、基于业务流程建模标注（Business Process Modeling Notation，BPMN）流程图方法等。IDEF 基本上是静态建模，缺少动态的功

能，很难表达复杂的逻辑关系和非确定的信息；UML 是角色工作流建模，是一种以角色为中心的建模方法，建模重点在角色的交互协作上，在流程的描述上有所欠缺；基于 BPMN 的建模方法借鉴了 UML 的活动图、UML-EDOC 的业务流程图、IDEF 等的技术经验，兼顾了复杂的流程语义和角色交互，为描述和研究复杂系统提供了强有力的手段。BPMN 由一组图形元素构成，便于开发一个简单的、为大多数业务分析人员熟悉的流程图。

企业建模主要涉及人力资源管理知识体系中的工作分析部分和企业文化部分。

用友 NCV6.5 软件进行的企业建模主要包括三个步骤：建立集团业务单元、建立岗位职务体系和集团分步实施 HR 系统。

（1）建立集团业务单元

要建立集团业务单元，就要先建立下属企业业务单元。业务单元通常是一个相对独立的商业实体或利润中心，有自己的整体管理体系。业务单元战略是战略单位在企业总体战略指导下的战略计划，是企业总体战略下的一个子战略，服务于企业的总体目标。

建立业务单元后，以此为基础建立部门单元，从而构建集团行政组织、人力资源组织体系，并构建业务单元内部部门结构。

其中，系统将按照行政组织体系和人力资源组织体系，确定人力资源组织和行政组织的管理关系。如果人事、薪酬、合同业务的管理关系发生了变化，则进行管理范围的设置。

（2）建立岗位职务体系

岗位是指员工在企业中承担一系列工作职责的职位。它是企业的基本单位，一个岗位上可以同时有多人任职，包括销售部经理、人力资源总监等岗位。

职务体系是指不同领域的职位根据其隶属关系和等级构成的职位组合。

企业需要对内部人员的工作、职能进行划分，形成岗位职务体系。具体步骤分别是划分职等、划分职级类别、划分职务类别、建立职务、划分岗位序列、建立基准岗位和其他岗位。

（3）集团分步实施 HR 系统

集团在实施 HR 系统时，应根据项目安排和实际业务需要，分阶段、分批地实施各企业的 HR 系统。

2. 组织架构调整

（1）版本化

由于发展的需要，企业内部需要梳理形成新的组织架构，因此企业会经常进行较大规模的组织架构调整。

在调整组织架构时，应先对人力资源组织体系、行政组织体系进行版本化，保存历史版本的体系后，再进行组织架构的版本化，生成新一版本的组织架构。

解决方案如下。

改变集团的人力资源组织体系，如果需要记录历史架构，则可进行人力资源组织体系版本化操作，在新的版本下再进行组织架构的调整。

同样，也可以进行行政组织体系、部门架构版本化。对于具体的组织和部门，可以进行组织架构版本化、部门架构版本化，并在新版本中进行信息的变更。

（2）组织结构及职能调整

在企业的发展过程中，组织模型在不断地调整，经常会出现组织级别调整、上下级关系变化、组织职能变化等情况，系统需要在产品中进行同步的调整。

组织架构调整完成后，部门、职务、岗位、管理范围等信息的设置可以根据需要通过整合、转移等功能进行调整。

解决方案如下。

（1）调整行政组织结构和组织职能

通过勾选或反勾选组织的人力资源 / 行政职能操作，调整组织的职能。若当前组织有未完成（编写中、已提交、审批中）的业务单据，则无法修改其职能。

在人力资源、行政组织页签中可通过修改上级组织调整集团内组织（业务单元）间的人力资源或行政上下级关系。

（2）部门结构调整

企业可通过系统提供的部门重命名、合并、撤销（反撤销）、单元内转移、跨单元转移等功能来实现部门信息、部门架构的调整，也可直接修改某个部门的上级部门。

企业可在部门子集中查看该部门的变更历史，该页签是不可编辑的。当部门发生变更（如更名、合并、撤销、业务单元内部门转移、跨业务单元部门转移）时，系统会自动记录变更情况。进行部门重命名时，只需录入新部门名称及生效日期，企业可选择是否同步在该部门任职的员工的工作履历，可以直接对部门进行版本化。部门重命名成功后，系统会自动在部门变更历史中添加一条变更记录。

进行部门合并操作时，合并部门下的职位和人员信息将被转移到接收部门；合并过程中采用向导方式，分别需要选择"被合并部门""岗位合并""人员合并"。

部门合并只能是同一企业的两个部门进行合并，不能跨企业进行；在进行部门合并的过程中，企业可选择是否在被合并部门任职的员工的工作履历中增加一条变更记录；部门合并成功后，系统会自动在部门变更历史中增加一条变更记录。

进行业务单元内部门转移时，系统会将一个部门及其下面的岗位、人员信息全部移到本组织中的接收部门下面。转移后，部门名称、岗位、人员都不发生变化。

进行跨业务单元部门转移时，系统会将一个部门及其下面的岗位、人员信息全部移到另一组织下面。若在新业务单元中存在与要转移部门名称相同的部门，则要修改转移后部门的名称；若在新业务单元中存在与要转移岗位名称相同的岗位，则要修改转移后岗位的名称。

3. 岗位职务体系调整

组织架构发生变化后，经过梳理的企业岗位职务体系也会进行相应的调整，这类似于岗位的合并转移。

解决方案如下。

（1）针对职等、职务类别、职务、岗位序列、基准岗位进行档案调整：修改职等、职务类别、职务、岗位序列、基准岗位，支持复制以及停用、启用功能。

调整基准岗位信息后，系统会提示基准岗位信息是否同步引用。

（2）岗位调整：对岗位进行重命名操作时，可以选择是否同步该岗位员工的工作履历。岗位重命名成功后，系统会自动在岗位变更记录中添加一条变更记录。

对于不再使用的岗位，可以对其进行岗位撤销操作；若该岗位的下级岗位未被撤销，或者该岗位下有当前有效的任职人员，则该岗位不能被撤销。

岗位合并：被合并岗位自动撤销，在"岗位变更历史"子集中会自动记录岗位合并情况；被合并岗位下人员的最新任职开始日期为岗位合并生效日期当天，前一条任职记录的任职结束日期为"岗位合并生效日期 –1"。

（3）业务管理范围设置：支持各级人力资源组织分别设置业务管理范围，系统可按人事管理、合同管理、薪酬管理、招聘管理为人力资源组织设置业务管理范围，设置时可按组织、部门指定管理对象。

解决方案如下。

"管理范围设置"页签用于设置人力资源业务委托关系，在"管理范围浏览"页签的列表中显示的是人力资源组织管理范围设置的内容。

具体人员的业务委托关系按照"明细优先、最近优先、显式优先"的原则确定。

系统支持设置组织（业务单元）、部门与人力资源组织间的业务委托关系，也支持设置人员与人力资源组织间的业务委托关系。

组织和部门的业务委托在"组织机构管理"—"组织管理范围"节点中设置；人员的业务委托在"人员信息管理"—"员工管理范围"节点中设置。

4. 服务中心模式

为提高人力资源管理的专业程度，系统支持集团设立统一的人力资源服务中心，负责集团的人力资源管理事务。

人力资源服务中心只负责若干具体业务，与各企业的人力资源部共同管理人力资源事务。

解决方案如图 11-2 所示。

具有人力资源管理职能的业务单元可作为共享服务中心，为集团内的行政单元提供相应的人力资源服务，人事业务、合同业务、薪酬业务、招聘业务等可分别委托给不同的服务中心处理。

在"组织管理范围"节点，集团可进行组织、部门的人事、合同、薪酬、招聘业务委托，选择不同的人力资源组织，进行人力资源业务管理范围的划分。

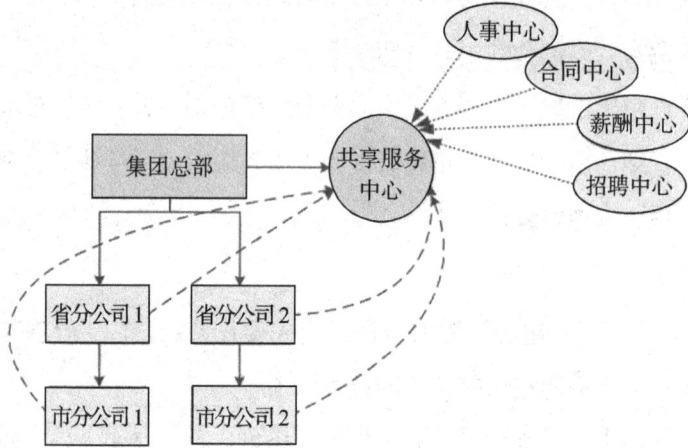

图 11-2 解决方案

5. 组织架构图设置

在日常管理过程中，人力资源管理专员需要经常查看集团/组织/部门/岗位的架构图，查看组织/部门/岗位的层级关系。在组织架构图中可以查到相应的岗位信息及人员信息。

解决方案如下。

基于组织、部门、岗位信息，系统支持生成包含组织/部门/岗位的集团级或人力资源组织级的架构图，架构图可以保存，可以按 visio 格式导出，也可以按图片导出。

组织架构图为集团、组织两级应用。

最大节点数（生成选项）：为保证组织架构图的生成效率，系统提供了最大节点数的设置，即生成的组织架构图中所能包含的最大总节点数，若超过了这一限制，某些组织将显示"不完全"。

初始展开层数（生成选项）：用于设置组织架构图默认展开层级数，比如默认展开为 5 级，但实际组织架构共有 10 级，则在生成的组织架构图中后 5 级是收缩起来的，通过点击才能完全展开。

若对已生成的历史组织架构图进行图形调整，或者对显示项目进行调整，调整后保存时，系统会提示"替换原记录"，这里的保存是覆盖式保存，不支持另存为。

支持导出 visio 格式文件，也可按图片（jpg、png 等格式）导出。

系统会按指定日期对应的组织体系版本生成历史组织架构图，若未录入日期，则按当前组织体系结构进行输出。

同时，用友 NCV6.5 软件在企业建模方面具有动态建模的功能。在当前经济结构调整、产业梯度转移速度加快的背景下，集团企业若想抓住全球洗牌所带来的机遇，就必须率先迈出业务扩张和创新升级的步伐。"成长"将成为现代企业未来发展的关键词。

用友 NCV6.5 软件的动态建模功能是以业务过程模型为驱动，为企业提供一个可连续变化的软件框架结构，使企业的管理发生变化时，相应的企业模型也能发生改变，新的应用流程及业务模式能与企业最新业务要求快速匹配，并且整个过程是在不需要修改程序代码及重新部署软件的情况下完成的，减少了系统的复杂性，增加了系统的应用柔性，从而提高软件对企业业务变化的适应能力，达到企业随需而变的目的。

用友 NCV6.5 软件的动态建模功能对集团企业的组织变革、流程优化、集团管控优化、资源权限动态管理提供了平台层面的解决方案：一方面可以满足成长型集团企业的需求，为集团企业提供适合当前业务管理要求的 IT 解决方案；另一方面可以帮助集团企业在成长过程中根据需求不断增加应用，并随时将管理创新的需求落实到系统流程中进行修改、调整，从而支撑适合自己的商业创新模式。在此过程中，用友 NCV6.5 软件为企业的发展变革提供了最适合的 IT 支持，并减少了企业运营中 IT 系统的管控风险。

11.1.2.2 合同管理

常见的合同包括劳动合同、采购合同、销售合同及其他合同。

合同管理中的一些常见问题如下。

（1）合同文字不严谨。不严谨就是不准确、不精确，可能发生歧义和错误的理解，导致合同难以实施或引起争议。依法订立的有效的合同，应当体现合同双方的真实意愿。而这种体现只有靠准确、明晰的合同文字实现。

（2）只有从合同而没有主合同。主合同是指能够独立存在的合同。从合同是指以主合同的存在为前提才能成立的合同。没有主合同的从合同是无根据的合同，是"无源之水"，而"无源之水"是不存在的。

（3）合同条款不全面、不完整，有缺陷、有漏洞。有些合同只讲客户喜欢听的话，只讲正面积极的，不讲反面消极的，一旦违约情况出现，在合同中无法看到如何处理违约行为的一些条款。

（4）合同签订后没有进行合同交接。许多企业对合同的签订非常重视，然而在签订合同后，往往会对合同分析和合同披露不够重视，甚至忽视了这项工作，合同签订与合同执行脱节，导致合同常常被锁在文件柜或项目负责人的抽屉里，其他人员只知道其相关的职责，但是对于合同的总体情况了解很少，甚至完全不了解，这给日后的合同纠纷埋下了隐患。

（5）在合同履行过程中忽视变更管理。在合同履行过程中，合同变更是一件正常的事情，问题在于非常多负责履约的管理者缺乏及时变更的意识，应变更合同的没有变更，从而造成损失。合同变更包括合同内容变更和合同主体变更两种情况。合同变更的目的是通过对原合同的修改，保证合同得到更好的履行。

合同管理的应用场景包括合同变更、合同预警、合同业务控制等。

1. 合同变更

在某些情况下，因为业务情况的变化，不得不对正在执行的合同进行变更。

在系统中，可以变更的合同必须处于合同未关闭及未冻结的状态。

合同可进行多次变更，企业应对每一次的变更进行查询跟踪。

合同变更支持走不同的审批流。

解决方案如下。

（1）合同生效后，如果需要修改合同，可以使用合同变更功能，单击"执行"菜单下的"变更"，对合同内容进行变更，保存后形成新版本的合同，同时在变更历史页签中生成一个变更记录（包括变更人、变更原因、变更日期等内容），以备查考。

（2）合同每次变更后都会形成新的版本，可以通过"辅助功能"—"变更历史"进行细节查询。

（3）合同变更后支持走审批流，并且支持与非变更的合同走不同的审批流。变更后的新版本合同的初始状态为自由状态，旧版本合同仍然是生效状态，自由态的新版本合同支持提交走审批流，也可以直接审核通过。

审核通过的新版本合同可以手工点击生效，也可通过后台任务自动生效，此时旧版本合同自动终止。

审批不通过的新版本合同可以继续通过"修改"按钮变更，也可通过"删除"按钮删除。

审批为驳回的新版本合同，经修改后可重新提交审批流。

在"查询条件"中增加查询条件：最新版本、生效版本、所有版本。

一个合同只能有一个正在变更的版本。

2. 合同预警

对于合同的预警业务，目前系统预置了几种最为常用的功能，可以通过"企业建模平台"—"系统平台"—"预警平台"进行查看和进一步设置。

3. 合同业务控制

合同除了作为后续业务单据的参考标准之外，还可以对后续业务单据的执行进行控制。

11.1.2.3 薪酬管理

薪酬管理是指企业在自身经营战略和发展规划的指导下，综合考虑各种内外部因素的影响，确定自身的薪酬水平、薪酬结构和薪酬形式，并进行薪酬调整和薪酬控制的全过程。

薪酬水平是指企业内部各类岗位和整个企业的平均薪酬，它反映了企业薪酬的外部竞争力。薪酬结构是指企业内部各个职位薪酬之间的相互关系，它反映了企业薪酬的内部一致性。薪酬形式是指在员工和企业总体的薪酬中，不同类型的薪酬组合方式。薪酬调整是指企业根据内外部各种因素的变化，对薪酬水平、薪酬结构和薪酬形式进行调整。薪酬控制是指企业对支付的薪酬总额进行测算和监控，以维持正常的薪酬成本，避免给企业带来过重的财务负担。

不同的薪酬形式适应不同企业的不同管理需要，即使是在同一企业中，由于不同部门与不同生产环节有不同的特点，往往也需要采取不同的薪酬管理办法。但是每个企业作为一个统一的经济组织，薪酬管理又必须具有统一性，只有这样才能使薪酬管理成为企业经营管理体系的有机组成部分。一个企业的薪酬管理体系是否健全、合理，关系到企业能否获得合适的人员，能否有效地调动员工的工作积极性，对企业的竞争力和生存发展具有十分重要的意义。薪酬管理直接涉及企业内部的利益关系处理，包括员工与其他利益主体的关系，以及员工内部相互之间的关系。在现代企业中，进行薪酬管理的目的是建立有效的约束激励机制，实现企业与员工之间的双向促进，实现二者的共同发展。

1. 薪酬管理体系的制定

薪酬管理体系的制定一共涉及三个方面：管控模式、薪酬标准和发薪方案。

（1）管控模式

薪酬管理的管控模式可分为集中管理模式、垂直管理模式、分权管理模式和共享服务中心模式。

在集中管理模式下，集团总部负责制定集团内各组织的薪酬制度，对于薪酬核算业务，可由集团处理，也可由各组织自行处理。

在垂直管理模式下，集团总部制定集团的薪酬管理制度，各组织可根据集团薪酬管理制度的要求，制定符合组织要求的薪酬管理制度，并对组织内非关键人员进行相应的业务处理。

在分权管理模式下，集团总部只针对各下级组织制定一系列的指导方针，具体的薪酬管理制度由各组织单独制定，并对组织内的人员进行相应的业务处理。

在共享服务中心模式下，集团需要在内部建立薪酬管理的共享服务中心，薪酬管理制度由集团总部建立，各组织的薪酬核算业务则委托共享服务中心统一处理。

确定组织的管控制度后，可以根据组织管控制度的要求在"产品"节点中进行管控模式设置。

管控模式设置主要是通过组织管理范围和员工管理范围的设置来实现的。

在不同的管控模式下，不同的人员有不同的薪酬制度和标准，这项业务是通过设置不同的薪酬方案来实现的。

针对不同的管控模式，具体的实施方案均有所不同。

对于集中管控模式，首先，集团需要统一设置基础薪酬；其次，集团设置公共薪酬项目节点，不允许各组织增加自有的公共薪酬项目；最后，集团统一制定薪酬方案，并分配给各组织使用，或者通过管理范围的设定，将各组织的薪酬业务统一委托集团总部处理。

对于垂直管理模式，无论是集团还是各组织都可以设置基础薪酬；各组织根据管理要求制定各自的薪酬方案；同时，通过"员工管理范围"将下级组织关键人员的薪酬业务委托集团总部统一核算；最后，各组织其他人员的薪酬业务仍由各组织按照行政组织制度进行核算。

各组织的分权管理模式和薪酬体系由各组织制定；各组织按行政体制所有权办理管理范围内人员的薪酬业务。

对于共享服务中心模式，企业应在建模时建立薪酬业务的共享服务中心，各组织的薪酬业务通过"组织管理范围"统一委托共享服务中心处理。

（2）薪酬标准

薪酬标准是指组织根据市场薪酬水平和本组织的薪酬制度制定的人员薪酬等级标准。

根据薪酬等级所对应的金额水平，薪酬标准可分为宽带薪酬标准和非宽带薪酬标准。

根据是否划分相同的薪酬水平，薪酬标准可分为单级薪酬标准和多级薪酬标准。

解决方案如下。

组织可设定薪酬标准的薪酬项目为公共薪酬项目中勾选了"纳入薪酬体系"的薪酬项目（见图11-3）。

系统支持设定集团和组织两级薪酬标准，集团制定的薪酬标准可以被本集团内所有组织使用，而组织制定的薪酬标准只能本组织使用。

根据薪酬等级是否分档，薪酬标准可分为单档薪酬标准和多档薪酬标准，多档薪酬标准需要勾选"多档"选项。

根据薪级、薪档所对应的金额来确定数据或宽带范围时，薪酬标准可设置为宽带薪酬和非宽带薪酬，宽带薪酬标准需要勾选"宽带薪酬"选项。

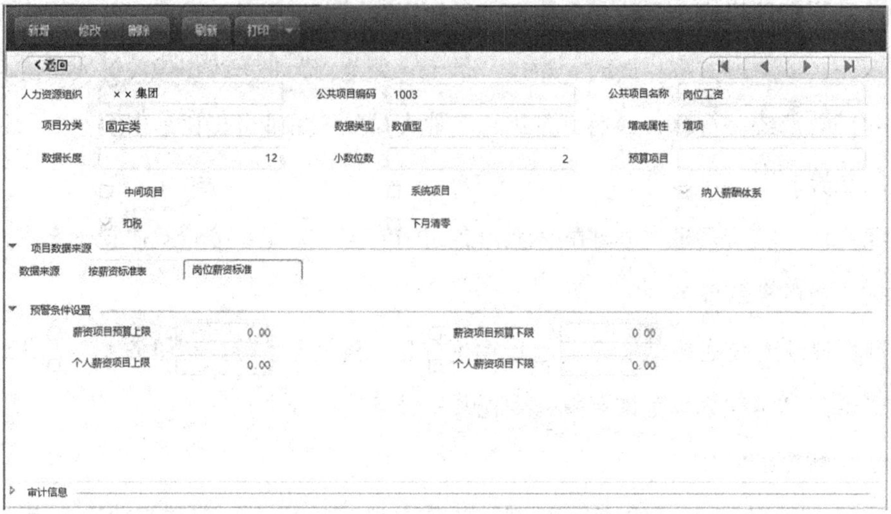

图 11-3　薪酬体系薪酬项目

"级别人员属性""档别人员属性"用于设置薪级、薪档对应的人员属性。例如，在"级别人员属性"设置为岗位序列、"档别人员属性"设置为学历的情况下，人员的薪级是根据人员的岗位序列来确定的，人员的薪档是根据人员的学历来确定的。

设置"级别人员属性"和"档别人员属性"后，需要设置"级别人员属性设置"和"档别人员属性设置"页签的内容，比如在"级别人员属性设置"和"档别人员属性设置"页签中，需要设置不同的岗位序列所对应的具体薪级，以及不同学历所对应的具体薪档。

经过级别人员属性设置和档别人员属性设置后，在定薪或调薪时，系统会根据人员的属性自动匹配其定酬、调薪标准。

薪酬标准表是根据薪级、薪档的定义自动生成的二维表，薪酬标准表需要通过版本操作来进行维护，无效的薪酬标准表在设置和调整工资时不能参考。

系统支持多个版本的薪酬标准表，但是有效的薪酬标准表只能有一个。

需要注意的是，薪酬标准表在未生效之前可以进行"修改"操作，一旦薪酬标准表生效，就不能再执行"修改"操作了。

一个薪酬项目可以对应多个薪酬标准。

（3）发薪方案

不同的人员适用不同的薪酬标准、薪酬规则、发薪项目，因此，在进行业务核算时，不同的人员需要在不同的薪酬方案中处理业务。

由于管控的需要，集团需要制定统一的薪酬方案，并将其分配给相应的核算组织。

由于授权的需要，集团需要制定不同的薪酬方案。

由于发薪期间的不同，集团需要制定适用于不同发薪期间的薪酬方案。

由于发薪币种的不同，集团需要制定不同发薪币种的薪酬方案。

薪酬发放设置流程如图 11-4 所示。

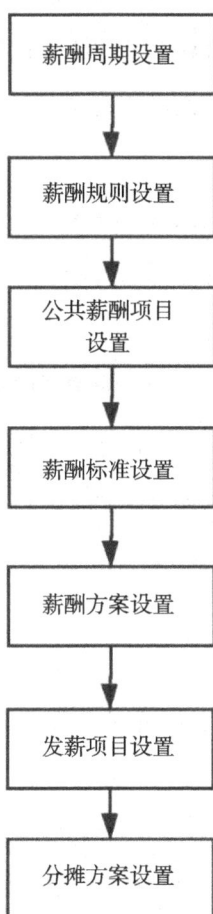

图 11-4　薪酬发放设置流程

流程说明如下。

在制定薪酬方案前，应先确定薪酬周期。

如果不按照薪酬规则发放薪酬，则不需要制定薪酬规则。

如果薪酬不按照具体的薪酬标准发放，则不需要设定薪酬标准。

解决方案如下。

在制定薪金计划之前，组织需要制定一个薪金期。一个薪金计划只适用于一个薪金期。

在集团统一控制模式下，可以在集团内部制定统一的薪酬方案，然后分配给各组织。

在"薪酬支付项目"节点中设置薪酬方案所需的薪酬支付项目及其数据源。

薪酬发放项目可以是集团或组织设定的公共薪酬项目，也可以直接添加到"薪酬发放项目"节点中。

当使用不同的薪酬方案计算不同人员的薪酬时，可以通过薪酬方案中的薪酬计算规则进行设置。系统支持根据机构属性、部门属性、人员类型属性、岗位等级属性、岗位顺序属性、关键人员群体属性等制定薪酬方案的薪酬计算规则。

薪酬制度制定完后，薪酬文件将根据薪酬制度确定薪酬方案的人员范围。

需要注意的是，由于薪酬支付币种和税率表使用的税币可能不同，薪酬方案的会计币种和税币也可能不同，可以根据实际情况设置。

2. 薪酬预算管理

（1）预算制定

预算制定是指根据各组织的预算管理要求制定各组织的预算管控模式，并根据历史预算数据及组织的销售规模、人员编制情况等因素对集团内各组织的人力成本进行预测，并下发到各组织按照预算数据控制人力成本的过程。

在用友 NCV6.3 软件中，有以下四种人力成本的管控模式。

① 统一管控：各组织的年度或月度预算数据由集团总部制定，各组织根据集团总部发布的预算数据，在预算范围内计算并支付薪酬。

② 逐级管控：根据行政组织的级别，由上级组织制定下级组织的年度或月度预算，下级组织根据上级组织发布的预算数据，在预算范围内计算并支付薪酬。

③ 本级控制：每个组织的预算都是自己制定的，各组织根据预算数据，在预算范围内计算并支付薪酬。

④ 自定义权限控制：预算的制定没有规则，组织可根据实际情况确定预算编制单位，被管理单位根据预算编制单位的预算数据，在预算范围内计算并支付薪酬。

解决方案如下。

薪酬预算的管控模式由人力资源成本规划的参数决定。

"人力资源成本规划"—"预算项目档案"节点的业务属性为薪酬预算项目用于薪酬管理的预算制定及控制。

年度预算项目制定完成后，在"薪酬管理"—"基础设置"—"预算项目构成"节点设置年度预算项目汇总统计的公共薪酬项目数据。

在"公共薪酬项目"节点中，还能够选择包含在公共薪酬项目中的预算项目。

通常来讲，组织应在预算项目构成节点内统一设置预算项目的构成。如果组织需要增加更多的公共项目，建议设置预算项目的构成。

薪酬项目必须包括预算项目，预算项目可以通过参数来控制。当一个组织添加一个公共薪酬项目时，系统必须选择一个预算项目。

需要注意的是，薪酬预算的管控模式应在人力资源成本规划的参数中进行设置。

预算项目的预警与薪酬发放项目当中的预警信息无关，薪酬发放项目当中的预警设置只针对特定的薪酬方案和薪酬项目，预算数据的预警信息则针对组织内所有的发薪数据。薪酬预算节点仅控制单位预算和部门预算。

（2）预算控制

预算控制是指在日常薪酬核算过程中，组织将分配数据控制在既定的预算范围内。

如果实际分配超出了预算范围，则需要根据组织是否严格按照预算控制分配来确定组织的预算是否可以继续分配。

如果允许超出预算，则组织可以计算超出预算支付的薪酬。

如果不允许超出预算，则需要组织申请增加预算，并按照新的预算金额进行薪酬的核算和发放，或者调整薪酬预算范围，调整后在预算范围内进行薪酬的核算和发放。

解决方案如下。

在"薪酬管理"—"薪酬核算"—"薪酬发放"节点中进行"审核"操作时，系统会根据预算项目构成情况，以及单位预算、部门预算数据进行检验。

如果预算项目的管控方式被设置为"严格控制"，当实际分配数据超过预算时，系统会给出预警提示，不允许继续进行"发放"操作。

在上面的情境中，如果组织要进行后续的流程，可以通过以下两种方式实现：① 修改超预算部门或单位人员的实际发放数据；② 通过增加单位预算和部门预算的版本来实现。

如果预算项目的管控方式被设置为"不严格控制"，当实际分配数据超过预算时，系统会给出预警提示，但允许继续执行"发放"操作。

3. 薪酬核算流程

不同时期人员的薪酬项目不同，薪酬专员需要根据薪酬要求随时调整薪酬项目。

若发生人事变动，薪酬专员需根据人事变动情况及时维护薪酬档案的人事及相关信息。

在日常薪酬核算过程中，需要进行薪酬的核算、审核、审批、支付、银行报价等日常工作。

当与财务和管理会计相结合时，需要将薪酬会计数据转移到总账和责任会计中进行成本的回收和分配。

流程说明如下。

存在补发业务时才需要进行薪酬补发操作，补充支付数据需要积累到薪酬支付中进行核算和支付。

薪酬发放数据经批准后才能发放。

在准备月末凭证时，需要对工资计划进行成本分摊。

解决方案如下。

（1）薪酬核算流程

普遍来讲，一年内薪酬项目不会有很大的调整，通常是临时调整。

日常发薪主要是维护薪酬档案信息和薪酬发放信息。

如果薪酬方案中设置了计薪规则，当企业打开"薪酬档案"节点查询人员信息时，系统会根据计薪规则的设置弹出周期内发生了变动的人员信息，比如符合薪酬总额规则但未添加到工资文件的人员，或者已经改变但不符合当前相关薪酬规则的人员。

薪酬补发设置流程如图11-5所示。

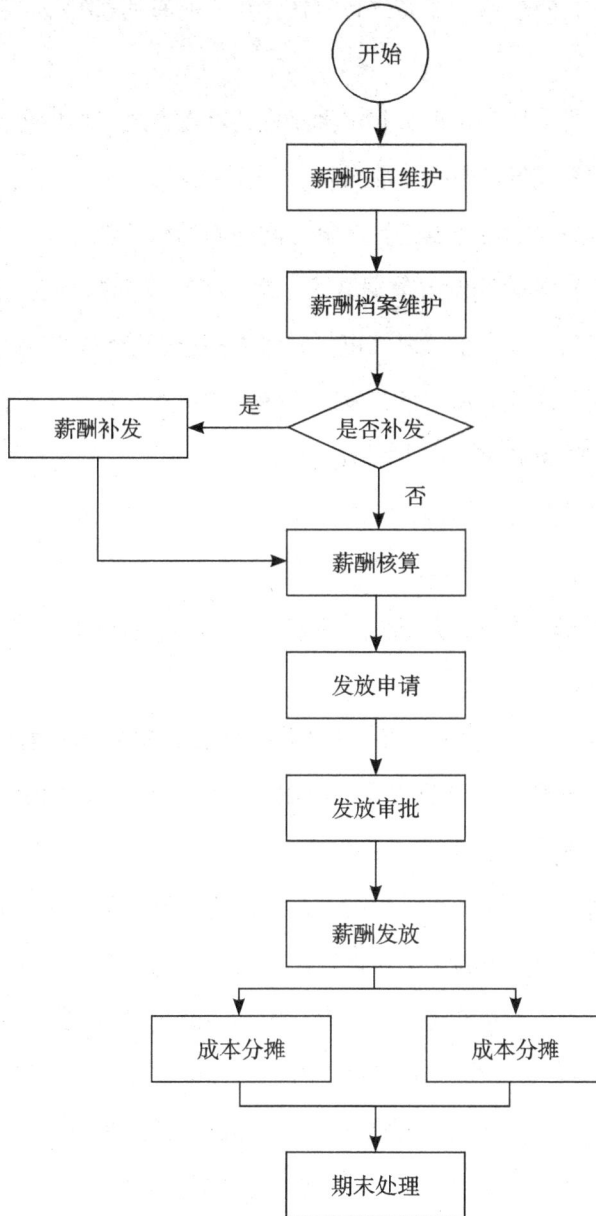

图 11-5　**薪酬补发设置流程**

同时，企业也可以通过"薪酬档案"节点的"变动人员"按钮，主动查询一定时间内的变动人员信息，包括新进人员、离职人员、兼职开始人员、兼职结束人员等。

"薪酬发放"节点主要用于维护手工输入发薪项目的薪酬发放数据。

薪酬发放数据维护完毕后，需要进行审核操作，所有的薪酬发放数据经审核通过后才可以提交审批人员审批。

薪酬发放数据审批支持直接审批和审批流程，审批方式根据参数设置。

只有通过批准的薪酬发放数据才能发布。

只有在发放薪酬后才能对数据进行薪酬分配和周期结束处理。

在发放薪酬后，如果薪酬发放数据有误，组织可以反向执行上述操作：取消付款；然后由付款申请的最后一个审批人取消审批并将文档返回给创建者；由支付应用程序的创建者删除支付应用程序并取消审批，发布薪酬发放数据，再次进行修改等维护操作。

如果已执行周期结束处理，请先取消关闭。

如果已经执行过薪酬分配操作，组织需要先取消薪酬分配文件。

（2）薪酬数据维护

薪酬数据维护有三点内容：薪酬变动取值方式、时点薪酬中基准日期的确定方式和对个别薪酬项目的调整。

对于薪酬变动值的选择方法，薪酬发放项目的数据来源为其他数据源／薪酬／定调资档案时，可选择"薪酬变动取值方式"。ERP 系统支持三种薪酬变动取值方式：时点薪酬、原发放金额、现发放金额。

选择时点薪酬时，在"薪资发放"节点的"时点薪酬"界面可以查询到当前期间该项目发生过定调薪的人员，并按照人员的定调薪时间分段计算人员的发薪数据。

选择原发放金额时，人员在当前期间存在定调薪时，发薪数据取其调薪前的数据。

选择现发放金额时，人员在当前期间存在定调薪时，发薪数据取其调薪前的数据。

需要注意的是，如果需要系统自动计算时点薪酬，薪酬发放项目的数据选择其他数据源／薪酬／定调资档案，薪酬变动取值方式选择"时点薪酬"。

薪酬设置操作如图 11-6 所示。

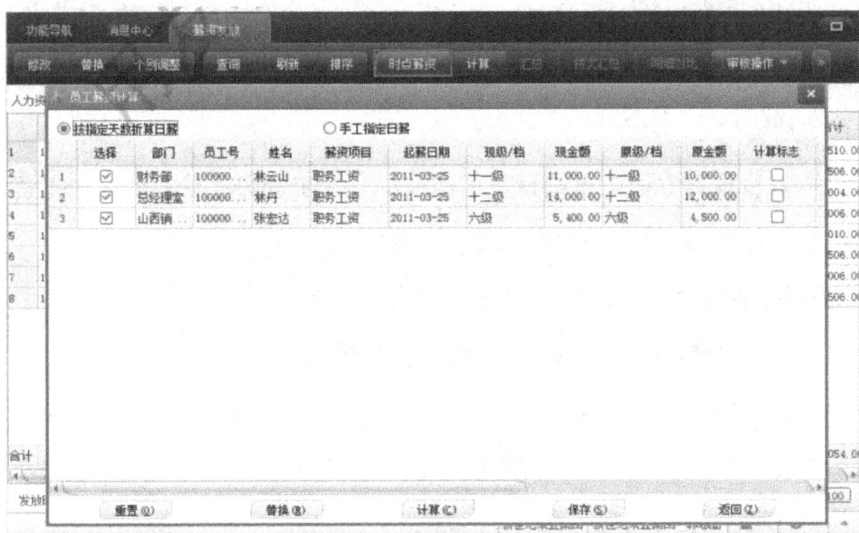

图 11-6 薪酬设置操作

组织也可以通过自定义薪酬项目的方式实现时点薪酬的计算。在该方式下，薪酬发放项目的数据来源选择其他数据源／薪酬／定调资档案，薪酬变动取值方式选择"原发放金额"和"现发放金额"，基准天数、调薪前天数和调薪后天数也需要自行定义。

对于时点薪酬中基准天数的确定方式，薪酬变动取值方式为"时点薪酬"时，在"薪酬发放"节点，时点薪酬界面的基准天数和调薪前、调薪后天数根据参数"时点薪酬调薪天数取值方式"确定，系统提供三种选择：薪酬期间天数、薪酬期间计薪日天数、考勤期间计薪日天数。

选择"薪酬期间天数"时，时点薪酬的基准天数和调薪前、调薪后天数不考虑周末与排班情况，取日历当中的薪酬期间天数。

选择"薪酬期间计薪日天数"时，时点薪酬的基准天数和调薪前、调薪后天数考虑周末与节假日天数，取工作日历当中薪酬期间的计薪日天数。

选择"考勤期间计薪日天数"时，时点薪酬的基准天数和调薪前、调薪后天数考虑排班与节假日情况，取工作日历当中薪酬期间对应考勤期间内的计薪日天数。

对于个别项目的调整，薪酬项目的数据来源为公式时，按照公式计算出人员的发薪数据后，组织可能会对计算结果进行适当的调整。

在该场景下，可在"薪酬发放"节点执行"个别调整"操作，对于调整过的数据，需要重新执行"计算"操作，经计算后，执行过个别调整薪酬项目的值会用不同颜色的字体标示出来。

（3）个人所得税

在个人所得税核算方面，系统预设了四种税率：工资收入代扣代缴、工资收入代缴、劳动报酬收入代扣代缴、劳动报酬收入代缴。

系统支持预扣税和实缴税两种扣税核算方法。

个人所得税的扣减方法和适用税率表保存在工资档案中。

如果对人员进行额外费用扣减或税款扣减，相关信息也保存在工资档案中。

在"工资支付"节点中计算个人所得税时，根据工资档案中个人的扣税方法、税率表等扣税信息计算个人所得税。

当一段时间内多个工资或多个工资方案合并进行纳税计算时，系统会根据工资单进行合并纳税计算。

通过"离职工资结算"节点计算离职人员的工资时，如果已存在核定的工资数据，系统将自动进行合并纳税计算。

对于补充支付数据的抵扣方法，按照工资方案中规定的抵扣方法进行处理。

工资支付数据经审批通过后，可在"个人所得税"节点中按国家规定的纳税申报项目进行月度个人所得税申报。

需要注意的是，在支付工资或多次计算合并税时，扣税方法必须与适用税率表一致，否则合并税计算数据不正确。

如果预扣税和应纳税需要合并计算税款，则不能通过合并计算税种来实现。建议在"薪酬方案"节点中获取税后或税前数据。

月度工资和年终奖金的个人所得税的计算方法不同。组织可通过设置工资发放项目的公式来实现。在设定公式时，可选择不同的抵税功能，实现月度工资、年终奖金的抵税核算。

系统支持按固定税率核算个人所得税，但税率表需要组织根据情况制定。

在"个人所得税"节点生成报告之前，组织需要先设置相关项目。

对于年度个人所得税申报表，在"个人所得税申报表"节点中设置年度个人所得税申报表的项目来源。

汇总项目由集团设定，汇总项目中包含的薪酬方案由各组织设定。

集团可以设置个税申报表各项目的数据来源，各组织可以根据自己的实际情况进行修改。

设置个人所得税申报表的数据源后，可以在"个人所得税申报表"节点中生成年度个人所得税申报表。

年度个人所得税申报表生成后，员工可以在员工自助服务中查询和下载自己的年度个人所得税申报表。

（4）银行报盘

报盘也叫报价，是指卖方主动向买方提供商品信息，或者是对询盘的答复，是卖方根据买方的来信向买方报盘，其内容包括商品名称、规格、数量、包装条件、价格、付款方式和交货期限等。银行报盘则是针对组织内部当月发放薪酬人员的银行信息的汇总，包括身份证号码、工资卡号码、工资额等。

在薪酬核算的银行报盘环节，组织内的所有员工一般都使用同一家银行的银行卡作为工资卡，通常员工只使用一张银行卡。

在一些机构，不同的工资卡用于发放不同的工资卡项目，因此在给银行的工资卡报告中需要导出报盘文件（见图 11-7）。

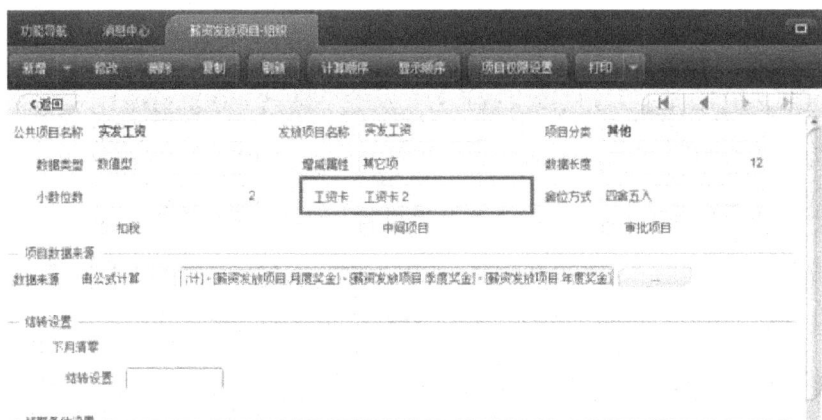

图 11-7　工资卡设置

对于薪酬发放项目，在系统中的操作方式如下。

在"动态建模平台"—"基础数据"—"人员信息"—"个人银行账户"中维护人员的工资卡信息。

系统支持同一个人员拥有三张工资卡信息，分别标识为"工资卡1""工资卡2"和"工资卡3"。

在"人力资本"—"薪酬管理"—"薪酬核算"—"薪酬档案"中可同步显示人员的工资卡信息。

在"人力资本"—"薪酬管理"—"发放设置"—"薪酬发放项目"节点可选择发薪项目的代发工资卡是"工资卡1"还是"工资卡2"或"工资卡3"。

在"人力资本"—"薪酬管理"—"薪酬核算"—"银行报盘"节点可设置不同银行的报盘格式。

工资数据核算结果经确认后，可按照"人力资本"—"薪酬管理"—"薪酬核算"—"银行报盘"节点设置的报盘格式导出不同银行的报盘文件。

需要注意：

① 报盘格式按照银行类别进行设置；

② 系统最多支持同一人员拥有三张工资卡信息；

③ 报盘文件中的金额是根据薪酬发放项目对应的工资卡导出到相应的报盘文件当中的。

（5）银企直联

银企直联系统是通过互联网或专线连接，将企业的财务系统与银行综合业务系统实现对接，企业无须专门登录网上银行，便可以利用自身财务系统自主完成对其银行账户（包括分公司银行账户）的查询、转账、资金归集、信息下载等，并在财务系统中自动登记账务信息，免去了以往财务系统、网银系统两次录入指令的过程，提高了工作效率，确保了企业财务系统与银行综合业务系统账户信息的一致性。

在用友NCV6.5软件的系统中，银企直联相关操作如下。

在"动态建模平台"—"基础数据"—"人员信息"—"个人银行账户"节点维护人员的工资卡信息。

在"人力资本"—"薪酬管理"—"发放设置"—"薪酬发放项目"节点确定薪酬发放项目的工资卡。

在"人力资本"—"薪酬管理"—"薪酬项目核算"—"薪酬项目档案"节点同步人员个人银行账户当中的工资卡信息,并可通过"账号维护"功能维护人员的银行账户信息。

在"人力资本"—"薪酬管理"—"薪酬核算"—"薪酬发放"节点维护人员的薪酬发放数据。

发薪数据经审核、审批通过后,在"人力资本"—"薪酬管理"—"薪酬核算"—"银行报盘"节点执行"银企直联"功能,选择需要进行结算的薪酬方案和薪酬期间,执行"传递数据"后生成工资清单。

在"资金管理"—"银企直联"—"工资清单"节点查询生成的工资清单,经审批通过后生成付款结算单。

在"资金管理"—"现金管理"—"付款业务"—"付款结算录入"节点查询付款结算单,补录信息后提交。

在"资金管理"—"现金管理"—"付款业务"—"付款结算管理"节点查询提交的付款结算,经审批通过后执行付款。

需要注意的是,人员的工资卡信息必须完整才能够生成工资清单;在"薪酬发放"节点执行"发放"操作之后才能够执行"银企直联"操作,向资金管理传递工资清单。

(6)薪酬分摊

薪酬分摊是指将实际发生的需支付给销售、管理、生产等各个部门的薪酬总额,分配到"生产成本""制造费用""管理费用""销售费用"甚至"应付福利费"中的过程。

在用友 NCV6.3 软件中,薪酬分摊分为两种:财务会计分摊与责任会计分摊。

①对于财务会计分摊,应先在"动态建模平台"—"会计平台"当中进行成本分摊的相应设置,在薪酬方案中可设置相应的财务组织,此设置主要用于财务关账时检查对应的薪酬方案是否在结账时使用。

在薪酬档案中设置人员的财务组织、财务部门,系统默认自动匹配人员的任职组织和任职部门所属的财务组织和财务部门,对此企业可以进行修改。

设置分摊方案时，如果没有设置分摊条件，系统会按照薪酬档案中人员的财务组织来收取成本。

如果某类人员的薪酬发放数据需要分摊到不同的财务组织当中，则分摊方案必须设置分摊条件，系统支持按比例或按发薪项目将人员的薪酬分摊到不同的财务组织。

如果财务核算时需要按照人员类别或部门进行辅助核算，则分摊方案中的影响因素页签需要进行设置。

需要注意的是，财务组织存在着默认的匹配规则，如果人员所在的组织是财务组织，则其财务组织与部门分别就是其任职组织和部门；如果人员所在的组织不是财务组织，则其财务组织是任职组织的所属公司，财务部门为空白，需要用户选择。

如果使用薪酬项目作为影响因素，需要先在"影响因素定义"节点将薪酬项目设置为影响因素项目，设置分摊方案时勾选"使用基准项目影响因素"。

设置财务会计分摊方案时，需要在"分摊方案"节点选中左树当中的"财务会计分摊方案"后再进行设置（见图11-8）。

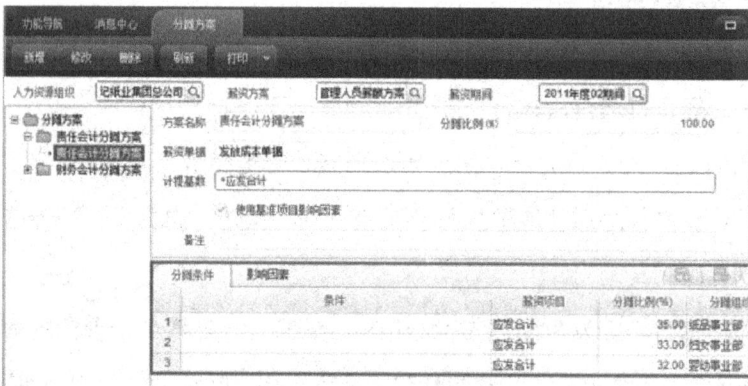

图11-8　分摊条件设置

②对于责任会计分摊，也需要在会计平台中进行成本分摊的相应设置。薪酬档案中可设置人员的成本中心、成本部门，系统默认按照人员的任职组织和任职部门所关联的成本中心和成本部门自动进行匹配，企业可以进行修改。

设置分摊方案时，如果没有设置分摊条件，系统按照薪酬档案中人员的成本中心进行成本的归集。

如果某类人员的发薪数据需要分摊到不同的成本中心当中，则分摊方案必须设置分摊条件，系统支持按比例或按发薪项目将人员的薪酬分摊到不同的成本中心。

如果责任会计在核算时需要按照人员类别或部门进行辅助核算，则需要对分摊方案中的影响因素页签进行设置。

需要注意的是，成本中心默认匹配规则，即若人员的任职部门关联了成本中心，则其成本中心为任职部门所关联的成本中心，成本部门为任职部门；若人员的任职部门没有关联成本中心，则成本中心和成本部门为空，需要企业选择。

如果使用薪酬项目作为影响因素，需要先在"影响因素定义"节点将薪酬项目设置为影响因素项，在设置分摊方案时勾选"使用基准项目影响因素"。

设置责任会计分摊方案时，需要在"分摊方案"节点选中左树当中的"责任会计分摊方案"后再进行设置。

（7）多次发薪

在企业中，多次发薪的情形包括以下四种。

①不同期间人员的发薪项目不同，薪酬专员需要根据发薪的要求随时调整发薪项目。

②出现人员变动时，薪酬专员需要根据人员的变动情况及时维护薪酬档案中的人员及相关信息。

③日常薪酬核算过程中需要进行薪酬的核算、审核、审批、发放、银行报盘等日常工作。

④和财务管理系统集成应用时，薪酬核算数据需要传递给总账和责任会计模块进行成本费用的归集和分摊。

解决方案如下。

在"薪酬方案"节点选中需要进行多次发薪的薪酬方案，点击"多次发放"下的"新增"按钮，为当前薪酬方案增加一次发薪。

新增发薪次数时可选择是否同步上一次发薪的薪资发放项目和薪酬档案。

新增发薪次数后，在"薪酬发放项目"节点可以对本次发薪的发薪项目进行相应的维护。

新增发薪次数后，"薪酬档案"节点可以对本次发薪的人员范围进行相应的维护。

在"薪资发放"节点按照本次发薪的人员范围和发薪项目进行核算。

"银行报盘"和"薪酬分摊"节点均可以按照发薪次数进行相应的操作。

当前期间不再进行发薪后，执行期末处理，生成下一个发薪期间的相关数据，当前期间不再允许增加发薪次数。

需要注意的是，在"银行报盘"节点按照发薪次数或汇总所有发薪次数的合计值导出报盘文件，使用时如果按照发薪次数进行报送，则一个期间内的所有发薪都必须按照发薪次数报送，以避免出现重复报送的情况。

在"薪资分摊"节点按照发薪次数或汇总所有发薪次数的合计值进行成本分摊，使用时若一个期间内按照发薪次数进行了成本分摊，则系统不再允许按照汇总数据进行成本分摊；若一个期间内按照汇总数据进行了成本分摊，则系统不再允许按照发薪次数进行成本分摊。

（8）离职结薪

对于离职结薪，相关法律法规规定，雇员在其雇用合约完成时的工资及与该合约有关的任何其他须付款项，在该雇用合约完成之日即到期支付，须在切实可行的范围内尽快支付，但在任何情况下不得迟于雇用合约完成后 7 天支付；用人单位与劳动者依法终止或解除劳动关系的，应当在终止或解除劳动关系当日结清并一次性支付劳动者工资。

解决方案如下。

"离职结薪"节点用于处理离职人员的薪酬核算问题。

人员离职后，"离职结薪"节点可以根据离职日期范围查询出需要进行离职结薪的人员，并对其进行离职结薪数据的核算。

离职结薪的发薪项目可以在"离职结薪"节点增加离职结薪人员后进行选择，也可以在增加离职人员后在"薪酬发放项目"节点进行选择和维护。

对于离职人员的发薪数据是否需要经过审批，应通过参数进行相应的控制。

银行报盘和薪酬分摊均可以按照离职结薪人员的不同分别进行处理。

由于薪酬分摊数据不影响人员的发薪数据，因此薪酬分摊也可以于期末与正常发薪人员的数据一起进行分摊。

需要注意以下几点。

进行离职结薪处理时，如果人员的正常发薪数据尚未通过审核，则直接将该人员从正常发薪次数的薪酬档案中删除并加入离职结薪档案中进行处理。

进行离职结薪处理时，如果人员的正常发薪数据已通过审核，则在对该人员进行离职结薪处理时，应将离职结薪数据与正常发薪数据进行合并计税处理。

进行离职结薪处理后，当前期间新增的发薪次数中或后续薪酬期间内不能再次对该离职结薪人员发薪。

（9）薪酬补发

鉴于人员的薪酬核算数据可能会由于各种原因少算或漏算，因此后续期间需要对少算、漏算的薪酬进行补发处理。

人员的调薪日期和调薪申请单经审批通过后，实际按调薪标准进行发放的期间可能出现不一致的情况，一般实际执行期间会滞后，在这种情况下，需要按照调薪日对人员的薪酬进行补发处理。

根据企业薪酬政策的要求，可能会对一部分员工追加发放部分薪酬，并且该部分薪酬需要分配到已发放的期间进行计税处理。

解决方案如下。

薪酬补发的扣税方式在"薪酬方案"节点进行设置，不同的薪酬方案可以设置不同的补发扣税方式。系统提供以下四种补发扣税方式。

① 补发不扣税：补发数据不计算所得税。

② 累计到本期扣税：补发数据与发放期间发薪数据一起进行个人所得税的计算。

③ 不考虑补发历史的补发扣税：补发数据与补发期间的发薪数据及历史补发数据一起进行个人所得税的计算。

④ 考虑补发历史的补发扣税：补发数据与补发期间的发薪数据一起进行个人所得税的计算。

薪酬补发数据的核算在"薪酬补发"节点完成，薪酬补发数据经维护并计算完成之后，需要先生成补发汇总表，然后将补发汇总表累加到"薪酬发放"当中，与当前期间的正常发薪数据一起进行发放。

薪酬补发一般分为三种：一般补发、总额补发和自动补发。

① 一般补发。在"薪酬补发"节点选择需要进行补发处理的薪酬方案，然后进行补发设置，选择补发期间和补发人员范围。

如果在补发期间已经做过补发，那么再次选择在该期间进行补发时可选择重新补发、追加补发或取消补发。若选择重新补发，则系统以本次补发数据为准；若选择追加补发，则系统自动汇总两次补发数据；若选择取消补发，则系统会删除已经处理过的补发数据。

补发设置完成并且维护人员的补发数据计算完成后，将补发数据生成补发汇总表并将其累加到"薪酬发放"中，补发完成。

② 总额补发。在"薪酬补发"节点选择需要进行补发处理的薪酬方案，之后进行补发设置，选择补发期间和补发人员范围。

补发设置完成之后，执行"总额补发"操作，此时只需要按项目录入补发总额，系统会自动按照补发期间数将补发总额平均分配到各个补发期间。

数据维护完成后，与一般补发相同，需要对补发数据进行计算，将补发数据生成补发汇总表并将其累加到"薪酬发放"中，补发完成。

③ 自动补发。在"薪资补发"节点选择需要进行补发处理的薪酬方案，之后进行补发设置，选择补发期间和补发人员范围。

补发设置完成之后，执行"自动补发"操作，选择补发项目和基准期间，系统自动按照基准期间发薪项目的数据与补发期间发薪项目的差值补发到补发期间。

数据维护完成后，与一般补发相同，需要对补发数据进行计算，将补发数据生成补发汇总表并将其累加到"薪酬发放"中，补发完成。

需要注意的是，只有在当前期间正常发薪数据尚未审核之前，才能够进行薪酬补发数据的维护。

（10）个税测算

发放月度奖金或季度奖金时，按照税法规定，需要与当月工资一起计税，此时可能出现人员的适用税率高于仅发放月度工资时的税率。在该场景下，可将超出部分转移到后续期间进行发放。

发放年度奖金时，由于年度奖金数额较大，为了合理进行纳税规划，可以通过把年度奖金的一部分转移为普通奖金，或将月度工资的一部分转移为年度奖金来减少应纳个人所得税的数额。

解决方案如下。

个税测算工作在"个税测算"节点中进行，系统提供三种个税测算方式。

① 调减月薪的年奖个税测算：选择该个税测算方式时，系统会根据月薪计税项目或年度奖金计税项目计算出其适用税率，然后再上调或下调适用税率，并根据调整后的适用税率调增或调减原计税项目的金额进行个税测算，按照不同的适用税率测算得出最优的纳税测算结果供企业参考。

② 不调减月薪的年奖个税测算：选择该测算方式时，系统会根据月薪计税项目或年度奖金计税项目计算出其适用税率，然后再上调或下调适用税率（该方式不下调月薪的适用税率），并根据调整后的适用税率调增或调减原计税项目的金额进行个税测算，按照不同的适用税率测算得出最优的纳税测算结果供企业参考。

③ 月奖个税测算：该测算方式是对月度奖金与月度工资进行合并计税时适用税率可能会超过月度工资本身适用税率的情况下对超出金额进行测算的方式，对于测算结果，企业可选择在后续期间进行发放。

月薪计税项目、年度奖金计税项目的值为月薪或年度奖金薪酬方案中计税项目的合计值，一般情况下可直接选择本次计税基数。

由于在计算年度奖金的应纳税额时需要根据人员年度内的工作月数来测算月平均工资，因此要在年度奖金薪酬方案中建议增加一个工作月数项目，用于计算月平均工资，如果不选择工作月数，系统默认人员的工作月数为 12 个月。

个税测算结果可导出，也可执行"结果替换"操作，将测算结果的值直接替换发薪项目的值。

注意事项如下。

系统仅支持对扣税方式为代扣税、税率表为"工资薪金所得"的人员进行个税测算。

进行项目替换时，仅支持对数据来源为"手工输入"的薪酬项目进行替换。

进行个税测算之前要先执行查询操作，查询出需要进行个税测算的人员。

4. 薪酬调整

（1）定薪与调薪

当人员入职时，企业需要根据人员相关属性为人员定薪。

当人员转正或调动时，企业需要根据人员转正后或调动后的相关属性为人员调薪。

企业在对关键人员或考核等级较高的人员进行薪酬激励时，需要进行临时的薪酬调整。

对于调薪流程，在人员发生变动后可手工增加定调薪申请，或通过业务流程设置推式生成定调薪申请。

如果定调薪数据在系统外进行审批，则可根据审批结果在"定调薪数据维护"中直接进行定调薪数据的维护。

根据发薪项目的数据来源，定调薪数据体现在人员的日常薪酬核算数据当中。

解决方案如下。

① 人员变动推式生成定调薪申请单。

当人员发生入职、转正或调动时通常会同时进行定薪或调薪业务，在"产品"节点中通过业务定义和业务流配置可实现将审批通过的人员变动申请单自动推式生成定调薪申请单，可根据变动类型生成不同项目的定调薪申请单，可根据变动申请单的流程类型生成不同流程类型的定调薪申请单。具体应用如下。

在"动态建模平台"—"流程管理"—"业务流定义"节点根据组织的需求定义相应的业务流程。

业务流程的核心单据可选择"人员入职""人员转正""人员调配"三种单据。

业务流程的目的单据选择"定调薪单据"。

定义业务流程时，动作驱动配置选择推式生单。

如果不同流程类型的人员变动单据生成特定流程类型的定调薪单据，在"业务流配置"界面可配置单据的交易类型，此处的交易类型与单据当中的流程类型使用相同的参照。

在"动态建模平台"—"流程管理"—"交易类型管理"节点定义交易类型。

业务流定义完成后，需要在"人力资本"—"薪酬管理"—"定调薪管理"—"业务流配置"节点配置不同单据来源，生成薪酬项目、薪酬标准的定调薪申请单。

上述定义完成后，当人员的入职申请单、转正申请单、变动申请单经审批通过后，系统会根据业务流中配置的规则生成相应的定调薪申请单。

业务人员可在"定调薪申请"节点查询出系统自动生成的定调薪申请单，并在对单据进行相应的维护后提交单据进行定调薪的审批流程。

需要注意的是，推式生成的定调薪申请单中单据的内容有可能是不完整的，如果在"业务流配置"节点中选择的薪酬标准没有定义人员级别属性和人员档别属性，则推式生成的定调薪申请单中只有人员信息，没有申请薪酬的相关信息，需要业务人员进行补充。

单据当中的流程类型是在"动态建模平台"—"流程管理"—"交易类型管理"节点中定义的，系统支持按照交易类型来定义审批流程。

②手工生成定调薪申请单。

如果定调薪业务不是人员变动引起的（比如某人员年中考核结果为优秀，组织为了对该人员进行物质上的激励，将其工资上调一档），或者组织不需要根据人员变动自动推式生成定调薪申请单，但人员的定调薪业务又需要经过审批流程进行审批的情况下，业务人员可在"定调薪申请单"节点手工增加定调薪申请单，根据单据的审批流程进行单据的审批后生成人员的定调薪数据。

具体应用如下。

业务人员在"人力资本"—"薪酬管理"—"定调薪管理"—"定调薪申请"节点手工增加定调薪申请单，选择需要定调薪的人员，手工选择申请薪酬的薪酬标准和薪酬起始日期，并提交单据进行审批。

根据单据的审批流程，各级单据审批人对单据进行审批。

审批完成后，系统自动将人员的定调薪数据写入"定调薪信息维护"节点。

进行工资核算时，根据人员的薪酬起始日期对其工资进行核算。

注意事项如下。

系统支持按照流程类型定义审批流程，不同的流程类型可以定义不同的审批流程。

在"定调薪申请"节点中可以控制人员的数据权限，企业不可以为没有权限的人员进行定调薪申请。

在"定调薪申请"节点中只能查看本人提交的定调薪申请单。

③ 维护人员的定调薪数据。

如果企业对人员的定调薪业务不在系统内进行审批，或者在系统建设初期需要维护人员的历史定调薪数据，则由业务人员在"人力资本"—"薪酬管理"—"定调薪管理"—"定调薪信息维护"节点直接维护或导入人员的定调薪数据。具体应用如下。

业务人员可在"人力资本"—"薪酬管理"—"定调薪管理"—"定调薪信息维护"节点查询出需要进行定调薪业务的人员，直接维护其定调薪数据。

在系统建设初期，如果希望系统中留存人员的历史定调薪信息，可在"人力资本"—"薪酬管理"—"定调薪管理"—"定调薪信息维护"节点直接导入人员的历史定调薪信息。

此时需要注意以下几点。

进行定调薪数据导入时要根据系统提供的模板进行数据的导入，因此在维护导入数据前请先导出系统模板，在系统模板上维护人员的定调薪数据。

导入数据时，导入文件当中的薪资标准设置、变动原因等内容需要在系统中已经设置完成，否则系统不允许导入。

导入校验包括薪酬标准、薪酬级别、薪酬档别、薪酬金额的校验，变动原因的校验，薪资起始日期、截止日期逻辑关系的校验等，因此要保证导入文件中的上述数据与系统中的数据保持一致。

④ 兼职人员的定调薪数据。

如果兼职人员的定调薪数据与主任职的定调薪数据不需要分别处理，集团参数"是否对兼职人员进行定调薪业务处理"的参数值为"否"，兼职人员的定调薪数据直接取主任职的定调薪数据；如果兼职人员的定调薪数据与主任职的定调薪数据需要分别处理，则需要将集团参数"是否对兼职人员进行定调薪业务处理"的参数值改为"是"，此时人员的定调薪数据根据人员的任职记录分别进行处理。

集团参数"是否对兼职人员进行定调薪业务处理"的参数值为"否"时：

（a）人员的定调薪由人员的主任职委托组织进行处理；

（b）在定调薪申请单中增加人员时，只能选择到主任职；

（c）薪酬发放数据取定调薪数据时，兼职人员直接取其主任职的定调薪数据。

集团参数"是否对兼职人员进行定调薪业务处理"的参数值为"是"时：

（a）主任职的定调薪和兼职的定调薪分别处理、分别取值，如果人员在多处兼职，根据人员的兼职记录分别处理人员的定调薪业务；

（b）在定调薪申请单中增加兼职字段，用于标识人员的任职方式；

（c）在定调薪申请单中增加人员时，可选择兼职人员；

（d）人员增加新的兼职记录，需要重新进行定调薪；人员发生兼职变更的，变更后可沿用变更前的定调薪数据；

（e）在"定调薪信息维护"节点查询兼职人员的定调薪数据，然后进行相应的业务处理；

（f）薪酬发放数据取定调薪数据时，按照人员在薪酬档案中的任职记录分别取值。

（2）谈判工资

对于一些关键人员或高端专业人员，其薪酬不执行组织统一的薪酬标准，而是根据情况直接谈判确定。

对该类人员的定调薪通过谈判的方式进行。

通过业务流配置生成的定调薪申请单需业务人员手工修改为谈判工资。

如果定调薪数据在系统外进行审批，可根据审批结果在"定调薪信息维护"节点中直接进行定调薪的维护。

根据发薪项目的数据来源，定调薪数据体现在人员的日常薪酬核算数据当中。

解决方案如下。

在"定调薪申请"和"定调薪信息维护"节点增加定调薪记录时勾选"谈判工资"选项。

勾选"谈判工资"选项后，人员的定调薪数据与薪酬标准无关，直接录入定调薪金额即可。

需要注意的是，适用于谈判工资的人员不能够进行薪酬普调，只能单独进行薪酬调整。

（3）薪资普调

薪酬普调是指在组织普调政策的指导下在系统中对人员的定调薪档案进行维护的

过程。

当组织的薪酬标准与市场的薪酬标准发生较大偏差时，组织一般会根据市场的薪酬标准重新制定组织的薪酬标准，并根据新标准进行薪酬普调。

针对年度内表现优秀的员工，为鼓励这些员工，应上调其薪级或薪档。

对于实行谈判工资的组织，当发生上述情况时，应按照一定的比例或金额直接调整员工的薪酬标准。

薪酬普调支持两种维护方式：① 通过申请、审批的方式生成普调结果；② 直接按照普调规则进行普调操作，生成普调结果。

系统支持三种薪酬普调规则：① 按最新版本进行普调；② 按照级别、档次进行调整；③ 手工调整，支持输入简单的公式。

解决方案如下。

① 按薪酬标准表进行普调。

非宽带薪酬的薪酬标准适用于该普调方式。

在"薪酬标准设置"节点维护薪酬标准表的版本信息。

根据组织的要求确定普调范围及普调数据是否需要审批。

如果普调数据需要进行审批，则在"定调薪申请"节点发起薪酬普调申请。

选择普调人员、普调规则（薪酬项目、薪酬标准、普调方式），确认结果后生成定调薪申请单。

普调申请单经审批通过后生成人员的调薪记录。

如果普调数据不需要进行审批，则直接在"定调薪信息维护"节点中生成。

"定调薪信息维护"节点中的薪酬普调操作执行人员范围为能够查询出的所有人员。

普调规则和结果确认步骤与在"定调薪申请"节点中发起的薪酬普调步骤相同。

在"定调薪信息维护"节点中进行的薪酬普调进行结果确认后直接生成人员的调薪记录。

② 按照薪级薪档进行调整。

非宽带薪酬的薪酬标准适用于该普调方式。

该普调方式与上述普调方式的区别在于制定普调规则时需要选择的普调方式不同。

按照薪级薪档进行调整时系统支持选择仅调整薪级、仅调整薪档及同时调整薪级和薪档三种方式。

③ 手工调整。

宽带薪酬的薪酬标准适用于该普调方式。

在设置普调规则的界面中，如果企业选择的薪酬标准是宽带薪酬，则普调方式直接选为手工调整。业务人员可通过录入简单的公式，在人员原薪酬金额的基础上直接调整固定的金额，或者按照一个确定的比例或公式进行调整。

系统可控制普调后的结果不超出人员当前薪酬标准所适用的宽带范围。宽带薪酬的薪酬标准适用于该普调方式。

此时需要注意以下两点。

① 如果不在系统内进行普调的相关操作，系统支持在"定调薪信息维护"节点直接导入普调结果，系统会按照薪酬起始日期自动生成普调记录。

② 导入普调结果时建议先执行导出模板操作，这样可以保证导入文件的格式符合系统要求。

5. 薪酬分析

（1）结果展现

日常的薪酬核算完成之后，薪酬主管需要对组织的薪酬核算及薪酬变动情况进行查询分析，部门经理需要对部门人员的薪酬构成情况或薪酬发放情况进行查询分析，员工则需要通过自助门户查询自己的工资条信息。基于以上原因，系统预置了一些常用报表供企业使用，同时各部门经理和员工可通过自助门户进行薪酬的查询。

解决方案如下。

对于预设报表的查询，企业可以在"人力资本"—"薪酬管理"—"常用查询分析"节点中查询到系统预置的薪酬报表。系统预置的薪酬报表包括集团级报表和组织级报表，企业可根据需要使用。

对于工资条的设置，系统支持设置邮件工资条、短信工资条、自助查询工资条和移动应用查询工资条，工资条的设置由业务人员在业务系统中进行。企业可在"人力资本"—"薪酬管理"—"工资条管理"节点中设置工资条信息。

对于员工的薪酬构成，系统支持部门经理在自助系统中查询部门员工的定调薪情况，具体如图 11-9 所示。

图 11-9 定调薪情况查询

（2）统计分析

系统预置部分固定报表供组织进行查询统计，当系统预置报表不能满足组织的统计分析需要时，可根据组织的管理需求，自行定义符合组织管理需求的统计报表。

组织可以在"人力资本"—"薪酬管理"—"自定义报表"功能节点，根据组织的管理需求自定义薪酬报表。

11.2 维护案例分析与解读

11.2.1 人员信息资料管理

1. 人员信息退休预警问题

业务场景：对于退休人员，人力资源管理专员需要对退休人员进行提前预警，目前男性人员 60 岁退休，女性人员 55 岁退休。此时需要设置两个预警，分别针对男性和女性人员，以下解决方案以女性人员为例。

（1）HR预警配置：登录集团界面，在"企业建模平台"—"任务中心"—"HR预警配置"节点进行预警条件定义（见图11-10、图11-11、图11-12、图11-13、图11-14和图11-15）。

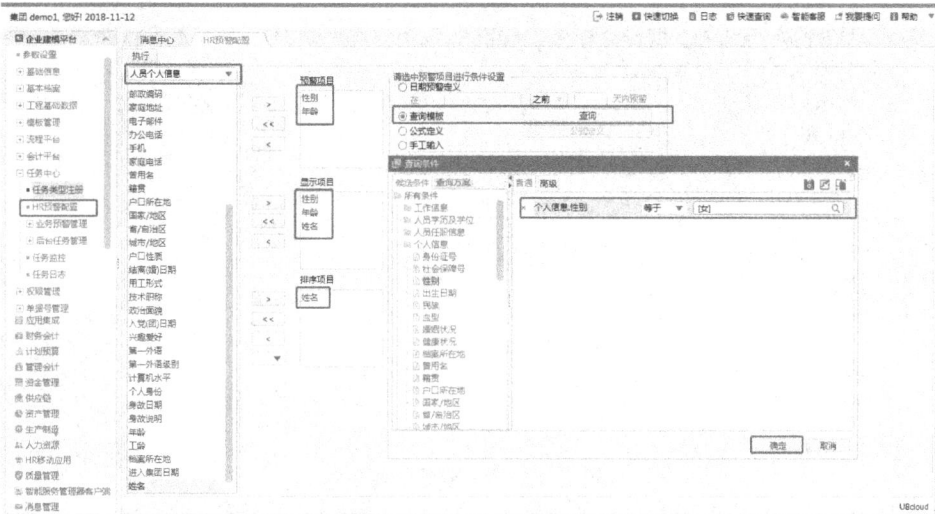

图11-10　HR预警设置1

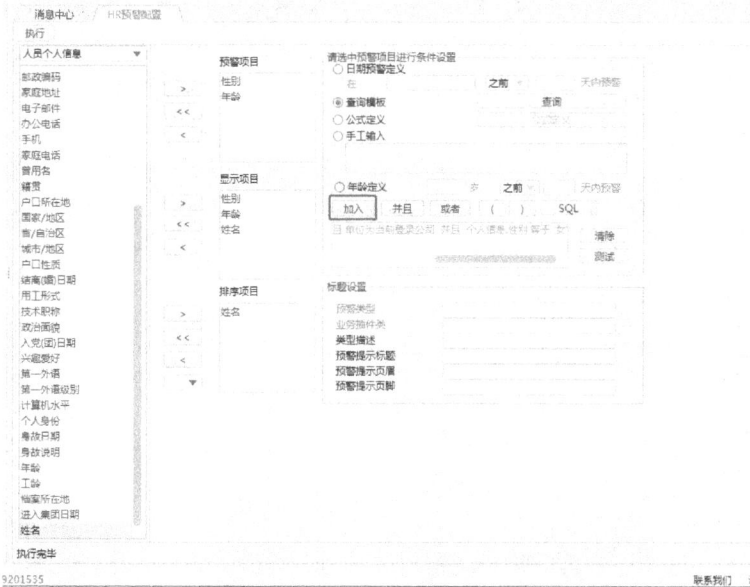

图11-11　HR预警设置2

图 11-12 HR **预警设置** 3

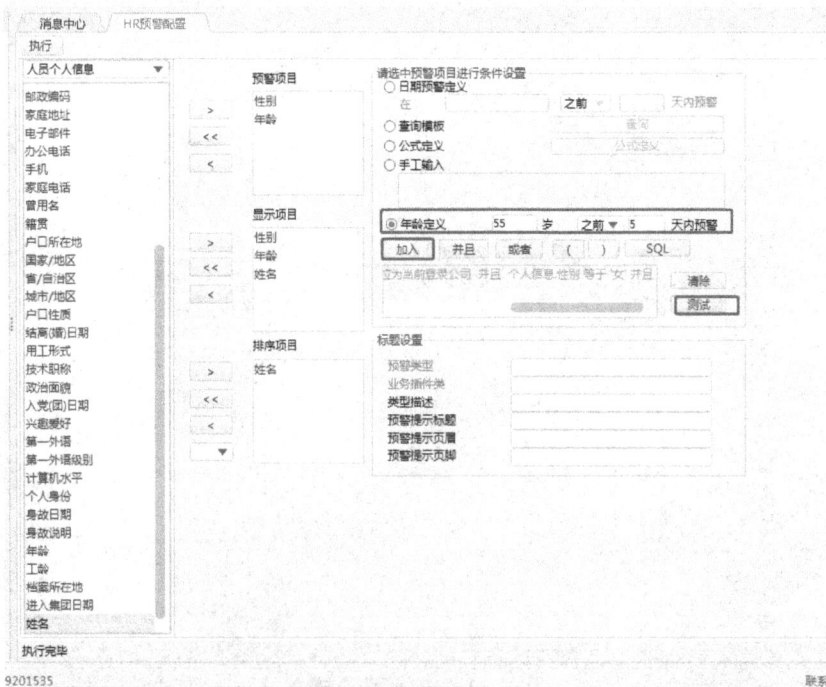

图 11-13 HR **预警设置** 4

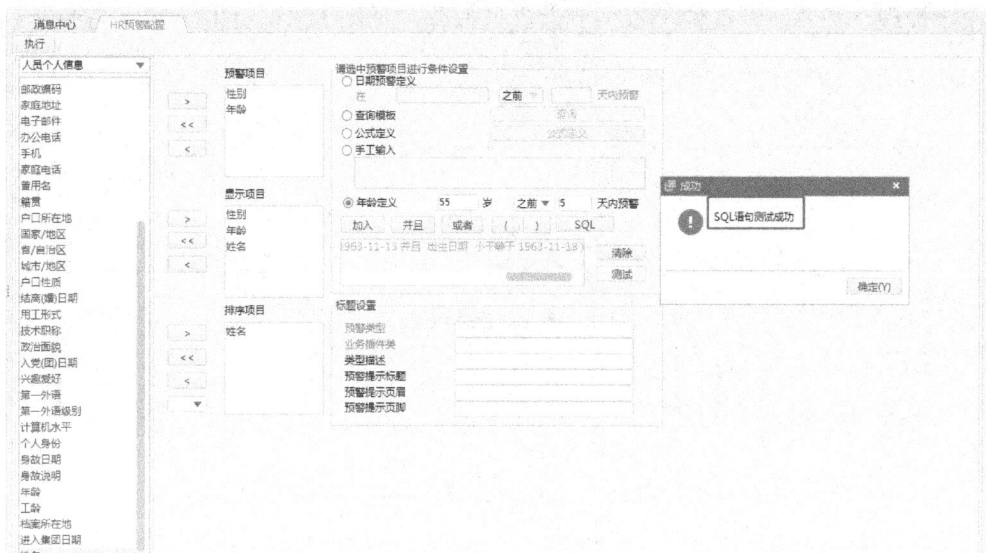

图 11-14　HR 预警设置 5

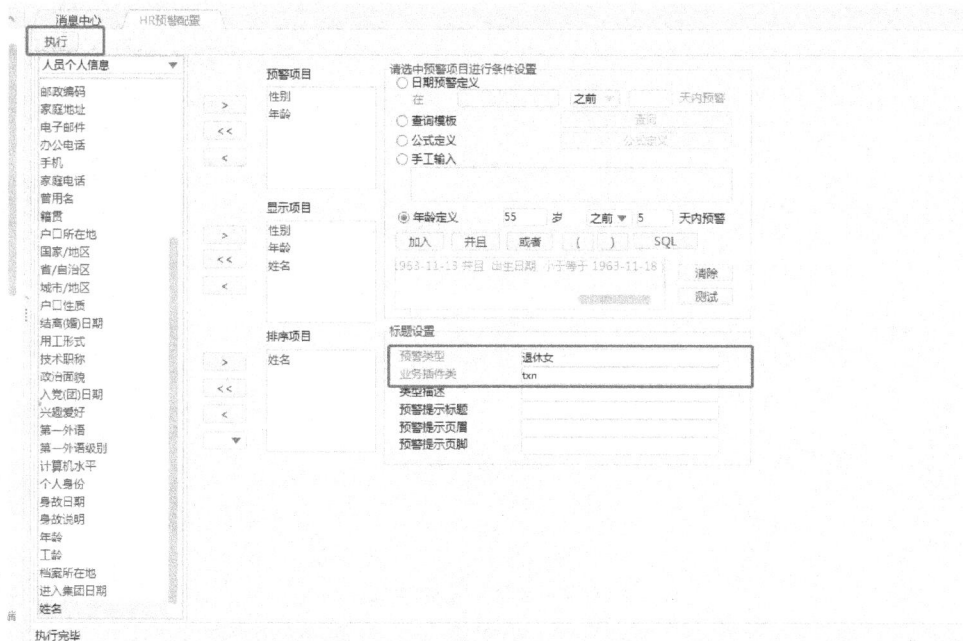

图 11-15　HR 预警设置 6

（2）重启 U8C 服务器。

（3）预警条件配置：登录企业界面，在"企业建模平台"—"任务中心"—"业务预警管理"—"预警条件配置"节点进行操作（见图 11-16、图 11-17、图 11-18 和图 11-19）。

图 11-16　系统预警条件配置 1

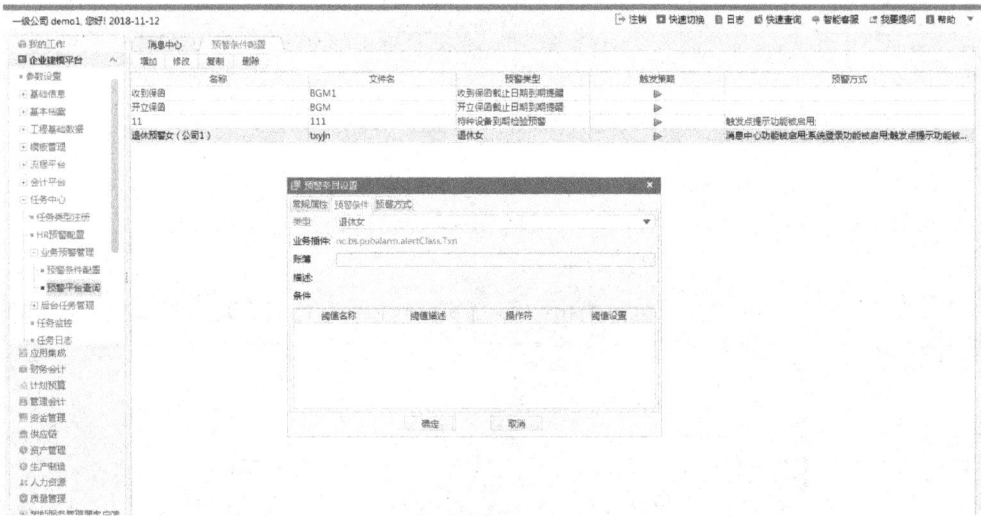

图 11-17　系统预警条件配置 2

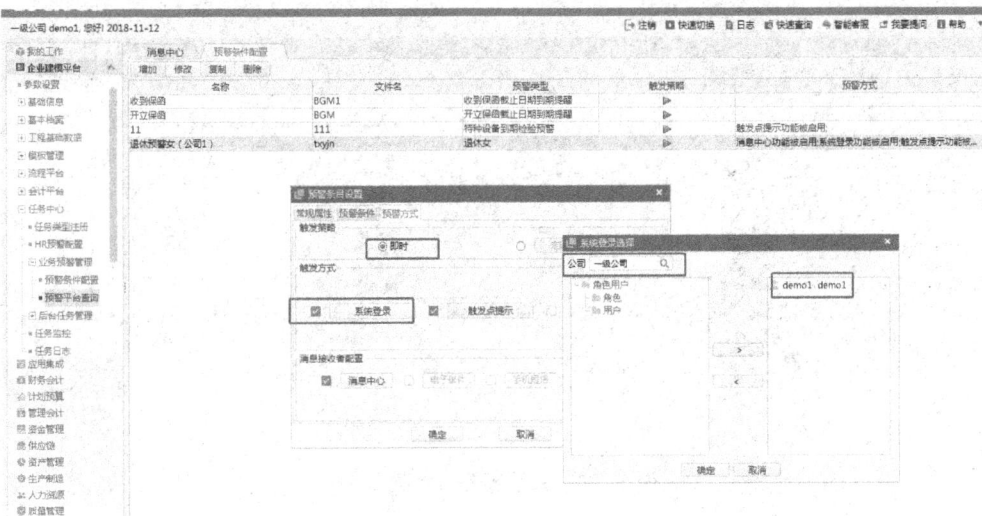

图 11-18 系统预警条件配置 3

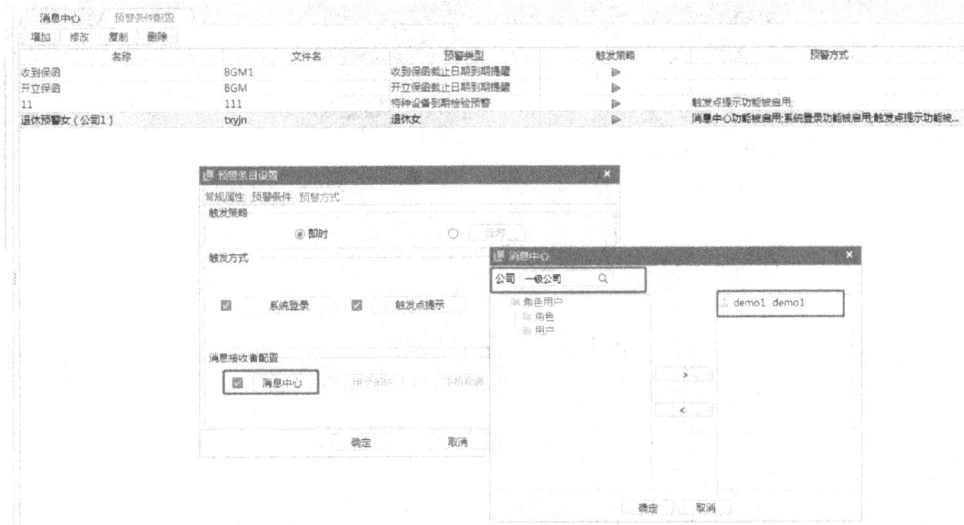

图 11-19 系统预警条件配置 4

（4）显示效果：维护一个符合预警条件的人员（见图 11-20）。

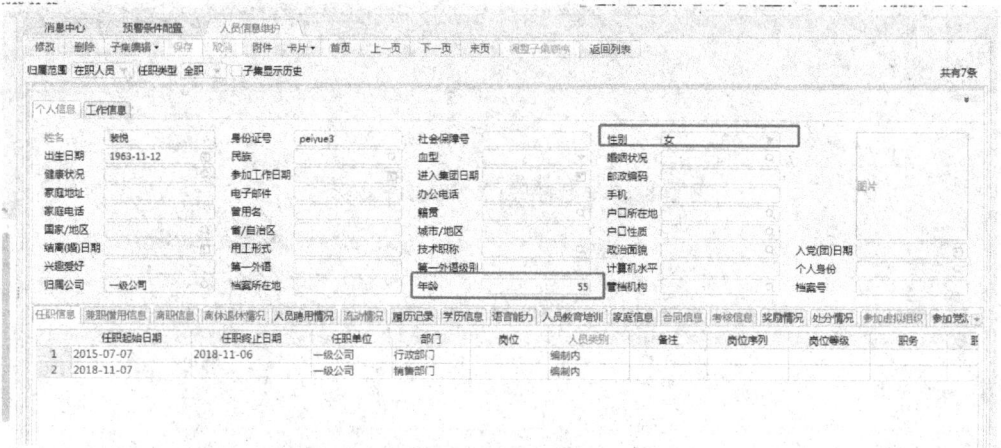

图 11-20　系统预警条件配置 5

若触发预警，在"消息中心"中可以看到（见图 11-21、图 11-22）。

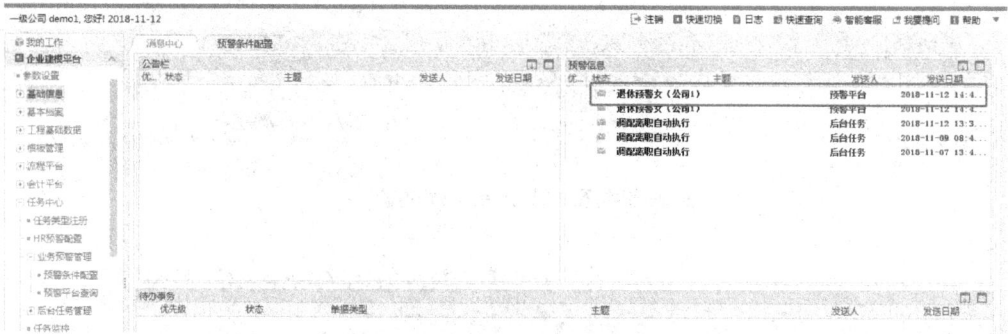

图 11-21　预警触发消息 1

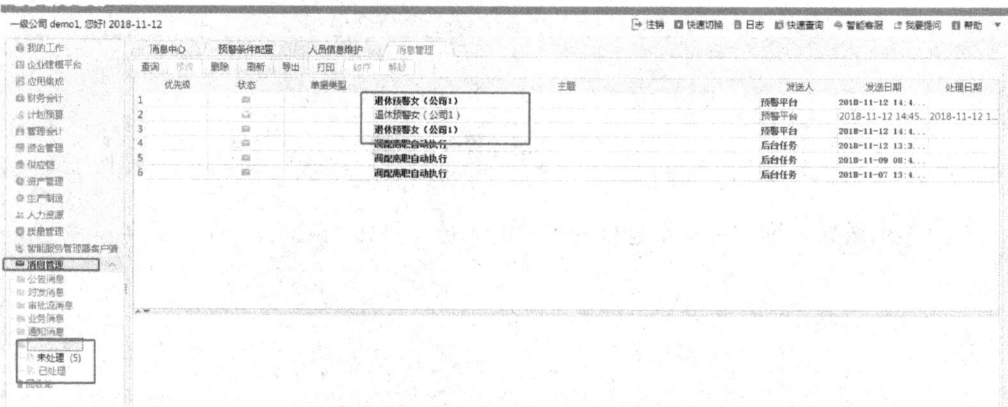

图 11-22　预警触发消息 2

2. 人员职称终止预警问题

业务场景：对于职称管理，人力资源管理专员需要对职称到期人员进行提前预警，以便其考评新的职称。

解决方案如下。

（1）HR 预警配置：登录集团界面，在"企业建模平台"—"任务中心"—"HR预警配置"节点进行预警条件定义（见图 11-23、图 11-24）。

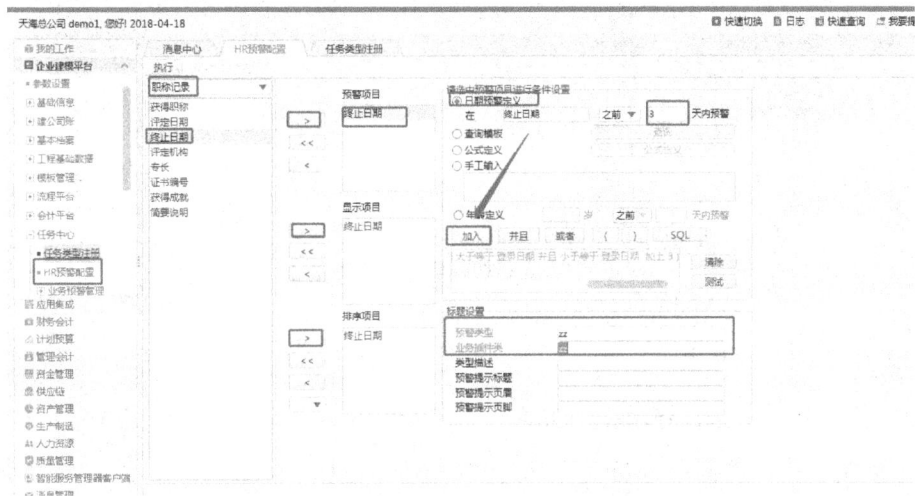

图 11-23　人员职称终止预警配置 1

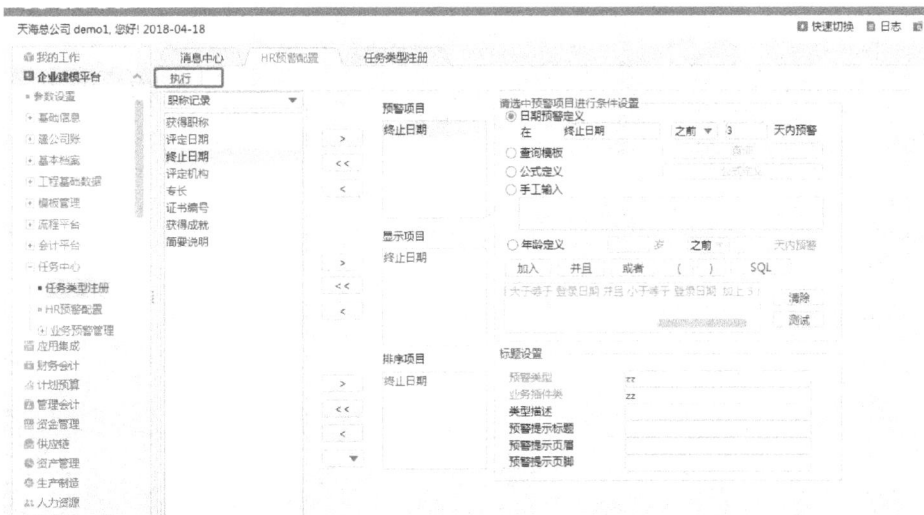

图 11-24　人员职称终止预警配置 2

此时在"任务类型注册"里可以刷新出这一条记录（见图11-25）。

图 11-25　人员职称终止预警配置 3

（2）重启 U8C 服务器。

（3）预警条件配置：登录企业界面，在"企业建模平台"—"任务中心"—"业务预警管理"—"预警条件配置"节点中操作（见图11-26、图11-27、图11-28和图 11-29）。

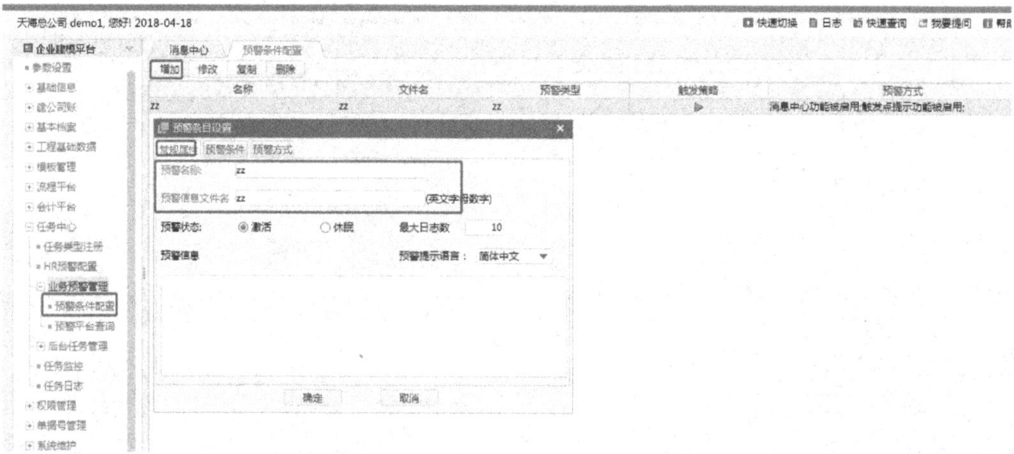

图 11-26　人员职称终止预警条件配置 1

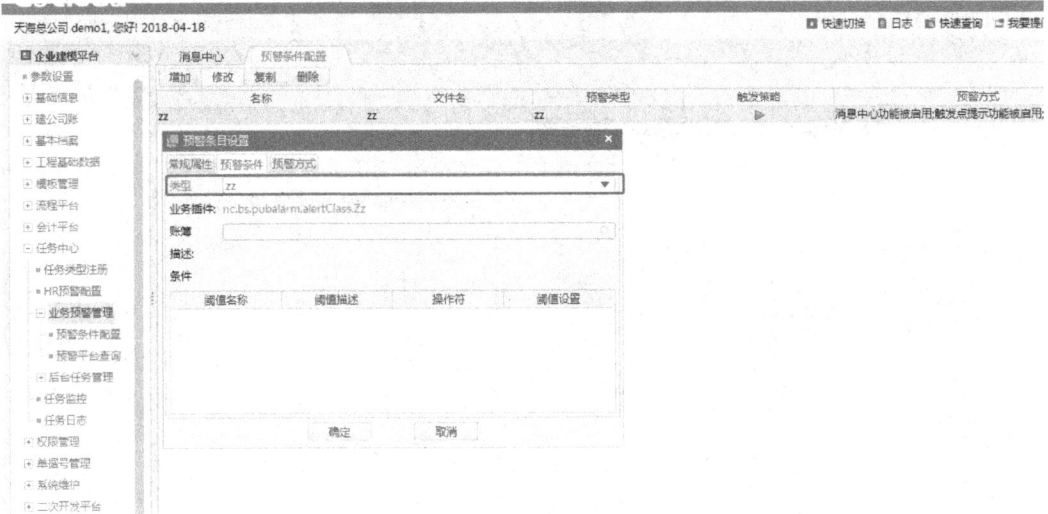

图 11-27　人员职称终止预警条件配置 2

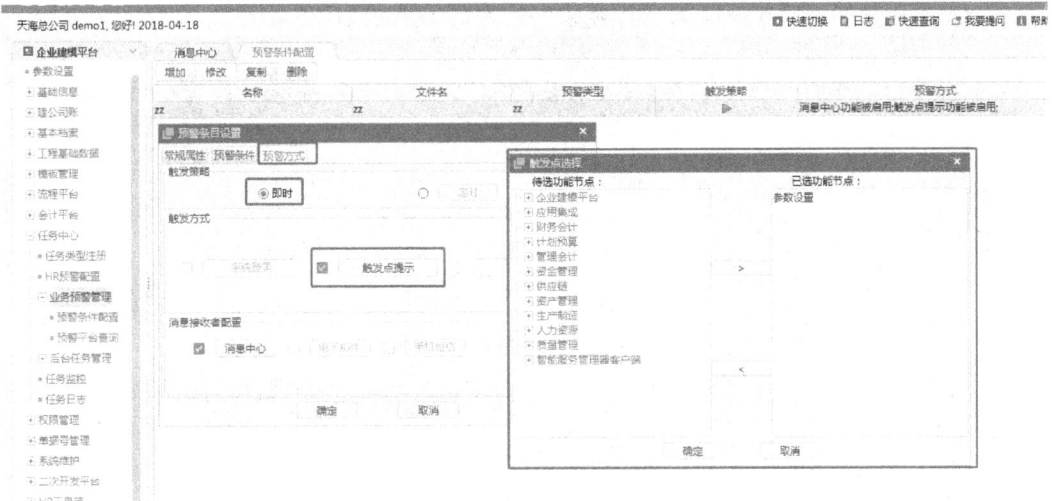

图 11-28　人员职称终止预警条件配置 3

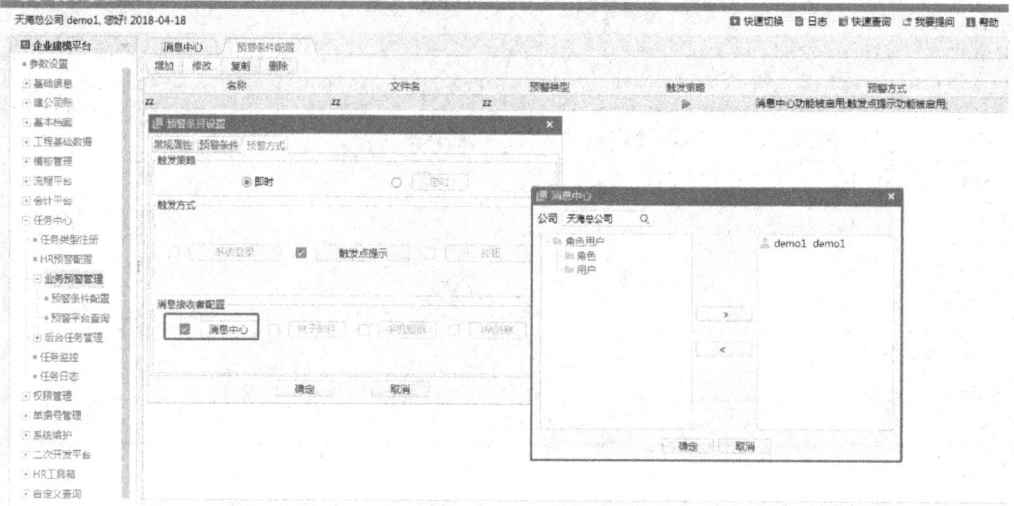

图 11-29　人员职称终止预警条件配置 4

（4）显示效果：维护一个符合预警条件的人员（见图 11-30）。

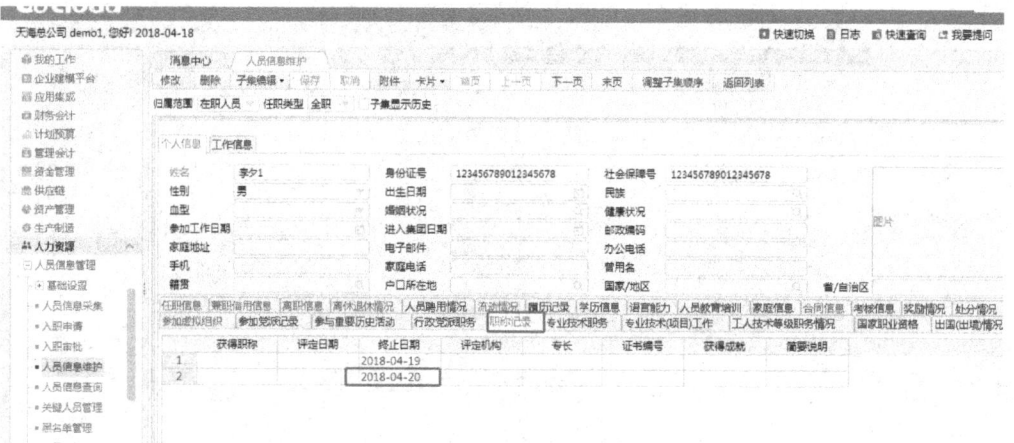

图 11-30　人员职称终止预警效果 1

根据设置的触发点触发一下（见图 11-31）。

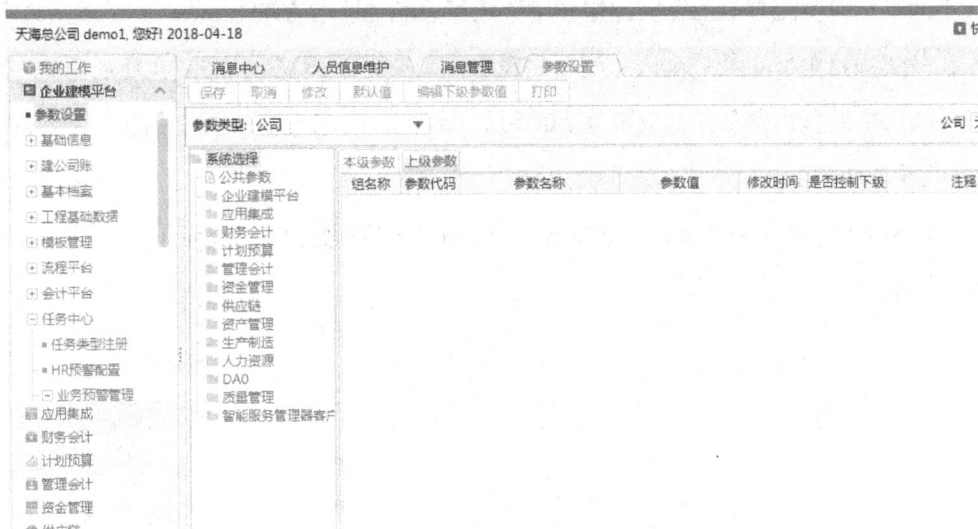

图 11-31 人员职称终止预警效果 2

在"消息管理"的"预警消息"中可以收到消息（见图 11-32）。

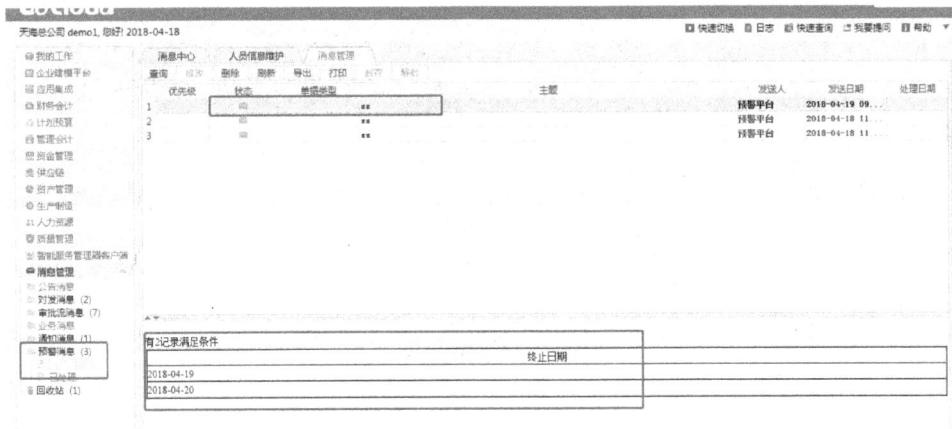

图 11-32 人员职称终止预警效果 3

11.2.2 时间薪酬管理

企业需要做个人工资金额的预警，比如遇到员工工资实发金额低于当地最低工资标准时的预警，还可以对高出某一工资标准的员工工资进行预警。

企业还需要对某一工资项目总额进行预警，比如对养老保险上限进行预警。

下面举例说明配置员工工资预警和工资项目总额预警的方法。

在薪酬项目中针对某一个人工资项目设置上限或下限预警。如图 11-33 所示,在薪酬发放项目中设置预警条件,上限为 7 000 元,下限为 1 000 元,当员工的实发工资高于 7 000 元或者低于 1 000 元时系统就会预警。

在预警条目中新增一个条目,选择员工个人薪酬项目预警信息(见图 11-34、图 11-35、图 11-36 和图 11-37)。

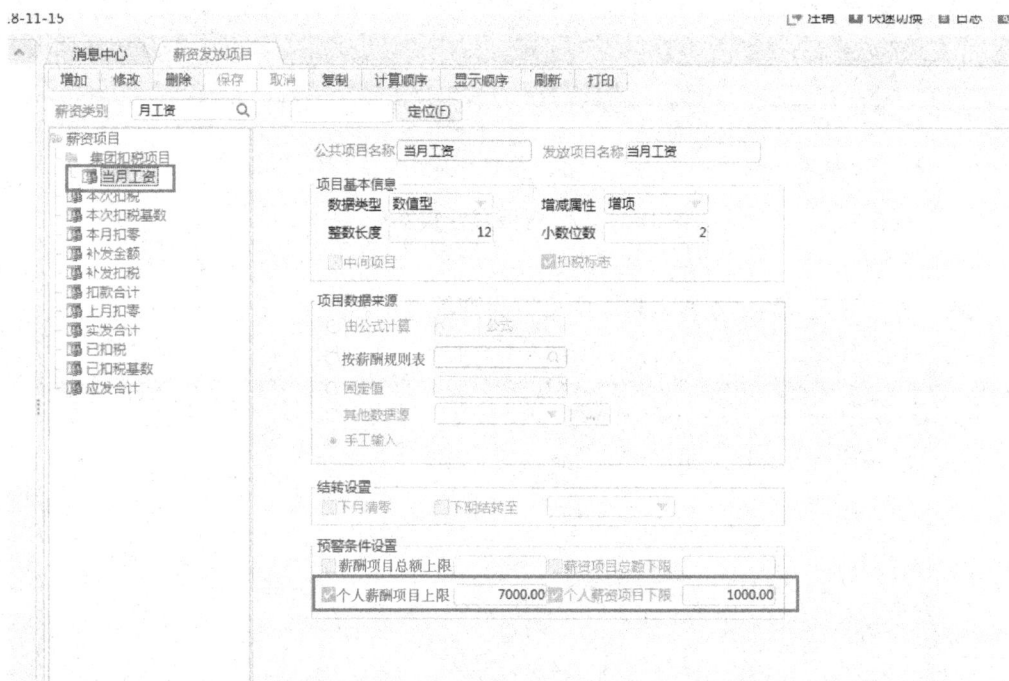

图 11-33　薪酬预警设置 1

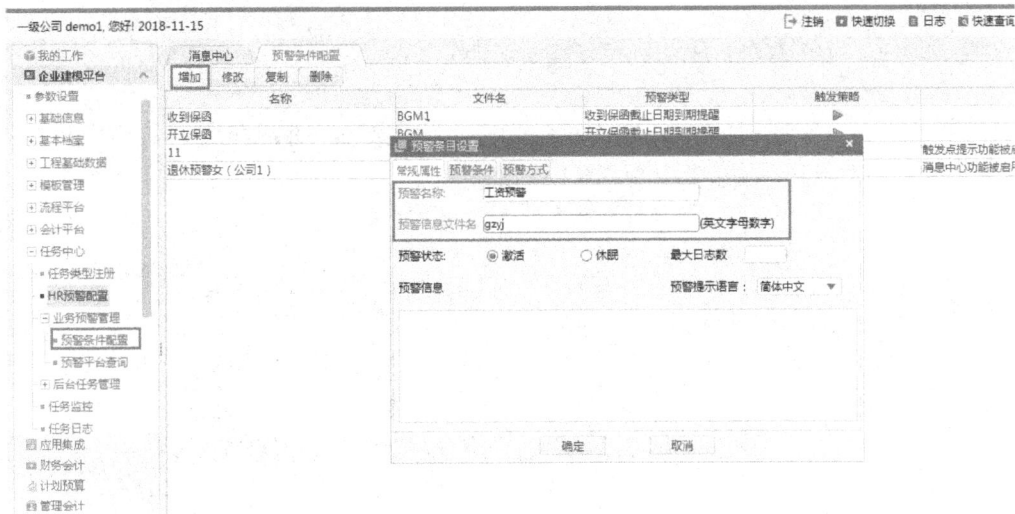

图 11-34　薪酬预警设置 2

图 11-35　薪酬预警设置 3

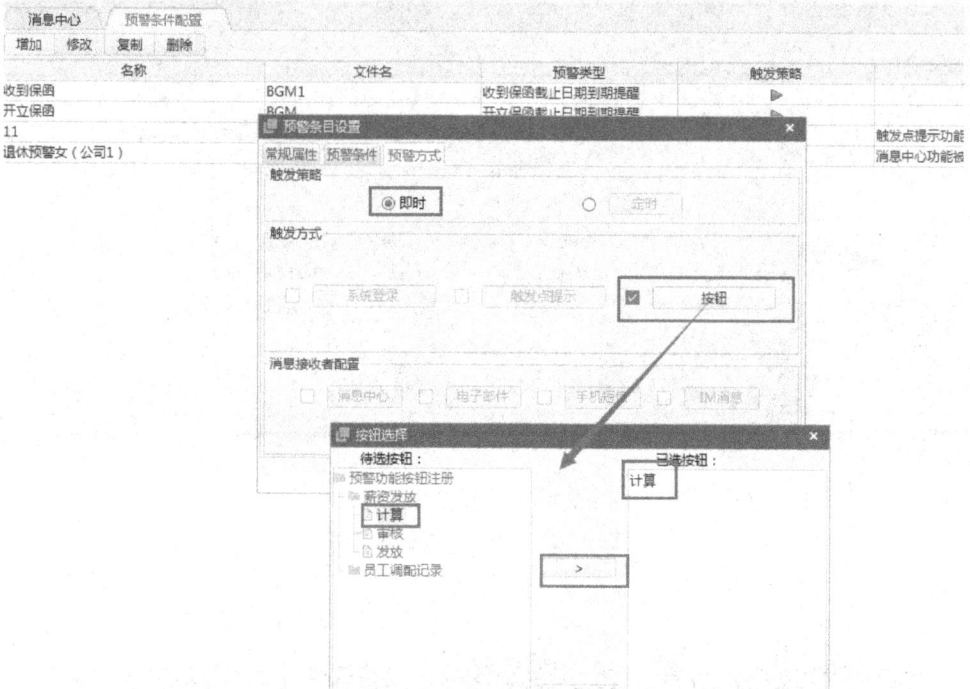

图 11-36　薪酬预警设置 4

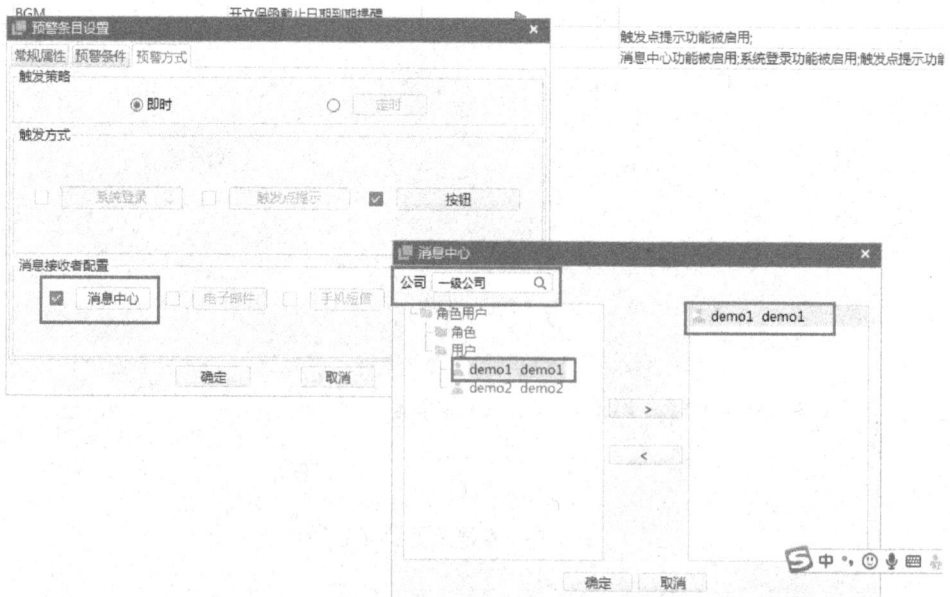

图 11-37　薪酬预警设置 5

依靠这种方式，在"薪酬发放"节点中，点击"计算"按钮时会触动预警，此时实发金额高于 7 000 元或低于 1 000 元的人员会被预警出来（见图 11-38）。

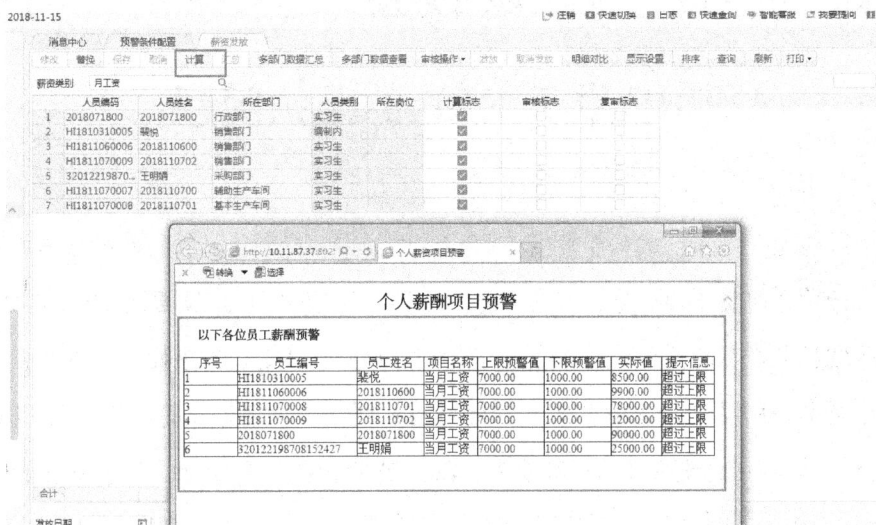

图 11-38　薪酬预警设置 6

薪酬项目总额预警的配置方法与此十分相似，需要在薪酬项目中明确薪酬总额的预警上限和下限，并在预警条目中配置新条目，预警条件为薪酬项目总额预警。

[习题]

1. 薪酬管理的组成部分主要有哪些？

2. 在组织架构管理的企业建模中，主流的建模方法有哪几种？

3. 劳动合同管理中常见的问题有哪些？

4. 薪酬核算的基本流程是什么？

5. 对于薪酬数据的维护，有哪些需要注意的内容？

第12章

ERP 中云 ERP 的维护问题

如今智能化、创新已成为企业管控最核心的需求。随着云计算技术的日渐成熟，云 ERP 成为帮助企业实现智能化、创新的有力工具。云 ERP 通过运用开放的云 ERP 平台，采用注册用户及产品租赁的模式，为企业提供 24 小时的技术支持服务，使企业在日益激烈的市场竞争中不断减少运营成本，提高边际利润，实现企业的价值。云 ERP 是基于计算机技术与 ERP 理论等的不断发展，为了适应企业不断变化的需求而形成的时代产物。云 ERP 是互联网时代的新型 ERP 软件，是以云平台的社交化为基础的 ERP 软件，具有显著的时代特点和竞争优势。当下传统的 ERP 软件负担的隐形成本较高，所需硬件设备十分复杂，功能也相对有限。与此同时，企业的发展范围已延伸到了互联网上，传统的 ERP 软件已经不能很好地适应这种情况，因此，有大量的企业开始从传统的 ERP 软件转向云 ERP。

12.1 云 ERP 相关基础维护知识

云 ERP 是把传统 ERP 软件搭载于云端之上，这可以在一定程度上降低企业所需的硬件要求；另外，用户端由于不受操作系统的局限性影响，能够替企业创建所有的业务信息数据库，为电子商务的正常运行提供及时传递信息的平台，同时能够把市场外部信息与企业内部信息有效结合，利用这些信息为企业开拓更为广阔的市场，使企业更有效地进行管理。

除此之外，对于很多 ERP 软件厂商而言，从传统 ERP 软件向云 ERP 进行转型还能够提高其软件的内在价值。一般来说，在云业务下，企业收入的可靠性与可预测性相比于传统软件模式都会略高，并且云模式的前期投资相对较低，新用户参与门槛也不高，模块选择灵活性强，有利于用户基数的逐步扩大。

同时，云业务可以更快速地适应当前逐步细分的市场环境，帮助企业更快速地响应客户不断变化的需求，及时落地并更新产品；云ERP的在线模式可以更充分地挖掘企业需求，借助"互联网＋"的理念提升增值服务，提升企业全生命周期价值。

当前，有越来越多的ERP软件厂商已经逐步开始进行云转型，这使云转型逐渐成为ERP软件行业的一大热点。

12.1.1 基础维护知识

云ERP是一套通过云计算技术开发的管理信息系统，系统被部署在云服务器上，使用者能够利用计算机、智能手机等终端设备接入互联网，访问云服务器，获取ERP应用服务。云ERP与传统ERP软件的主要不同在于，前者从传统的软件模式向SaaS（软件即服务）模式转变，这种变化不单单只是传统软件向云计算的转变，同时也是商业模式的转变，即由供应商根据企业需求为企业定制相应的云ERP。

分析判断一个系统是否为云ERP，有一个非常简单的判别标准：云ERP能够帮助企业管理一切资源，并把它们整合在同一个平台上，而不是集中在某一个单独的模块中。

下面以用友软件公司提供的用友U8 cloud和用友U8财务软件进行对比。用友U8为软件形态，必须由企业单独准备数据库、自行部署该系统、自行安装该系统，同时对企业操作系统有一定程度的限制，系统的前期准备阶段较为复杂。而用友U8 cloud则是云服务形态，不需要安装其他硬件服务器，不用建立数据库、机房，不用设置专职的维修人员。

在购买模式上，用友U8采取的是买断的模式，一次性结清系统费用。用友U8 cloud作为云服务的其中一种形式，不仅有租赁模式，还有买断模式，但全额支付模式则较少。

云ERP涉及四种云计算类型，分别是私有云、公有云、社区云和混合云。

（1）私有云是指云基础设施是为单个企业单独建立的，从而能够对数据、安全和服务质量进行最有效的限制。私有云不仅可以部署在企业的数据中心，也可以部署在一个主机托管站点，由某个单独的组织拥有或租赁。

（2）社区云是指某些组织共享基础设施，并为社区解决一些共同面临的问题，如任务、安全需求、策略和遵从性考虑等事项。

（3）公共云是指基础设施被销售云计算服务的组织持有，该组织向普通公民或一些工业团体提供云计算服务。公共云一般在远离用户建筑的地方实施托管，它们利用灵活的甚至是临时的扩展，提供了一种高效的降低用户风险和成本的方法。

（4）混合云是指基础设施由两种或两种以上的云（私有云、社区云或公共云）构成。每种云依旧是独立的，但它们与行业标准或专有技术相结合。混合云具有数据和应用程序可移植的特点（比如它可以用于处理突发负载）。混合云有利于为企业提供按需扩展和外部供应扩展功能。

在云 ERP 的结构上主要涉及三种常见的云计算服务模式：IaaS、PaaS 和 SaaS。

IaaS 是基础设施即服务（Infrastructure as a Service）的英文缩写，它把 IT 基础设施能力（如服务器、存储、计算能力等）利用网络作为标准化服务，建立一种按需付费的弹性服务制度，它的核心技术是虚拟化。IaaS 针对的是开发商和销售商，为用户提供计算、存储和带宽资源等硬件设备，确保同一基础设施上的大多数用户拥有自己的硬件资源，实现硬件的可扩展性和可隔离性。典型的 IaaS 包括谷歌的 GCE、亚马逊的 AWS（包括弹性计算云 EC2 和简单存储服务 S3）、IBM 的蓝云等。

PaaS（Platform as a Service）把平台（开发环境）作为一种服务来提供，使用者可以使用中间商设备开发自己的独立程序，并利用互联网和其服务器传到用户手中。其本质是将软件研发平台作为一种服务，以 SaaS 的模式转交给用户。具体来说，就是将用户用供应商提供的开发语言和工具（如 Java、Python、Net）建立的应用程序部署到云计算基础设备上去。PaaS 为部署和运行应用系统提供了平台，应用开发人员无须关心应用的底层硬件和基础设施，可以根据应用需求动态扩展所需要的资源。

PaaS 供应商的产品范围广泛，涉及应用程序托管、开发、测试和环境部署，以及广泛的综合服务，包括可伸缩性、维护和版本控制。PaaS 的典型代表有 GoogleApp

Engine 平台、微软的 Microsoft Windows Azure、Salesforce 公司的 Force. com、腾讯的蓝鲸智云 PaaS 平台、用友的 iuap 云平台、新浪的 Sina App Engine 和百度的 WebApp 等。

SaaS（Software as a Service）是一种软件交付模式，即把软件以服务的形式转交给用户，用户不再购买软件，而是租赁服务商们运行在云计算基础设施上的应用程序，并依据对软件的使用情况进行付费。软件系统的每个模块都可以由用户们自己定制、配置、组装，以满足自身需求。SaaS 由应用服务提供（Application Service Provider，ASP）发展而来，ASP 仅为用户提供专有的定制服务，是一种一对一的服务模式，而 SaaS 主要是一对多的服务模式。SaaS 可基于 PaaS 构建，也可直接构建在 IaaS 上。

SaaS 的典型代表有 Salesforce 公司提供的在线客户关系管理（Client Relationship Management，CRM）服务、Zoho Office、思科的 Webex。

云 ERP 的相关技术除了云计算，还有与 ERP 本身联系紧密的工业物联网、大数据、网络安全、人工智能等相关技术。

云 ERP 的发展使各种软硬件资源都可以通过各种设备实现对整个组织的管理，并在对各种组织状态进行采集和分析的基础上，进一步服务于云 ERP 的整个业务执行过程。

不仅如此，云 ERP 还实现了计算资源和能力的虚拟化。虚拟化是云计算的核心技术之一，代表着云 ERP 可以对抽象的资源进行管理。虚拟化的对象除了硬件设备，还可以是网络、软件、应用系统和能力等。

12.1.2　衍生维护知识

相较于传统的 ERP 软件，云 ERP 的各项维护工作一般都围绕着租赁服务等内容开展。由于云 ERP 自身的特性，相较于传统的 ERP 软件少了很多硬件方面的维护工作，但是在云 ERP 实际的部署和应用过程中，仍然存在着不少问题，下面是几种常见的问题。

第一，在 ERP 的部署过程中，将 ERP 软件从本地转移到云端需要制定周密的规划，不能随心所欲地进行建设。在前期，如果企业没有充分了解自身的内部需求，在未能把 ERP 软件的性能发挥到最佳的情况下就开始启动针对云 ERP 进行迁移工作，无疑会带来许多问题。

第二，在部署云端的过程中，未能充分估计部署所需要的时间与资源。很多企业在运营过程中都存在类似的现象，如果能有一名经验丰富的顾问的协助，那么云端部署所花费的时间会大大缩短，这也是当前需要对部署人员进行精心挑选的部分原因。

在软件方面，即使企业可以从第三方提供商那里获取同等水平的维护服务，大多数企业由于涉及内部数据的原因，依旧会继续选择收费较高的原厂维护服务。事实上，在维护方面，企业可以尝试一切可能的选择，包括能够与之直接协作并提供服务的混合支持提供商，以及独立于厂商合作项目之外的提供商。针对未涉及核心业务的维护部分去寻求这些提供商进行合作，能够很容易地减少维护成本。

在部署完毕后，如果仅利用少数几个测试用户，根本无法看到云端的实际部署效果，所以模拟用户的负载也是一个十分必要的问题。除此之外，如果使用第三方的云平台进行云 ERP 的部署，那么必须明确分析所需要采购的服务与套餐，防止出现过多的资金浪费情况。

在实际应用过程中，用友 U8 cloud 与传统的 ERP 软件有着很大的区别，它是将交易、服务、管理融合于一体的综合解决方案。用友 U8 cloud 专注于企业内部管理管控，规范、高效、协同、透明；云模式成本低、部署快速、即租即用，能够帮助企业避免过多的硬软件投入，快速、及时地建立企业管理架构；通过云服务连接，对商业模式和服务模式进行创新。

12.2 维护案例分析与解读

下面以用友 U8 cloud 为例，为读者介绍云 ERP 在搭建过程中经常出现的一些问题。

（1）CA 问题：在登录验证时，用户通过账号密码登录时，长时间无法登录系统。

解决方法：将三个下拉列表参数改为 "0"（见图 12-1）。

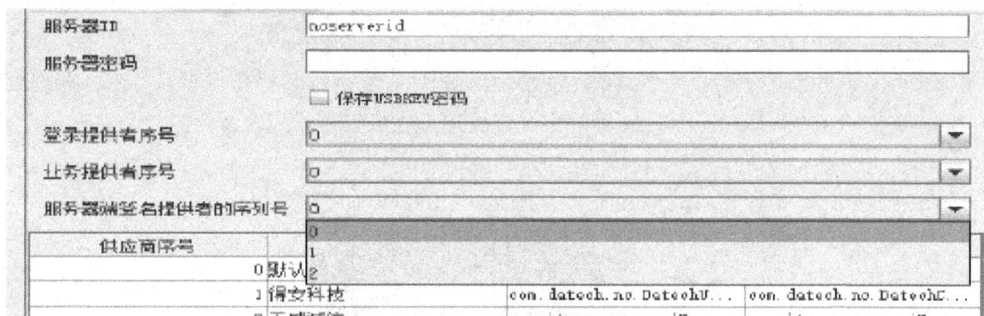

图 12-1　CA 问题验证

（2）当打开公式界面时发现一直闪烁不停。

解决方法：确保系统只安装了一个版本的 JDK。

（3）中间件卡顿或运行不起来，提示"domain"字样。

解决方法：对 IP 地址进行正确的修改（见图 12-2）。

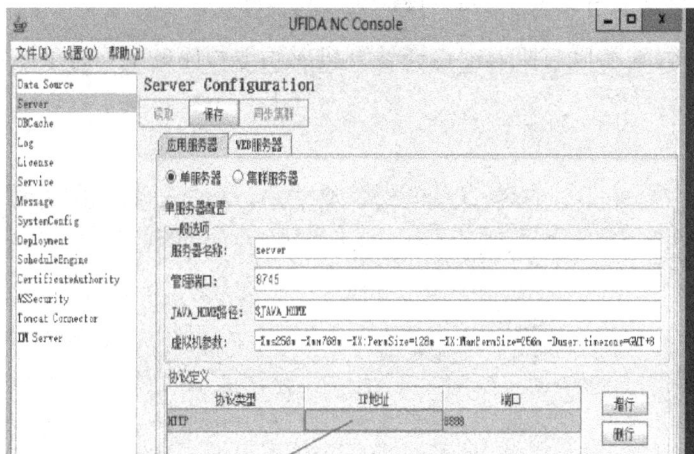

图 12-2　IP 地址设置

（4）打补丁之后再将中间件进行重启，结果补丁无效。

解决方法：关闭中间件的时候，未能将 Java 进程全部结束，需要在管理中间件的时候切换至任务管理器后台，确认 Java 进程是否完全清空（见图 12-3）。

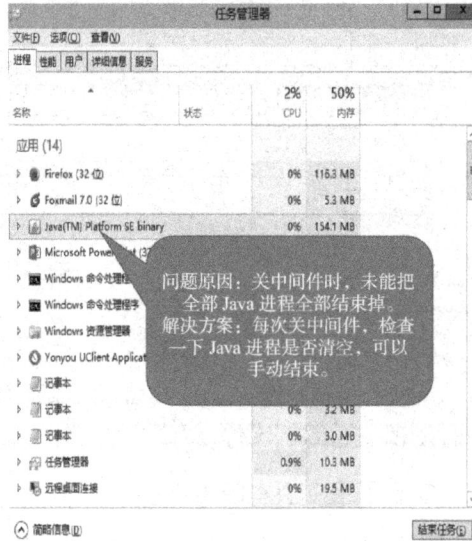

图 12-3　Java 进程确认

（5）中间件卡顿，系统运行异常并提示"stopport"字样。

解决方案：管理端口与协议端口同计算机或其他程序的端口冲突，需要更改端口（见图 12-4）。

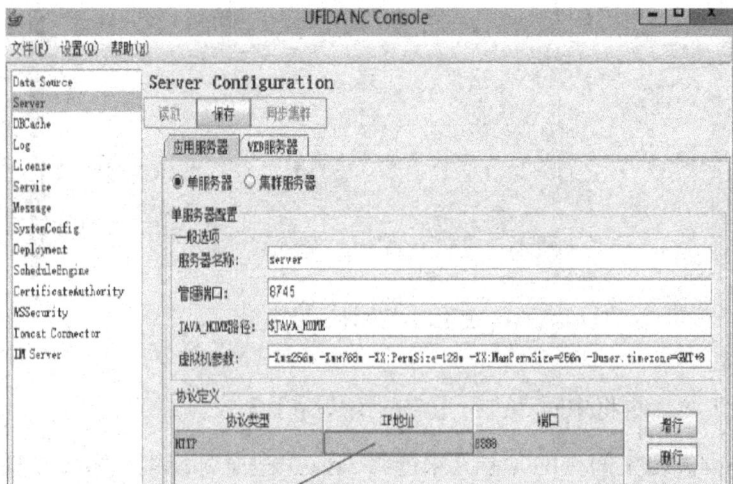

图 12-4　端口设置

（6）如果在存有 iUFO 数据的情况下，突然需要重新登录用户名与密码。

解决方案：正确选择 iUFO 的数据源（见图 12-5）。

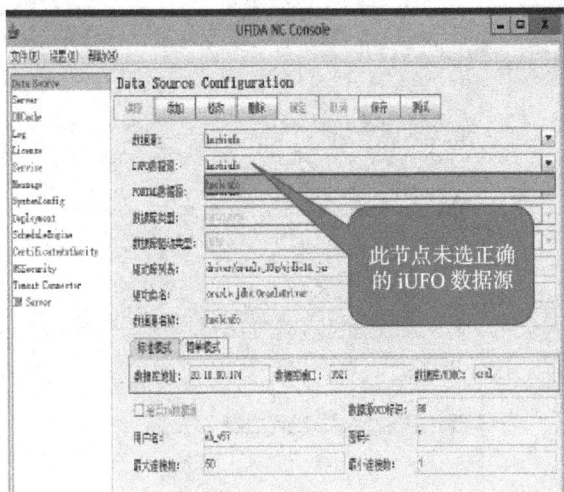

图 12-5　节点设置

（7）录入数据库端口后保存即消失（见图 12-6）。

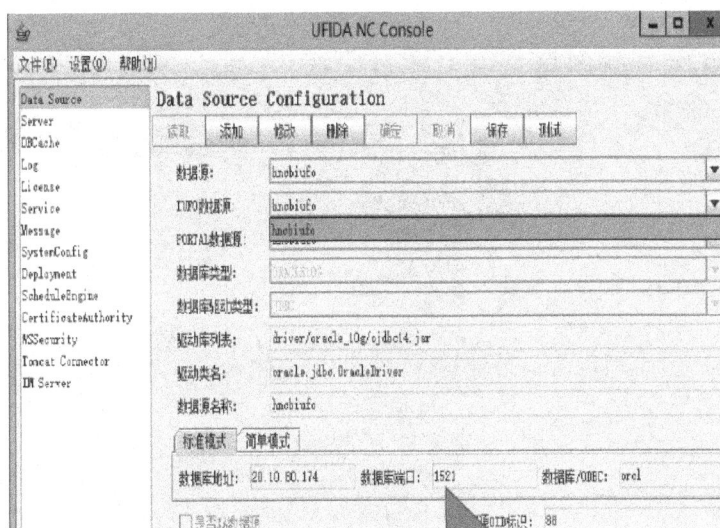

图 12-6　端口数据库设置

解决方案：需要在简单格式页签的数据源URL项上规范填写"jdbc:oracle:thin:@20.10.80.174:1521:orcl"。

（8）在打开大数据量节点时，点击无反应，前台日志中存在"memohead"字样。

解决方案：调整 Java 参数，使其不超过 IE 或者客户端支持的最大参数（见图 12-7）。

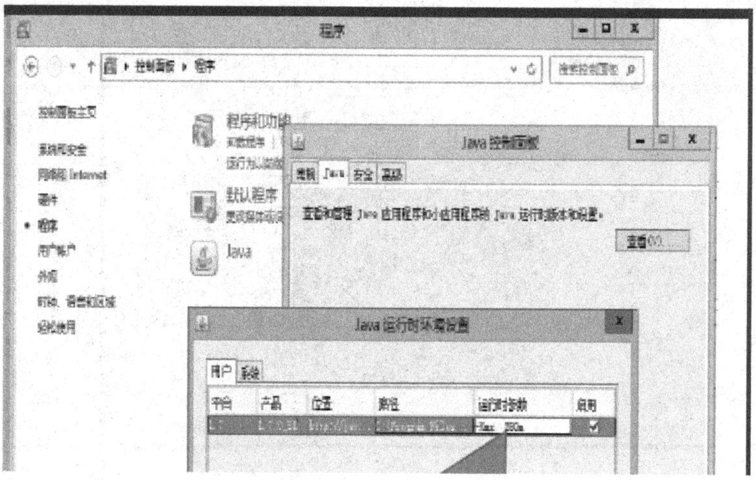

图 12-7 Java 参数设置

（9）已经进入登录界面，但是下一个界面弹不出。

解决方案：调整 Java 安全级别（见图 12-8）。

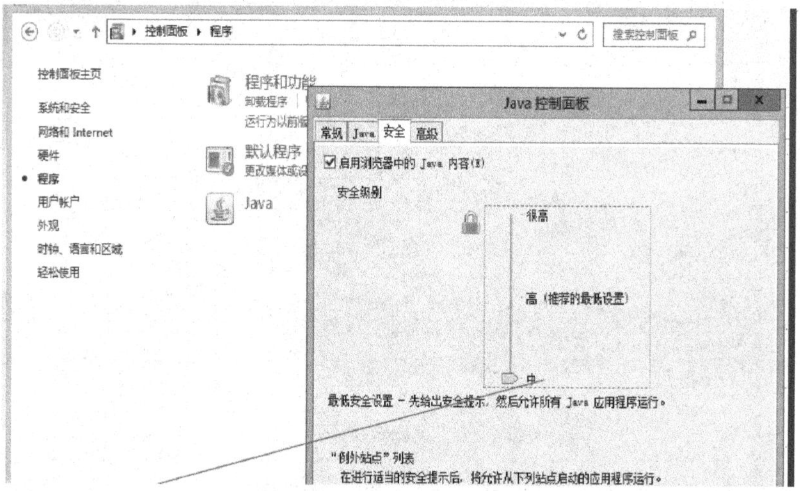

图 12-8 Java 安全级别设置

（10）在登录界面时报错，提示非法登录。

解决方案：在“ipboundary.conf”记事本中“end”的前一行添加一行“*.*.*.*”，其存放目录为“wh-nm-nchome-nchome-imrp-bin”。

第四篇

安全技术

前几篇内容介绍了 ERP 软件的基础概念、技术方法和实践应用，但是在 ERP 软件的实际运行过程中，仍然有许多潜在的风险需要维护人员去注意和防范。

本篇主要介绍 ERP 软件维护中安全方面的维护内容，从网络安全、软件设计安全、数据安全的角度介绍 ERP 软件在使用过程中可能遇到的风险，确保软件维护人员能够掌握正确的软件安全观念并了解相关技术，将 ERP 软件日常运作过程中的安全隐患降到最低。

第13章

ERP 软件设计安全维护技术

13.1 软件线程安全维护

13.1.1 进程和线程的机制与定义

进程和线程的概念都来自操作系统。进程是系统对资源进行分配和调度的基本组成单位，是操作系统结构的重要基础。每个进程都是由虚拟地址空间、代码、数据和其他各种系统资源构成的，正在运行的进程资源一般会随着进程的结束而被销毁，所使用的系统资源在进程终止时会被释放或终止。因此，多个进程的通信一般只能够采取进程间通信的方式，如信号或管道，而不能使用简单的共享内存。由于每个进程维护的都是独立的虚拟内存空间，因此每个进程变量的虚拟地址都是互不相同的。

线程是进程内部的一个基本的执行单元，是操作系统可以进行运算调度的最小单位。系统建立了一个进程后，实际上是启动了该进程的主执行线程，主执行线程以函数地址形式呈现，比如 Main 或 WinMain 函数，把程序的启动点提供给 Windows 系统。当主执行线程结束时，进程也随之终止。

一般而言，每一个进程至少保证有一个主执行线程，它不需要用户主动创建，而是由系统自主创建的。用户可以根据自身的客观需求在应用程序中创建其他线程，多个线程可以在同一个进程中并发运行，不同的任务也能够在线程之间并行执行。通常来说，一个进程的所有线程都是共享这个进程的同一个虚拟地址空间的，也就是说从线程的角度理解，它们看到的物理资源都是相同的，它们共同使用这些虚拟地址空间、全局变量和系统资源，所以线程间的通信非常便捷，共享资源可以用共享变量来表示，也就是说，线程通信问题可以通过直接共享内存来解决。

进程和线程之间的关系如图 13-1 所示。

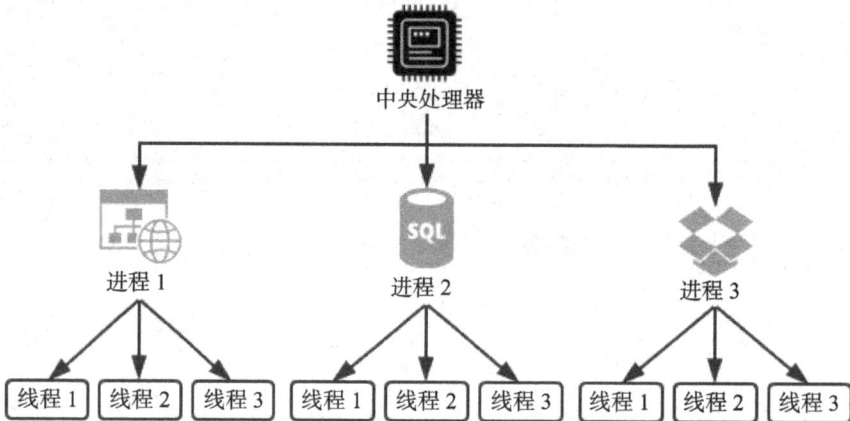

图 13-1　进程和线程之间的关系

13.1.2　软件线程的各类安全维护

软件中经常使用"线程安全"这个名词，相信大部分有经验的开发者都或多或少地听过，甚至在编写和测试代码的时候还会经常挂在嘴边，但是如何找到一个确切的概念来对"线程安全"进行定义却是一件十分困难的事情。*Java Concurrency in Practice* 的作者 Brian Goetz 对线程安全有一个相对合适的定义："当多个线程访问同一个对象时，如果我们不对这些线程在运行时环境下的调度和交替运行进行考虑，也不需要进行其他的同步，或者在调用方进行任何其他的协调操作，调用这个对象的行为可以得到正确的结果，那这个对象就是线程安全的。"通俗的理解就是，在多线程情况下，代码的运行结果与预期的正确结果不一致，线程安全问题通常是由于主内存与工作内存数据不一致和重新排序造成的。

这个定义十分确切且严谨，它要求线程安全的代码必须有一个特征：代码本身封装了一切必要的正确性保障手段（如互斥同步等）。因此，调用者一般不需要关心多线程问题，更不用通过任何其他措施确保多线程的科学调用。做到这一点并不容易，在大多数场景中，我们都会将这个定义进行适当的弱化，如果把"调用这个对象的行为"限定为"单次调用"，同时这个定义所描述的情形也可以成立的话，我们就将其称之为线程安全。

举个通俗的例子，如图 13-2 所示，主内存中存有某个共享变量 x，现在利用 A 和 B 两个线程分别对该变量 x=1 实施操作，A 和 B 线程在各自的工作内存中都存有共享变量副本 x。如果现在线程 A 打算修改 x 的值为 2，而线程 B 却打算读取 x 的值，那么此时线程 B 读取到的值是线程 A 更新后的值 2 还是更新前的值 1 呢？答案是"不确定"，即线程 B 既有可能读取到线程 A 更新前的值 1，也有可能读取到线程 A 更新后的值 2，这是由于工作内存是每个线程私有的数据区域，而线程 A 首先是将变量 x 从主内存复制到线程 A 的工作内存中，然后对变量实施操作，操作完成后再将变量 x 写回主内存。对线程 B 来说也是类似的，这样就有可能造成主内存与工作内存之间的数据不一致。如果线程 A 修改完后正在将数据写回主内存，而线程 B 此时正在读取主内存，即将 x=1 拷贝到自己的工作内存中，这样线程 B 读取到的值就是 x=1，但如果线程 A 已将 x=2 写回主内存，线程 B 才开始读取，那么此时线程 B 读取到的就是 x=2。到底是哪种情况先发生呢？这同样也是不确定的，这就是所谓的线程安全问题。

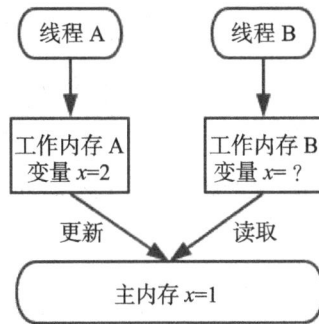

图 13-2　A 和 B 线程同时操作变量

我们把对象的线程安全的"安全程度"由强到弱来排序，可以将各种操作共享的数据分为以下五类。

1. 不可变

一般而言，不可变对象都是线程安全的，不管是对象的实现方法还是方法的实际调用者，都无须再实施其他线程安全保障措施。只要有一个不可变对象被科学地构建出来，它外部的可见状态就永远都不会再发生改变，它在多个线程之中处于不一致的状态。"不可变"带来的安全性也是最简单、最有效的。

2. 绝对线程安全

绝对线程安全是指达到"无论系统运行时的环境如何，调用者都不需要任何其他同步措施"的要求，这一般需要付出极大的代价。即使在某些标注为线程安全的类别中，大多数都不是百分之百的线程安全。

3. 相对线程安全

相对线程安全就是用户常说的线程安全，它只需要确保这个对象的单个操作是线程安全的即可，用户在调用时不需要做其他保障措施。但是对于一些需要依据特殊顺序进行的连续调用，往往就需要在调用端使用额外的同步手段来确保调用的科学性。

4. 线程兼容

线程兼容是指对象本身并不是线程安全的，但是可以在调用端使用科学的同步手段来确保对象在多线程并发环境中被安全、合理地使用。

5. 线程对立

线程对立是指无论调用端是否采取了同步措施，都不可能在多线程并发环境中使用的代码。例如，在修改静态数据时，静态数据会在一定程度上影响其他线程中执行的其他行为，这就会出现线程对立。线程对立这种排斥多线程的数据代码通常是很少出现的，并且往往会对整个程序都产生负面影响，在代码中应该尽量避免。

那么用户可以采用什么样的技术手段来确保和实现线程安全呢？目前常用的方案包括以下几种。

1. 互斥同步

互斥同步是线程并发安全方面最为常见的安全保障手段之一。同步是指在多个线程并发访问共享数据时，确保共享数据在同一时刻只能够被某一个线程使用。互斥是实现同步的手段，临界区、互斥量、信号量都是实现互斥的主要方式。因此，在这四个字中，"互斥"是原因，"同步"是结果；"互斥"是方法，"同步"是目的。

2. 非阻塞同步

互斥同步最常见的问题就是线程阻塞和换新导致的性能问题，因此这种同步也被称作阻塞同步。阻塞同步是一种悲观并发策略，通常人们总是认为，如果不采取科学的同步措施（即加锁）就会发生问题，无论共享数据之间是否会产生竞争，它都要求进行加锁、用户态与内核态切换、维护锁计数器和检查是否有被阻塞的线程需要被唤醒等一系列操作，这会产生很大的效率问题。而随着硬件指令及相关技术的发展，现在用户们有了全新的选择：基于冲突检测的乐观并发策略，简单来说就是先进行操作，如果没有其他线程争用共享数据，那么操作就成功了。如果共享数据由于被其他进程争用而发生了冲突，那么就必须实施有效的补偿措施（比如不断进行重试直到成功）。因为这种十分乐观的并发策略不需要提前把线程挂起，所以这种同步操作被形象地称作非阻塞同步。

3. 无同步方案

要保证线程安全，并非一定要进行同步，其实这两者之间并没有必然的因果联系。同步只是共享数据争用时所采取的处理手段，如果某种方法本身就不涉及共享数据，那么它就不需要任何同步措施来确保其正确性，因此有一部分代码在编写之初就是线程安全的。

13.2 软件结构设计安全维护

13.2.1 软件的安全性测试

安全性测试是指验证应用程序的安全等级和识别潜在安全性缺陷的过程。软件的安全性测试的主要目的是发现软件本身在设计之初就存在的缺陷，并验证应用程序对非法入侵程序的防范能力。根据不同类别的安全指标，测试策略也会相应地进行调整。

目前有很多测试方法能够进行不同程度的安全性测试，主流的测试方法包括以下三种。

（1）静态的代码安全测试：对源代码进行安全扫描，根据程序中存在的数据流、控制流、语义等信息，与其特有的软件安全规则库进行相应的比较，找出代码中存在的安全漏洞。静态的代码安全测试是一种十分高效的方法，它能够在编码阶段就找出所有可能存在安全风险的数据代码，让开发人员能够在早期就对潜在的安全问题进行解决。因此，静态的代码安全测试更加适用于早期的代码开发阶段，而非成品测试阶段。

（2）动态的渗透测试：动态的渗透测试也是一种常用的安全测试方法，该方法一般是利用自动化工具或人工方法模拟黑客的入侵，从而对应用系统实施攻击性测试，找到运行时潜在的安全隐患。这种测试方法的特点是真实有效，一般发现的问题都是客观存在的，并且也是较为严重的。但动态的渗透测试的一个致命缺点是模拟的测试数据只对有限的测试点有效，不能完全覆盖所有的情况。

（3）程序数据扫描测试：所有对安全性有较高要求的软件在运行过程中，其内部数据都是不可以遭到恶意篡改或侵害的，否则就会发生缓冲区溢出类型的攻击。程序数据扫描测试主要是进行内存测试，它能够发现大量其他测试方法难以捕捉的漏洞，如缓冲区溢出。

13.2.2 软件的安全漏洞维护

软件的安全漏洞包括很多方面，主要的安全漏洞是软件本身的设计漏洞，下面介绍几种常见的软件安全性缺陷和漏洞安全隐患。

1. SQL 注入式攻击

SQL 注入式攻击是指黑客或者恶意攻击者在 Web 表单的输入域或页面请求的查询字符串中插入 SQL 命令，引导服务器去执行恶意的 SQL 命令。在某些表单中，用户输入的内容可以直接用于构造或影响 SQL 命令，或作为存储过程的输入参数，这类表单很容易受到 SQL 注入式攻击。

举个简单的例子。在某登录模块，如果计算机让用户输入用户名和密码，我们一般都会老老实实地输入真实的用户名和密码。但如果我们刻意地绕过登录认证呢？猜想下面这个 SQL 语句，比如说用户名字段，开发人员有很大概率会这样去数据库里进行对比：

Select * from sys_user where user-name=' ×××'

也许更为复杂，比如用户在输入框里输入下面这段特殊的字符：' or '1=1'。

这是一段十分特殊的字符，因为如果这么输入，SQL 语句就会变成：

Select * from sys_user where user-name=' or '1=1'

这样就很容易跳过用户名的验证阶段，轻松实现对系统的入侵。

2. 修改提交数据

某企业曾建立过一个在线购物的虚拟商城，该企业在对虚拟商城的安全性进行测试的过程中发现，只要利用简单的 HTTP 数据抓包就能够抓取到用户提交的商品价格，通过在线进行简单的修改后再重新发包竟然就能够成功下单。一个 1 000 元的商品，抓包修改为 1 元就可以购买成功，这就成为一个潜在的隐患。

3. 跨站脚本攻击

跨站脚本（Cross Site Script，XSS）攻击是一种常见于 Web 应用中的安全漏洞。当黑客往 Web 页面里嵌入恶意的客户端脚本且用户对此网页进行浏览时，脚本就能够很容易地在用户的浏览器上得到执行，然后达到攻击用户计算机的目的。利用这种方式可以很容易地获取用户的 Cookie，进而将首页导航到恶意网站或使其携带木马等。

XSS 是怎样产生的呢？如果一个网页中有以下某个文本框（Text Box）：<inputtype="text"name="address1"value="value1from">，value 后面的值来自用户的输入，如果用户输入 "/><script>alert(document.cookie)</script><!-"，那么就会变成 <inputtype="text"name="address1"value=""/><script>alert(document.cookie)</script><!-">，这样嵌入的 Java Script 代码将会被执行。如果用户输入的是 "onfocus="alert(document.cookie)，那么就会变成 <inputtype="text"name="address1"value=""onfocus="alert(document.cookie)">，这样事件被触发的时候嵌入的 Java Script 代码将会被执行。

4. 缓冲区溢出

缓冲区溢出已成为软件安全漏洞维护工作所面临的最为严峻的挑战，很多安全问题都与之有关。缓冲区溢出的产生一般有两个原因。

第一，设计空间转换规则的校验问题，即对可测数据缺少验证，导致非法数据在外部输入层未被检测和去除。非法数据进入接口层和实现层后，因为它超出了接口层和实现层的对应测试空间或设计空间的范围，从而导致溢出。

第二，局部测试空间和设计空间不足。在合法数据进入后，因为程序实现层缺少相应的测试空间和设计空间，导致在程序处理过程中产生溢出。

5. 加密弱点

下面这几种加密方式是不安全的：（1）使用安全性不高或加密强度不够的加密算

法，对于某些加密算法，用户可以用穷举法轻松破解；（2）对数据进行加密时，密码是通过伪随机算法产生的，而伪随机算法往往存在某些重大缺陷，使密码很容易被黑客破解；（3）身份验证算法存在某些设计缺陷；（4）客户机和服务器时钟没有同步，给黑客充足的时间对密码进行破解或对数据进行修改；（5）未对加密数据进行签名，导致黑客能够对数据进行篡改。因此，在进行加密测试时，必须尽可能地对存在的加密弱点进行反复测试。

13.3　权限管理的设定安全

13.3.1　权限控制的分类

权限控制是指依据系统设置的相关安全规则或策略，用户能够访问且只能访问自己被授权访问的资源。几乎所有的系统里都存在不同程度的权限控制，不同的用户账号和密码对应不同的权限。许多用户经常将"用户身份认证""密码加密""系统管理"等概念与"权限控制"概念混淆。权限控制的内容主要分为访问权限、数据权限两大类。

（1）访问权限：是指是否有访问某项功能的权限，大多数访问权限都是利用菜单的URL来控制的，利用用户关联不同的菜单来实施权限控制。这里主要有两种实现方式：第一是设置不同类型的角色，对不同的角色赋予不同的权限，用户关联角色，间接关联菜单的URL；第二是直接利用使用者关联菜单的URL实施控制。这两种方式都能实现对用户的访问权限进行控制，但是第一种方式的扩展性相对更强，比如用户是系统的维护人员时，维护人员需要对每一个菜单进行访问；如果是第二种方式，维护人员就必须一个一个地勾选菜单，这样就会浪费时间，而且比较容易遗忘。另外，第一种方式只设置一个系统管理员角色，当用户是指定的角色时，系统不需要查验用户是否有权限访问相应的功能，直接给予用户相应的权限即可。

（2）数据权限：是指用户在被赋予访问权限的前提下，可以在某个功能下查询出的数据量的大小，其常用的实现方式和访问权限的实现方式基本是一致的，即在数据来源表里对某个字段进行设置或利用某个字段对数据权限进行限制。比如设置部门 ID 账号的数据权限时，如果不是这个部门就不可以进行访问，如果对多个部门或全部部门进行访问，则可以利用角色或一个大部门包含其余的小部门来实现，其本质上和角色关联菜单的实现方式是一致的。

13.3.2 权限授予的过程安全

在对用户授予权限时，必须遵循最小权限原则。最小权限是指给一个主体赋予需要完成一个任务的权限时既不多也不少。最小权限原则也是安全设计的基本原则之一。最小权限原则要求系统只可以向用户授予必要的权限，而不能进行过度的授权，这样能够有效地降低系统、网络、应用、数据库发送错误命令的概率。

例如，在 Linux 操作系统中，正确的操作习惯一般是先使用普通账户登录，在执行需要根用户权限的操作时，利用 Sudo 命令完成操作。这样能够把一些错误操作造成的风险尽可能地降低，因为普通账户被黑客盗用后，与根用户账户被盗造成的后果是有很大区别的。

在使用最小权限原则的时候，必须尽可能地对业务所需要的权限进行认真梳理。在很多情况下，软件的实际维护者并不会意识到授予用户的权限过高。在利用访谈的方式对业务进行了解时，可以尽可能多地设置一些反问句，比如"您确定自己使用的程序需要访问互联网吗""您确定您的程序一定要有删除权限吗"，通过从用户那里获取此类问题的答案，能够确定该业务所需要的最小权限。

13.3.3 权限安全管理

权限安全管理是一切系统都会涉及的核心部分，其主要目的是对不同的用户设置权限，以对不同用户的访问资源进行限制，避免由于权限的滥用或操作方式不当而引发的安全问题，如操作错误、隐私数据泄露等问题。

权限安全管理的实施主要有以下三种方案。

1.功能级权限控制

此方案能够让系统用户（如企业的 IT 管理员）自行对角色进行定义，对角色需要的各种权限进行设置，并为用户分配相应的角色。如果该方案可以成功实施，系统用户就可以在功能级层面对权限进行管理，整个设置和分配过程不需要软件开发商的参与。

2. 部分预定义好的数据级权限

目前已经有一部分略微复杂的系统，为用户提供了一些可供选择的规则和管理界面，可以允许系统使用者自行输入规则所需要的参数。例如，普通审查员在审查财务数据的金额区间时，勾选某个员工能够查询哪些组织机构的订单数据等。

这给企业提供了一定程度的控制数据级权限的能力。但是目前该能力还相对比较弱，仅局限在已设定好的策略和参数中，暂时还无法适应安全策略的快速变化。另外，企业需求肯定会随着时间的推移而发生持续的变化。例如，普通审查员的审查区间由最初的单一设置区间改为按照行业、地域来设置不同的区间。用户查询订单既和组织机构有关，也和订单业务领域存在一定程度的联系。一旦出现了这些新需求，企业就要求助于软件开发商进行相应的修改和更新。

3. 企业完全掌控安全策略

企业彻底掌控安全策略主要包括两个方面的内容：一是功能级权限管理完全自我掌控；二是数据级权限管理完全自我掌控。要想完成这两个方面的目标，就必须考虑企业IT部门的整体技术能力。一般企业的IT技术能力几乎不可能比软件开发商强，另外这种权限管理的软件代码涉及整个系统的安全，影响重大，因此软件最好要有图形化的权限策略集中管理功能，以便企业进行管理。同时，要保证可以进行在线测试，当定制好策略后可以在不影响业务的情况下进行测试，以确保功能安全、完整无误。

[习题]

1. 软件进程和线程的区别有哪些？

2. 线程的安全性怎样才能得到保障？

3. 怎样做好软件的权限管理？

4. 简要叙述 SQL 注入是如何实现攻击的。

5. 怎样测试软件的安全性？

第14章

ERP 软件网络安全维护技术

14.1 网络安全维护基础知识

14.1.1 网络安全等级

网络安全等级的划分有其特有的行业标准，不同的国家或地区对网络安全的级别的划分也有着一定的区别。

2018 年 6 月 27 日，我国公安部发布了《网络安全等级保护条例（征求意见稿）》（以下简称《征求意见稿》），向公众征求相关的管理意见。《征求意见稿》包括总则、支持与保障、网络的安全保护、涉密网络的安全保护、密码管理、监督管理、法律责任和附则 8 章，共 73 条规定。

《征求意见稿》对于网络安全等级保护的有关要求、工作流程、涉密网络、密码管理等方面都做出了非常细致可行的规定。对比《中华人民共和国网络安全法》颁布之前的《信息安全等级保护管理办法》及其配套的相关规范、标准（以下简称"等保 1.0"），《中华人民共和国网络安全法》颁布之后的网络安全等级保护制度（以下简称"等保 2.0"）结合新时期面临的网络安全新变化、新形势，尤其是新技术、新应用的发展，对网络安全提出了更全面的规范要求，网络安全等级保护制度已成为国家网络安全基本制度体系的重要组成部分。

网络安全等级的划分依据主要为网络在国家安全、经济建设、社会生活中所起到的作用，以及其网络的正常运行一旦受到破坏，它的功能丧失或者数据被篡改、泄露、丢失、损毁后，对国家安全、社会秩序、公共利益，以及相关公民、法人和其他组织的合法权益造成的损害程度等因素。具体等级如下。

第一级，网络受到破坏后，会损害有关公民、法人和其他组织的正当权益，但一般不会损害国家安全、社会秩序和公共利益。

第二级，网络受到破坏后，将对有关公民、法人和其他组织的合法权益造成严重损害，或者危害社会秩序和公共利益，但不会对国家安全造成损害。

第三级，网络受到破坏后，将会使有关公民、法人和其他组织的合法权益受到特别严重的损害，或者严重危害社会秩序和公共权益，或者对国家安全造成损害。

第四级，网络受到破坏后，会对社会秩序和公共利益造成特别严重的损害，或者对国家安全造成严重损害。

第五级，网络受到破坏后，会使国家安全受到特别严重的损害。

信息系统安全保护等级的划分依据为信息系统在国家安全、经济建设、社会生活中的作用，以及信息系统遭到攻击后对国家安全、社会秩序、公共利益及公民、法人和其他组织的正当权益造成损害的严重程度等因素。具体等级如下。

第一级，如果信息系统受到破坏，会危及有关公民、法人和其他组织的正当权益，但不会破坏国家安全、社会秩序和公共利益。

第二级，信息系统受到破坏后，会对有关公民、法人和其他组织的正当权益造成严重损坏，或者对社会秩序和公共利益造成严重损害，但不会对国家安全造成影响。

第三级，信息系统遭到破坏后，会对社会正常的生产生活和公共利益造成严重损害，或者给国家安全带来潜在风险。

第四级，信息系统受到破坏后，会对社会秩序和公共利益造成特别严重的损害，或者对国家安全造成严重损害。

第五级，信息系统受到破坏后，会对国家安全造成特别严重的损害。

在互联网行业，最著名的网络安全等级划分标准是美国的橘皮书（The Orange Book），橘皮书是美国国家安全局（NSA）的国家计算机安全中心（NCSC）于1983年8月颁发的标准，其正式名称是"受信任计算机系统评量基准"（*Trusted Computer*

System Evaluation Criteria），由它的封面颜色得名"橘皮书"。

橘皮书对可靠系统进行了定义：一个由硬件及软件所组成的完整系统，在不违反访问权限的前提下，同时服务于不限数量的用户，同时处理从一般机密到最高机密等不同秘密等级以及不同范围的信息数据。此外，橘皮书把一个计算机系统能够接受的信任程度实施了分类，满足特定安全条件、基准、规则的系统都可以被划归到特定的安全等级。

橘皮书将计算机系统的可靠程度或安全性能由高到低划分为 A、B、C、D 四个等级，这些安全等级的划分方式不是线性的，而是呈指数级上升的，等级较高的安全范围必须包括等级较低的安全范围。在橘皮书中，按安全级别可将 A、B、C、D 四个等级细分为几个较小的级别。

（1）D 级——最低保护（Minimal Protection），这是计算机安全的最低等级，只要没有通过其他安全等级测试项目的系统就会被划分进该等级。它代表着整个计算机系统是没有经过认证，即不可靠的，硬件和操作系统都很容易被外界入侵。D 级计算机系统不会对用户进行检测验证，也就是任何人都能够操作该计算机系统而不会受到任何限制。例如，早年的 IBM PC 上的 PC-DOS 和 MS-DOS、Apple Macintosh 上的 System7.×、MicroSoft 的 Windows 95/98/Me 等都属于该等级。

（2）C 级——自定式保护（Discretionary Protection），该等级的特点在于系统的对象（如文件、目录、设备等）可被其主体（如系统管理员、用户、应用程序）自定义访问权限。例如，管理员可以设置某个文件仅允许某一特定用户读取、另一用户写入；用户能够决定其某个目录可公开给其他用户读、写、执行等。在 Unix、WindowsNT 内核等操作系统中都能够见到这种属性。该等级依据安全等级的高低分为 C1 和 C2 两个安全级别。

C1 级要求硬件必须要带有一定程度的安全机制（比如硬件有带锁装置和需要钥匙才能使用计算机等），用户必须录入合法的信息数据才能登录系统进行使用。C1 级还需要拥有访问控制能力，允许系统管理员为某些程序或数据设置一些合理的访问权限。C1 级的缺点是用户能够直接访问操作系统的根目录，并且 C1 级不能控制已经进入系统的用户的访问级别，所以用户可以随意移动系统中的数据。

C2级在C1级的某些缺陷方面加强了几个特性，C2级引进了受控访问环境（用户权限级别）的增强特性。这一特性不仅以用户权限为基础，还进一步限制了用户执行某些系统指令。授权分级允许系统管理员对用户实施分组，授权他们访问某些程序或分级目录；另一方面，以个人为单位授权用户对某一程序所在目录进行访问，如果其他程序和数据也在同一目录下，那么用户也能够自动得到访问这些信息的权限。C2级还采取了系统审计的方法，审计特性跟踪所有的"安全事件"，比如登录（无论成功还是失败）系统、系统管理员的工作，以及改变用户的名称或密码。

（3）B级——强制式保护（Mandatory Protection），该等级的特点在于拥有系统强制的安全保护模式，在强制保护模式中，每个系统对象（如文件、目录、设备等）及主体（如系统管理员、用户、应用程序）都有自己的安全标签，系统可依据用户的安全等级赋予其对各对象的访问权限。该等级依据安全性的高低细分为B1、B2和B3三个安全等级。

B1级支持多级安全保护，即该安全保护安装在不同等级的系统设备（如网络、应用程序、工作站等）上，为敏感信息提供更高级别的保护。例如，安全级别可分为解密级、保密级和绝密级。

B2级也被称为结构化的保护。B2级要求对计算机系统中的所有对象都加上标签，并为设备指定一个安全级别。例如，用户可以访问一台工作站，但不允许访问装有人员财务资料的磁盘子系统。

B3级要求用户工作站或终端通过可信方式接入网络系统，该等级必须采用一些物理硬件来保护安全系统的存储区域。

（4）A级——可验证的保护（Verified Protection）。A级在功能上与B3级类似，而其独特之处是，A级的系统拥有正式的分析及数学式方法，能够充分证明该系统的安全策略及安全规格的完整性与一致性。在A级中，所有构成系统的部件的来源都必须有相应的安全保证，确保在销售过程中这些部件不被损害。例如，在A级设备中，从生产厂房直至计算机房，每一个磁盘驱动器都需要被严密监视。

14.1.2　网络安全维护体系

网络安全的含义十分宽泛，其核心领域包括关键基础设施、网络安全等，企业需要对这些核心领域给予高度重视，并将其与自身的网络安全战略进行有效的结合。

1.关键基础设施

关键基础设施是指社会所依靠的物理网络系统，包括电网、净水系统、交通信号灯及医院系统等。为了防止关键基础设施受到网络入侵，负责关键基础设施维护的人员应执行尽职调查。其他相关人员也应对各自所承担的关键基础设施负责，充分评估网络攻击对自己的影响，然后制定相应的应急计划。

2.网络安全（狭义）

网络安全要求能够防范未经授权的入侵行为及有恶意的内部人员。确保网络安全一般需要权衡利弊。例如，二次验证登录对于安全而言可能是必要的，但它同时也会在一定程度上降低工作的执行效率。

用于监控网络安全的工具通常会生成大量的数据信息，但是由于生成的数据量太大，往往会导致忽略有效的告警。为了能够更好地对网络安全进行管理，安全管理团队越来越多地使用机器学习来对异常流量进行标记，并对管理员实时生成告警。

3.云安全

如今，有越来越多的企业把数据转移到云端，但是这也带来了新的安全挑战。例如，2017年因为云实例配置不合理导致的数据泄露事件基本每周都会发生。目前，云服务提供商正在打造新的安全工具，从而辅助企业能更好地保护自己的数据，但是企业需要特别注意的是，对网络安全而言，迁移到云端并不是执行尽职调查的灵丹妙药。

4.应用程序安全

应用程序安全（AppSec），尤其是Web应用程序安全，已经成为最薄弱的攻击技术点，但很少有组织能够充分弥补OWASP（开放式Web应用程序安全项目）所提到的十大Web漏洞（见图14-1）。应用程序安全应该从安全编码实践开始，并通过模糊和渗透测试来增强。

2013年版	➔	2017年版
A1 – 注入	➔	A1:2017 – 注入
A2 – 失效的身份认证和会话管理	➔	A2:2017 –失效的身份认证
A3 – 跨站脚本（XSS）	↘	A3:2017 – 敏感信息泄露
A4 – 不安全的直接对象引用 [与A7合并]	∪	A4:2017 – XML外部实体（XXE）[新]
A5 – 安全配置错误	↘	A5:2017 – 失效的访问控制 [合并]
A6 – 敏感信息泄露	↗	A6:2017 – 安全配置错误
A7 – 功能级访问控制缺失 [与A4合并]	∪	A7:2017 – 跨站脚本（XSS）
A8 – 跨站请求伪造（CSRF）	☒	A8:2017 – 不安全的反序列化 [新，来自于社区]
A9 – 使用含有已知漏洞的组件	➔	A9:2017 –使用含有已知漏洞的组件
A10 – 未验证的重定向和转发	☒	A10:2017 – 不足的日志记录和监控 [新，来自于社区]

图 14-1　OWASP 十大 Web 漏洞

5. 物联网（IoT）安全

物联网是指各种重要程度不同的物理网络系统，如家用电器、传感器、打印机、摄像头等。物联网设备往往处于不安全的状态，几乎不提供安全补丁，这不仅会威胁到用户的信息安全，还会威胁到互联网上的其他人，因为这些设备经常被恶意参与者用来构建“僵尸网络”，这给家庭用户和社会带来了全新的安全挑战。

14.2　防火墙技术

14.2.1　防火墙概述

人们为了保护其数据和资源的安全，创建了“防火墙”（firewall）这个概念。那么防火墙到底是什么呢？

以前，人们经常在木屋和其他建筑物之间修筑一条砖墙，以便在发生火灾时防止火势从一座建筑物蔓延到另一座建筑物。因此，这种砖墙就被人们称作防火墙。在计算机网络中，防火墙被用来保护重要的网络资源避免受到外来危险的影响。防火墙从本质上说是一种保护程序，是用来保护数据、资源和用户信誉的。

数据是指用户保存在计算机内的信息，需要保护的数据有以下三个典型的特征。

（1）保密性：是指用户信息不能够被别人获取。

（2）完整性：是指用户信息不能够被别人随意更改。

（3）可用性：是指用户必须能够合法地使用信息。

资源是指用户计算机内的系统资源。

对于用户信誉，计算机本身没有任何信誉问题，但是入侵者会假装是你，然后出现在互联网上做一些未经过你同意的事情，或者借用你的身份在互联网上漫游，获取付费的资料，但你却需要完成这些费用的最终结算。国内外的相关数据表明，入侵者一般分为破坏者、恶作剧者等。

图 14-2 是一个简单的防火墙示意图。

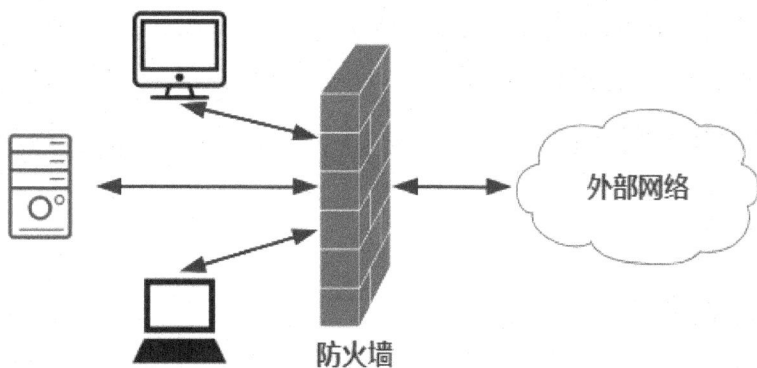

图 14-2　防火墙示意

14.2.2　防火墙功能

防火墙具备以下功能。

（1）允许网络管理员定义一个中心点来避免非法用户进入内部网络。

（2）可以很方便地对网络的安全性进行实时监控，并在发生危险时报警。

（3）可以作为部署网络地址转换（Network Address Translation，NAT）的地点，利用 NAT 技术，将有限的 IP 地址动态或静态地与内部的 IP 地址对应起来，用来缓解地址空间短缺的问题。

（4）是审计和记录互联网使用费用的一个最佳地点。网络管理员可以在此向管理部门提供互联网连接的费用情况，查出潜在的带宽瓶颈位置，并能够依据本机构的核算模式提供部门级的计费。

14.2.3 防火墙安全策略

防火墙安全策略有以下两种。

（1）禁止未被列为允许访问的服务：这意味着必须要确保所有能够被提供的服务及其安全性，开放这些服务并排除所有未被列为允许访问的其他服务。

（2）未被列为禁止的服务被允许：这意味着要做的第一件事是明确哪些是被禁止的、不安全的服务，以禁止其访问，而其他服务被认为是安全的，允许访问。

从安全性的角度来看，第一种策略更为可取。因为我们很难找出网络中的所有漏洞，所以很难避免所有的非法服务。而从灵活性和方便性的视角来看，第二种策略则相对更为适合。

14.2.4 防火墙类型

到目前为止，虽然防火墙的种类有很多，但大致分为两类，一类是包过滤型防火墙，另一类是代理服务型防火墙。两者的区别是包过滤型防火墙通常直接转发报文，对用户完全公开，速度快；而代理服务型防火墙是通过代理服务器建立连接，它具有更严密的身份验证和日志功能。

1.包过滤型防火墙

包过滤型防火墙本质上是一个过滤网关，它最终确定自己接收到的每个数据包的取舍。该防火墙会检查每个数据包，以明确它是否符合其过滤规则。如果匹配成功，并且规则允许这个数据包，那么这个数据包将依照路由表中的信息继续前进。如果未找到匹配项，那么按照规则拒绝此数据包，即把这个包过滤掉了。

包过滤一般是在 OSI 七层协议的网络层下实现的，用户一般不会发现防火墙的存在。此防火墙有级别较高的网络性能和对应程序，具有较好的公开性，缺点是无法有效地区分同一 IP 地址的不同用户，所以安全性相对较低。

包过滤型防火墙要遵循的一项基本原则是"最小权限原则"，即明确允许通过的数据包，禁止其他数据包通过。

包过滤型防火墙在实际应用中还分为静态包过滤和动态包过滤两类，其区别在于防火墙规则对于前者来说是固定的，而后者却是系统动态生成的。

2. 代理服务型防火墙

代理服务型防火墙也称为应用层网关防火墙。这种防火墙通过代理技术参与到一个 TCP 连接的整个过程。从内部发出的数据包经过代理服务型防火墙的处理后，就像从防火墙的外部网卡发送的数据包一样，从而实现隐藏内部网络结构的功能。这种类型的防火墙被网络安全专家和媒体认作是最安全的防火墙。其核心技术就是代理服务器技术。代理服务型防火墙的物理位置与包过滤防火墙一样，但它却是工作在 OSI 七层协议的应用层的。

代理服务型防火墙的应用可以使网络过滤器实现比包过滤型防火墙更严格的安全策略。对于每个转发的应用，应用层网关都必须使用特殊的程序代码。当需要保护的新应用程序加入网络时，必须用特殊的程序代码对其进行编程，如果网络过滤人员不针对特别应用程序编制出相应的专用程序代码，那么这种服务就不会通过防火墙。

代理服务型防火墙虽然编制程序十分复杂，但是正因为这样，网络的安全性才能够获得提高。因为除非明确地提供了应用层网关，否则就无法通过防火墙，即实施了"未被明确允许的就将被禁止"的安全策略。

两种防火墙的技术对比如下。

1. 包过滤型防火墙

优点：价格较低，性能开销小，处理速度较快。

缺点：定义复杂，容易出现因配置不合理而带来的问题，允许相关数据包直接通过，容易造成数据驱动式攻击的潜在风险。

2. 代理防火墙

内置了专门为了提高安全性而编制的代理应用程序，能够透彻地理解相关服务的命令，对来往的数据包进行安全化处理速度较慢，不太适用于高速网（ATM 或千兆以太网等）之间的应用。

14.3　虚拟专用网技术

14.3.1　虚拟专用网介绍

虚拟专用网（Virtual Private Network，VPN）是指将在物理上分布于不同区域的网络通过公用骨干网络连接成逻辑上的虚拟子网络，它采取数据加密技术、身份认证技术、隧道技术和密钥管理技术等技术实施通信保护，防止通信信息被泄露、篡改和复制。

当前，随着 VPN 技术的逐步完善，已经有越来越多的企业和机构采用 VPN 技术来构建自己的虚拟专用网络，以达到灵活扩展自身内部网络、连接跨区域分支网络等目的。与传统的物理专用网络相比，VPN 具有组网成本低、通信安全、管理方便、扩展性强、服务质量可靠等特点。

14.3.2　VPN的实现技术

按照实现技术的不同，VPN 可分为 PPTP（Point-to-Point Tunneling Protocol）、L2TP（Layer2 Tunneling Protocol）、MPLS（Multi-Protocol Label Switching）、IPSec（Internet Protocol Security）与 SSL（Secure Sockets Layer）等几种。其中，基于 MPLS 技术的 VPN 与基于 IPSec 及 SSL 的 VPN 是目前应用最为广泛的三种 VPN。

（1）IPSec 是 IETF 为互联网安全通信提供的一系列规范，它通过公共网络为私有信息提供安全保障。IPSec 组件包括安全协议认证头（AH）和封装安全载荷（ESP）、密钥交换（IKE）、安全联盟（SA）及加密和验证算法等。IPSec 是在网络层面实现数据加密和验证，提供端到端的网络安全方案，可以提供访问控制、数据源的验证、无连接数据的完整性验证、数据内容的机密性、抗重放保护以及有限的数据流机密性保证等服务。

（2）MPLS 是由思科（Cisco）公司推出的新一代 IP 骨干网络交换标准，是介于第二层和第三层之间的交换技术，所以它不仅能够兼容多种链路层技术，还能支持多种网络层的协议，实现了边缘的路由和核心的交换。

（3）SSL 工作在应用层与 TCP 层之间，能够提供安全的远程接入。SSL 利用浏览器内建立的 SSL 封包处理功能，利用浏览器连回企业内部的 VPN 服务器，然后通过网络封包转向的方式，让客户能够在远程计算机执行应用程序，获取企业内部服务器数据。SSL 采用标准的安全套接层对传输中的数据包进行加密，从而在应用层保护了数据的安全性。通过 SSL 可以实现远程访问企业内部网络的构架。

14.4　入侵检测技术

14.4.1　入侵检测技术的定义

入侵检测技术（IDS）是一种识别和处理恶意使用计算机和网络资源的系统。入侵检测技术是一种为保证计算机系统安全而设计和配置的技术，能够及时发现和报告系统中未被授权或异常的现象，是一种用于检测计算机网络中违反安全策略行为的技术。

与其他网络安全设备的区别在于，IDS 是一种积极主动的安全防护技术。1980 年，James P. Anderson 公司为美国空军做了一份题为 "Computer Security Threat Monitoring and Surveillance" 的技术报告，提出了 IDS 的概念。在 20 世纪 80 年代中期，IDS 逐渐发展为入侵检测专家系统（IDES）。1990 年，IDS 被划分为基于网络的 N-IDS 和基于主机的 H-IDS。随后又出现了分布式 D-IDS。

14.4.2　入侵检测技术的实现过程

入侵检测技术作为一种主动的安全防护技术，针对内部攻击、外部攻击和错误操作提供了实时的安全防护，并在网络系统受到破坏之前就对其进行拦截和响应。因此，它被视为防火墙之后的第二道安全闸门，能够在不影响网络性能的前提下进行网络监控。入侵检测技术是通过执行以下任务来实现的：监视、分析用户及系统活动；系统构造和弱点的审计；识别已知进攻的活动模式并向相关安全防护人员报警；异常行为模式的统计分析；评估核心系统和数据文件的完整性；对操作系统进行审计跟踪管理，并对用户违反安全策略的行为进行实时监控。

入侵检测技术是防火墙的合理补充，能够帮助系统应对网络攻击，扩展系统管理员的安全管理能力（包括安全审计、监视、攻击识别和响应），提高信息安全基础结构的完整性。

入侵检测技术分为特征检测与异常检测两种。

特征检测是假设入侵者的活动能够用一种模式来表示，然后核查主体活动是否符合这些模式的相关要求。它能够核查已知的入侵方法，但对新的入侵方法无能为力。进行特征检测的困难之处在于怎样在不包括正常活动的情况下设计出能够表达"入侵"现象的模式。

异常检测是假设入侵者的活动与正常主体的活动出现异常。根据这一思想，系统会构建主体正常活动的"活动简档"，并将当前主体活动的状况与"活动简档"进行比较，当有违反统计算法的情况发生时，则认为该活动可能是"入侵"行为。异常检测的问题在于如何建立"活动简档"以及如何合理地设计统计算法，让正常的操作不被视为"入侵"或忽视真实的"入侵"行为。

入侵检测的工作过程分为三部分：信息收集、信息分析和结果处理。

（1）信息收集：入侵检测的第一步是针对信息进行收集，包括系统、网络、数据、用户活动状态和行为等信息。对于不同网段或不同主机代理的传感器，应收集的信息包括系统和网络日志文件、网络流量、异常目录和文件变化、异常程序执行等。

（2）信息分析：将收集到的关于系统、网络、数据以及用户活动的状态和行为的信息发送给检测引擎，检测引擎处于传感器内，一般通过模式匹配、统计分析和完整性分析三种技术手段实施数据分析。当检测到误用模式时，将产生告警并发送到控制台。

（3）结果处理：控制台根据告警产生的预定义响应，采取对应的处理措施，比如重新设置路由器或防火墙、终止进程、断开连接、修改文件属性或简单的告警。

14.4.3　入侵检测技术在安全维护中的作用

1. 基于网络的入侵检测

基于网络的入侵检测包括硬件的入侵检测和软件的入侵检测，它们的工作流程是类似的。这两种检测把网络接口模式设置成混杂模式，以方便对流经该网段的所有数据进行严密监控，并对其实施有效分析，最后与数据库中预定义的攻击特征实施对比，从而识别出有风险的攻击数据，做出响应，并在日志内进行详细记录。

（1）入侵检测的工作模式。基于网络的入侵检测，必须在每个网段中都部署多个入侵检测代理，依照不同的网络结构，其代理的连接形式也会有所区别。如果网段的连接方式为总线式的集线器，则代理可以与集线器中的一个端口进行连接；如果为交换式以太网交换机，因为交换机不能共享媒介，所以一次只采用一个代理对整个子网络进行检测的办法是无法实现的。因此，可以试着在交换机核心芯片的用于调试的端口中，把入侵检测系统与该端口相连接；也可以把它放在数据流的核心入口和出口，这样就能够得到大部分的重要数据。

（2）攻击响应及升级攻击特征库、自定义攻击特征。如果入侵检测系统检测到了恶意攻击信息，响应方式有很多种，比如发送电子邮件、记录日志、通知管理员、查杀进程、切断会话、通知管理员、启动触发器开始执行预设命令、取消用户的账号以及构建一个报告等。如果需要升级攻击特征库，企业可以手动或自动从相关站点下载攻击特征库文件，之后通过控制台实时添加到攻击特征库中。网络管理员可以根据系统的资源状态和应用状态及入侵检测系统的攻击特征库定义攻击特征，从而保护系统的特定资源和应用。

2. 对于主机的入侵检测

一般来说，网络管理员会在被检测主机上设置主机的入侵检测系统，从而对主机的系统审计日志、网络实时连接等信息实施智能分析和判断。如果出现可疑现象，入侵检测系统可以采取有针对性的措施对其进行防范。基于主机的入侵检测系统可以实现以下功能：监控操作系统的整个过程及其所有行为；持续评估系统、应用和数据的完整性并积极维护；创建新的安全监控策略并实时更新；检测未授权行为并进行告警；获取所有日志并进行保护，以备日后使用。基于主机的入侵检测系统对主机的保护是非常全面、细致的，但是在网络中完全部署的成本太高，而且基于主机的入侵检测系统在工作时会占用被保护主机的处理资源，从而降低被保护主机的性能。

14.5 网络黑客与病毒防护

14.5.1 网络黑客概述

"黑客"一词来自于英语单词"hacker"。该词在美国麻省理工学院校园俚语中是"恶作剧"的意思，尤其是那些手段高超的恶作剧。由于早期的黑客几乎每一位都是编程高手，因此"黑客"是人们对那些编程高手、迷恋计算机代码的程序设计人员的一种称呼。真正的黑客有自己独特的文化精神及职业操守，并不会对其他人的系统进行破坏，他们热衷于对计算机系统的最大潜力进行探索。

美国《发现》杂志对黑客有以下五种定义。

（1）研究计算机程序并通过它来提升自身编程能力的人。

（2）对计算机软件编程有无穷兴趣和热忱的人。

（3）能够快速编程的计算机专业人才。

（4）某个系统的专家，如"Linux 系统黑客"。

（5）恶意攻击他人的计算机或信息系统，试图盗取敏感信息数据的人。

事实上，最适合形容（5）这种人的词是"cracker"，而不是"hacker"。两者的主要区别是，"hacker"创造新生事物，"cracker"破坏事务。也可以用"白帽黑客"和"黑帽黑客"来区分它们。其中，企图破解某系统或网络以提醒该系统的设计者及管理者的系统安全漏洞的探索人员被称为"白帽黑客"。

在早期，许多知名的黑客一方面做了很多破坏，另一方面也促进了计算机技术朝着更安全的方向发展，有些甚至成为 IT 界的著名企业家或安全专家。例如，莱纳斯·托瓦尔兹是非常著名的计算机程序员、黑客，后来与他人合作开发了 Linux 的内核，创造出了这套当今全球最流行的操作系统之一。

现在存在各种各样的黑客，他们中的一些人已经成为真正的计算机入侵者和破坏者，他们以入侵他人防护严密的计算机系统为乐趣，建立了一个复杂而庞大的黑客群体，同时也对国内外计算机系统和信息网络造成了巨大威胁。随着时间的推移，这些威胁变得越来越复杂，不再是单机作战模式，而是呈现出分布式攻击的趋势。黑客技术与病毒技术也互相融合，攻击的破坏程度以及给计算机安全带来的风险也在不断增加。

现在黑客的攻击方式越来越复杂化、智能化，网络上有很多攻击工具可以自由下载，操作也越来越简单化，对黑客的技术水平要求越来越低。

14.5.2　常见的黑客攻击方式与防范

14.5.2.1　黑客攻击技术

1. DoS/DDoS 攻击

DoS 的全称为 Denial of Service，即拒绝服务。DoS 攻击是利用协议的方式发现系统漏洞，启用大量的网络连接，让服务器或者运行在服务器上的程序崩溃、耗尽资源或阻止客户以其他方式访问网络服务，现在常见的洪水攻击、疯狂 Ping 攻击就属于这一类攻击技术。由于这种攻击技术门槛较低，并且效果十分显著，难以防范，所以其一度成为准黑客们的必备武器。随后出现的 DDoS（Distributed Denial of Service，分布式拒绝服务）攻击（见图 14-3），是在客户端和服务器技术的帮助下，把多个计算机结合起来作为攻击平台，攻击一个或多个目标，让拒绝服务攻击的威力迅速增加，这些计算机还能够分别进行不同类型的攻击，这足以使网络管理员感到非常头痛。

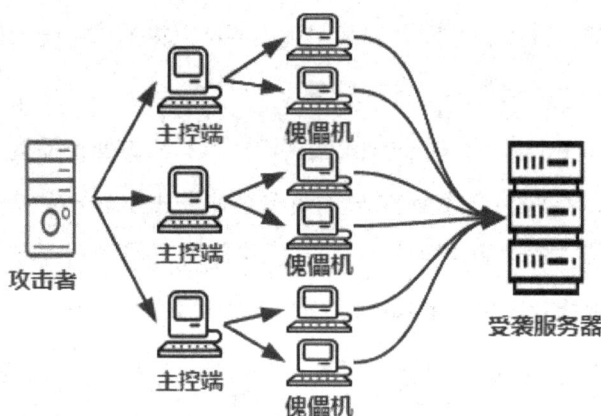

图 14-3　DDoS 攻击示意

　　虽然 DoS 攻击的原理并不复杂，早已为人们所熟知，但目前全球所遭遇的 DoS 攻击频率依然相当惊人，仅在 2019 年的上半年，网宿云安全平台就一共监测并拦截了5086.17 多亿次 DDoS 攻击。正是由于原理简单且效果显著，DoS 攻击如野草般烧之不尽。DoS 攻击最早可追溯到 1996 年，并在接下来的数十年间发展到了极致，这期间有很多知名网站都遭受过 DoS 攻击。

　　对国内网络来说，DoS 攻击更能体现黑客们的"价值"，他们组成了大量僵尸网络，多线程攻击目标主机，虽然一切看起来似乎很简单，但对于服务器来说却难以应对。

　　那么企业网络管理员该怎样应对呢？在解决常见的 DoS 攻击时，路由器本身的配置信息十分重要，网络管理员可以通过下面几种方法来防止不同类型的 DoS 攻击。

　　扩展访问列表是防止 DoS 攻击的有效工具，其中 Show IPaccess-list 命令可以显示匹配的数据包，数据包的类型反映了 DoS 攻击的类型，由于 DoS 攻击多数利用了 TCP协议的弱点，所以网络中如果出现大量建立 TCP 连接的请求，就足以说明 DoS 攻击来了。此时网络管理员可以适时地改变访问列表中的配置内容，从而达到阻止攻击源的目的。

2. ARP 攻击

ARP 攻击是利用 MAC 翻译错误带来的计算机内的身份识别冲突，假扮网关或其他主机，使到达网关或主机的流量通过攻击主机实施转发。通过转发的流量能够对流量内的数据进行控制和查看，从而控制流量或得到机密信息。ARP 攻击的大致原理如图 14-4 所示。在正常情况下，PC1 和 PC2 要访问互联网，流量数据路径应该是：PC1/PC2—交换机—网关—互联网。如果此时主机 PC2 对 PC1 进行 ARP 攻击，那么它会先向主机 PC1 发送 ARP 应答，包含网关的 IP 地址和 MAC 地址（实际是 PC2 自己的 IP 和 MAC），同时再将 ARP 应答发送给网关，其中包含主机 PC1 的 IP 地址和 MAC 地址。当局域网中的主机和网关获取到了 ARP 应答并更新 ARP 表后，主机 PC1 和网关之间的流量就需要通过攻击方主机 PC2 进行转发了。

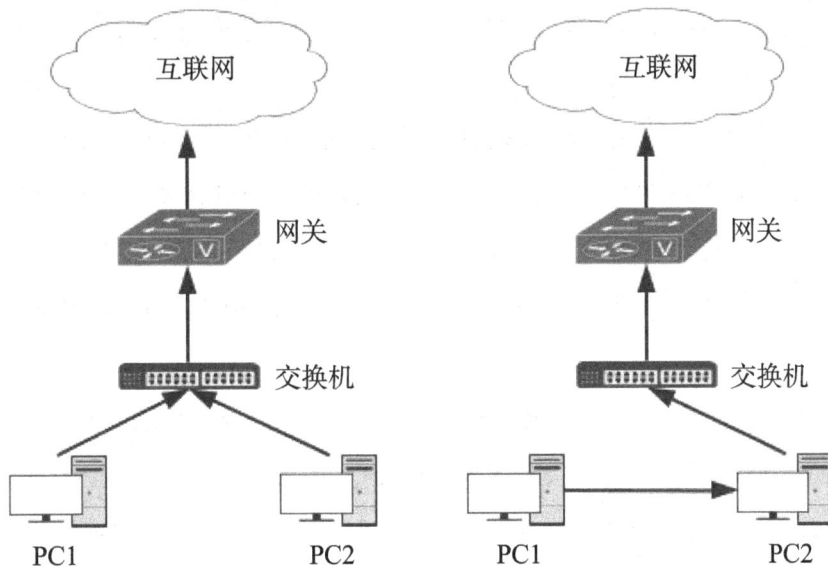

图 14-4　ARP 攻击示意（PC2 为攻击方主机）

一般采用安装防火墙的方式来搜索攻击的罪魁祸首，利用 ARP Detect 能够直接发现攻击者以及可能参与攻击的对象。ARP Detect 默认启动后会自动识别网络参数，但即使如此，用户还是有必要进行设置上的核查，先要选择好参与内网连接的网卡，然后检查 IP 地址、子网掩码和默认网关等参数。

需要注意的是，检测范围会根据网络内 IP 分布情况来设置，如果 IP 不清楚，可以通过 CMD 命令行方式下的 IPConfig 命令来查看网关和本机地址，不要加入过多无效的 IP，否则会影响后期扫描工作。网络管理员还应在路由器上进行 IP 地址的绑定，并随时查看网络当前状态是否存在 IP 伪装终端，先确定攻击源地址再采取隔离措施。

ARP 攻击如果在局域网开始蔓延，就会产生一系列的不良反应。嗅探监测组件 Sniffer 是有效的网络管理工具，网络中传输的所有数据包都可以通过 Sniffer 来检测。同样，ARP 攻击数据包也逃不出 Sniffer 的检测范围。通过嗅探—定位—隔离—封堵几个步骤，可以很好地抵御大部分 ARP 攻击。

3. 脚本攻击

脚本攻击也就是大家常说的 SQL 注入攻击，所谓 SQL 注入就是利用现有的应用程序，将恶意的 SQL 命令输入到后台数据库引擎执行的能力，这种攻击脚本的方式最为直接也最为简单。当然，脚本攻击大多是建立在对方程序代码有漏洞的前提下的，它比 DoS 攻击和 ARP 攻击的门槛更高。

随着交互式网页的应用，越来越多的开发者在编写交互代码时，忽略了一些安全层面的考虑，包括 Cookie 欺骗及特殊字符、特殊关键字未过滤等。这样一来，攻击者就可以提交一个数据库查询代码，并根据程序反馈的结果获得一些他想要的数据信息。SQL 注入利用的是正常的 HTTP 服务端口，表面上看与正常的 Web 访问没有本质区别，所以它的隐蔽性很好，不易被发现。

SQL 注入攻击的特点就是变化极多，有经验的攻击者能够手动调整攻击代码和参数，从而使系统无法列举攻击数据的变体。因此，传统的特征匹配检测方法只能够对不同种类的攻击进行识别，但是防范起来却有很大的困难。由于采取了参数返回错误信息的思想，能够通过多种方式提示攻击者，因此系统防范起来有很大的困难，现在比较常用的一种办法是利用静态页面生成方式，呈现在用户面前的是静态的终端页面，这样可以避免攻击者随意添加访问参数。

4. 嗅探扫描

网络安全界有一句名言："常在网上漂，肯定被扫描"。这充分说明了网络扫描无处不在，只要你的服务器长期稳定地接入互联网，那么被扫描是不可避免的，只是时间问题。黑客通过端口扫描器可在目标系统中寻找开放的端口和正在运行的服务，从而知道目标主机操作系统的详细信息。目前，网络中有不少服务器的口令过于简单，黑客只需利用专用扫描器，就可以轻松控制存在这种弱口令的主机，所以对服务器来说，被扫描意味着危险已经开始降临。

嗅探器是一种监视网络数据运行的软件设备，嗅探器既能用于网络管理，也能用于窃取网络信息。网络运作和维护都可以采用嗅探器，如检测网络流量、分析数据包、检测网络资源利用情况、执行网络安全操作规则、鉴定分析网络数据以及诊断并修复网络问题等。正因为如此，黑客常用它作为攻击武器。

及时发现服务器被扫描和嗅探非常重要，常规的办法是通过一些可以查看到信息包传送情况的网络软件，类似"ping"这样的命令在测试后会报告整个测试过程丢失了多少数据包。如果网络中有人在扫描，由于嗅探器会拦截数据包，因此当数据包丢失率异常高的时候就可以判断出来。网络管理员还可以通过某些带宽控制器，比如防火墙或者网关，实时查看目前网络带宽的分布情况，如果某台主机长时间占用了较大的带宽，那么它就有可能在被扫描和嗅探。

另一个比较容易接受的方案是使用安全拓扑结构，这听上去似乎很简单，但实现起来还是有很大难度的。这样的拓扑结构需要满足一个条件：一个网络段必须有足够的理由才能信任另一网络段。这种网络段设计的出发点是考虑数据之间的信任关系，而不是硬件需要。

14.5.2.2　黑客攻击手段

1. 获取口令

获取口令通常来说有三种方式：一是通过网络监听对数据包进行拆解分析，然后获取用户口令，这种方法有一定的局限性，也有一定的危害性，监听者往往能够获得其所在网段的所有用户账号和口令，对局域网的安全有很大的威胁；二是在获取用户的账号信息后（如电子邮件"@"前面的部分或者手机号），利用一些专业的软件反复尝试登录以获取用户口令，这种方法不受网段限制，但要成功破解必须拥有足够的耐心和时间；三是在获得一个服务器上的用户口令文件（此文件称为 shadow 文件）后，采用穷举法破解用户口令，该方法的使用前提是黑客能够获得服务器上的 shadow 文件，这种方法在所有方法中风险最大，因为它不需要像第二种方法那样不断地去尝试登录服务器，而是在本地把不断加密后的口令去和 Shadow 文件中的口令进行比较，一旦相符合就意味着黑客获取了用户的账户和密码等私密信息，这种方法对那些弱口令用户（指口令安全系数极低的用户）更是有效，一般在几十秒到一分钟内，就可以很轻松地破解完成。

2. 放置特洛伊木马程序

特洛伊木马程序能够直接侵入用户的计算机并进行破坏，它常被伪装成工具程序或者游戏软件等，放置在网页上提供下载或者直接发送至用户邮箱，一旦用户下载并打开了这些程序，它们就会留在用户的计算机中并且难以被发现，并在计算机系统中隐藏一个可以在 Windows 启动时未经授权就可以执行的程序。当计算机连接到互联网上时，这个程序就会在用户计算机上开放预先设定的端口，并把用户的 IP 地址报告给黑客。黑客在获取这些数据信息后，再利用专门的客户端软件连接这个潜伏在计算机中的程序，就可以随意地修改该计算机的参数设置、复制文件、窥视整个硬盘中的内容等，从而达到控制该计算机的目的。

3. WWW 欺骗技术

上网的用户能够利用 IE、火狐等浏览器进行各种各样的 Web 站点的访问，如阅读新闻、查看产品介绍、查询商品价格、订阅报纸、进行电子商务等。问题是一般的用户不会意识到，正在访问的网页信息有可能已经被黑客篡改过，网页上的信息是虚假的，网页上的登录页面或者支付页面也是虚假的，这种情况有时候也被称为钓鱼网站。例如，黑客将用户要浏览的网页的 URL 改写为指向黑客自己的服务器，当用户浏览目标网页进行登录或者支付的时候，实际上是向黑客服务器发出请求，那么黑客就可以轻而易举地获取用户的个人资料，甚至是支付账号等信息。2014—2018 年，仿冒我国境内网站的钓鱼页面数量统计如图 14-5 所示。

图 14-5　2014—2018 年仿冒我国境内网站的钓鱼页面数量统计

4. 电子邮件攻击

电子邮件攻击主要表现为两种方式：一是电子邮件轰炸，也被称为邮件炸弹，它是指用虚假的 IP 地址和电子邮件地址向同一信箱发送数以千万计的内容相同或类似的垃圾邮件，导致受害人邮箱空间被这些垃圾邮件占满，无法正常使用和接收其他邮件，严重的时候还可能会让电子邮件服务器不堪重负而瘫痪；二是电子邮件欺骗，攻击者假扮系统管理员（把邮件地址设置得和系统管理员完全相同），给用户发送邮件要求用户修改口令或提供个人信息，还可能在外表看似正常的附件中藏入病毒或木马程序，这类欺骗只要用户提高警惕，一般很容易识别，危害性不是太大。

5. 通过一个节点来攻击其他节点

黑客在破解一台主机后，往往会以此主机作为跳板继续入侵其他主机，这样能够隐蔽其入侵路径，避免留下证据。他们会使用网络监听方法，尝试侵入同一网络内的其他主机，也可以通过 IP 欺骗和主机信任关系攻击其他主机。这类攻击的隐蔽性很高，难以逆向追踪来源，但由于某些技术很难掌握，因此级别较低的黑客很少会使用这类方法。

6. 网络监控

网络监控是主机的一种工作模式。在这种工作模式下，主机可以获取在同一物理通道上传输的所有数据信息，而不管信息的发送方和接收方是谁。此时，如果两台主机之间的通信信息没有进行加密，只要使用一些网络监控工具，比如 Net Xray、Sniffit、Solaries 等就可以轻而易举地截取包括口令、账号、访问网址等在内的所有传输信息资料。

7. 寻找系统漏洞

许多系统都有这样或那样的安全漏洞，其中有些是操作系统或应用软件本身具有的，如 RPC 漏洞、LSASS 漏洞、永恒之蓝漏洞、RDP 远程代码执行漏洞等，这些漏洞被黑客利用制作了冲击波、震荡波、勒索蠕虫等破坏力极强的病毒，在补丁未被开发出来或者系统未正确打补丁之前根本无法防御，除非直接将网线拔掉。还有就是由于系统管理员的配置错误，也存在一些漏洞。例如，在网络文件系统中，目录和文件可以以可写的方式调出，未加密的用户密码文件可以以显式的方式存储在一个目录中，这就给黑客提供了可利用的机会。这些错误应及时改正。

8. 利用账号进行攻击

有的黑客能够利用操作系统提供的缺省账户和密码进行攻击，比如许多 Unix 主机都有 FTP 和 Guest 等缺省账户（其密码和账户名相同），有的主机甚至没有口令。黑客可以用 Unix 操作系统提供的命令收集信息，增强自己的攻击能力。对于这类攻击，只要系统管理员提出警报，比如关闭系统提供的默认账户，或提醒免密码用户增加密码，或提醒弱密码用户加强密码就可以解决。

9. 偷取特权

黑客会利用各种特洛伊木马程序、后门程序和自己编写的导致缓冲区溢出的程序对主机进行攻击，前者能够让黑客非法获得对用户机器的控制权，后者可使黑客获得超级用户的权限，从而获取对整个网络的控制权。对于这种攻击方式，需要黑客有较强的代码编写水平、较深入的网络技术水平以及较强的耐心，因此这种攻击方式的门槛相对较高，能熟练掌握和操作的黑客屈指可数，但产生的风险很大。

14.5.2.3　黑客攻击的防范

防范黑客攻击的方法如下。

1. 关闭不必要的服务

因为现在的硬盘内存越来越大，很多用户在安装操作系统时，希望功能组件安装越多越好。其实用户不知道的是，装得越多，所提供的服务就越多，而系统的漏洞也就越多。如果仅仅是作为一个代理服务器，则只需要安装最小化操作系统、代理软件、杀毒软件、防火墙，不要安装任何应用软件，更不可安装任何网络软件用来上网下载，甚至输入法也不要安装，更不能让其他人使用这台服务器。

2. 安装补丁程序

冲击波、震荡波、勒索蠕虫等破坏力极大的病毒，其实是黑客利用系统自身的漏洞编写的攻击代码。对于这种攻击，系统管理员只需要及时下载并安装微软提供的补丁程序，就能够弥补系统中的漏洞和防御黑客利用漏洞的攻击。在默认情况下，Windows 可以自动定时下载并安装系统补丁，系统管理员在得到提示后确认即可，也可以直接运行开始菜单中的 Windows Update 功能组件手动进行系统更新。

3. 关闭无用的甚至有害的端口

一台服务器若要在网络上提供网络应用服务，就只能利用开放的端口来实施通信，黑客要想控制用户的计算机，就必须利用端口进行操作。此时可以通过关闭一些暂时无用的端口（对于黑客可能有用），即通过关闭无用的服务来降低黑客攻击的风险；还可以在系统的策略管理器中把黑客常用工具的通信端口封闭掉，让黑客无法正常进行攻击。比如可通过"控制面板"的"管理工具"进入"服务"；也可通过打开"TCP/IP 协议"—选择"属性"，打开"常规"—选择"高级"，打开"选项"—选择"TCP/IP 筛选"—选择"属性"—双击"CP/IP 筛选"进入，然后选择设置可以使用的一些端口和拒绝使用的一些端口。

4. 删除 Guest 账号

Windows 中的 Guest 账号通常是不能修改和删除名称的，只能把它"禁用"，但是用户能够利用 net 命令将其再次激活，它很容易成为黑客攻击的目标，所以最好的方法就是利用一些提权工具或者安全工具软件将其彻底地删除。

5. 限制不必要的用户数量

限制不必要的用户数量是指去除所有的重复用户账号、测试账号、共享账号、长期不再使用的账号。这些账号经常会成为黑客入侵系统的突破口，系统中的账号越多，黑客得到合法用户的权限的机会就越大。黑客在入侵其他计算机后一般还会建立自己的账号，以便以后再次入侵，所以如果用户的账号有突然增加的情况，那么可以基本断定用户的计算机被入侵了。

6. 及时备份重要数据

如果在平时经常对数据进行备份，那么即使系统遭到黑客攻击，也能够在短时间内迅速修复数据，避免不必要的经济损失。很多专业的商业网站都会在每天晚上对系统数据进行备份，在第二天清晨，不管系统是否遭到攻击，都会将数据重新恢复一次，以保证每天开始服务时系统中的数据库不会出现异常情况。数据的备份最好能够放在其他计算机或者驱动器上，这样黑客进入服务器之后，损坏的数据只是当前服务器中的一部分，因为数据的备份主要在其他计算机中，这样服务器中的损失也不会太严重。

一旦服务器受到了黑客攻击，系统管理员不能只去设法恢复损坏的数据，还要及时分析黑客的入侵来源和攻击方法，尽快修补被黑客利用的漏洞和清理黑客入侵的路径，然后还要检查系统中是否被黑客安装了木马、蠕虫，或者被黑客开放、增加了某些管理员账号，尽量将黑客留下的各种蛛丝马迹分析清楚并清除干净，防止黑客的下一次攻击。

7. 使用加密机制传输数据

当重要数据在客户端与服务器之间传送时，应该先通过加密处理再进行发送，这样做的目的是避免黑客进行监控和截获数据。对于现在网络上流行的各种加密机制，都已经出现了不同程度的破解方法，因此在加密算法的选择上应该探索那种破解起来较为困难的，比如 AES 加密算法。这是一套经理论证明完全不可逆向破解的加密算法，因此当黑客得到了这种经过加密处理后的资料时，只能采取穷举暴力破解法，而只要在加密时选择的是一个安全可靠的密码，那么黑客的破解工作就会成为徒劳，最终只能无功而返。

14.5.3 计算机病毒技术

随着互联网应用的迅速发展，如今几乎所有的软件都会成为病毒攻击的目标。与此同时，病毒的数量和破坏力不断增加，病毒的"工业"入侵和"过程"攻击越来越明显。如今，黑客和病毒制造者为了获取经济利益，分工逐渐明确。他们通常会利用集团化和产业化运作，批量制造计算机病毒，发现在线计算机的各种漏洞，设计入侵和攻击流程，对用户信息实施窃取。

计算机病毒扩展的速度十分惊人。国家计算机网络应急技术处理协调中心发布的

《2018年中国互联网网络安全报告》指出，该中心全年捕获的计算机病毒（恶意程序）样本数量超过1亿个，涉及计算机恶意程序家族51万余个，全年计算机恶意程序传播次数日均达到500万余次。

随着计算机病毒的不断扩张，计算机病毒的防护工作也越来越重要。为了做好计算机病毒的防护工作，企业必须要先了解什么是计算机病毒。

一般来说，只要是能够引起计算机运行故障、破坏计算机数据的代码程序或指令集合都称为计算机病毒（Computer Virus）。依据此定义，逻辑炸弹、蠕虫等都可以称为计算机病毒。

1994年2月18日，我国正式颁布实施《中华人民共和国计算机信息系统安全保护条例》。该条例第二十八条指出，计算机病毒指的是编制或者在计算机程序中插入的破坏计算机功能或者毁坏数据，影响计算机正常使用，并能自我复制的一组计算机指令或者程序代码。

该条例明确定义了计算机病毒的程序、指令特征及对计算机的破坏性。随着移动互联网技术的迅猛发展，智能手机和iPad等移动设备已经成为人们生活中不可或缺的一部分，现在已经有了相当多的针对移动设备攻击的病毒。《2018年中国互联网网络安全报告》中的数据显示，截至2018年，移动互联网恶意程序总量已经超过1000万个，仅2018年就新增了283万余个，其中流氓行为类的恶意程序数量占据首位。

随着移动设备处理能力的增强，病毒的破坏性也与日俱增。随着未来网络家电的使用和普及，病毒也一定会蔓延到这些领域。由于这些恶意程序也是由计算机程序编写而成的，也属于计算机病毒的范畴，所以计算机病毒的定义在现在已经不单单是指对计算机的破坏。

14.5.4　计算机病毒的类型

14.5.4.1　按照计算机病毒依附的操作系统分类

1. 基于DOS系统的计算机病毒

基于DOS系统的计算机病毒是一种只可以在DOS环境下运行、传染的计算机病毒，是最早被设计出来的计算机病毒之一。例如,"小球病毒""米开朗基罗病毒""黑色星期五病毒"等均属于此类病毒。DOS系统下的计算机病毒依照传染途径一般又分为引导型病毒、文件型病毒、混合型病毒等。

2. 基于Windows系统的计算机病毒

由于Windows系统的图形用户界面(Graphical User Interface, GUI)和多任务操作系统深受用户的欢迎,因此目前个人计算机中使用的几乎都是Windows系统,所以Windows系统成为当下计算机病毒的主要攻击对象。目前大部分存留的计算机病毒都是基于Windows系统的,就算是安全性最高的Windows10系统也不例外。

3. 基于UNIX/Linux系统的计算机病毒

现在UNIX/Linux系统应用非常广泛,并且许多大型服务器均采用UNIX/Linux系统,或者基于UNIX/Linux开发的系统。例如,Solaris是Sun公司开发和发布的系统,是UNIX系统的一个重要分支,而2008年4月新蠕虫病毒Turkey专门攻击Solaris系统。由于UNIX/Linux系统在设计之时就对其安全性非常重视,所以总体来说,UNIX/Linux系统下的计算机病毒要远远少于Windows系统。

4. 基于嵌入式操作系统的计算机病毒

嵌入式操作系统是一种用途广泛的系统软件,过去主要应用于工业控制和国防系统领域。随着互联网技术的发展、信息家电的普及,以及嵌入式操作系统的微型化和专业化,嵌入式操作系统的应用也越来越广泛,比如已应用到手机操作系统和智能家电系统中。手机操作系统中的病毒可利用发送短信、彩信、电子邮件,浏览网站,下载铃声等方式进行传播,从而导致用户手机死机、关机、资料被删、向外发送垃圾邮件、拨打电话等。而智能家电系统中的病毒可能会导致操作面板失灵、遥控失灵、不受用户控制等,继而给用户带来损失。

14.5.4.2 按照计算机病毒的传播媒介分类

网络的发展也导致了病毒制造技术和传播途径的不断发展和更新。近年来,病毒造成的损害是非常巨大的。一系列事实证明,病毒已经成为所有安全问题中对信息安全的第一威胁。由于病毒具有自我复制和传播的特点,研究病毒的传播途径对病毒预防具有重要意义。从计算机病毒的传播机制分析来看,只要是能够交换数据的媒介,都有可能成为计算机病毒的传播路径。

在 DOS 病毒时代，最常见的传播途径就是从磁带、软盘传入硬盘，感染系统，再传染其他软盘，又传染其他系统。现在，随着 USB 接口的普及，使用闪存盘、移动硬盘的用户越来越多，这也成为病毒传播的新途径。

目前绝大部分病毒是通过网络来传播的，主要有以下几个方面。

1. 通过浏览网页传播

例如，"欢乐时光"是一种脚本语言病毒，能够感染 htt、htm、vbs 等多种类型的文件，可以通过局域网共享、Web 浏览等途径传染。系统一旦感染这种病毒，就会在文件目录下生成"desktop.ini"和"folder.htt"两个文件，从而改变默认文件夹打开的行为，便于感染和传播。

2. 通过网络下载传播

随着网络蚂蚁、网际快车、BT、电驴、迅雷等下载方式的流行，黑客也开始将其作为重要的病毒传播手段，比如有些病毒就是通过网络下载软件的携带而传播的。

3. 通过即时通信软件传播

黑客可以编写"QQ 尾巴"类病毒，通过 IM 软件传播带有病毒的文件、广告消息等。

4. 通过电子邮件传播

"爱虫""红色代码""求职信"等病毒都是通过电子邮件传播的。国际计算机安全协会（International Computer Security Association，ICSA）统计，电子邮件为计算机病毒最主要的传播媒介，感染率由 1998 年的 32% 增长至 2000 年的 87%。随着病毒传播途径的增加及人们安全意识的提高，邮件传播所占的比例逐步下降，但是仍然是主要的传播途径之一。

5. 通过局域网传播

"欢乐时光""尼姆达""冲击波"等病毒都可以通过局域网进行传播。2007 年，国内非常出名、传播了几百万台计算机的"熊猫烧香"病毒（见图 14-6）、2008 年著名的"磁碟机"病毒仍然可以通过局域网进行传播。

图 14-6　计算机中"熊猫烧香"病毒后的文件图标

现在的病毒都不是通过某种单一的途径传播，而是通过多种途径传播。例如，在2013 年前后流行的"假面病毒"的传播途径主要有硬盘、优盘、移动硬盘、数码存储卡，还可以通过各种木马下载器及恶意网站下载等方式传播。因此，对病毒的防御需要全方位进行，难度也越来越大。

14.5.4.3　按照计算机病毒的宿主分类

1. 引导型病毒

引导扇区是大部分系统启动或引导指令所保存的地方，而且对所有的磁盘（软盘）来讲，不管是否可以引导，都必然存在一个引导扇区。引导型病毒会将自身的代码保存在引导扇区中，当计算机通过已被感染的引导磁盘引导系统时，病毒就会被自动执行，感染到当前计算机。不过，现在用户间在进行数据资料交流的时候，已经不再使用软盘，计算机的配置中也早淘汰了软驱，因此目前来说，引导型病毒已经没有了用武之地，基本消失殆尽。

2. 文件型病毒

文件型病毒主要以系统可执行的程序为宿主，一般感染文件扩展名为".com"和".exe"的可执行程序。文件型病毒通常隐藏在宿主程序中，当执行宿主程序时，将会先执行病毒程序再执行宿主程序，使用者不会感到有任何异样的地方，一切流程都很正常。然后，病毒会驻留内存之中，当发现系统中有其他可执行文件时，就执行传染操作。最后，当病毒预设的破坏条件达到时（有可能是某个日期，也可能是某个操作），就会自动执行破坏操作。

3. 宏病毒

宏是 Microsoft 公司为其 Office 软件包设计的一个特殊功能，设计该功能的目的是为了让人们在使用软件时，方便进行重复性的操作。该功能利用非常简单的语法，就可以把常用的动作写成宏操作，在进行工作时，可以直接使用预编程的宏来自动运行以完成特定任务或一些顺序操作，而无须重复相同的操作。其目的是将用户文档中的一些任务自动化。

宏病毒主要以 Microsoft Office 的宏为宿主，存储在 Office 文档或模板中，一旦用户打开这样的文档，其中的宏就会自动执行，宏病毒就会被激活，并能通过 DOC/DOCX 文档及 DOT 模板进行自我复制和传播。

14.5.5 杀毒软件的标准

1. 病毒查杀能力

病毒查杀能力是衡量杀毒软件性能的一个重要因素。用户在选择杀毒软件时，不仅要考虑病毒类型的数量，还要注意自己检测和杀死流行病毒的能力。许多杀毒软件制造商都以拥有庞大的病毒库而自豪。事实上，很多恶意的网络攻击都是针对政府、金融机构和门户网站，而不是普通用户的计算机。过大的病毒库不仅会降低杀毒软件的工作效率，还会增加误报、误杀的可能性。

2. 对新病毒的反应能力

对新病毒的反应能力也是杀毒软件检测和杀死病毒能力的一个重要方面。通常情况下，杀毒软件供应商会在全国乃至全世界建立一个病毒信息收集、分析和预测网络，使其软件能够更及时、有效地发现新的病毒。这个集合网络反映了软件供应商应对新病毒的能力。

3. 病毒实时监测能力

网络驱动程序的实时监控是杀毒软件的重要功能。在很多单位，特别是学校、事业单位，一些老旧的机器由于资源和系统问题无法安装杀毒软件，所以需要使用这一功能进行实时监控。同时，实时监控还应尽可能多地识别邮件格式，具有监控网页和从端口拦截病毒邮件的功能。

4. 快速、方便的升级能力

只有不断更新病毒库，才能保证杀毒软件检测和杀死新病毒的能力，其提升方式要多样化。杀毒软件厂商必须提供多种升级方式，特别是针对无法接入互联网的用户，如公安、医院、金融领域的用户等，必须要求厂商提供除互联网以外的本地服务器、本机的升级方式。自动升级的设置也应该多样化。

5. 智能安装、远程识别

对中小型企业用户来说，由于其网络结构比较简单，系统管理员可以手动安装相应的软件，只需要明确各种设备的保护要求。对计算机网络应用复杂的用户（跨国机构、国内连锁机构、大型企业等）来说，选择软件时应该考虑各种情况，并提供各种安装方法，如域用户安装、普通用户安装、未联网用户安装和移动客户安装。

6. 管理方便，易于操作

系统的可管理性是系统管理员需要特别注意的问题。对于大多数员工不了解计算机知识的企业，应限制企业修改软件参数的权利；对于软件开发、系统集成等技术型企业，根据员工对网络安全知识的了解情况和工作需求，可以适当地打开权限设置一些参数，但必须做到集中控制和管理；对于网络管理技术薄弱的企业，可以考虑采取远程管理措施，将对企业用户的杀毒管理转移到专业的杀毒厂家控制中心进行专项管理，从而降低企业的管理难度。

7. 对资源的占用情况

防病毒程序进行实时监控都会或多或少地占用部分系统资源，这就会不可避免地带来系统性能的降低。例如，一些企业计算机速度太慢，有一部分原因是防病毒程序对文件过滤带来的影响。企业应该根据自身的特点，灵活地配置企业版防病毒软件的相关设置。

8. 系统兼容性与可融合性

系统兼容性是选择杀毒软件时首先要考虑的一个重要因素。如果杀毒软件的驻留程序部分与其他软件存在不兼容的情况，就会不可避免地带来很多问题，比如致使一些第三方控件无法正常使用，影响系统的运行。在选购和安装杀毒软件时，企业必须对其进行严格的测试，尽可能地避免对系统的正常运行造成负面影响。对于使用其他操作系统的企业，还需要企业所用的杀毒软件适应不同的操作系统平台。

[习题]

----

1. 计算机系统的安全性可以划分为几个级别？ Windows10 系统属于哪个级别？

2. 防火墙的功能有哪些？

3. 防火墙的默认安全策略有哪些区别？

4. 防范黑客攻击的方式有哪几种？ 请简要描述。

第 15 章

ERP 软件数据安全维护技术

　　ERP 软件正不断普及，涉及的范围越来越广，很多涉及企业生存发展的秘密信息都被存储于 ERP 软件中，因此 ERP 软件中数据的安全性变得越来越重要。由于系统故障、磁干扰、电源故障、人为破坏、黑客攻击和计算机病毒等原因导致 ERP 软件出现问题的情况时有发生，ERP 软件中的数据安全一旦出现问题，严重的会造成企业秘密信息的泄露，轻者会耽误工作进展，这些都会给企业造成损失。ERP 软件数据安全的处理过程是一个数据收集、存储、传输和处理的过程。企业在日常生产和管理活动中会产生大量的数据信息，包括财务、库存、生产、人事、销售等方面的数据，这些都是企业最为核心的资产，是企业生存发展的重要基石。下面分别从数据存储安全、数据传输安全和数据处理安全三个方面来讨论 ERP 软件数据安全的维护技术。

15.1 数据存储安全

　　ERP 软件中存储的数据涉及企业的正常经营，没有这些数据 ERP 软件就成了"无源之水、无本之木"，无法实现高效的信息化管理。因此，ERP 软件一定要确保数据存储的完整性和正确性，以为企业的正常运行提供依据。

15.1.1 硬盘数据安全保护

　　存储数据的硬盘位于 ERP 软件数据库的服务器上，硬盘如果受到物理破坏则意味着数据丢失。设备的正常损耗、存储介质失效、运行环境不佳及人为损坏等，都会在一定程度上对硬盘设备造成负面影响。科学地维护硬盘不仅能够有效延长硬盘的使用周期，还能够提升服务器的工作效率。很多因素都会直接严重影响硬盘的使用性能。一般而言，在硬盘的使用过程中应注意以下几点。

保持服务器的工作环境整洁、温度及湿度适宜、远离电磁干扰。硬盘主要是利用超细滤纸的呼吸孔与外界保持联系，可应用于普通室内环境，无须净化装置。如果系统处于有灰尘的环境中，灰尘会被吸附到 PCBA 表面和主轴电机内部，阻塞呼吸过滤器，因此一定要注意防尘。除此之外，硬盘的温度会直接影响硬盘的工作稳定性和使用周期。硬盘的适宜温度一般为 20℃ ~ 25℃，温度过高或过低都会使晶体振荡器的时钟主频发生变化，导致硬盘电路元件失效；磁性介质由于热膨胀效应也会造成记录误差。如果温度过低，空气中的水分会凝结在地面上的集成电路元件上，造成短路。此外，当湿度过高时，可能会在电子元器件表面吸附一层水膜，氧化腐蚀电子电路，造成接触不良甚至短路的严重后果；还会改变磁性介质的磁力，导致数据发生读写错误。如果湿度过低，很容易因为机器的转动而累积大量的静电电荷，烧坏 CMOS 电路，吸收灰尘，损坏磁头，划伤磁盘。机房的湿度应为 45% ~ 65%。此外，磁场是破坏硬盘数据的隐形杀手。因此，有必要将硬盘尽可能地远离强磁场，如扬声器、手机等，以避免硬盘中记录的数据因磁化而损坏。

（1）正确断电。读写时，整个磁盘处于一种高速旋转的状态，若突然断电，会因磁头与磁盘剧烈摩擦造成硬盘损坏，磁头复位不正确还会划伤硬盘。因此，必须在硬盘指示灯停止闪烁、硬盘读写完成后，才可以按正常程序关闭计算机。

（2）注意防震。硬盘是一种十分精密的数据存储设备。在读写时，磁头在磁盘表面的浮动高度只有几微米。哪怕是在不工作的时候，磁头与盘片也是接触的。硬盘在工作时，如果发生较大幅度的振动，很容易造成磁头与数据区碰撞，导致硬盘数据区损伤或划伤，使存储在硬盘中的数据丢失。机床停止运转后，在主轴电机停止前，不能移动计算机或硬盘，以免磁头与磁盘发生碰撞，划伤磁盘表面的磁层。移动主机或重新启动电源以前，最好让硬盘完全停止达到 10 秒以上，以避免电源突然波动对硬盘造成损伤。此外，在安装和拆卸硬盘的过程中，需要加倍小心，避免过度晃动或猛烈碰撞底盘铁板。硬盘厂家所谓的"防撞能力"或"防震系统"，指的是硬盘不启动时的防震、防撞能力，在设备打开的状态下硬盘一般是不具有防撞功能的。

（3）注意预防病毒和木马程序。硬盘是计算机病毒和木马程序攻击的主要目标，所以要特别注意使用防护软件来防范病毒和木马程序。企业应定期对硬盘进行防病毒处理，对重要数据进行保护和备份。

（4）尽可能地找商家或厂家维修。硬盘的制造和组装过程是在无尘的环境下进行的。一般来说，计算机的使用者是不能自己打开硬盘盖的，否则空气中的灰尘会进入硬盘里面。磁头旋转带动的灰尘或污物甚至可能损坏磁头或磁盘，导致数据丢失，即使能够继续使用，硬盘的使用寿命也会在一定程度上被缩短，严重的可能会导致整个硬盘报废。另外，如果硬盘中存在坏的路径，哪怕是一个簇也很有可能会产生扩散性的破坏作用，因此要尽快找商家和厂家进行修复。

在读写时，必须使用性能稳定的电源，如果电源的供电能力不强或功率不足，容易造成磁盘内读写数据失败、资料丢失，损坏硬盘的存储空间。

硬件故障的比例占所有数据意外故障的一半以上，硬件故障包括雷击、高压、高温等造成的电路故障，高温、振动碰撞等造成的机械故障，高温、振动碰撞、存储介质老化造成的磁道、扇区故障，以及意外丢失损坏的固件 BIOS 信息等。如果发生了硬件故障，要想恢复数据就必须先对故障进行诊断，并对相应的硬件故障进行修复，然后再以此为依据修复其他软件故障，最后才能够成功恢复数据。电路故障要求我们必须对电路有一定程度的了解，必须对硬盘的详细工作原理有深刻的认识。机械磁头故障需要 100 多个水平工作台或车间进行诊断和维修。此外，还需要一些软硬件维护工具来修复固件区和其他故障类型。在硬盘数据安全问题中，硬盘坏道是最为常见的问题。硬盘坏道一般表现为分区打开后卡住或打不开、数据拷贝慢、提示 IO 错误等。出现这些情况时，一般需要使用专业的数据恢复设备才能进行恢复。一般情况下，数据恢复企业都会用 PC3000、MRT 等工具对数据进行恢复，这些工具恢复效果较好，大多数故障都可以恢复好。例如，硬盘不识别、硬盘有异响是因为磁头损坏，此时需要在无尘室内开盘恢复或用 PC3000 修复固件，数据如果较为重要，尽量不要轻易打开硬盘盘腔，这会导致修复难度加大或数据彻底丢失。

除了上面介绍的对硬盘的物理保护方法外，还有一些硬盘数据加密存储技术可以加强硬盘中存储的数据的安全性，如修改硬盘分区表信息、对硬盘启动进行加密、对硬盘实施用户加密管理、对某个逻辑盘实施保护、对磁盘扇区数据进行加密等。

15.1.2　内存数据安全保护

内存主要用于暂时存放 CPU 中的运算数据，以及与硬盘等外部存储器交换的数据。计算机中的所有程序都是在内存中运行的，只要计算机在运行中，操作系统就会把需要运算的数据从内存调到 CPU 中进行运算。相对于磁盘，内存的数据读写速度要高出几个数量级，将数据保存在内存中相比从磁盘上访问能够极大地提高应用的性能。

内存中一般会存储敏感数据，企业需要对这类数据进行一定程度的安全保护。例如，当程序员在编写应用程序时，如果程序中用到了这些对用户有重要意义的敏感数据，那么至少在这个应用程序的运行过程中，它们会被存储到内存当中，如果忽略了内存中这些敏感数据的安全性，攻击者就会很容易地进入系统，访问正在运行的程序的内存，获取这些敏感数据，破坏其完整性，从而给用户造成不可估量的损失。因此，程序员在确保硬盘中敏感数据的安全性的同时，也要确保它们在内存中的安全性，更应该采取相对严密的预防措施。在这种情况下，对于内存的保护，仅利用普通的安全稽核机制（如访问控制）防止非法用户进入系统是远远不够的，攻击者如果想要获得内存中的秘密数据，只要引入损害或破坏性程序和工具，就能够跳过系统设置的安全稽核机制，进入正在运行程序的系统中，从而轻松地读取内存，获得想要的数据。在内存中要想确保数据的安全性，就要让数据尤其是秘密数据在内存中保留的时间尽可能得短，从而加大攻击者获取内存中的数据的难度。此外，加密是防止数据泄露的有效手段，对内存中存储的数据进行加密，能够有效避免内存中数据的泄露。

此外，随着服务器性能的不断提升和对内存容量需求的不断增加，对内存可靠性和稳定性的要求也在不断提高。从奇偶校验到 ECC 技术，再到 Chipkill 技术，以及更先进的内存热备份和内存映像技术，各种内存数据保护技术越来越成熟和完善，为服务器的稳定运行提供了可靠的保障。

在多道环境下，操作系统提供了内存共享机制，使多道程序共享内存中那些可以共享的程序和数据，进而提高系统的利用率。同时，操作系统还必须尽可能地保护各进程私有的程序和数据不被其他用户程序使用和破坏。企业可以采用上下界保护法、保护键法、界限寄存器与 CPU 状态结合法等技术对内存进行保护。

在多任务的嵌入式系统中，可针对内存保护单元设置不同存储区域的存储器访问特性（如只支持特权访问或全访问）和存储器属性（如可缓存、可缓冲、可共享），保护系统资源和其他任务不受非法访问，提供内存区域的保护功能。

15.1.3 注册表数据安全保护

注册表是 Microsoft Windows 系统中一个重要的数据库，用于存储系统和应用程序的设置信息，记录文件的存储信息和软件的安装信息，提升账号的权限。保护注册表数据安全主要是通过禁止修改注册表中的数据，然后对注册表中的数据进行备份，在注册表遭受入侵破坏后还原注册表。

注册表有一些内建的安全限制（比如注册表默认限制某些区域只能被特定用户看到，HKLM/SAM 和 HKLM/Security 就只能被 Local、System 用户看到）。但仅有这些基础的安全措施还远远不能确保注册表数据的安全，对注册表工具的运行限制和注册表键的访问权限进行设置是让恶意用户无法访问注册表的一种有效方法。同时，还应严格控制服务器的物理安全，只允许管理员本地登录服务器。当无法避免用户本地登录服务器的情况下，可以针对注册表工具和注册表设置访问权限，使其更安全。对于注册表的权限控制，还可以具体到对注册表键的访问控制。对于注册表键的权限设置，可以直接进行权限编辑，也可以使用安全模板进行配置。使用恰当的安全模板不仅可以锁定对注册表的访问，而且不用担心错误的设置会导致系统无法启动或应用程序无法运行。

Windows 系统中的注册表不仅可以本地访问，还可以远程访问。因此，攻击者或未经授权的用户可能会像管理员一样尝试远程访问系统中的注册表，这无疑会带来极大的安全风险。通常情况下，对于不需要远程访问的注册表，可以禁止注册表的远程访问。

注册表的备份与恢复方法有很多，不同版本的操作系统的还原方法也有所不同。下面以 regedit 命令为例进行说明。使用 regedit 命令进行备份的操作是打开运行窗口（Win 键 +R 键），输入"regedit"打开注册表编辑器，在输入框中输入注册表的文件名称，然后将文件保存到一定的位置，即完成注册表的备份。同样可以使用 regedit 命令导入需要还原的注册表文件，完成还原。

15.1.4 云端数据安全保护

云存储是云计算提供的一种存储服务，是一种在线的网络存储服务，数据被存储在一个虚拟的资源库中，委托第三方管理数据（通常称为云存储提供商）。云存储作为一种在线存储服务，数据处于其他人控制的服务器上，所以数据的安全性变得十分重要。云端数据安全问题主要有以下几点。

（1）对云端服务的安全性认识不足。一些企业的管理人员认为公共云端服务性价比高，所以把企业所有的产品和服务数据都存于公共云端中，而忽略了公共云端的安全性隐患。

（2）云端数据缺乏保护措施。数据从建立、存储、读取、计算、共享直到删除的过程，都需要进行安全方面的防护。但是在实际利用云端服务的过程中，企业对安全性的了解和认识不足，没有对云存储提供商提供的数据保护措施加以利用，没有对数据进行有效的控制，这造成了很大的数据安全风险。

（3）对云端数据存储环境认识不足。云端服务一般提供的硬件环境属于虚拟状态，需要与其他企业共享硬件设施，这会造成如果共享数据存储设施出现安全问题，必然会影响到相关的系统，造成数据大面积泄露。

（4）权限设置存在问题。具有高等级权限的用户仅可以兼容低等级的权限，它能够重新创建新的用户，也可以进行相关数据处理，同时由于具备较高的权限，所以会造成无法核查的安全问题。

针对云端数据的安全技术，大多延续大型服务器的安全技术，用以保证服务器的可靠性，如防火墙、服务器加密技术等。这可以加强云端数据访问的安全性，是保证云端数据安全的基础。另外，还有对数据信息进行加密上传的处理方法。在云端服务中，对数据进行加密处理，是加强数据安全性的重要方法之一。云端服务提供了本地加密及解密功能，可以先将需要加密的文件进行本地处理，再将文件保存至云端，自行加密，从而为数据的安全性打下基础。

15.1.5　常见的数据加密保护算法与应用

数据加密是限制数据访问权限的一种技术，是实现分布式系统和网络环境下数据安全的重要手段之一。利用数据加密可以避免不速之客查看秘密数据、防止秘密数据被泄露或篡改、防止特权用户（如系统管理员）查看私人数据、使入侵者不能轻易查找相关数据。

数据加密算法可以分为三类：对称加密算法、非对称加密算法和 Hash 算法。

（1）对称加密算法是指采用单钥密码的加密方法，同一个密钥可以同时用来加密和解密。对称加密算法的优点是加解密速度比较快和使用长密钥时较难破解，所以适合在数据比较长时使用。对称加密算法的缺点是密钥传输的过程不安全，并且容易被破解，密钥管理也比较麻烦。常用的对称加密算法如下。

- DES（Data Encryption Standard）：数据加密标准，速度较快，适用于加密大量数据的场合。

- 3DES（Triple DES）：基于 DES，对一块数据用三个不同的密钥进行三次加密，强度更高。

- AES（Advanced Encryption Standard）：高级加密标准，是下一代的加密算法标准，速度快，安全级别高，支持 128、192、256、512 位密钥的加密。

（2）非对称加密算法需要两个密钥：公开密钥（简称公钥）和私有密钥（简称私钥）。公钥与私钥是一对，如果用公钥对数据进行加密，只有用对应的私钥才能解密。企业有多少个用户，企业就需要生成多少对密钥，并分发多少个公钥。由于公钥是可以公开的，用户只要保管好自己的私钥即可，因此加密密钥的分发将变得十分简单。同时，由于每个用户的私钥是唯一的，其他用户除了可以通过信息发送者的公钥来验证信息的来源是否真实，还可以确保发送者无法否认曾发送过该信息。非对称加密算法的缺点是加解密速度要远远慢于对称加密算法，在某些极端情况下，甚至能比非对称加密慢上 1 000 倍。常用的非对称加密算法如下。

- RSA：是一种目前应用非常广泛、历史比较悠久的非对称密钥加密技术，在 1977 年提出，由于难以破解，所以 RSA 是目前应用最广泛的数字加密和签名技术。它的安全程度取决于密钥的长度，目前主流的密钥长度为 1 024 位、2 048 位、4 096 位等。理论上密钥越长越难以被破解，但随着计算机计算能力的增强，512 位的密钥和 768 位的密钥分别在 1999 年和 2009 年被成功破解，虽然目前还没有公开资料证实有人能够成功破解 1 024 位的密钥，但显然距离这个节点也并不遥远，所以目前业界推荐使用 2 048 位或以上的密钥。当然，更长的密钥也意味着会产生更大的性能开销。

- DSA：即数字签名算法，它是由美国国家标准与技术研究所（NIST）于 1991 年提出的。和 RSA 不同的是，DSA 仅能用于数字签名，不能进行数据的加密和解密，其安全性和 RSA 相当，但其性能要比 RSA 更快。

- ECDSA：即椭圆曲线数字签名算法，是 ECC（Elliptic Curve Cryptography）和 DSA 的结合，于 1985 年由 Neal Koblitz 和 Victor Miller 分别独立提出。相比于 RSA 算法，ECC 可以使用更小的秘钥，拥有更高的效率，能提供更高的安全保障，据称 256 位的 ECC 秘钥的安全性等同于 3 072 位的 RSA 秘钥。

（3）Hash 算法是一种单向密码体制，是一个从明文到密文的不可逆的映射，只有加密过程，没有解密过程。用户可以通过 Hash 算法对目标信息生成一段特定长度的唯一的 Hash 值，却不能通过这个 Hash 值重新获得目标信息。因此，Hash 算法常用在不可还原的密码存储、信息完整性校验等中。常见的 Hash 算法如下。

- MD4：它是 MIT 的 RonaldL Rivest 在 1990 年设计的，是基于 32 位操作数位的操作来实现的，摘要长度为 128 位。该算法影响了后来的算法，如 MD5、SHA 家族。
- MD5：是 Rivest 于 1991 年对 MD4 所做的改进版本。它对输入仍以 512 位分组，输出则是 4 个 32 位字的级联，与 MD4 相同。MD5 比 MD4 更复杂，并且速度较之要慢一些，但更安全，在抗分析和抗差分方面表现更好。
- SHA-1：它是由 NIST 设计的，同 DSA 一起使用，是对长度小于 264 位的输入，产生长度为 160 位的散列值，因此抗穷举性更好。

15.1.6　常见的ERP软件数据防护手段

ERP软件是企业的命脉系统，其效率决定了企业的办公效率，其数据安全关系到企业安全。数据的安全管理问题，实际上是对人进行管理。企业不仅要建立ERP软件数据安全管理制度，还要不断深化员工的数据安全意识，最终确保ERP软件数据的安全性。常见的ERP软件数据防护手段如下。

（1）对数据进行分级管理。企业如果想保证所有的数据都安全是不现实的，就算可以做到，企业也必然会付出巨大的代价。从数据安全的角度来看，也没这个必要，因为企业中不是所有的数据都具有同样的重要程度和秘密等级。企业首先要做的就是了解企业中哪些数据是最重要的，在对企业的秘密数据进行了明确的等级区分后，针对不同重要程度的数据建立不同等级的数据保护策略。

（2）加强身份认证和权限管理。企业应加强对员工及外来人员身份识别的管理，对不同职位、不同职级的身份认证做严格审核，更要防范企业离职员工通过原有的权限盗取企业ERP软件中的数据。进行身份认证是为了加强对终端数据的安全管理和控制，确保只有通过身份认证的员工才能进入企业内部网络访问企业的内部文件和核心数据信息，以此来保证企业数据的安全性。以后哪个地方的数据泄露了，还可以从计算机的记录中找到管理此处的授权者，并追究其相关责任。另外，还要通过权限管理来防范数据外泄。例如，通过存取数据权限的设定，确保数据被合法阅读和使用而不会被非法窃取，并可追踪数据的阅读历史记录，以供企业日后参考。

（3）加强员工教育，并建立规范化的数据安全制度。企业有必要对员工进行数据安全教育，让员工认识到ERP软件数据的重要性以及泄露数据对企业的危害性，并让员工赋有企业责任感，能够自主保护数据安全。必要时，企业可以制定相关奖罚策略，以此来保证数据的安全。

（4）对数据进行加密，避免数据外泄时扩大损失。为保护ERP软件数据的安全，企业应做好两个方面：一是尽量避免数据被泄露，二是在数据外泄后也要避免被人阅读。对于后者来说，就需要对数据进行加密处理，比如数据在保存时要进行加密，对数据传输途径也要进行加密。在ERP软件中对所有关键页面及数据库都进行加密，即使信息被截获，也全部是乱码，看不到任何具体内容。

（5）做好数据备份工作，对数据库的所有数据进行实时备份，并确保可以将备份的数据随时恢复，防止因意外造成数据丢失。

15.2　数据传输安全

通过网络传输数据时，需要保证数据的完整性、保密性，以及能够对数据的发送者进行身份验证。这些都需要通过一些加密算法实现。

15.2.1　密钥加密技术

密钥加密技术是指为了保证在开放式环境中的网络传输安全而提供的加密服务。常用的两种密钥加密技术是对称加密和非对称加密。

在对称加密算法中，加密和解密使用相同的密钥。对称加密具有较高的加密效率，但在分布式网络系统中难以应用，主要原因是密钥管理困难且成本高。与非对称加密相比，对称加密可以提供加密和认证功能，但缺乏签名功能，从而缩小了应用范围。

非对称加密有一对密钥对：私钥和公钥，加密时用私钥加密，解密时用公钥解密。例如，甲方生成一对密钥并将公钥公开，乙方使用甲方的公钥对秘密信息进行加密后发送给甲方；甲方再用自己的私钥对加密后的信息进行解密。非对称加密可防止假冒和抵赖现象，更适合网络通信中的保密通信要求。其局限性是对大的数据加密速度慢，加解密速度要远远慢于对称加密。

15.2.2　对称加密算法技术

对称加密算法是指加密和解密使用相同密钥的加密算法，是应用较早的加密算法。加密密钥可以根据解密密钥计算出来，解密密钥也可以根据加密密钥计算出来。在大多数对称加密算法中，加密密钥和解密密钥是相同的，因此也称为单密钥算法。它要求发送方和接收方在保密通信之前就密钥达成一致。

在对称加密算法中，数据的发送方将明文（原始数据）和加密密钥结合特殊的加密算法进行处理，使其成为复杂的加密密文并发送出去。接收方收到密文后，需要使用加密时使用的密钥和同一算法的逆算法对密文进行解密，使其恢复为可读的明文。

对称算法的安全性取决于密钥，而密钥的泄露意味着任何人都可以对自己发送或接收的消息进行解密，因此密钥的保密性对通信的安全性相当重要。对称加密算法的优点在于加解密速度快，使用长密钥时破解难度大。其缺点是密钥管理难度大，成本高。例如，假设两个用户需要使用对称加密方法加密然后交换数据，则用户最少需要 2 个密钥并交换使用，如果企业内用户有 n 个，则整个企业共需要 $n \times (n\text{-}1)$ 个密钥，密钥的生成和分发将成为企业信息部门的噩梦。

目前广泛应用于计算机专网系统的对称加密算法有 DES 和 IDEA。由美国国家标准局倡导的 AES 将取代 DES 作为新标准。

15.2.3 身份认证技术

在计算机系统和计算机网络中，用户的身份信息是由一组特定的数据来表示的。计算机只能识别用户的数字身份，对用户的授权也是针对用户的数字身份进行的。如何确保使用数字身份进行操作的经营者是数字身份的合法所有者，即确保经营者的物理身份与数字身份相对应呢？身份认证技术可以解决这个问题。身份认证技术是在计算机网络中确认操作人员身份的有效解决方案。通过标识和鉴别用户的身份，可以防止攻击者冒充合法用户获取访问权限。

根据是否使用硬件，身份认证技术可分为软件认证和硬件认证；根据认证条件的数量，可分为单因子认证和双因子认证；从认证信息的角度来看，可分为静态认证和动态认证。身份认证技术的发展，经历了从软件认证到硬件认证、从单因子认证到双因子认证、从静态认证到动态认证的过程。现在计算机和网络系统中常用的身份认证方法有以下几种。

（1）用户名/密码：这是最简单、最常用的身份认证方法，它是基于"what you know"的验证手段。其中，每个用户的密码由用户自己设置，只要能正确输入密码，计算机就会认为他是用户。然而实际上，许多用户设置的密码容易被他人猜测，或者把密码存放起来，这都极易造成密码泄露。即使确保不泄露，但因为用户的密码是静态数据，需要在计算机内存和网络传播中验证，在每个验证过程中，验证信息都是一样的，很容易被驻留在计算机内存或网络监控装置中的木马程序破解。因此，用户名/密码是一种非常不安全的身份认证方式。

（2）短消息密码：以短消息的形式请求一个包含6个随机数字的动态密码，它是基于"what you have"的验证手段。身份认证系统将随机的6位密码以短信的形式发送到客户的手机上，客户在登录或进行事务认证时输入该动态密码，以保证系统身份认证的安全性。由于手机与客户的紧密绑定，短信密码的生成和使用场景在物理上是隔离的，因此密码在信道上被截获的概率是最小的。只要能收到短信就可以使用该方法，大大降低了短信加密技术的门槛，所以这种方法在市场接受中不会有阻力。

（3）生物特征认证：是指采用每个人独一无二的生物特征来验证用户身份的技术，即使用传感器或扫描仪来读取用户的生物特征信息，将读取的信息与数据库中用户的特征信息实施比较，如果信息一致则通过认证。常见的生物特征认证有指纹识别、人脸识别、虹膜识别等。从理论上来说，生物特征认证是最可靠的身份认证方法，因为它直接利用人的物理特征来表示每个人的数字身份。生物特征认证是以生物特征识别技术为基础的。由于受到生物特征识别技术的限制，生物特征认证目前还存在着很大的局限性。生物特征识别的潜在风险是如果生物特征信息在数据库存储或网络传输中被盗，黑客就可以进行某种身份欺骗攻击，并且攻击对象会波及所有使用生物特征信息的设备。

（4）动态口令技术：是一种允许用户依据使用时间或次数动态地修改密码，每个密码只能够使用一次的技术。它使用了一种叫作动态令牌的特殊硬件，具有内置电源、密码生成芯片和显示屏。密码生成芯片运行一种特质的密码算法，依据当前使用的时间或次数生成当前密码并投影在显示屏上。认证服务器使用相同的算法计算当前有效的密码。当用户使用它时，用户只要将动态令牌上显示的密码输入客户端计算机就能识别用户的身份。动态密码技术采用一次输入一个密码的方法，哪怕黑客拦截了一次密码，也不能使用密码来模拟合法用户的身份。但是，如果客户端硬件的时间或次数与服务器程序无法保持良好的同步，合法用户可能无法登录。

此外，还有 IC 卡认证、USB Key 认证、数字签名等身份认证技术。不同的身份认证技术各有优缺点，企业可以利用系统的实际需要选择适合的身份认证方案。身份认证技术将向更加安全、易用、多种技术手段相结合的方向发展。

15.2.4 数字签名

数字签名涉及身份的认证，在现实世界中，人们利用签名来识别自己的身份。例如，签订合同之前必须要明确标识合作双方，否则合同将被视为无效。在网络世界中，同样需要确认身份，比如 A 传送文件给 B，如何才能够让 B 知道这个文件是 A 传送的呢？这时就需要用到数字签名。

数字签名（也称为公钥数字签名）是一种数字字符串，它必须由信息的发送方生成，不能被其他人伪造或仿造。该数字字符串也是发送方所发送信息的真实性的确切证明。简而言之，所谓数字签名就是把一些数据添加到数据单元上，也可以把密码转换到数据单元上。这种数据或转换允许数据单元的接收方确认数据单元的来源和数据单元的完整性，同时确保数据不会被伪造。数字签名通常定义了两个互补的操作：一个用于签名，另一个用于验证。数字签名是应用非对称加密技术和数字摘要技术来保证信息传输的完整性和发送者的身份认证。

完成数字签名的步骤如下。A 先用 Hash 函数生成信件的摘要，再利用自己的私钥对这个摘要加密，生成数字签名，并把信件和数字签名一起传送给 B。B 收到信件后取下数字签名，用 A 的公钥解密获取信件的摘要。由此可以说明，这封信的确是 A 发出的，从而完成了身份认证。随后，B 对信件本身使用 Hash 函数，将得到的结果与上一步得到的摘要实施对比，如果两者一致，则证明信件未被修改，数据完整性验证过程宣告完成。

数字签名作为保证网络信息安全的手段之一，可以解决伪造、否认、模仿和篡改等问题。

15.3　数据处理安全

数据处理是指对数据进行加工、分析等，这一过程对数据的接触最深入，因此安全风险相对也会比较大。数据处理安全就是为了解决数据处理过程中的安全问题，降低该过程的安全风险。

15.3.1　数据调取的安全步骤

考虑到数据访问的安全性，ERP软件会对用户浏览和数据修改能力进行限制。从数据库中调取数据时，用户必须遵守以下安全步骤。

首先，明确完成业务处理活动所需要的最小数据集。只有明确数据处理过程才能对数据进行正确的使用，并对算法本身的风险进行评估，以明确该算法输出的分析结果不会干涉用户的个人隐私和组织的敏感信息，从而确定完成业务处理活动的最小数据集。

其次，登录ERP软件，对数据访问权限进行实时查看。用户利用标识自己的名字或身份进入系统时，由系统进行审核，通过审核后获得系统的使用权，查看是否有权限访问数据库中的目标数据，所有未授权的人员无法调取数据。如果有数据访问权限，可以调取；如果没有数据访问权限，找相关人员申请获得权限。

调取数据时要反复确认是否对数据库中的数据进行了删除、修改、重写等操作。

最后，将数据调取过程进行日志记录，以便在数据库出现问题时进行原因查找。

15.3.2　防范各类数据丢失的维护手段

用户如果有意或者无心删除或重新编辑了文件，病毒破坏，操作系统或应用软件有漏洞及升级失败，以及漏电断电或电涌、过热、静电"静态的"放电和存储设备或媒介的任何物理损坏等，都有可能增大数据丢失的风险。

在软硬件方面，维护方法一般包括对软件和硬件进行定期备份，测试并核查该备份是否是原始备份的完整副本；如果需要对数据进行恢复，则在确认已经留存了完整的可用备份之前，不要升级软件或硬件；在对系统进行较为重大的变动之前建立系统还原点；部署防火墙和防病毒程序。

在环境方面，确保具有合适的环境条件（稳定的温度、湿度和清洁度），并且进行正确的操作，以避免静电放电和意外坠落；采用物理安全系统防范入侵者；预防物理灾难，包括利用场外存储备份。

15.3.3　针对各类数据丢失现象的安全维护手段

数据备份是在多个硬盘、机器或其他位置上存储相同数据的一个或多个副本。这意味着保留关键的和以业务为中心的应用程序的不同副本，如电子邮件、CRM 和工资表。存储数据或数据中心的副本，能够确保数据存储在更为安全的站点，如果发生数据意外丢失的情况，可以使用站点数据进行恢复。

构建一个有效、强大的防火墙或杀毒软件是避免未授权访问安全漏洞的核心步骤。利用安装防火墙软件，能够确保系统不受任何出站链接的损害。如果出现与该系统或已被列入黑名单的 IP 地址相似的报文，也会发出警报提示。很多先进的安全解决方案，如入侵检测系统（IDS），可以做到及时通知。入侵防御系统（IPS）在一定程度上能够采取高效的措施，避免其他恶性活动或策略违反。这种自动化的预防措施在防止侵入和数据丢失方面发挥着重要作用。

如果有移动设备被窃取的情况发生，我们可以利用设备跟踪、远程设备锁定和远程数据擦除的方式降低数据丢失的风险。为了避免移动设备上的数据丢失，在较为集中的位置及时备份数据能够起到很大的作用。对很多大中型企业来说，移动设备管理（MDM）解决方案能够有效地避免上述风险。另外，额外的安全层（如多因素身份认证）同样也能够防止其他网络攻击事件中对设备的任何未经合法授权的访问。

[习题]

1. 怎样才能对硬盘数据进行有效的安全保护？

2. 如何对内存数据进行安全保护?

3. 什么是对称加密算法? 什么是非对称加密算法?

4. 请举例说明身份认证技术。

5. 请举例说明数字签名技术。